고려의 불교의례와 문화

연등 · 팔관회와 제석도량을 중심으로

서울대학교 한국사연구총서 17

고려의 불교의례와 문화

연등 · 팔관회와 제석도량을 중심으로

안지원 지음

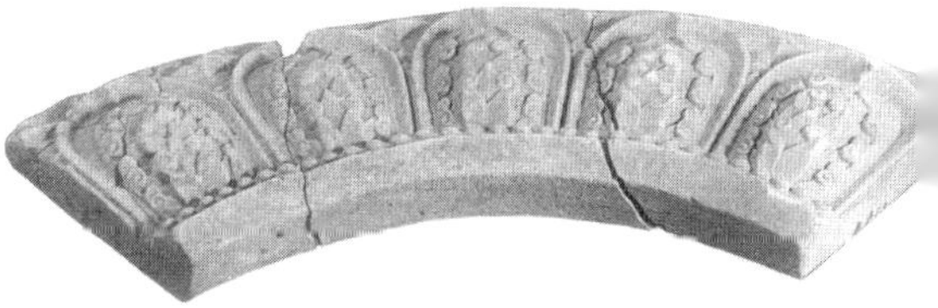

서울대학교출판문화원

책머리에

아직도 1974년 여름 아버지와 마지막으로 함께 한 여행에서의 일들이 생생하기만 하다. 당시 여고 2학년이었던 나는 아버지를 따라 京都 대학에 다니는 딸 아끼꼬를 데리고 한국을 방문하신 니노미야 선생님을 모시고 합천 해인사를 거쳐 경주 지역을 여행하였다. 여행 내내 두 분께서는 오랜만에 만난 친구처럼 정답게 끊임없이 이야기를 나누시며 열심히 불적들을 답사하셨고 아끼꼬와 나는 두 분이 빚어내시는 따뜻하고 진지한 분위기로 인해 힘든 여정에도 불구하고 즐거웠고 행복했다. 그리고 몇 년 후 니노미야 선생님은 암으로 작고하셨고 얼마 지나지 않아 아버지께서도 심장마비로 이 세상을 하직하셨다.

대학을 졸업하고 중학교 역사 교사로서 막 교편생활을 시작한 무렵 닥친 아버지의 죽음은 나의 인생을 바꾸어 놓았다. 교사의 꿈을 접고 대학원에 진학하여 아버지께서 걸으신 한국 불교사 연구의 길에 감히 발을 들여놓게 되었던 것이다. 그리고 생전에 아버지께서 계약하셨던 책을 기간의 논문들로 엮어 출간하기로 출판사와 협의하고 책임을 맡게 되면서 아버지의 논문들을 정리하게 되었고 그것들을 차례로 읽어 나가면서 학자로서의 아버지의 면모를 가슴아파하며 새롭게 알게 되었다.

그때 비로소 나는 아버지와 니노미야 선생님이 왜 그렇게 의기투합하여 친밀하셨는지를 알게 되었다. 두 분께서는 각각 한국과 일본에서 高麗 八關會와 燃燈會에 대하여 연구를 진행하여 1950년대 말 거의 동시에 이에 관한 논문들을 발표하신 바 있기 때문이었다. 비록 그때 두 분이 처음 만나신 것이지만 한 · 일간의 교류가 단절된 시절에 대한해협을 사이에 두고 전혀 알지 못하는 상태에서 두 사람이 같은 주제를 가지고 연구하였다는 사실만으로도 서로가 평생의 지기처럼 여겨지셨던 모양이다.

나는 아버지의 논문들을 내 나이에 따라 짚어보는 버릇이 있는데, 『八關會攷』는 아버지가 불교사 연구를 시작하신 후 두 번째로 내신 논문으로 내가 태어나기 전 해에 쓰셨고, 『燃燈會攷』는 돌 무렵 밤낮이 바뀌어 밤중에 울어대던 나를 달래시며 쓰셨다는 것을 알았다.

그후로 나는 고려의 연등회와 팔관회에 각별한 관심을 가지게 되었고, 나아가 다른 시기보다 고려 불교사에 더 흥미를 가지게 되었다. 석사과정에서 『羅末麗初 敎宗과 禪宗의 교류』를 논문주제로 삼았던 것도 고려 불교의 성립 기반을 알기 위해서였다. 그 시기 『朝鮮金石總覽』의 금석문들을 꼼꼼히 읽어나갔던 학우들과의 모임은 나에게 크나큰 학문적 자극이 되었다.

아이를 키우다가 뒤늦게 박사과정에 들어와 다시 시작한 불교사 공부는 하루가 아쉬울 정도로 재미있었다. 훌륭한 동학들을 만난 것은 너무나도 행운이었다. 그들과 함께 한 韓國佛敎史硏究會의 세미나는 나의 지적 욕구를 고양시키고 시야를 넓혀 주었으며 이를 통해 불교사 연구가 한국사 연구에 중요한 분야임을 확신하게 되었다. 조언하고 비판하기도 하면서 열심히 공부하다가 방학 때면 전국으로 사찰 답사를 다니며 쌓아간 돈독한 우정은 전생의 선업 덕택인 현세의 과분한 인연이라고 굳게 믿고 있다.

그러나 한국 불교사에 대한 전반적인 이해가 깊어질수록 역사와 불교를 양립하여 연구한다는 것이 나에게 얼마나 벅찬 일인가를 깨닫고 점점 좌절감을 느끼게 되었다. 박사논문의 주제를 결정하는 데 거듭 시행착오를 거치며 오랜 기간을 미망 속에 보냈다. 이때 늘 참고 기다리시다가 항상 변함없이 맞아주신 지도교수 최병헌 선생님이 안 계셨더라면 나는 이 길을 진작 포기했을 것이다. 연구도 禪 수행과 마찬가지로 조급하게 욕심이 앞서 아집에 얽매이면 길이 보이지 않는다는 것을 그때 알았다. 조주선사가 말씀하신 대로 道는 茶飯事와 같은 일상 속 평범한 곳에 있다는 것을 깨닫지 못하고 헤매고 있었다.

1996년 여름 어느 날 늘 그렇듯이 관악산 자락의 연구실에서 서산으로 지는 해를 막막하게 보고 있다가 내가 왜 불교사 연구를 시작했고, 그 목적이 무엇이며, 그것이 나에게 무슨 의미가 있는지 자문하여 보았다. 나는 아버지의 유업을 이어서 불교사 공부를 시작하였고, 그 목적은 수용 이래 한국 역사에서 중요한 역할을 하며 전통 문화의 근간을 이루고 있는 불교를 통하여 한국 역사와 문화를 규명하기 위한 것이라고 답하면서 스스로 자신이 불교학자가 아니라 역사학자라는 인식을 다시금 확고히 할 수 있었다.

이것은 다시 初心으로 돌아가는 일이었다. 나로 하여금 불교사에 대해 처음으로 관심을 갖게 만든 고려의 팔관회와 연등회에 대하여 새로운 시각으로 바라볼 수 있게 하였다. 팔관회와 연등회는 단순한 종교의례에 그치지 않고 불교국가인 고려에서 국가의례의 기능을 하였다. 따라서 이들에 대한 이해는 사상사 속에서 정치사의 흐름을 천착해 보고 사상사 속에서 사회·문화사를 통찰해 보는 작업을 통하여 또 다른 관점에서 고려사와 고려문화를 밝힐 수 있는 작업으로 의미가 있을 것이라는 자신감이 생겼다.

40여 년 전 아버지께서 주장하고 제기하신 이래 여전히 답해지지 않은 채 남아 있던 견해들과 문제들에 대하여 이제 내가 답을 하여야 할 때라는 생각이 들었다. 이는 또한 아버지의 갑작스러운 별세로 시작된 나의 학문을 한번 매듭을 짓는 일이기도 하였다. 이렇게 하여 본격적으로 시작된 고려 불교의례에 대한 연구는 연등회와 팔관회의 연구가 진전됨에 따라 이와 관련하여 이미 논문으로 정리한 바 있던 고려 제석도량의 국가 불교의례적 성격이 재확인되었고 이로써 고려 국가 불교의례의 큰 틀이 구성되었다. 그 후 간간이 벽에 부딪히기도 하였지만 이 작업의 완결이 내 인생의 시대구분선이라는 각오로 매진하였다. 그 결과 1999년 8월 「高麗時代 國家 佛敎儀禮 硏究」를 박사학위 논문으로 제출하게 되었다.

그리고 여러 선생님들의 가르침과 격려 속에 박사학위를 받은 후 도미하여 하버드대학 엔칭연구소에서 비교종교와 비교문화적인 접근방법을 통하여 연등회와 팔관회에 대한 이해의 폭을 심화시켜 나가는 한편, 학위논문의 내용을 대폭 보완하고 수정하는 작업을 계속하였다. 2년 후 귀국하여 이를 책으로 출간하고 싶어 궁리하고 있을 때 기대도 하지 않던 서울대출판부가 출판이 결정되었다는 소식을 보내온 것은 믿을 수 없을 정도로 기쁜 일이었다. 그러나 단행본 형식으로 완전히 새롭게 내용을 재구성해 달라는 요구는 책을 거의 다시 쓰는 것이나 다름없었다.

결과적으로 본서는 박사학위 논문을 골간으로 하였으나 출판사의 요구에 부응해 다시 쓰인 새로운 책이다. 제2장 3절 고려 연등회의 사회적 성격과 제3장 3절 고려 팔관회의 사회적 성격 부분은 이들의 사회경제적 기능과 문화적 기능을 대폭 보완하여 다시 썼으며, 제5장의 고려 불교의례와 국가불교는 이 책을 위해 새롭게 쓴 내용이다. 또한 제3장 2절 2)항 팔관회의 의례절차와 실태 부분에 내용의 이해를 돕기 위해 그 동안 꾸준히 작업하였던 팔관회 의례절차의 시각자료들을 부록으로 첨부하였다.

고려에서는 전시기에 걸쳐 다양한 불교의례들이 빈번하게 개설되었다. 태조 왕건은 후삼국 통일 후 지역에 관계없이 민심에 밀착된 불교를 공통분모로 하여서 지역적 · 계층적 분열을 극복하고 결속을 강화하고자 하는 문화정책을 구상하였다. 이것은 상원 연등회와 중동 팔관회의 개설이라는 구체적인 정책으로 실현되었고 「訓要十條」에 후대 왕들도 이를 반드시 준수하도록 하라는 조항을 명시하여, 불교의례인 연등회와 팔관회는 고려의 국가의례 가운데 처음으로 정례화되었다.

이들 의례에는 기곡제와 추수감사제와 같은 농경의례의 성격과 역사성이 있는 토속적 측면들이 포용되고 다양한 문화행사들로 기획되어 모든 계층이 참여하고 즐길 수 있는 축제형식으로 개최되었다. 그러나 단순히 축제로 그치지 않고 의례 절차 속에 국왕을 정점으로 한 일원적 지배질서를 상징적으로 구현함으로써 고려 왕실의 권위를 높이고 국왕을 중심으로 결속력을 강화하는 데 공헌하였다. 제석도량은 신라 중고기 왕실의 통치이데올로기로 수용된 제석신앙의 전통을 계승하여 왕권신성화를 목적으로 문종 대 개최된 이후 전 계층으로 확산되어 국가 불교의례의 성격을 지니게 되었다.

따라서 연등회와 팔관회, 제석도량은 고려 불교의 국가불교적 성격을 가장 명료하게 보여주는 불교의례들이다. 이들은 고려의 정치적 · 사회적 변화와 궤도를 같이하여 고려문화의 제 양상들을 반영하고 변화하면서 고려와 함께 하였다. 이들은 조선이 건국된 직후 고려문화의 청산이라는 차원에서 전면적으로 부정되었는데 이들이 바로 고려문화를 유지해 가는 중요한 장치였고 고려문화를 상징하고 있었기 때문이다. 그럼에도 불구하고 이들은 고려의 기층문화가 되었고 오늘날까지 우리의 전통으로 계승되고 있다.

책의 출간을 앞두고 마무리 작업을 하면서 비록 한권의 책이지만 긴 세월을 공부하고 연구하여 이렇게 엮을 수 있게 되기까지 이끌어 주시고 도와주신 분들에 대한 감사함이 새삼 북받쳐 오른다. 나는 분에 넘치게 복이 많은 사람이다. 학부 때부터 스승은 어떠하여야 하는지를 그대로 가르쳐 주시고 일찍 가신 아버지 대신 늘 사랑해 주신 이원순 선생님과 불교사 공부를 시작할 때부터 자상하게 지도해 주시고 격려해 주신 최병헌 선생님, 이 두 분으로부터 너무나도 큰 은혜를 입었다. 진심으로 감사드린다.

언제나 속상하면 드나드는 친정같이 사대 역사과는 나의 영원한 의지처이다. 덕분에 어려운 고비들을 넘기면서 공부를 해낼 수 있었다. 항상 따뜻하게 맞아 주시고 학인으로서의 자세를 일깨워 주셨던 윤세철 선생님, 김광수 선생님, 허승일 선생님, 이경식 선생님께 진심으로 감사드린다. 그리고 나를 더 넓고 깊은 학문의 세계로 이끌어 주신 인문대 국사학과의 변태섭 선생님, 최승희 선생님, 한영우 선생님, 이태진 선생님, 정옥자 선생님, 노태돈 선생님, 노명호 선생님께도 감사드린다. 큰 힘이 되어 주시고 있는 서울산업대의 유선호 선생님과 김돈 선생님, 서의식 선생님께도 감사의 마음을 전하고 싶다. 아버지가 돌아가신 후 우리 가족들과 슬픔을 같이 나누며 변함없이 보살펴 주시는 동국대 홍윤식 교수님과 김형우 선생님께도 깊이 감사드린다.

이 책의 출간을 누구보다도 기뻐할 분은 어머니시다. 쉰 고개에서 하늘같은 남편을 먼저 보내신 어머니는 아버지의 유업을 잇겠다는 큰딸에 의지하여 지금까지 함께 살고 계신다. 외손주들을 키우시느라 힘드시면서도 게으르고 부족한 딸이 중도에 포기할까봐 내색도 못하신 어머니에게 나는 큰 불효를 하였다. 이 책이 조금이라도 효도가 되었으면 정말 좋겠다. 지금은 모두 돌아가시고 안 계시지만 공부하는 며느리를 자랑스러워하셨던 시부모님의 영전에도 이 책을 올리며 감사드리고 싶다. 공부하는 사람을 아내와 엄마로 둔 가족은 괴롭다. 제대로 아내 노릇도 못하는 사람을 늘 격려하면서 외조를 아끼지 않았던 남편과 돌보지도 못하는 사이 이제는 훌쩍 든든한 주력자로 커버린 아이들에게 미안하고 고마울 뿐이다. 이것으로 그간의 소홀함을 대신할 수 있었으면 좋겠다.

이 책은 서울대출판부의 지속적인 관심과 헌신적인 도움이 없었다면 나올 수 없었을 것이다. 마감 시한을 넘긴 원고를 살인적인 바쁜 일정 속에서도 세심하게 교정하고 아름답게 편집하여 훌륭하게 만들어 주신 서울대출판부 여러분께도 감사의 말씀을 드린다.

이 책을 가지고 어머니의 손을 잡고 아버지가 누워계신 남양주 마명리 묘소를 찾을 것이다. 아버지께서는 이 책을 읽으시고 과연 무슨 말씀을 하실까? 당신이 제기하신 문제들에 대한 충분한 답이 되었다고 이야기해 주실까 꿈에서라도 한번 뵙고 싶은 마음 간절하다.

2005년 늦은 가을에

安智源

차례

일러두기

이 책은 2005년에 출간된 『고려의 국가 불교의례와 문화: 팔관 · 연등회와 제석도량을 중심으로』 라는 책의 개정판이다. 6년 동안 불교행사인 연등회와 팔관회에 대한 불교계 종단뿐만 아니라 일반 대중의 관심이 높아져 2쇄본까지 찍은 책이 소진되어 이번에 다시 개정판을 내게 되었다. 그동안 책을 읽은 독자들의 의견과 학문적 분위기의 변화에 따라 한자 용어를 한글로 고치고, 뜻을 풀어서 전공자가 아닌 비전공자도 이해하기 쉽도록 책의 내용을 전면적으로 손보았다. 제목을 약간 수정한 것은 고려에서 불교는 이미 국교로서 문화적으로 중요한 기능을 하고 있기 때문에 국가라고 하는 용어 없이도 충분히 그 의미를 전달하고 있다고 생각했기 때문이다.

제1장

고려 불교의례 연구방법

1. 불교의례의 개념과 종류
2. 불교의례의 연구방법론

1. 불교의례의 개념과 종류

불교의례란 무엇인가? 우선 불교의례의 개념 정의는 의례가 모든 종교에서 존재하기 때문에 일반적으로 종교의례가 어떻게 정의되고 있는 가에서부터 출발해야 할 것이다. 종교에서 의례는 교리, 교단과 더불어 종교를 구성하고 있는 3대 요소이다.

의례와 교리의 관계에 관련하여서 지금까지 많은 견해들이 제시된 바 있는데 그 가운데 의례선행설儀禮先行說과 의지설意志說이 대표적인 것이라 할 수 있다. 의례선행설에 따르면 의례는 전제된 관념이 없이 발생하며 성립한 의례에 부여되는 설명이 교리이다. 반면에 의지설은 교리에 기반을 두고 실리적인 목적에서 의례가 발생한다고 한다.[1)] 그러나 사상성이 없는 종교행위는 단순한 육체 동작에 지나지 않으며 실천체계를 수반하지 않는 관념은 현실과 유리되므로, 결국 이 둘은 상호보완적으로 존재하는 것이다.

의례에 대한 종교학에서의 대표적인 정의들을 들어보면, 윌(R. Will)은 의례를 개인의 종교적 경험과 동경의 발현으로 보았고, 뒤르켐(E. Durkheim)은 의례가 갖고 있는 비합리적 성격에 주목하여 성스러운 대상을 향한 상징적인 행위로서 정의하였다. 또한 기어츠(C. Geertz)는 종교의례를 신성화된 행동으로 정의하고 그 속에 인간의 지속적인 성질이나 사회적 · 도덕적 습관, 그리고 세계관이 상징적인 형태로 포함되어 있다고 지적하였다. 이에 반해 게넵(A. van Gennep)은 의례를 집단 내의 위기를 안정시켜 이전의 상태로 돌아가도록 하는 수단이라 정의하여 의례의 기능적 측면을 강조하였고, 다케나카(竹中信常)는 종교의례는 성격적으로는 종교의식

---

1) 홍윤식, 1999, 「제종 불교전통의례의 기원 · 역사와 그 사상성」『불교전통의례와 그 연극 · 연희화의 방안 연구』, 엠애드, 33~35쪽.

의 외적 표출이며 기능적으로는 종교적 대상과 합일되는 상징작용으로 정의하였다.[2)]

이들을 종합하면 의례는 성스러운 대상과의 관계에서 외면으로 표출된 종교행위이며 조직적이고 정형화된 행동으로 나타난 종교적 실천체계로 정의할 수 있다. 여기에서 행동은 종교적 경험을 근저로 하여 비합리적인 것일 수도 있지만 일정한 세계관을 전제로 하는 사회적 관행으로서 개인 및 사회의 균형을 유지하는 기능이 있는 상징체계인 것이다.

다음으로 의례에 관련된 술어들을 정리해 보면, 영어권에서 의례라는 뜻으로 가장 보편적으로 쓰이는 용어는 ritual과 rite이다. ritual은 전통적 구속력과 준수의 의무가 강하다는 측면에서 율의로도 번역되며, rite는 의례의 일정한 단위나 차례를 지칭하기 때문에 의식 또는 제의로도 번역된다.

예식이나 의식으로 번역되는 ceremony는 일반적으로 집단적 의례에 사용되는 경우가 많고 의례나 율의보다는 비종교적인 성격이 강하며, 일련의 의례행위들로 이루어진 복합적 의례로 보는 견해도 있다. festival은 구경꾼이 생겨나 예술적 요소가 가미되어진 의례로 제례 또는 축제로 불린다.

한편, 집단적 관습이 아닌 개인 신앙과 결부된 의례행동으로 숭배로 번역될 수 있는 cult와 예배로 번역되는 worship이 있다. 일반적으로 숭배는 미개종교나 고대종교 등에 한정적으로 사용되는 경향이 있고, 보다 보편적으로는 예배가 사용된다.

이렇게 다양한 성격을 지니고 있는 의례들을 종교학에서는 대략 다음과 같은 기준으로 분류하고 있다. 첫째, 의례의 목적이 실리적인가 아닌가를 기준하여 종교적 의례(religious rite)와 주술적 의례(magical rite)로 구분하거나, 둘째, 성스러운 대상과 관계를 맺는 방법을 기준하여 소극적 의례(negative rite)와 적극적 의례(positive rite)로 구분하거나, 셋째, 의례를 실시

---

2) 竹中信常, 1950, 『宗教儀禮の研究』, 青山書院; 岸本英夫 저, 박인재 역, 1983, 『종교학』, 김영사; 에릭 샤프 저, 윤이흠 · 윤원철 역, 1986, 『종교학』, 한울; 윤이흠, 1998, 「종교와 의례-문화의 형성과 전수」『宗教研究』 16.

하는 주체에 따라 공적 의례(public rite)와 사적 의례(private rite)로 구분하기도 한다. 넷째, 의례의 지향대상에 따라 예배 같은 대향적對向的 의례와 수행 같은 대자적對自的 의례로 구분하거나, 다섯째, 의례가 주로 개인에 기능하는가 또는 집단에 기능하는가에 따라 통과의례(rites of passage)와 강화의례(rites of intensification)로 구분한다. 물론 모든 의례를 이 같은 분류법으로 포괄할 수는 없다. 제례의 경우처럼 전체 의례체계 속에 여러 종류의 하부의례를 포함하고 있는 것들도 있기 때문이다.[3]

종교학에서 의례에 대한 연구는 20세기 초 종교학 연구가 기독교 교의를 중심으로 한 신학적 연구로부터 미개종교를 아우르는 객관적 연구로 변화하면서 활기를 띠기 시작하였다. 왜냐하면 미개종교에서는 종교 관념보다 의례가 우위를 점하였기 때문이다. 이후 연구에서는 종교현상을 주관적이고 내면적인 신앙과 객관적이고 외면적인 의례로 나누어 이해하게 되고 의례도 중요시 여겨지게 되었다.

종교의례 연구에 크게 공헌한 이들은 기능주의 입장에 선 인류학자들이었다. 이들에 의해 의례연구가 한 단계 진전되어 의례의 실시목적과 이와 직결되는 기능들이 구명되었다. 이를 정리하면 첫째, 의례의 정형성은 인간의 집단적인 행동에 조직화된 질서를 부여하는 역할을 하며, 둘째, 의례를 통해서 공통된 감정이나 의지가 집단적으로 표현되어 사회통합에 기여하고, 셋째, 당사자의 개인적 결의가 성스러운 대상이나 신앙을 같이하는 사람들 앞에 표시되어 '맹세'의 장이 되며, 넷째, 통과의례나 강화의례는 개인이나 집단의 안정을 유지하는 기능을 한다는 것이다.[4]

그런데 이와 같이 조직적이고 정형화된 실천체계인 의례로 나타나는 종교행위 하나하나에는 교리적 의미가 담겨 있기 때문에 각 종교마다 고유한 의례가 존재하게 된다.[5] 따라서 불교의례는 종교의례의 행위적 표현 속에

---

3) 岸本英夫 저, 박인재 역, 1983, 위의 책; 에릭 샤프 저, 윤이흠 · 윤원철 역, 1986, 위의 책.

4) 위의 책, 67~68쪽.

불교의 교리적 의미가 상징적으로 내포되어 있기 때문에 불교의례로 정의되는 것이다.

불교는 원래 인도에서 브라만교로 대표되는 기성 종교를 비판하면서 특히 번쇄하게 형식화된 의례를 부정하는 신종교운동으로 전개되었다. 따라서 석가 당시 불교는 철학적인 성격이 두드러졌다. 불교의례는 대승불교시대에 접어들어 불교가 대중화되어감에 따라 관념적 교의뿐 아니라 신앙도 중요하게 부각되면서 점차 발전하게 되었다. 대중화되면서 다양한 보살들이 신앙대상으로 등장하고 그에 대한 의례들도 체계화되어갔다.

불교가 전파됨에 따라 불교의례 또한 그 설행지역이 확대되어 서역을 거치 중국에서도 불교의례가 개최되기 시작하였다. 불교가 융성해지는 남북조시대에 이르면 다양한 불교의례들이 설행되었고 지출비용도 대단히 많았다. 또한 외래 종교인 불교가 토착화되는 과정에서 중국 전래의 전통적 종교의례가 불교의례 속에 포용되어 인도와는 다른 불교의례들도 등장하게 되었다.

중국불교사에서 불교의 최전성기던 당나라 때 개최된 불교의례를 살펴보면 정기적인 불교의례로는 상원연등회上元燃燈會, 불탄일법회佛誕日法會, 성도회成道會와 열반회涅槃會, 우란분회盂蘭盆會, 절일법회節日法會, 기일법회忌日法會 등이 있었고, 무차대회無遮大會, 불아공양법회佛牙供養法會, 재회齋會, 팔관재회八關齋會, 강경법회講經法會 등도 수시로 개최되었다.[6]

중국에서의 불교의례와 관련된 용어들을 정리해 보면, 대체로 회·법회·대회 계열과 재·재회 계열로 나눌 수 있다. 법회는 산스크리트어 dharmasamāja의 번역어로서 법, 즉 불교의 교의를 실천하는 집회를 뜻하며, 법사法事, 불사佛事, 재회, 또는 법요法要라고도 한다. 한자리에 모여서 부처님의 탄생 등을 경축한다든지, 재를 열고 물품을 보시한다든지, 법문을 연설담론하는 행사가 베풀어진다. 법회는 전거경전과 설행목적에 따라 그

---

5) 윤이흠, 1998, 앞의 논문, 2~5쪽.

6) 大谷光照, 1937, 「唐代佛教の儀禮」『史學雜誌』46-10·11.

종류가 매우 다양하다. 법회는 줄여서 회로도 쓰며, 그 규모가 특별히 클 때는 대회라고 하였다.

재는 원래 '청정淸淨'을 의미하는 단어이다. 불교의 청정한 생활 가운데 가장 중요한 계율 중 하나가 정오 이후에는 식사를 하지 않는 것이다. 이로부터 재는 정오 이전에 분량을 넘지 않게 먹는 식사를 가리키게 되어 시식時食·재식齋食으로도 일컬어지게 되었으며, 재가신도가 일정한 날을 정해 계율을 지킨다는 의미인 포살布薩로 음역되는 산스크리트어 poṣadha의 번역어로도 쓰이게 되었다. 이것이 점차 육식을 하지 않는다거나 불교행사 때의 식사를 통칭하는 것으로 변하였고, 나아가 불보살에게 공양을 올리거나 승려들에게 식사를 공양하는 행위, 즉 반승飯僧을 일컫게 됨에 따라 재회라는 말은 점차 승려들에게 식사를 제공하는 의식, 또는 그러한 의식이 중심이 된 법회를 뜻하게 되었다.

우리나라에서도 중국에서 불교가 전래된 후 불교의례가 설행되었다. 신라 진흥왕(재위 540~576)이 고구려 승려 혜량惠亮의 지도로 백고좌회百高座會와 팔관지법八關之法을 개설한 사실이 불교의례 설행에 대한 우리나라 최초의 기록이다.[7)] 신라는 고구려와 백제보다 150여 년 늦은 법흥왕 14년(527)에 불교가 공인되었는데 의례의 설행을 귀화한 고구려 승려가 주도하여 시작하고 있다. 이로 미루어 구체적인 내용은 전하지 않으나 고구려와 백제도 불교가 전래된 후 역시 불교의례를 설행하고 있었을 것이다. 불교의례는 중국에서의 경우처럼 우리나라에서도 토속종교의 의례가 포용되면서 변화를 겪었다.

우리나라의 불교는 도입될 때부터 정치와 밀접한 연관을 가지면서 발전해 왔다. 불교를 수용한 삼국의 왕들이 율령을 반포하는 등 국가체제를 확립하기 위해 힘쓴 왕들이었다는 사실이 이를 반증한다. 수용 과정에서 특히 중시되었던 것은 일반민의 영혼과 일상생활에까지 미치는 불교의 영향력이

7) 『三國史記』 권44 列傳4 居柒夫.

었고, 이후 불교는 고대 문화 건설에 중요한 역할을 담당하게 되었다.

신라의 삼국통일 후 삼국 문화의 융합 과정에서 불교가 크게 기능하였던 것도 불교가 고구려, 백제, 신라 사람들의 삶 속에서 보편적인 가치로 자리 잡고 있었기 때문이었다. 신라는 불교를 왕권의 안정과 강화에 적극 활용하였고, 불교는 그러한 정치적 목적에 효율적으로 부응하였다.[8] 신라 불교의 호국적 성격은 여기에서 말미암은 바이다. 이후 호국불교는 한국불교의 특징이 되었으며 이러한 성격은 고려시기에 더욱 강화되었다.

고려시기에 설행되었던 불교의례는 그 종류도 다양하고 설행 횟수도 대단히 많다. 고려시기 설행된 불교의례 용어로는 대부분의 경우 중국과 마찬가지로 법회, 회, 재가 사용되고 있으며, 법석法席과 도량道場도 사용되고 있다. 그런데 도량의 빈번한 개설은 중국과 특히 비교되는 사실이다.

고려시기 법회의 명칭을 보면 대략 경전이나 불보살의 이름에 회를 붙인 것과 행사의 방법이나 목적에 회를 붙인 것으로 구분된다. 화엄회華嚴會, 법화회法華會, 용화회龍華會, 문수회文殊會 등이 전자에 속하고, 경성회慶成會, 경찬회慶讚會, 낙성회落成會, 재회齋會, 무차대회無遮大會, 윤경회輪經會, 대장회大藏會, 참경회懺經會, 담선회談禪會 등은 후자에 속한다. 한편, 연등회燃燈會와 팔관회八關會는 전통적인 습속행사와 결합된 불교의례로서 복합적인 성격을 가진 불교행사이다.

재는 불보살에게 공양을 올리면서 성대하게 불공하는 의식이다. 또한 망자를 위한 천도행사도 재라고 일컫는다. 전자에는 나한재羅漢齋, 제석재帝釋齋 등이 있으며, 후자에는 우란분재盂蘭盆齋, 기신재忌辰齋, 백일재百日齋, 소상재小喪齋 등이 있다.

도량은 산스크리트어 bodhi-maṇḍa의 뜻 번역이다. 본래는 보살도량菩薩道場, 즉 부처가 깨달음을 얻은 곳이라는 성도량처成道場處를 일컫는 말이었는데, 중국에서는 수법행도가 행해지는 장소인 별당이라는 의미로 사용되었다. 고려시기 궁궐에서 설행된 불교행사를 대부분 도량으로 칭하였는데

8) 최병헌, 1990, 「불교사상과 신앙」 『한국사특강』, 서울대출판부.

불사가 설행되는 자리를 일시적으로 수법행도의 청정한 장소로 만든다는 의미가 있었다.

도량은 법회보다 참례자의 범위가 한정된 소규모 의례였던 것으로 생각되며, 대승경전 및 밀교경전에 근거한 행사나 신중을 신앙하는 행사의 대부분은 도량으로 개설되어서 종류가 대단히 많았다. 열거해 보면, 반야경도량般若經道場, 화엄경도량華嚴經道場, 능엄도량楞嚴道場, 법화도량法華道場, 약사도량藥師道場, 인왕백고좌도량仁王百高座道場, 금광명경도량金光明經道場, 운우도량雲雨道場, 우란분도량盂蘭盆道場, 연생경도량延生經道場, 장경도량藏經道場, 자비참도량慈悲懺道場, 화엄삼매참도량華嚴三昧懺道場, 문두루도량文豆婁道場, 불정도량佛頂道場, 관정도량灌頂道場, 존승도량尊勝道場, 승법문도량勝法文道場, 천제석도량天帝釋道場, 마리지천도량摩利支天道場, 공덕천도량功德天道場, 사천왕도량四天王道場, 공작명왕도량孔雀明王道場, 대일왕도량大日王道場, 용왕도량龍王道場, 아탁파구신도량阿托波拘神道場, 염만덕가위노왕신주도량閻滿德加威怒王神呪道場, 화엄천병신중도량華嚴天兵神衆道場, 북제천병호국도량北帝天兵護國道場 등이 있었다.

이처럼 경전이나 불보살, 신중 이름을 붙인 것 외에도 행사의 방법이나 목적을 도량에 붙인 소재도량消災道場, 기상영복도량祈祥迎福道場, 기양도량祈禳道場, 기은도량祈恩道場, 구명도량救命道場, 진병도량鎭兵道場, 기진忌辰(휘진諱辰)도량道場, 석복도량釋服道場, 기우도량祈雨道場, 지풍도량止風道場, 축수도량祝壽道場, 보살계도량菩薩戒道場 등도 있었다.

또한 행사의 중심이 학덕이 높은 고승들의 설법으로 생각되는 법석도 개최되었는데 기양법석祈禳法席, 진병법석鎭兵法席, 진언법석眞言法席, 백좌법석百座法席, 금강법석金剛法席, 오교법석五教法席, 담론법석談論法席 등이 그것이다. 그 밖에 법회, 재, 도장, 법석 등의 명칭이 붙지 않고 열렸던 불사로는 반승과 재승齋僧, 국왕의 보살계 수계행사, 그리고 송경誦經, 강경講經, 독경讀經, 풍경諷經, 전경轉經, 륜경輪經, 사경寫經과 경행經行, 헌란강법軒欄講法, 봉경전도奉經前導 등 경전을 읽고 쓰고 강론하거나 봉행하는 행사 및 그와 관련된 절차에서 파생된 행사들이 있었다.

이상으로 고려시기 설행된 불교의례들을 용어와 관련하여 살펴보았다. 이 같은 다양한 불교의례들을 기준에 따라 분류하여 유형화하는 작업은 이들 의례의 사회적 기능을 파악할 수 있는 중요한 단서가 되기 때문에 반드시 필요하다. 의례들이 서로 중복되고 변화하고 있어 분류 기준을 정한다는 것이 간단한 문제는 아니지만, 설행시기, 설행목적, 설행장소를 기준으로 분류하여 정리해 보았다.

첫째, 설행시기에 따라 정기적인 행사와 비정기적인 행사로 분류할 수 있다. 우선 정기적인 행사로는 상원연등회와 중동팔관회를 비롯하여, 봄과 가을의 장경도량, 4월의 불탄일 행사, 6월 15일의 보살계도량, 7월 15일의 우란분재, 섣달그믐의 제야도량 등이 있으며, 인왕백고좌도량과 담선법회가 3년마다 개최되었다. 이외에도 국왕 생일에는 축수도량, 선왕 기일에는 기진(휘진)도량이 있었다. 대부분 농경사회에서의 연중 행사적 성격을 띠고 있거나 기념일 관련 행사였다. 그 밖에 불교행사는 거의 비정기적으로 설행되었다. 비정기적인 행사는 어떤 상황에 대처하는 목적을 지니고 있는 경우가 많다. 모든 불교행사는 그 나름대로의 설행목적이 있기 마련이지만 『고려사高麗史』 등의 기록에 개설 목적이 명확히 부기된 경우는 거의 부정기적 행사이다.

둘째, 설행목적에 따라 대략 농경 관련 기원행사, 병란 관련 기원행사, 천재지변 관련 기원행사, 질병 관련 기원행사로 분류할 수 있다. 농경 관련 기원의 목적은 도우禱雨, 기우祈雨, 기지풍祈止風, 기풍우순조祈風雨順調, 양우박禳雨雹, 양송충禳松蟲 등이었다. 비를 비는 데는 운우도량, 용왕도량을 비롯하여 금강명경도량(금강도량, 금강경도량, 금경도량), 인왕도량, 화엄경도량, 반야경도량, 강경, 설선, 나한재, 재승 등의 행사를 베풀었다. 우박을 막기 위해 금경도량을 개설하였고, 송충이를 물리치기 위해서는 관정도량, 문두루도량, 신중도량, 불정도량, 화엄경도량, 반야경도량 등을 베풀었다.

병란 관련 기원의 목적은 양적병禳賊兵, 기병첩祈兵捷, 기평적祈平賊, 기멸적祈滅賊, 진병鎭兵, 압병壓兵 등이었다. 이를 위하여 진병법석을 비롯하여 문두루도량, 무능승도량, 사천왕도량, 마리지천도량, 암만덕가위노왕신주도량, 인왕도량, 약사도량, 나한재, 화엄신중도량, 천병도량, 문수도량 등을 베풀었다.

천재지변 관련 기원의 목적은 양천재禳天災, 양성재禳星災, 양재이禳災異, 양재변禳災變 등이었다. 일식, 월식, 지진, 혜성 등에 대처하는 소재도량과 기양도량을 비롯하여, 천제석도량, 금광명경도량, 인왕경도량, 반야경도량 등을 개설하였다. 당시 일월성변은 국왕을 비롯한 통치자에 대한 하늘의 견책이라 생각하였으며, 왕실에 대한 반역, 왕이나 왕족의 사망과 질병 등의 징조로 해석되기도 하였다. 이러한 연유로 각종 소재방법이 강구되었다.

질병 관련 기원의 목적은 양질역禳疾疫, 양역禳疫, 쾌유왕질快癒王疾, 치왕비병治王妃病 등이었다. 이를 위해 반야도량, 법화도량, 소재도량, 수륙회, 구명도량 등을 개설하였다.

이와 같이 문제 해결을 목적으로 한 불교의례 외에도 사찰이 낙성되었을 때나 탑이나 불상, 불화, 경전 등이 조성되었을 때 특설연등회, 낙성도량, 경찬도량 등을 개설하여 경축하였다.

셋째, 설행장소에 따라 크게 궁궐 안에서 설행된 것과 궁궐 밖 사찰에서 설행된 것으로 분류할 수 있다. 정기적 행사인 인왕백고좌도량과 장경도량, 보살계도량은 모두 궁궐 내 전각에서 열렸는데, 도량이라고 한 행사 대부분은 거의 궁궐 안에서 설행되었다. 반야경도량, 화엄경도량, 능엄도량, 약사도량을 비롯하여 금광명경도량, 소재도량, 천제석도량, 불정도량, 관정도량, 무능승도량, 공덕천도량 등이 그러하다.

다만 마리지천도량은 9회 모두 묘통사妙通寺에서, 문두루도량은 5회 모두 사천왕사四天王寺와 현성사賢聖寺, 한차례 설행된 대일왕도량은 혈구사穴口寺에서 열렸는데 이들은 모두 밀교 계통 불교의례였다. 기진(휘진)도량은 봉은사奉恩寺, 현화사玄化寺 같은 원찰에 있는 왕의 초상화가 봉안되어 있는 진전眞殿에서 행하여졌다.

이에 반해 법회, 회, 또는 재라는 명칭이 붙은 행사는 대부분 사찰에서 개최되었다. 화엄회, 법화회, 용화회, 문수회를 비롯하여 대장회, 담선회는 사찰에서 열렸고, 나한재도 29회 모두 사찰에서 설행되었다. 한편, 연등회와 팔관회는 의례절차가 궁궐과 사찰 양쪽을 모두 설행공간으로 하고 있어 다른 불교의례와 구별된다. 『고려사』의 기록상으로는 사찰에서 행하여진 행사보다 궁궐에서의 불교행사의 횟수가 훨씬 많은 것으로 나타난다.

그런데 불교의례는 사찰이든 궁궐이든 개인의 집이든 장소를 불문하고 행할 수 있지만 아무래도 사찰에서 가장 활발히 이루어졌을 것이다. 또한 불교행사는 승려는 물론 국왕으로부터 일반민들까지 모든 계층이 이를 주관하고 참여할 수 있다.

그럼에도 불구하고 고려시기 불교의례라고 언급되고 있는 것들은 대부분 국왕에 의해 직·간접 설행되었던 불교행사들로 한정되고 횟수상으로는 사찰보다는 궁궐에서 더 빈번히 개설된 것처럼 보인다. 이는 고려시기 불교행사 관련 자료의 대부분이 『고려사』에 의존하고 있기 때문이다. 『고려사』가 성리학적인 가치관을 최우선으로 하는 사대부들에 의해 편찬된 사서라는 것은 주지의 사실이다.

따라서 불교행사에 관련된 내용들 대부분이 행사 자체를 전하기 위해 작성된 것이 아니라 왕의 행적을 전하기 위해 기록된 세가편 가운데 남겨진 것이 대부분이다. 결과적으로 고려시기 개최된 불교행사들 가운데 국왕과 관련된 것만이 남아 전해지고 있는 것에 불과하다. 실제로는 한층 다양한 불교의례들이 고려사회 각계각층에서 활발히 설행되었을 것이다.

『동국이상국집』, 『파한집』, 『보한집』, 『목은집』, 『도은집』 등등 고려 문인들의 문집들이나 『동문선』 같은 문선류에는 이 같은 사실들을 확인할 수 있는 시부들이 다수 전하고 있으며, 승려들의 저술이나 사찰들의 사지를 통해서도 다양하게 열렸던 불교행사들의 면모를 엿볼 수 있다.

고려시기 불교행사는 고려불교의 국가불교적 성격으로 인하여 종교적 행사이자 문화적 행사였으며, 고려시기 불교의 신앙체계는 토속적 고유신앙도 포섭하는 종합적 성격을 지녔기 때문에 계층에 관계없이 각종 불교의례가 성행하였다.

2. 불교의례의 연구방법론

고려 태조는 후삼국을 통일한 후 새로운 국가의 운영과 왕실의 안정을 위하여 불교가 주요한 역할을 담당해 줄 것을 기대하여 이를 정책화하였다. 이는 고려문화의 성격을 결정짓는 일이기도 하였다. 「훈요십조訓要十條」에 의하면 국가의 큰 위업이 여러 부처님들의 호위와 삼한 산천의 음덕 덕분이라고 인식할 정도였다.[9] 또한 광종은 중앙집권체제 수립의 일환으로서 불교교단을 정비하고 교종과 선종의 사상통합을 꾀하였으며, 무차대회와 공덕불사를 빈번히 설행하였다.[10]

고려시기 정치운영은 유교에 입각한다는 원칙이 수립되어 불교와 정치와의 관계는 분리되었지만 왕권의 위상제고와 국민통합의 차원에서 불교가 지니고 있는 정치적 기능은 중요시되었다. 불교행사가 지나쳐 경제에 악영향을 미친다는 최승로崔承老의 「시무이십팔조時務二十八條」의 내용은 고려 왕실이 불교 교단을 얼마나 적극적으로 지원하였는지 보여준다.[11] 따라서 고려시기 불교 교단의 전개 과정은 정치적 역학관계와 궤를 같이 하고 있다. 또한 불교가 국교였던 고려에서 불교는 고려문화를 구성하는 주요 요소이기도 하였다. 고려시기 역사 연구에서 불교사의 연구가 고려사회의 진면목을 구체적으로 해명하는 데 유력한 방편이 될 수 있는 것은 이 때문이다. 이러한 관점에서 볼 때 특히 불교의 의례적인 측면이 주목된다.

---

9) 『高麗史』 권2 世家2 太祖 26년 4월.

10) 최병헌, 1990, 「고려시대 화엄종단의 전개과정과 그 역사적 성격」 『韓國史論』 20, 국사편찬위원회.

11) 김철준, 1965, 「최승로의 시무이십팔조」 『趙明基博士華甲紀念佛教史學論叢』; 1975, 『韓國古代社會研究』, 지식산업사 재수록.

의례는 집단적으로 설행되기 때문에 대민 동원력을 가지고 있다. 고려 태조는 민심을 규합하고 사회적 통합을 이루기 위한 가장 효과적인 방법으로 불교의례에 주목하였다. 불교의례는 백성들을 전국적인 규모로 조직하고 동원할 수 있어 고려 왕조가 펼치는 새로운 역사의 장으로 그들을 결집시키는 기능을 할 수 있기 때문이었다. 고려 불교에서 의례를 중시하는 경향은 이러한 맥락에서 이해되어야 할 것이다.

나아가 의례는 외형적으로는 종교 관념과 상호 의존하는 구조 속에서 존재하는 종교의 실천체계이지만 역사적이고 집단적인 현상이라는 점에서 종교적 의의뿐 아니라 역사적 의의도 지닌다. 의례는 단순히 종교행위로 그치는 것이 아니라 그 시대의 절실한 문제를 해결하기 위한 하나의 표현 형태로서 당시 사람들의 의식과 문화가 반영되어 있기 때문이다.

이상과 같은 문제의식을 지니고 고려시기 불교사를 보면 건국 직후부터 대규모의 불교행사가 계획되어 설행되었고 멸망할 때까지 정기적, 비정기적인 불교행사가 수시로 개최된 것이 두드러진다. 『고려사』 세가의 기록만으로도 왕실에서 행한 불교행사의 횟수는 475년간 1,214회로 유교나 도교 의례보다 월등히 많다.[12] 따라서 고려시기 불교의례의 연구는 고려시기를 이해하는 중요한 접근방법이 될 것이다.

그런데 고려시기 불교의례는 국왕과 관련된 불교행사가 주류를 이루므로 국가의례의 차원으로 이해하여야 할 것이다. 당시 국왕은 국가의 상징으로 국왕과 국가는 동질적인 것으로 간주되었기 때문이다. 그러나 사회 전체로 볼 때 국왕에서부터 일반민까지 모두 참여하여 초계층적으로 설행된 불교행사였으면 국가적 불교의례로, 국왕을 중심으로 한 소수만이 참여한 불교행사였으면 왕실중심의 불교의례로 분류하여야 할 것이다. 그리고 고려 문화의 이해를 위해서는 전자가 보다 중요하다.

본 저서는 고려시기 불교의례 가운데 국가적으로 설행된 연등회와 팔관

12) 김형우, 1992, 「고려시대 국가적 불교행사에 대한 연구」, 동국대 박사학위논문, 34~35쪽 〈표〉 참조.

회, 제석도량을 집중적으로 조명하였다. 이 세 가지 불교의례에 주목한 것은 이들이 고려시기 불교의례들 가운데 일부 계층이나 특정한 목적에 한정되지 않고 국왕에서부터 일반민까지를 아우르는 초계층적인 성격을 강하게 지니고 있어 고려 문화를 종합적으로 이해하는 데 유용하다고 판단되었기 때문이다. 또한 이들은 고려시기 내내 지속적으로 설행되었을 뿐만 아니라 이전의 삼국시기와 이후의 조선시기까지 그 모습을 추적할 수 있어 고려 문화의 역사성을 이해하는 데도 역시 유용하다.

불교에서 연등은 번뇌와 무지로 가득 찬 어두운 세상을 밝게 비추고 계시는 부처님의 공덕을 등불을 밝혀 기리는 의례이며, 팔관은 본디 재가신도들이 하루 낮 하루 밤 동안 절에 가서 8계를[13] 지키는 포살의식이다. 고려에서 팔관회와 연등회는 태조가 후대 왕들에게 해마다 이 두 의례들을 어김없이 실행할 것을 「훈요십조」에 남길 만큼 중요시되었다. 태조가 연등과 팔관이라는 기존의 불교행사를 국가의례로 승격시킨 궁극의 목적은 국왕의 권위를 장엄하고 국왕을 정점으로 하여 국민을 결속하고 고려인으로서의 일체감을 고양시키는 데 있었다.

그런데 연등회와 팔관회가 목적하였던 정치적 성과를 거두기 위해서는 의례의 명분을 강화해 줄 사상적 기반이 필요하였다. 이에 태조는 제석신앙을[14] 주목하였다. 제석신앙은 왕권신성화를 위한 통치이데올로기로서 중고기 신라 왕실에 의해 고대적 천신관념을 매개로 하여 적극적으로 수용된 불교사상이기 때문이다. 태조는 이러한 신라의 제석신앙을 적극적으로 계승

---

13) ① 살생하지 말라(不殺生), ② 도둑질하지 말라(不偸盜), ③ 음란한 일을 하지 말라(不邪婬), ④ 거짓말하지 말라(不妄言), ⑤ 술 마시지 말라(不飮酒), ⑥ 몸에 꽃장식을 하고 향을 바르지 말며, 노래하고 춤추는 풍악놀이를 하지 말고 그런 것을 하는 데 가서 보고 듣지도 말라(不着華鬘好香塗身 不歌舞倡伎及不往觀聽), ⑦ 높고 넓은 큰 평상에 앉지 말라(不得高廣大床), ⑧ 때 아닌 때 먹지 말라(不得非時食).

14) 제석은 본래 인드라로 불리는 무술과 전투를 관장하는 인도 고유의 신이었는데, 불교로 유입되어 석가에 귀의하여 불법과 부처를 수호하는 불교 최고의 호법신이 되었다.

하였고 고려 왕실은 이를 중시하여 문종 대에 이르면 제석도량이 국가의례로 자리잡게 되었다.

흥미로운 사실은 왕실에 한정되었던 제석도량이 민간에 널리 확산되어 전국적으로 유행하게 되었다는 것이다. 즉, 연등과 팔관은 민간의 불교행사를 국가가 전국적인 불교행사로 만들어서 국가 불교의례화한 것이고, 제석도량은 왕실중심의 불교의례가 민간으로 확산되어 전국적인 불교행사로 된 것이라 하겠다.

고려시기 불교의례는 불교사 연구의 한 분야로서 1950년대 후반부터 주목되기 시작하였다. 불교사 연구는 불교사상, 교단과 국가 및 정치세력과의 관계, 불교의례, 대장경 조판, 사원경제 문제, 신앙결사 활동 등 여러 면에서 접근되어 왔는데, 1975년 국사편찬위원회에서 발간한 『한국사』에 이러한 연구 성과들이 정리되었다. 이 가운데 고려시기 불교의례는 '불교행사의 성행' 이란 항목으로 한 절을 차지하였다.[15)]

고려시기 불교의례에 대하여 주목한 최초의 연구자는 김동화였다.[16)] 그는 불교의 호국적인 성격에 주목하고 그와 관련하여 열린 도량들을 검토하여 불교의 호국사상을 교리적으로 규명하는 업적을 남겼다. 그러나 도량들의 역사적 전개나 사회적 성격에 대한 고찰까지는 미치지 못하였다.

불교의례를 본격적으로 연구하기 시작한 이들은 안계현과[17)] 니노미야(二宮啓任)이다.[18)] 이들이 거의 동시에 한국과 일본에서 연등회와 팔관회에

---

15) 안계현, 1975, 「불교행사의 성행」 『한국사』 6, 국사편찬위원회.

16) 김동화, 1956, 「불교의 호국사상」 『李丙燾博士華甲紀念論叢』; 1967, 『불교의 호국사상』, 불교신문사 재수록.

17) 안계현, 1956, 「팔관회고」 『東國史學』 4; 1983, 『韓國佛敎思想史硏究』, 동국대출판부 재수록; 1959, 「연등회고」 『白性郁博士頌壽紀念 佛敎學論文集』; 1983, 『韓國佛敎思想史硏究』, 동국대출판부 재수록; 1975, 앞의 논문.

18) 二宮啓任, 1956, 「高麗朝の八關會について」 『朝鮮學報』 9; 1958, 「高麗朝の上元燃燈について」 『朝鮮學報』 12; 1959, 「朝鮮における仁王會の開設」 『朝鮮學報』 14; 1960, 「高麗朝の恒例法會」 『朝鮮學報』 15; 1961, 「高麗朝の齋會について」 『朝鮮學報』 21 · 22合輯.

관한 논문을 발표한 것은 매우 흥미로운 사실이다. 이들은 불교행사 연구에 선구적 업적을 남겼는데, 다양하게 개최되었던 불교행사들의 각각의 사상적 배경과 설행 실태를 규명하고자 하였다.

특히 안계현은 고려 불교계를 교리와 교단으로 나누어 파악할 필요가 있음을 지적하고 사상적 · 철학적 측면의 교리와 실천적 측면의 교단 문제를 구분하여 연구에 착수하였는데, 특히 교단과 사회 및 국가를 연결하는 것이 의례라는 관점에서 의례 문제를 천착하였다. 팔관회와 연등회가 원형적으로는 불교의례라 하여도 신라 이래의 전통적인 습속이 반영된 복합적인 성격임은 이미 지적되어 온 바지만,[19] 불교사 연구에서 이 두 의례를 단독 주제로 설정하여 이들에게 역사적이고 사회적인 의미를 부여한 것은 그의 업적이라 하겠다.

안계현의 이러한 문제 의식은 홍윤식과 김형우에 의하여 계승 · 진전되었다. 홍윤식은 『고려사』 세가편의 기록을 정리하여 연등 · 팔관회뿐만 아니라 각종 불교행사들을 종합하여 유형화하여서 종래의 연구 시각을 확대하였으며, 김형우는 불교행사의 전개 양상을 시대적으로 파악해 보려고 시도하였다.[20]

한편, 서윤길은[21] 밀교적 관점에서 의례들의 교리적 의미를 밝히는 데 주력하였으며, 이외 이기영은[22] 『인왕반야경』과 관련된 인왕백고좌도량과 김상현은[23] 『금광명경』과 관련된 금광명경도량 · 공덕천도량 · 사천왕도량에 관한 논문들을 발표하였는데, 이들은 국가불교라는 틀 속에서 불교행사가 지니는 호국적 성격의 정치적 기능을 조명하였다. 이러한 연구들은 고려

---

19) 이능화, 1918, 『韓國佛教通史』 下, 新文館; 1972, 寶蓮閣 재발행.

20) 홍윤식, 1988, 「『고려사』 세가편 불교기사의 역사적 의미」 『韓國史研究』 60; 1994, 「불교행사의 성행」 『한국사』 16, 국사편찬위원회; 김형우, 1992, 앞의 논문.

21) 서윤길, 1977, 「고려의 호국법회와 도량」 『佛教學報』 14.

22) 이기영, 1975, 「인왕반야경과 호국불교」 『東洋學報』 5.

23) 김상현, 1976, 「고려시대의 호국불교연구-금강명경신앙을 중심으로-」 『學術論叢』 1, 단국대.

시기 불교의례의 역사적 의의를 인식시켰으며 각종 불교의례를 역사학 분야의 연구 주제들로 확대시켰다는 데 중요한 의미가 있다.

이에 반해 최근 고려에서 국왕과 국가는 분리되었다고 보고, 고려시기 불교의례는 단순히 국왕을 중심으로 한 왕실 위주의 불교행사여서 정치적 수단이나 국왕 축수 및 조상의례, 국왕의 정신적 피난처 역할을 하는 데 그치고 실제로는 호국의 기능을 담당하지 않았다는 견해가 김종명에 의해 주장되기도 했다.[24)]

각종 불교의례의 개별적 연구들을 살펴보면, 「훈요십조」부터 등장하는 연등회와 팔관회가 어떤 다른 의례들보다 일찍부터 학계의 주목을 받았다. 먼저 연등회와 관련한 연구로는 니노미야(二宮啓任)의 「高麗朝の上元燃燈について」와 안계현의 「연등회고」를 선구적인 업적으로 꼽을 수 있다.[25)] 전자는 『고려사』의 기록들을 중심으로 하여 연등회의 설행실태를 개괄하고 그 의의를 간단히 언급한 개설적 논문이며, 후자는 신라부터 조선까지 연등회의 전개 양상을 검토하여 그 사상적 배경과 유래를 추적함으로써 이 행사에 역사적 의미를 부여하고 성격을 규명하려고 시도하였다. 안계현은 논문에서 연등회가 호국신앙에서 이루어진 불교행사이지만 고대부터 있어 오던 정월 상원의 제천기농제祭天祈農祭와 도교의 태일성제사太一星祭祀 등이 습합된 축제라고 주장하였다.

이후 홍순창은 중국의 상원연등 풍속의 유래를 중국문헌을 통해 고증한 논문을 발표하여[26)] 고려 연등회를 중국 상원연등회와 비교·검토해 보는 기회를 제공하였고, 홍윤식은 『고려사』 세가편의 불교관계 기사를 중심으로 불교행사를 유형화하여 각종 도량의 성격을 설명하면서 연등회와 팔관회를 전통적 습속에 바탕을 둔 항례적 불교행사로 규정하였다.[27)]

24) 김종명, 2001, 『한국 중세의 불교의례-사상적 배경과 역사적 의미』, 문학과지성사.

25) 二宮啓任, 1958, 앞의 논문; 안계현, 1959, 앞의 논문.

26) 홍순창, 1969, 「연등고-특히 상원연등의 유래에 관하여-」『金載元博士回甲紀念論叢』, 을유문화사.

한편, 고려전기 계서적 지방지배질서가 정립되는 과정에서 연등회와 팔관회가 지방의 지역공동체들을 체제 내로 포섭하는 기능을 담당하였다는 이태진, 채웅석의 주장은 연등회 연구에 새로운 시각을 제공하였다.[28] 또한 연등회를 전문적으로 다룬 연구로는 김형우의 논문이 있다.[29] 그는 논문에서 연등회의 설행 일자를 정리하여 연등회를 정월 보름 연등회 · 2월 보름 연등회 · 4월 초파일 연등회로 분류하고, 그간 언급된 연등회의 사회적 기능을 종합하였다.

다음으로 팔관회와 관련한 연구 역시 니노미야의 「高麗朝の八關會について」와 안계현의 「팔관회고」를 선구적 업적으로 꼽을 수 있다.[30] 전자는 『고려사』의 기록들을 중심으로 하여 팔관회의 설행실태를 개괄하고 그 의의를 간단히 언급한 개설적 논문이며, 후자는 연등회 연구와 같은 시각으로 팔관회의 역사적 의미와 성격을 다각적으로 해석해 보고자 한 것이다. 안계현은 팔관회는 불교 격식대로 설행된 의례라기보다는 각지에서 수시로 열리는 토속신들의 제사를 합사하여 행하는 최고의 전례이며, 고대부터 내려오는 추수감사제의 성격을 지닌 문화축제이고, 신라 화랑적 요소와 고구려의 조상제사의 요소도 포함되어 복합적인 성격을 지녔음을 강조하였다.

이후 오쿠무라(奧村周司)는 『고려사』에 전하는 팔관회 의례절차를 세밀하게 검토하는 실증적 방법을 통해 팔관회에 내재하는 태조신앙과 고려의 대외관을 적시하였다. 그는 '알조진의謁祖眞儀'를 국왕이 신하의 의례로서 태조의 진영(초상화)을 배알하고 작헌 · 음복하는 의식을 매개로 태조의 영위靈威를 체득하는 의식으로 이해하였으며, 팔관회에서 군신들과 송나라 상인과 여진, 왜, 탐라 같은 조공국 사신이 한자리에 모여 조하의식을 행하였

27) 홍윤식, 1994, 앞의 논문.

28) 이태진, 1995, 「사회사적으로 본 한국중세의 시작」 『古代와 中世-韓國史의 時代區分』, 신서원; 채웅석, 2000, 『고려시대의 국가와 지방사회-본관제의 시행과 지방지배질서』, 서울대출판부.

29) 김형우, 1994, 「고려시대 연등회 연구」 『國史館論叢』 55.

30) 안계현, 1956, 앞의 논문; 二宮啓任, 1956, 앞의 논문.

던 것은 고려에서도 중국과 비견되는 나름대로의 천하관이 존재한 것으로 파악하고 이를 '팔관회적 질서' 라고 명명하였다.[31]

그리고 종교학과 민속학 분야에서의 연구자들은 팔관회를 우리나라 고유의 산천신앙의 맥락에서 이해하거나,[32] 세시풍속의 관점에서 접근하였으며,[33] 이혜구가 팔관회에서 연주된 음악과 공연된 백희에 주목한 이래[34] 한국음악사의 관점에서도 연구가 진행되고 있다.[35] 한편, 팔관회와 화랑도가 관련되는 측면을 전통사상의 연계 속에서 살펴보려는 연구도 지속적으로 이루어지고 있다.[36] 이처럼 각 분야에서 팔관회에 대한 관심이 높아지고 다양한 접근이 시도됨에 따라 종합적 재구상의 가능성이 커지고 있다.

제석도량에 대하여는 그 동안 고려 불교행사를 개관할 때 부분적으로 언급되어 여동찬은 신중도량의 한 종류로,[37] 김형우는 밀교적 성격의 도량으로 분류한 바 있으나,[38] 관련 기록들을 구체적으로 검토한 연구는 거의 없

---

31) 奧村周司, 1979, 「高麗における八關會的秩序と國際環境」『朝鮮史研究會論文集』 16; 1982, 「高麗の外交姿勢と國家意識」『歷史學研究 別册-中世の國際意識と國家』; 1997, 「高麗の圜丘祀天禮と世界觀」『朝鮮社會の史的展開と東アジア』.

32) 이욱, 1998, 「조선 전기의 산천제」『宗敎學硏究』 17.
박호원, 1995, 「고려의 산신신앙」『민속학연구』 2; 1997, 「한국 공동체 신앙의 역사적 연구-동제의 형성 및 전승과 관련하여-」, 한국정신문화연구원 박사학위논문; 변동명, 2001, 「고려시기의 나주 금성산신앙」『全南史學』 16.

33) 김혜숙, 1999, 「고려 팔관회의 내용과 기능」『역사민속학』 9.

34) 이혜구, 1962, 「의례상으로 본 팔관회」『藝術論文集』; 1967, 『韓國音樂序說』, 서울대출판부 재수록.

35) 최진원, 1971, 「'動動'攷 (1)-팔관회와 관련하여-」『大東文化硏究』 8; 이민홍, 1995, 「고려조 팔관회와 예악사상」『大東文化硏究』 30; 곽진, 1998, 「민족예속의 전개와 그 변모양태」『정신문화연구』 제21권 제1호.

36) 이기동, 1988, 「화랑상의 변천에 관한 각서-화랑문화론에 붙여서-」『新羅文化』 5; 1997, 『新羅社會史硏究』, 일조각 재수록; 도광순, 1995, 「팔관회와 풍류도」『韓國學報』 79; 김상현, 1999, 「제4부 V. 화랑의 여러 명칭에 대하여; VI. 화랑 자료의 기초적 검토」『신라의 사상과 문화』, 一志社.

37) 여동찬, 1970, 『고려시대 호국법회에 대한 연구』, 서울대출판부.

38) 김형우, 1992, 앞의 논문.

다시피한 실정이다. 조선시기 무속화된 제석신앙에 대한 논문[39]을 제외하고는 서윤길의 논문이 유일하다고 할 수 있다.[40] 그러나 이 논문은 고려시기 제석신앙을 밀교 교학에 등치시켜 도식적으로 이분하는 등 밀교 일변도로 이해하고, 제석신앙과 고유신앙이 관련되는 측면을 강조하여 팔관회와 용신신앙까지도 제석신앙의 범주로 포함시켜 버려 제석신앙의 실상을 파악하기에는 충분치 못하다.

이상의 연구들을 종합하여 보면, 초기의 연구는 가장 중요한 의례인 연등회와 팔관회의 관련 자료들을 정리하여 그 성격을 개괄적으로 밝혀보거나 비슷한 성격의 의례들을 모아보는 단계였으며, 1980년 이후에는 여러 불교의례들을 종합하여 유형화하는 작업이 진행되는 한편, 불교행사의 전개 양상을 시기구분을 하여 시대적으로 파악해 보고자 하는 시도가 있었음을 알 수 있다.

이처럼 고려 불교의례에 대한 연구가 진전되어 왔으나 고려시기 역사에서 불교의례가 지니는 의미를 총체적으로 이해하기에는 아직도 미흡하다고 생각된다. 앞으로 고려시기 불교의례 연구가 한 단계 진전하기 위해 대체로 다음과 같은 네 가지 측면이 고려되어야 할 것이다.

첫째, 고려의 불교의례가 고려의 정치와 분리될 수 없는 성격임을 고려한다면 불교행사의 전개 양상을 정치와 연계시켜 시대적 상황 속에서 해석하여 그 의미를 파악해 보고자 하는 시도가 필요하다.

둘째, 시대에 따라 불교의례의 사회적 성격도 변화하므로 의례 성격의 변화를 추적하는 작업이 필요하다. 따라서 계량적이고 분석적인 작업을 통하여 연등회와 팔관회, 제석도량이 어떻게 전개되고 있는가를 구체적으로 밝혀야 할 것이다. 시대적 변화에 따라 설행 횟수와 내용이 어떻게 달라졌는

39) 유동식, 1975, 『한국무교의 역사와 구조』, 연세대출판부; 방창환 · 조흥윤, 1997, 『제석님과 제석굿-전통제석신앙의 성격규명과 자료-』, 문덕사.

40) 서윤길, 1993, 「제석신앙과 그 신앙의 고려적 전개」『高麗密敎思想史硏究』, 불광출판부.

지 분석해 보고 이를 바탕으로 사회적 성격의 변화가 파악될 때 이들 의례가 고려 사회와 문화에서 가지는 의의를 전체적으로 조망할 수 있을 것이다. 이러한 작업은 연등 · 팔관회와 제석도량이 이후 우리의 문화 속에 어떠한 형태로 계승되었는가와 관련하여서도 중요하다.

셋째, 초기 연구자들에 의해 내려진 "연등회와 팔관회는 본질적으로는 불교의례이지만 그 안에 재래의 전통 습속이 복합적으로 반영되어 있는 문화축제"라는 정의가 아직까지도 실증적으로 검증되지 않은 채 이들 의례에 대한 이해는 피상적인 수준에 머물러 있고 설명은 단편적인 데 그치고 있다.

연등회와 팔관회가 전 국민이 참여하는 초계층적 문화축제라는 사실은 이들이 단순한 불교행사가 아닌 고려문화의 결집체였음을 알려준다. 즉, 연등회와 팔관회는 고려사회가 창출해낸 문화적 장치이자, 고려 문화를 유지해 가는 핵심적 장치였다고 할 수 있다. 그러므로 이에 대한 연구 역시 다각적 측면에서 종합적으로 이루어질 필요가 있다.

그러기 위하여 민속학이나 종교학의 현상 해석적 방법론에서 한 단계 나아가 역사적 관점으로까지 이해의 폭을 넓혀 이들 속에 나타나는 요소들을 역사적 계기성의 차원에서 파악하여야 할 것이다. 이러한 작업은 이들이 시대를 초월하여 이어질 수 있었던 보편성과 고려 문화의 계승성을 밝혀냄으로써 고려 문화에서 연등회와 팔관회가 가지는 역사성을 이해하는 데 중요한 기반이 될 것이다.

또한 문헌상의 의례절차와 설행되고 있는 실제 모습을 실증적으로 분석할 필요가 있다. 연등회와 팔관회의 의례절차는 『고려사』의 예지 가운데 가례 잡의嘉禮 雜儀로 편제되어 전해지고 있다. 이것들을 면밀히 검토하여 구성과 의식절차들을 치밀히 정리하여야 할 것이다. 고려 왕실이 연등회와 팔관회를 정책적으로 국가의례화한 것은 결국 고려라는 국가공동체 의식을 고취하려는 데 있으며 의례절차에는 이러한 의도가 강하게 반영되어 있다. 따라서 이를 분석하면 연등회와 팔관회를 통하여 고려 왕실이 추구하였던 공동체 의식의 기저를 파악할 수 있을 것이다. 이러한 성격은 고려시기 연등회와 팔관회의 존재 근거이자 조선시기 이들이 부정될 수밖에 없는 이유이기도 했다.

한편, 연등회와 팔관회의 의례절차는 당시의 문화 활동들을 모두 포괄하고 있다. 이로 인해 종합문화제와 같은 축제의 면모를 띠게 하여 문화사적으로도 중요시된다. 이러한 문화적 프로그램들은 불교의례라는 엄숙한 종교행사를 대민동원력이 큰 초계층적 축제로 만들었고, 설행 당시의 모습들이 생생하게 기록으로 전하고 있다.

이러한 면모들을 문화 · 경제 · 사상의 세 가지 측면에서 접근해 본다면 연등회와 팔관회의 성격과 기능을 보다 구체적으로 규명할 수 있을 것이다. 특히 제반 문화 활동들을 통한 문화적 접근방법은 당시의 음주실태 모습까지도 생동감 있게 재현해 낼 수 있어 고려 문화를 이해하고 공감하는 데 효과적이다.

사회경제적 접근방법은 행사를 진행하였던 주관자들과 운영실태를 실증적으로 검토하여 연등회와 팔관회의 사회경제적 기능과 성격을 밝혀줄 것이다. 연등회와 팔관회가 전국적 행사였기 때문에 지역적 성격도 지니고 있다. 이러한 작업은 지방사회에서의 이들의 기능을 이해하기 위해서도 중요하다.

사상적인 접근방법은 설행될 때 작성된 시문과 표문, 문집 기록과 악곡 등의 자료들의 검토하여 이들 의례에 대한 당시 사람들의 인식을 파악함으로써 고려 사람들의 사유체계와 국가관, 천하관, 이와 연결된 연등회와 팔관회의 사회적 기능을 이해할 수 있는 단서를 제공할 것이다.

제석도량의 설행 양상은 사전祀典에 전하지 않고 별도의 공식의례집도 남아 있지 않아 관련 사료들을 통해 간접적으로 접근할 수밖에 없다. 이러한 한계에도 불구하고 관련 사료들이 적지 않으므로 이를 면밀히 검토하면 고려 문화에서 제석도량이 가지는 의미를 밝힐 수 있을 것이다.

넷째, 이 의례들은 고려에서 처음 설행된 것이 아니라 인도에서부터 기원하여 중국을 거쳐 전래된 것이다. 따라서 이 의례들의 성격을 보다 더 정확히 밝히기 위하여 인도와 중국에서의 경우를 비교하여 이들이 고려의 불교의례로서 지니고 있는 고유한 면을 부각시킬 필요가 있다.

불교는 전파되는 지역과 민족의 여건에 상응하여 교의운영과 신앙행위의 면모에서 상당한 변화를 보인다. 따라서 제일 먼저 연등과 팔관이 본래 불교 경전상에서 가지는 의미를 짚어보고, 그것이 인도에서 설행되었던 실재상과 중국으로 전래된 후 변하여진 면모를 검토하는 것이 필요하다. 이러한 비교방법론은 불교 교리의 측면에서 연등과 팔관의 사상적 배경을 밝힘과 동시에 고려 고유의 특성을 부각시켜, 연등회와 팔관회의 불교의례로서의 보편성과 고유성을 보다 명확히 하여 줄 것이다.

제석도량은 중국에서는 거의 설행되지 않았기 때문에 중국과의 양상 비교는 불가능하여 비교방법론으로 접근할 수는 없다. 그러나 불교경전 속에 드러나 있는 제석의 성격과 역할을 파악하여 제석도량의 근거를 밝힐 수 있다. 불교의 제석이 우리 고유의 천신 관념과 결합되어 신라 중고기 지배이데올로기로인 진종설眞種說의 실천방법인 제석신앙으로 수용된 과정을 검토하면 신라 왕실의 왕권신성화에 기여한 제석신앙에 대한 규명이 가능하다. 이러한 작업은 고려 태조에 의해 제석이 주목되는 사상적 · 역사적 근거를 밝히는 데 중요한 기반이 될 것이다.

앞에서 언급한 것처럼 이 세 가지 불교의례들을 비교문화적 방법과 실증적 방법에 입각하여 다각적으로 연구해 보고자 한 것은 이들이 고려문화를 총체적으로 반영하고 있기 때문이다. 이를 통해 고려문화의 실상을 더 명확히 드러내어 고려문화의 실체에 좀더 가까이 접근해 보기 위해서이다. 그리고 이러한 시도는 고려문화를 총체적으로 재구성해 보려는 작업의 일환으로 추구된 것이다.

그런데 고려시기 불교의례 연구에 있어서 가장 큰 제약은 자료상의 한계이다. 주로 『고려사』의 불교관계 기록에 의지할 수밖에 없는 형편이지만, 앞에서도 말하였듯이 이 책은 성리학적인 가치관을 최우선으로 하는 유학자들에 의해 편찬된 역사서이다. 이런 연유로 불교 관련 기록들이 많은 부분

삭제되어졌고 전하는 기록도 유교적인 편견에서 윤색이 가해진 것들이다.

예컨대, 『고려사』 세가에 나오는 불교관계 기사는 왕의 행적을 기록하는 가운데 남은 것이지 불교행사 자체를 기록하기 위해 쓰인 것이 아니다. 중국 사서에는 있는 불교와 도교에 관한 석노지釋老志 부분이 아예 편집되지 않았고 열전에도 고승들은 한 사람도 수록되지 않았다. 대각국사 의천義天에 대한 기록도 그가 승려여서가 아니라 왕족이었기 때문에 수록된 것이다. 결과적으로 『고려사』의 불교관계 기록은 고려 불교의 다양한 면모들 가운데 왕과 관련된 내용들만이 전해진 것이며, 이것조차 『고려사』 범례에서 밝히고 있듯이 상례로 된 행사들은 처음의 경우에만 기록하여서 생략된 부분들이 많다.

그러므로 『고려사』를 통하여 고려사회 불교문화의 총체적인 모습을 이해한다는 것은 한계가 명백한 작업이라 할 수 있다. 그러나 아직 충분히 이용되지 않은 『고려사』의 열전과 지 부분 속의 불교관계 기사들과 『동국이상국집』, 『고려명현집』, 『동문선』 같은 문집들, 또한 고려시기 비문들과 묘지명들을 적극 활용한다면 사료 부족에서 오는 문제점이 많이 보강될 수 있을 것이다. 따라서 남아 있는 관련 자료들을 다각적으로 수집하여야 하며, 『이십오사』, 『흠정고금도서집성』과 같은 중국측 자료들도 활용할 필요가 있다. 한편, 사료 부족으로 인한 역사적 해석의 취약함을 보완하기 위해 종교학, 민속학, 신화학 등 인접 학문의 연구 성과와 방법론도 적극적으로 수용하여야 할 것이다.

제2장 연등회의 의례 내용과 사회적 성격

1. 연등행사의 기원과 중국의 상원연등회
2. 고려 연등회의 의례 내용
3. 고려 연등회의 사회적 성격

1. 연등행사의 기원과 중국의 상원연등회

1) 인도와 서역의 연등행사

고려시기 연등회의 양상과 성격을 알기 위해 먼저 인도와 중국에서 설행된 연등회를 살펴볼 필요가 있다. 인도에서 석가탄신일에 행해진 대대적인 연등행사는 축제적인 양상에서 고려의 연등회와 유사하였다. 그러므로 인도에서 행해진 연등행사는 어떤 성격을 가졌으며, 그것이 어떤 경전적 근거를 지니는가 알아보도록 하자.

연등회는 불교 문화권에서 널리 성행되어 온 불교의식이다. 불교에서는 어둠을 밝혀주는 등불을 지혜에 비유하고, 불상 앞에 불을 밝히는 연등공양을 매우 중요시하였다. 그런데 연등공양은 인도 전래의 풍습[1]을 불교가 수용한 것으로 석가 생존시부터 그 공덕이 이야기되었다. 석가 열반 직후 결집된 초기 소승경전인 『증일아함경』의 내용과,[2] 부파불교에 의해서 편집된 율장인 『마하승기율』[3]에 수록된 연등에 대한 규정이 이를 뒷받침한다.

『증일아함경』과 『마하승기율』이 중국에 소개된 것은 400년을 전후한 시기지만, 이에 앞서 안세고安世高에 의해 후한 건화 2년~건녕 3년(148~170) 사이에 『대비구삼천위의』가 번역된 바 있다. 『대비구삼천위의』는 비구가 평상시에 지켜야 하는 의칙작법을 상술한 경전인데, 이 가운데 '검등오

1) 인도의 힌두교에서는 신들에게 물, 향, 꽃, 등불, 음식을 바치는 습속이 있었다. 현재까지도 예배의례인 푸자(puja)에서 중요시되고 있다.

2) 등광여래는 보장여래에게 매일 연등 공양한 공덕으로 성불의 수기를 받았다(『增一阿含經』 권38 馬血天子品 제2경).

3) 摩訶僧祇律 권35 威儀法에는 사리, 불상, 불탑, 경권 앞에서 연등하면 더욱더 공덕이 있다고 하면서 연등장소까지 상세히 규정하고 있다.

사' 와 '연등오사' 가 규정되어 있다.[4] 이를 미루어 보아 연등은 불교의례로서 일찍부터 중국에서 받아들여졌을 가능성이 크다. 이후 대승경전이 성립되면서 연등은 육바라밀 가운데 하나인 공덕바라밀의 중요한 방편으로 확고히 자리잡게 된다. 초기 대승경전인 『대보적경』[5]과 『대반야바라밀다경』[6]에서는 연등을 복덕을 쌓는 갖가지 공양물 — 화만 · 향 · 의복 · 영락 · 보배당기 · 번기 · 일산 · 기악 · 연등 — 가운데 하나로 언급하였고, 『화엄경』에 이르러서는 등불의 종류와 공덕의 내용이 보다 구체화되었다.[7] 또한 부처

---

4) 『大比丘三千威儀』 卷下(『大正新脩大藏經』 24 律部3 No. 1470, 923下~924上), "撿燈有五事 一者不得滅中炷 二者當瀉中餘膏作大燈燃著佛前 三者當取空燈內著常處 四者不得忘破碎 五者若亡物皆當應買償著常處 … 燃燈有五事 一者當持淨巾拭中外令淨 二者當作淨炷 三者當自作麻油 四者著膏不得令滿亦不得令少 五者當護令堅莫懸妨人道污人 是直日法 如上行之得福"

5) 『大寶積經』 권77~권79는 『菩薩藏經』이라는 독립경전으로도 유포되었다. 구마라습에 의해 요진 홍시 7년(405)에 한역되었는데, 연등공덕이 설법되고 있다. "부처님이 사리불에게 말씀하셨다. 사람이 삼막삼보리를 배우고자 하면, 성문승의 사람이거나, 연각승의 사람이거나, 대승인이거나, 혹은 나머지 중생이거나 마땅히 시방십계의 십불 명호를 외우고, 만 개의 등을 초나 기름으로 켜며, 향과 磨香을 또한 등 숫자대로 하고, 갖가지 꽃, 갖가지 과실, 갖가지 잎으로 큰 공양을 짓고 큰 보시를 행한다."

6) 『大般若波羅密多經』 권429 2분 32功德品(『한글대장경』 27 반야부11, 582쪽), "선남선녀가 이와 같은 현재나 미래의 수승한 공덕과 무상의 정등보리를 증득하고자 하려면, 일체지의 지혜심을 항상 잊지 않고 무소득의 방편으로써 심오한 『반야바라밀다경』을 지극한 마음으로 듣고 지니고 외우고 부지런히 닦고 배워서 이치와 같게 생각하고 쓰거나 설명하여 널리 퍼뜨리고, 또한 갖가지 훌륭하고 묘한 花鬘과 바르거나 뿌리는 等香과 의복, 영락, 보배당기, 번기, 일산과 온갖 묘하고 진기한 伎樂과 燈明으로 공양할지니라."

7) 『大方廣佛華嚴經』(60권본) 권15 金剛幢菩薩十廻向品, "보살마하살은 여래 · 응공 · 정등각이 계신 곳에 갖가지 선근을 심기 위해 온갖 꽃과 갖가지 화만 · 일산 · 당기 · 번기 · 보배 · 등불 등 갖가지 묘한 공양거리로 불상과 탑에 공양합니다. … 또, 보살마하살은 등불을 보시합니다. 이른바 우유등불과 기름등불 · 보배등불 · 마니등불 · 칠등불 · 불꽃등불 · 침수향등불 · 전단향등불 · 일체향등불 · 무량빛깔과 광명불꽃등불입니다. 이런 한량없는 등불을 보시할 때 그는 이렇게 회향합니다.

의 인연설화인 비유담은 연등공덕의 중요성을 대중들에게 널리 알리는 데 효과적이었다. 『현우경』[8]이나 『잡보장경』[9]에 수록된 연등 관련 설화들이 대표적인 예이다.

나아가 연등공덕만을 독립적으로 다룬 경전들도 나타나기 시작하는데, 『아사세왕수결경阿闍世王授決經』,[10] 『불설시등공덕경』, 『불위수가장자설업보

이 선근으로 일체중생을 이롭게 하고 일체중생을 포섭하여 그들로 하여금 한량없는 광명을 얻어 모든 부처님의 법을 두루 비추게 하리라. 또 일체중생들로 하여금 밝고 깨끗한 광명을 얻어 일체의 미묘한 색깔을 두루 비추게 하리라. 또 일체중생들로 하여금 위치를 떠난 광명을 얻어 중생 없는 세계를 잘 알게 하리라. 또 일체중생들로 하여금 한량없는 광명을 얻고는, 법신의 깨끗한 광명으로 일체를 두루 비추게 하리라. 또 일체중생들로 하여금 넓은 광명을 얻고는 부처님의 법에서 물러나지 않게 하리라. 또 일체중생들로 하여금 부처님의 광명을 얻어 한량없는 모든 부처의 세계를 두루 비추게 하리라. 또 일체중생들로 하여금 걸림 없는 광명을 얻어 한 광명으로 일체법계를 두루 비추게 하리라. 또 일체중생들로 하여금 한량없는 광명을 얻어 부처의 세계를 두루 비추되 그 광명을 끊이지 않게 하리라. 또 일체중생들로 하여금 광명 당기를 얻어 그 지혜광명 당기 등불이 세간을 두루 비추게 하리라. 또 일체중생들로 하여금 한량없는 빛깔광명을 얻고는 자재한 광명을 놓아 일체 세계를 두루 비추게 하리라."

8) 『賢愚經』 貧女難陀品은 가난한 여인 난타가 정성껏 바친 등불 하나가 왕이 바친 다른 등불들이 모두 꺼진 후까지도 꺼지지 않고 빛났다는 이야기로 정성스런 마음에서 우러난 연등이 얼마나 큰 공덕을 이루는가를 시사하고 있다(『한글대장경』 15 본연부 7, 86~90쪽).

9) 『雜寶藏經』 권5 天女本以燃燈供養生天緣은 승가의 自姿日에 부처님이 거니시는 것을 보고 등불을 켜 공양한 공덕으로 천상에 나게 된 한 여인의 인연담을 전하고 있다(『한글대장경』 15 본연부 7, 449쪽).

10) 『阿闍世王授決經』은 아사세왕이 부처님께 지극정성으로 등을 바치고 꽃을 올려 정기소부여래의 수기를 받게 되었다는 인연설화이다. 헌등설화 부분은 貧母의 一燈이란 이야기로도 알려져 있는데, 『현우경』의 빈녀난타품과 유사하다(『한글대장경』 66 경집부 5, 559~563쪽).

11) 『佛爲首迦長者說業報差別經』의 내용 중에 연등공덕을 설법한 부분을 인용하면 다음과 같다. 만일 어떤 중생이 등불을 받들어 보시하면 열 가지 공덕을 얻는다. 첫째, 세상을 비추기가 등불과 같고, 둘째, 어디서 나든지 눈이 완전하며, 셋째, 천리안을 얻으며, 넷째, 선악법에 대해 좋은 지혜를 얻으며, 다섯째, 큰 어둠을 없애

차별경佛爲首迦長者說業報差別經』[11] 등이 이에 해당한다. 『아사세왕수결경』은 300년 전후한 시기에, 나머지 두 경전은 6세기 후반에 한역되었다. 이 가운데 『불설시등공덕경』이 연등공덕의 전거 경전으로 보편적으로 받아들여지고 있다. 이 경전은 부처님이 사리불에게 등을 보시하는 공덕이 얼마나 큰가를 설법하는 형식으로 전개되고 있다.

만약 불탑묘에 등불을 보시하면 그것이 비록 심지만을 밝힌 작은 등불일지라도 복덕은 대단히 크며, 임종시에 네 가지 광명을 보게 되고, 죽어서 삼십삼천에 태어나 다섯 가지의 청정을 얻게 된다고 한다. 뿐만 아니라 설법하는 법사에 등불을 보시하여도 여덟 가지의 무량자량을 얻으며, 부처님 앞에 다른 사람이 보시한 등불을 보고 신심이 청정해져 합장하고 기뻐하면 이것만으로도 여덟 가지의 증상법을 얻게 된다고 전하고 있다.[12]

『불설시등공덕경』의 성립 배경은 대승불교 운동이 활발해지면서 불탑 등을 건립하여 예배의례를 행하는 불탑숭배가 융성해지는 현상과 관련이 깊다. 불탑신앙의 유행과 아울러 조탑造塔·조상造像·욕상浴像 등의 공덕을 설한 경전들이 성립되었는데 『법화경』의 제11장 「견보탑품」은 바로 이러한 불탑신앙의 중요한 전거경전이다. 불탑신앙이 유행됨에 따라 불탑의 등공양이 보편화되었으며 연등은 불교행사에서 의례절차의 중요한 법식으로 정착되었다.

불경에 나타난 위와 같은 연등공덕은 인도에서 불교행사에서 어떻게 실천되었을까? 개인적으로 연등하여 공덕을 쌓는 의식은 쉽게 행할 수 있지만 연등이 불교의례로 정착되었다면 연등의식이 의례에 있어서 큰 비중을 차지하는 집단적인 불교행사가 존재했음이 확인되어야 한다. 그런데 『법현전法顯傳』에 이를 확인할 수 있는 기사가 전해진다. 『법현전』은 동진東晉의 승

며, 여섯째, 밝은 지혜를 얻으며, 일곱째, 세상을 돌아다니되 언제나 어두운 곳에서는 살지 않고, 여덟째, 큰 복의 갚음을 갖추며, 아홉째, 목숨이 다하면 천상에 나고, 열째, 열반을 빨리 증득한다(『한글대장경』 8 아함부 8-2).

12) 『佛說施燈功德經』(『한글대장경』 73 경집부 12, 424~458쪽).

려 법현이 안제 융생 3년(399)부터 의희 10년(414)까지 구법하면서 기록한 기행문집으로 당시 중인도 마갈제국의 파련불성에서 거행되었던 연등행사의 모습이 상세히 서술되어 있다. 파련불성은 현재 파탈리푸트라 지역으로 당시 인도 최대 성읍이었는데 매년 4월 8일 석가탄신일에 성대한 행상공양行像供養이 거행되었다고 한다.

> 사륜차 위에 대나무를 엮어 5층으로 탑 모양을 만들어 놓았는데 높이가 2장 가량 되었다. 이것을 흰 모직물로 둘러싸고 천 위에다 여러 천중의 형상을 아름답게 그린 후 금은박과 유리옥으로 장식하고 주위에 화려하게 채색한 번을 빙 둘러 설치하고 사방에 불함을 만들어 불보살을 안치한다. 이러한 수레는 20대까지 만들 수 있으며 수레마다 그 꾸민 모양새가 다양하다. 이날 불교사원으로 도속들이 모두 모여드는데, 이때 각종 예능인들은 재주를 겨루고 각종 음악이 연주되고 꽃과 향이 공양되었다. 드디어 성읍 밖에 위치한 사원으로부터 수레들이 출발하여 천천히 성내로 들어온 후 성에서 하루 밤을 보내는데 밤새도록 燃燈과 伎樂[13]으로 공양한다. 인도의 다른 곳도 모두 마찬가지이다.[14]

위의 내용에 따르면 5세기 초 인도에서는 파련불성뿐만 아니라 전국 각지에서 행상공양이 석가탄신일 축하행사로 열리고 있었고 그 가운데 연등은 야간의 중요행사였다. 연등은 처음에는 갖가지 공양물 가운데 하나로서 그 비중이 다른 공양물보다 크지 않았을 것이다. 그러나 점차 불교행사의 규모가 커져 행사기간이 길어지면서 밤까지 행사가 연장되어 불을 밝히기 위해 등불을 켜야 했을 것이다. 그리고 이는 연등공덕의 복업을 자연스럽게 쌓는 결과가 되므로 연등의 중요성이 부각되었던 것으로 보인다.

---

13) 기악은 처음에는 行像輿車를 장엄하는 불교음악이었다가 점차 예능인들의 연예에 반주음악이 되어 운집한 많은 사람들에게 즐거움을 주는 오락음악으로 그 성격이 변질되었다. 점차 음악과 함께 시연되는 백희라고 일컬어지는 기예나 곡예까지도 포함하게 되어 百戱歌舞, 百戱雜技, 歌舞雜戱라고도 불린다(宋芳松, 1985, 『韓國古代音樂史硏究』, 一志社, 333~389쪽).

14) 服部克彦, 1967, 「北魏洛陽における佛敎と娛樂藝能」『北魏洛陽の社會と文化』, ミネルヴァ書房, 235~237쪽.

대규모 불교행사는 순수한 종교적 의미보다는 집단 내의 사회적 통합이나 연대감 생성에 더 큰 목적이 있으며, 특히 야간행사는 주간행사의 종교적 엄숙함보다는 오락적 성격이 강한 축제 형식을 띠게 된다. 이러한 특성은 인류에게 보편적인 것으로 이로 말미암아 연등행사는 종교적인 의미에 실용적인 기능까지 지니는 불교의례로서 주변 지역으로 쉽게 전파되었을 것이다.

서역의 우전국에서도 이와 유사한 행상공양이 행해졌다고 한다. 당시 인도에서 중국에 이르는 교통로인 비단길은 동서무역뿐만 아니라 불교의 수입에도 중요한 역할을 했다. 우전국은 비단길 서역남로 중간에 위치한 도시국가로 지금은 호탄이라 불린다. 우전국의 행상공양은 나라 안 14대 가람이 각각 하루씩 참가하여 4월 1일부터 14일까지 14일 동안 계속되었다고 한다. 법현의 기록에서 연등공양은 언급되지 않았으나, 밤을 새우며 14일 동안 지속되는 행사에서 밤을 밝히는 연등행사가 있었을 것은 당연하며 운집한 도속들을 위무하기 위해 다수의 예능인이 참가하였을 것이다.[15]

한편, 비단길 천산남로상에 위치한 베제클리크 석굴벽화에 『불설관정경』에 나오는 칠층지등七層之燈[16]과 유사한 그림이 있어 중국의 연등 풍속의 연원을 여기에서 찾는 견해도 있다.[17] 그러나 이러한 석굴벽화 역시 인도를 기원으로 한 불교에서의 연등이 전파되는 과정에서 조성된 것으로 이해해야 할 것이다.

돈황에도 연등공양을 묘사한 벽화가 있다. 석굴 220호는 돈황 석굴 가운데 조성연대가 확실한 몇 안 되는 석굴인데 명문에 의하면 당 정관 16년

---

15) 服部克彦, 위의 논문, 232~234쪽.

16) 『佛說灌頂經』 권12 「佛說灌頂拔除過罪生死得度經」에 동방정토의 약사유리광여래를 예배 공양하는 공덕을 설법하는 가운데 장수를 기원하기 위해 七層之燈을 밝힐 것을 구탈보살이 아난에게 권하는 내용이 나온다. 연등법칙은 49척의 오색등을 밝히고 그 뒤에 일곱 층으로 등불대를 양쪽으로 배열하는데 각층마다 등불을 일곱 개씩 밝히니 등불이 수레바퀴 모양으로 화려하다고 한다.

17) 홍순창, 1969, 앞의 논문, 547쪽.

(642)에 조성되었다고 한다. 이때는 이미 돈황이 중국 불교의 영향권에 속한 뒤이기 때문에 이 벽화가 인도에서 중국으로 연등 풍속이 전파되는 과정을 입증해 주는 자료라고는 볼 수 없으나 서역지방 연등공양의 이모저모를 생생하게 묘사하고 있어 흥미롭다. 석굴 동벽에는 『무량수경』의 서방미타정토변상도가, 북벽에는 『약사경』의 동방약사정토변상도가 묘사되어 있는데 그 안에서 눈길을 끄는 장면이 등잔공양이다. 몇 쌍의 예배자들이 경건하게 바닥에 놓여 있는 등잔들에 점등하고 3층으로 만들어진 등불대의 맨 위층까지 등잔들을 올려놓는 모습이 보인다. 무용수들이 쭉 늘어서 춤추고 있는 사이로 여러 층의 제단이 보이고, 각 층에는 촘촘히 배열된 등잔들이 붉게 타오르고 있다.[18)]

인도와 중국을 잇는 서역 중앙아시아 지방의 연등풍속을 알려주는 위와 같은 사례는 연등의례가 불교의례로서 인도로부터 서역지방을 거쳐 중국으로 유입된 것임을 시사하고 있다. 그러나 이미 인도에서부터 불교행사는 공덕을 쌓는 순수한 불교의례라기보다는 세속적이고 향락적인 성격으로 변질되고 있었다. 서역으로 불교의례가 전파될 때 의례 작법 속에 인도의 기악 및 오락예능도 포함되어 전래되었고 다수의 민중이 불교행사에 참가함에 따라 행사는 자연히 축제의 양상을 띠게 되었다.

앞서 언급한 돈황의 석굴 220호 벽화에는 그 당시 서역의 음악과 무용 분야의 발전상을 반영하는 연예인들의 모습이 묘사되어 있다. 종, 오현금, 생황, 딱따기 등을 손에 든 기악인, 가수, 무용수들이 등장하고 있는데, 악사들 가운데 몇몇의 얼굴은 어두운 색으로 칠해져 있어 인도 태생임을 추측케 한다. 이 돈황 벽화는 중국 불교의 영향으로 조성된 것이지만, 인도에서 중국으로 전래되는 과정에서 정착된 서역의 불교의례 양상을 전해주고 있다고 생각된다. 7세기에 이르면 불교의례에서 기악을 위시한 오락예능이 중요시되고 있으며, 이는 인도로부터 직접적으로 영향받은 것이었다.

---

18) R. Whitfield 저, 권영필 역, 1995, 『敦煌』, 예경.

중국의 연등회에서도 기악을 포함한 오락예능이 중시되고 있는데 이 역시 인도 불교의례의 영향을 받은 것이다. 연등회가 중국에서 세시풍속으로 자리잡게 된 배경에는 인도에서 행상공양의 연등행사에서도 확인되듯 많은 사람들이 참가할 수 있는 축제적 성격이 여타의 불교의례보다도 연등회에서 가장 강하게 부각될 수 있었기 때문이다.

2) 중국의 상원연등회

(1) 삼원의 성립

중국에서는 인도로부터 불교의 연등행사가 전래되기 전부터 이미 전통 습속으로 연등풍속이 존재하고 있었다. 이와 관련하여 서왕모 설화가 주목된다. 서진의 장화張華가 쓴 『박물지』에 전하는 서왕모 설화에 의하면 한무제가 선도仙道를 좋아하여 명산대택에 제사지내고 신선의 도를 구했는데, 서왕모가 사자를 보내 한무제를 만나러 오겠다고 알린 후 7월 7일 밤이 되자 나타났으며 무제는 궁궐 안을 깨끗이 청소하고 구미등을 설치하여[19] 서왕모를 맞았다고 한다.[20] 이 설화는 중국 고유신앙 속에서 등불이 중요한 위치를 차지하고 있음을 알려주고 있다. 서왕모와 한무제의 만남에서 중요한 도구로 등장하고 있는 구미등은 9개의 등잔을 가진 등명대였을 것으로 추측되며[21] 실제 이러한 등명대가 도교의례에 사용되었다.[22]

서왕모 설화를 전하고 있는 위의 책은 삼국시대 이후 편찬된 것이지만,

19) 「漢武故事」와 「漢武帝內傳」에도 같은 설화가 전하는데, 「한무고사」에는 九微燈을 九華燈으로, 「한무제내전」에는 九光之燈으로 칭하고 있다.

20) 『博物志』 권3, 士禮居黃氏叢書本.

21) 남북조시대 말 편집된 도교 백과사전인 『無上秘要』 권51에는 육재월, 일월의 합십일, 팔절일, 갑자일, 경신일에는 집 마당 가운데 장등을 설치하고 九燈火를 점화하여 위로는 九玄諸天의 복당을 밝히고 아래로는 九地無極世界의 장야 가운데를 밝힌다고 하였다. 이러한 등 아래에는 등을 돌 수 있는 길이 있었다고 한다.

22) 小南一郎, 1974, 「西王母と七夕傳承」 『東方學報』 46.

『회남자』에 나타난 것처럼 한대 서왕모는 불사약을 지닌 장생불사의 주관자로 자리매김되고 전한 말기에는 서왕모에 대한 주술적 신앙이 민간종교운동으로까지 발전하였다. 기원전 3년에 서왕모주西王母籌가 유포되면서 일어난 서왕모신앙운동은 26개의 군국을 휩쓴 대사건으로 양한 교체기의 불안정한 사회 상황을 반영하는 것이었다. 이 운동은 '서왕모서를 지닌 사람은 죽지 않을 것'이라며 제단을 차리고 노래와 춤으로 서왕모에게 제사하였다든가, 밤에 등불을 들고 지붕 위에 올라가 북을 두드리며 소리를 질렀다든가 하는 일종의 광신적 종교현상이었다.[23] 여기에서 주목되는 것은 밤에 등불을 들고 지붕 위에 올라가 북을 두드리며 소리를 질렀다는 점이다. 이상에서 서왕모 설화의 내용과 한대 이후 민간에 광범위하게 유포된 서왕모신앙의 모습에서 등불이 중요한 역할을 하고 있음을 확인할 수 있었다. 이러한 중국의 전통적 등명풍속이 연결고리가 되어서 불교의 연등공덕신앙은 다른 공덕신앙보다도 중국인들에게 쉽게 수용되었다.

상원연등회 기원에 대하여 『흠정고금도서집성』은 한대 태일에게 제사지내는 풍습에서 유래한다고 하였다. 또한 한나라에는 집금오장執金吾杖이라는 야간 통행금지 제도가 있었는데 상원을 전후한 사흘 동안만 이를 해제하여 지금 상원일의 통금해제도 이로부터 시작된 것이라고 하였다.[24] 그런데 『사기』 악서에는 정월 상신일[25]에 태일에게 제사를 지내는데 해가 진 후 제사를 시작하여 아침에 마친다고 하는 기사가 전하고 있다.[26] 태일, 즉 북극성은 별 가운데 으뜸으로 하늘의 중심점을 상징하며 북신존성이라고도 한다. 태일에 대한 제사는 불교가 들어오기 전부터 존재하던 중국 고유풍속이

---

23) 전호태, 1997, 「漢 畵像石의 서왕모」 『美術資料』 59, 22쪽.

24) 『退朝錄』, "然燈 上元然鐙或云沿漢, 祠太一, 自昏至晝"; 『事物原始』, "元宵觀燈按漢制執金吾杖掌宮外戒常水火之事, 曉暝傳呼以禁夜行, 惟元夕金吾放夜前後各一夕, 今元宵不禁夜自漢始."(『欽定古今圖書集成』 歲功典 第26卷 上元部彙考).

25) 태일제사일인 上辛은 상순에 드는 辛日이고 辛은 십간 중 여덟 번째이므로 上元이 아니다.

26) 『史記』 권24 樂書2, "漢家常以正月上辛 祠太一甘泉, 以昏時夜祠到明而終."

었는데 제사가 밤에 설행되므로 등불이 제구로 중요하였음은 당연하다.

중국 풍속에서는 정월은 한해를 시작하는 첫 달로 중요시하여 고유행사가 특히 많다. 초하루에는 원단, 7일에는 인일, 이어 절기 행사인 입춘, 보름날에는 상원 등, 한 달 내내 명절기간이 되어 그믐날까지 술을 마시고 음식을 먹으며 즐긴다. 이 가운데 인일은 앞에서 언급한 서왕모설화와 밀접한 관련이 있다. 『형초세시기』[27]는 정월 7일 인일의 행사를 설명하는 항목에서 서왕모가 한무제를 만났던 날을 정월 7일이라고 하면서 이날 비단으로 사람 모양의 장식을 한 인승과 꽃 모양 장식을 한 화승을 만들어 서로 주고받는 풍습은 한무제를 만날 때의 서왕모 모습에서 본뜬 것이라 전하고 있다.

그런데 『박물지』 등에서는 서왕모가 한무제를 만나러 온 날이 7월 7일 칠석이라고 하였다. 칠석행사는 남성이 종사하는 농경을 견우로 의인화하고 여성이 종사하는 양잠을 직녀로 의인화하여 견우와 직녀의 결합, 즉 음양의 결합으로 우주를 재생시키는 풍요로움을 상징하는 농경제례이다. 그리고 직녀는 시대의 변화와 더불어 나타난 서왕모의 변형이다. 서왕모의 상징은 머리에 꽂고 있는 '승'이라는 것인데[28] '승'은 실을 감아 쓰는 도구, 즉 실패를 말하는 것으로 서왕모가 양잠방직과 깊은 관계가 있음을 시사한다. 따

27) 『荊楚歲時記』는 호남 · 호북 지역인 형주 지방의 풍속과 연중행사를 기록한 책으로 중국의 세시풍속기의 효시이다. 저자인 宗懍(488 또는 502~561 또는 565)은 양 원제 때 이부상서를 지냈는데, 서위의 양나라 침입시 연행되어 끌려갔으나 남조문사의 예우를 받아 북주에서도 출사하였다. 고향 형주에 대한 그의 애정이 이 책의 저술 동기라고 한다. 종름이 쓴 책의 원명은 『荊楚記』였는데 수대 杜公瞻에 의해 본문 뒤 注를 다는 형식으로 전면 보충된 후 『형초세시기』로 널리 유통되었다. 두공첨의 주는 관련 문헌과 민간에 구전되어 온 풍속 · 신화 · 전설 등을 인용 소개하고 남북 풍속을 비교하면서 형초 지방에 국한된 풍물고사를 중국의 고금과 전국으로 확대하여 중국의 민속자료를 집대성하였다는 데 의의가 크다.

28) 『山海經』에 이러한 사실이 전하며, 지금까지 남아 있는 후한부터 삼국시대까지의 화상석과 화상경에서 '勝'을 머리에 꽂은 서왕모의 모습을 많이 볼 수 있다. 남북조시대에는 '승'이 여성들의 머리 장식품으로 보편화되었고 금승 · 직승 · 화승 · 옥승 등 다양한 종류가 있었다.

라서 인일과 칠석은 모두 서왕모 설화와 관련깊은 농경제례의 성격을 지닌 세시풍속이었다.

서왕모가 한무제를 만난 날이 정월 7일 인일과 7월 7일 칠석 두 가지로 전승된 이유는 양일이 모두 같은 성격의 제삿날이었기 때문으로 생각된다. 고대 중국에는 정월 7일과 7월 7일을 하나로 묶은 반년주기의 농경제사가 있었다.[29] 이러한 정월 7일과 7월 7일이 도교 교단 성립 전 단계인 초기 천사도에 의해 수용되어 삼회일三會日(1월 7일 · 7월 7일 · 10월 5일) 교설로[30] 체계화되었고, 이러한 삼회일을 교리상의 근거로 하여 남북조시기에 삼원三元 (1월 15일 · 7월 15일 · 10월 15일)이 성립되었다.[31]

그런데 1월 7일과 1월 15일, 7월 7일과 7월 15일은 별개로 생각할 수 없다. 7일은 제례가 시작되는 날, 15일은 종료되는 날로 생각할 수 있기 때문이다. 7일과 15일을 중시하는 전통적 제례 일자는 달에 의해 날짜를 헤아리는 풍속에서 기인한 것으로 달의 차고 이지러짐과 관련이 깊다. 그 가운데 7일은 상현일일 뿐 아니라 7을 성스러운 숫자로 생각하는 전승과 관련하여 가장 중시되었고, 15일은 한달 중 가장 밝은 만월의 보름날이다.

삼원은 도교의 응보설인 삼원사상에서 기인한다. 삼원구부三元九府에는 일체중생의 명부와 선악부가 있고 천 · 지 · 수 삼관이 그 기록을 담당하고 있는데, 상원인 1월 15일에는 천관이 취조하고, 중원인 7월 15일에는 지관이 취조하며, 하원인 10월 15일에는 수관이 취조한다고 한다. 따라서 이날 청정하게 재를 올리고 행동을 삼가면서 복을 빈다고 한다.

그런데 이러한 삼원의 성립은 불교의 성행과 깊은 관계가 있다. 6세기 중

---

29) 小南一郎, 1974, 앞의 논문.

30) 天師道 교단에서는 1년에 세 차례 삼회일에 소속 본부로 신도들을 소집하여 齋戒를 열었다. 무병장수와 복을 구하는 재를 올리는 것이 목적이었지만, 명부를 정리하면서 신도를 확보하고 교단조직도 강화하는 기회도 되었다.

31) 三元思想이 성립된 시기에 대해서는 여러 설이 있다. 그 중 도사 寇謙之에 의해 북위 때 성립되었다는 설이 보편적이지만, 秋月觀暎이 「三元思想の形成について」에서 주장한 北周說(6세기 후반)이 문헌 고증면에서 더 설득력이 있다.

기 이후 불교의 우란분회 행사[32]가 7월 15일에 성행하자 이에 자극을 받은 도교 교단이 새롭게 삼원을 구성하였다고 한다.[33] 즉, 중국 전래의 농경제례에 기원을 둔 삼회일을 도교 교단이 불교의 우란분절 행사에 자극받아 15일을 마디로 하는 삼원으로 전환한 것이다. 그러므로 삼원은 성립될 때부터 불교의 영향을 받고 있었다.

중국에서 삼원이 성립되는 6세기 중반은 남북조시대였다. 북방민족이 세운 북조 왕조들은 불교수용을 정책적으로 적극 추진하였는데 북중국 지역을 통일한 북위가 가장 대표적이었다. 통일 후 북위의 수도였던 평성(대동)에는 불교사원들이 속속 건립되었고 매년 4월 8일 불탄일에는 인도에서와 같은 행상공양이 황제가 참석한 가운데 거행되었다.

4월 8일이 되면 도성 내외의 불교사원으로부터 여러 종류의 불상들로 장엄한 수레가 황제가 있는 궁성의 남쪽 정문을 향해 출발하여 대로를 따라 북상한다. 황제는 기다리고 있다가 수레가 도착하면 문루에서 꽃을 뿌리는 산화공양을 하고 불상을 향해 경배하는 의례를 행하였다고 한다.[34]

이러한 불탄일 행상공양은 북위가 낙양으로 천도한 이후 더욱 성대해졌다. 태화 17년(493)에 단행된 효문제의 낙양 천도는 북쪽으로 치우친 지리적인 약점을 보완한다는 의미뿐만 아니라 한족의 정신적 중심지로 진출한다는 상징적 의미를 지니고 있었다. 주공 단에 의해 계획되었다는 낙양은 동주 · 후한 · 서진의 수도였으며, 서주 · 전한의 수도였던 장안(현 서안)과 더불어 서도장안 · 동도낙양이라 불리던 역사 깊은 중원 요충지였다.

낙양으로 천도한 효문제는 수적 · 문화적으로 우세한 한족을 통치하기 위해 한화정책을 강력히 추진하여 북방족 언어와 복장을 금지시키고 유교사

32) 우란분회는 『盂欄盆經』에 근거한 불교행사로, 7월 15일에 여러 가지 음식을 그릇에 담아 시방세계의 부처와 승려에게 공양하면 7세 부모의 고업이 구제되어 극락으로 천도된다고 한다.

33) 秋月觀英, 1961, 「三元思想の形成について」 『東方學』 22.

34) 服部克彦, 1967, 앞의 논문.

상에 입각한 국도 조영계획을 수립하였다. 이와 더불어 '왕즉불王卽佛' 사상을 북위왕실의 지배이데올로기로 내세워 정책적으로 불교를 후원하여서 낙양은 불교도성이라 일컬어질만큼 수많은 사찰이 있었다.[35)]

낙양의 4월 8일 불탄일 행사는 북위왕실의 이러한 정책을 단적으로 상징하고 있는 불교의례였다. 4월 7일이 되면 낙양 전역에 있는 사찰로부터 천여 구의 불상이 경명대사[36)]로 모인다. 다음날 하루 밤을 지낸 불상들로 장엄된 수레들이 속속 경명대사를 출발하여 북상하여 선양문을 지나 행진하여 성내 대로를 따라 궁궐 정문인 창합문에 도착한다. 기다리고 있던 왕은 수레를 향해 경배하고 꽃을 뿌리면서 행상공양을 하는데 이것이 행사의 클라이맥스이다. 그 후 수레들은 성문을 돌아 나와 각자의 사찰로 귀로에 오른다.

그런데 창합문에서 선양문을 지나 남쪽으로 뻗은 중앙대로를 따라가다 보면 경명대사를 지나 낙수에 도달하고 부교를 건너면 원구에 도착한다. 이 길은 원구 행차시의 의례공간이기도 하여 국가의례에서 가장 중요한 공간이었다. 경명대사는 원구로부터 돌아올 때 왕이 휴식을 취하는 곳이기도 했다.[37)] 불탄일 행사의 경명대사 → 선양문 → 창합문 순서의 의례공간은 국왕의 원구행차와는 역순으로 이루어진다.

이처럼 원구제사와 불탄일 행사에 같은 의례공간을 사용하고 불탄일 불교의례의 정점에 국왕을 위치시킨 것은 원구제사의 주관자인 천자의 이미지를 왕즉불의 이미지와 자연스럽게 중첩시키는 효과를 가져왔을 것이다. 유교사상에 기반을 둔 천자의 절대적 지위를 극적으로 미화하는 기능을 불교가 담당한 셈이었고, 불교가 국가적으로 적극 수용되어 중국에서 불교행

---

35) 『洛陽伽藍記』에 의하면 낙양의 인구는 54만 5천여 명으로 추산되며, 크고 작은 절들이 천수백여 개에 달하였다고 한다.

36) 경명대사는 선무제가 조영한 낙양 최대의 사원으로 낙양성 남문인 선양문을 나와 중앙대로를 따라 남쪽으로 1리 밖에 위치하고 있었다.

37) 『洛陽伽藍記』 권3 城南 景明大寺.

사가 활발해지는 계기가 되었다. 다시 말하여 인도에서는 종교적 연중행사였던 행상공양이 중국에서는 황제가 제주가 되고 관민이 모두 참가하는 국가의례의 성격을 띤 불교행사로 변질되어간 것이다.

당시 낙양은 국제적 도시로 인도 · 서역 제국으로부터 많은 사람들이 몰려들었다. 승려들을 위시하여 수교사절 · 무역상들이 낙양에 머물렀고 그 가운데는 귀화인들도 상당수에 달하여 귀화인 거리가 형성되었으며 그들을 위한 불교사원이 속속 조성되어 절과 탑이 우뚝 솟은 모습들이 장관이었다.[38] 이들 사원에는 외국으로부터 온 승려들이 거주하면서 불교행사를 이끌었다.

불탄일 행상공양은 7일과 8일 양일간에 걸쳐 행해졌는데 이는 앞에서 언급한 인도 마갈제국 파련불성의 행상공양 때와 똑같다. 인도에서는 성읍 밖에 위치한 사원으로부터 성내로 들어온 수레들이 하루 밤을 지내는 동안 사람들이 운집하여 밤새도록 연등과 기악을 공양하였다. 마찬가지로 경명대사에서도 수레들이 하루 밤 모여 있을 때 밤새도록 연등과 기악이 공양되었을 것이다.

장추사의 4월 8일 행상공양에 대한 기록을 보면 불탄일 행사에서 기악공연이 중요하였음을 알 수 있다. 그리고 이것은 야간 행사를 위해 연등도 자연히 중요해졌을 것임을 자연히 시사하여 준다. 장추사의 행상거여는 경명대사에 모인 수레 가운데 특히 대단한 구경거리였다. 이 수레가 궁궐로 출발할 때 앞뒤로 도속의 무리들이 둘러싸고 호위하였는데 맨 앞에는 벽사와 사자 모습의 행렬이 섰고 맨 뒤에는 칼을 삼키고 불을 토하거나 곡마와 줄사다리를 타는 기악인들이 따랐다고 한다. 그들의 기예와 의상들이 모든 행상거여 가운데 으뜸이어서 이상야릇하기가 그지없었기 때문에 구경꾼들이 몰려들어 항상 사망사고가 발생하였다고 한다.[39]

그런데 불법을 수호하는 짐승으로 경전에 등장하는 사자와 벽사를 비롯

38) 服部克彦, 1967, 앞의 논문, 235~237쪽.

39) 『洛陽伽藍記』 권1 城內 長秋寺.

하여 위와 같은 기예들은 인도와 서역으로부터 들어온 것으로 중국 고유의 것이 아니다. 이러한 기예와 음악은 한대부터 전해졌지만 처음에는 공물로서 헌상되어 궁 안에서만 상연된 궁정예능으로 상류계급에 한정된 특수예능이었으나 행상공양 같은 국가적인 불교행사를 통해 서민들의 오락예능으로 확산되었다. 오락예능의 야간 기악공연 행사에서 조명을 위한 연등은 필수적이었는데 여기에 연등공덕이라는 불교적 의미가 채색되어 연등은 불교행사에서 빠질 수 없는 중요한 부분으로 자리잡게 되었고, 불탑 조성이 활발해짐에 따라 불탑신앙과 밀접하였던 연등공덕신앙은 더욱 유행하였을 것이다.

비록 후대 자료이기는 하지만 『역대삼보기』에는 후한 영제 광화 3년(180) 왕이 대부들을 낙양 탑사에 보내 승려들을 반승하고 불화를 걸고 향을 피우고 꽃을 올리고 연등하였다고 전하고 있다.[40] 이것은 안세고에 의해 후한 건화 2년(148)에서 건녕 3년(170) 사이에 『대비구삼천위의』가 번역되었다는 사실과 더불어 일찍부터 중국에서 연등이 불교의식으로 인식되었을 가능성을 시사한다. 그러나 연등이 일반서민들 사이에서까지 불교의식으로 자리잡게 되었던 것은 남북조시대였을 것으로 생각되는데 연등공덕의 전거 경전인 『불설시등공덕경』의 한역시기가 고제 천보 9년(558)인 사실이 이를 뒷받침한다.

한편, 한족의 남조에서도 역시 불탄일 행사가 설행되었다. 『형초세시기』는 2월 8일 불탄일에[41] 재가신도들이 팔관재계를 닦고 차륜과 보개 모양이

---

40) 『歷代三寶記』 권4 後漢 靈帝 光和三年, "遣中大夫於雒陽佛塔寺中 飯諸沙門, 懸繒燒香散華燃燈."

41) 불탄일은 중국에서 4월 8일이 보편적이었지만 2월 8일로도 이야기되는데, 이것은 인도의 역법에 의한 날짜를 중국의 역법으로 받아들이면서 발생한 혼란으로 생각된다. 청대 俞正燮은 『癸巳存稿』 권13 「中元施食」에서 근거를 밝히지는 않았지만 인도의 역법에 따르면 중국의 7월 15일은 인도의 제5월의 말일에 해당되므로 『盂欄盆經』에 의거한 7월 15일 행사는 중국에서는 8월 그믐날에 해야 역법상 맞는다고 주장하였다. 이를 통해 불경 속의 날짜를 중국의 역법으로 산정하여 바꾸는 경우도 생겨나 행사일자에 혼란이 있었을 가능성을 유추할 수 있다. 『遼史』와 『金史』에도 요대와 금대에 불탄일 행사가 2월 8일에 행해진 사례가 기재되어 있다.

나『화엄경』의 칠처팔회를 상징하는 등불을 밝히며 새벽에 향불과 꽃을 들고 성을 한 바퀴 도는 행성행사가 있었다고 전하며, 『법원주림』에서는 동진 성제 함강 3년(337)에 무창에서 4월 8일 불탄일 행상공양이 있었고, 송대(420~478) 성도에서는 4월 8일 불탄일 행상공양과 아울러 사자가 출연하는 기악이 베풀어졌다고 한다.[42]

남조에서는 불교행사 가운데 우란분절 행사가 유교의 효사상과 맞물려 널리 확산되었다. 양무제가 대동 4년(538)에 동태사同泰寺에서 개설한 우란분재가 국가적 차원으로 시행한 우란분절 행사 관련 기록으로 확인할 수 있는 가장 오래된 것이다.[43] 『형초세시기』도 그 당시 성대했던 우란분절 행사 모습을 전하고 있다. 우란분절 행사에서도 역시 연등은 중요한 역할을 하고 있었는데 우란분등을 특별히 만들어 달고 거기에다 망인의 의복과 명전을 태우며 복을 빌었다고 한다.[44] 이러한 우란분절 행사의 성행에 자극받아 도교의 삼원이 성립되었음을 이미 언급한 바 있다.

그러나 남북조시기까지는 삼원이 민간에서 인식되어 의식을 행한 모습은 찾을 수 없고 도교 교단 내의 행사로 국한되었던 것 같다. 『형초세시기』에도 삼원행사는 언급되고 있지 않다. 정월 인일행사는 크게 다루고 있는 반면, 정월 15일에는 인일행사의 직조와 관련된 고대적 농경제례 성격의 잠신蠶神에 대한 제사가 있을 뿐이며 상원으로 언급하지도 않았다. 7월 15일에도 중원이라는 언급은 없고 우란분행사만 설명되었고, 하원인 10월 15일은 관계 기록이 없다. 이로 미루어 두공첨의 주가 부기된 『형초세시기』가 성립되는 수대까지는 삼원이 일반 서민들 사이에서 중시되지 않았던 것으로 추측된다.

그러나 『광홍명집』에 실려 있는 수양제(재위 604~617)의 시를 보면 정

42) 『法苑珠林』 권31.
43) 『佛祖統記』 권37.
44) 孟元老, 『東京楚華錄』 「中元節」, "又以竹干析成三脚, 高三五尺, 上織燈窩之狀, 謂之盂蘭盆. 掛搭衣服冥錢, 在上焚之."

월 15일 도성 중심가에 연등을 밝히고 문루로 행차하여 이를 감상하면서 시로 화답하는 행사가 있었고, '법륜천상전 범성천상래' 라는 어구에서 그 행사의 성격이 불교적인 것이었음을 알 수 있다.[45] 정월에 연등을 한 사실은 다른 기록에 의하면 후조 석호(재위 334~349)가 정월 원단에 연등을 하였고,[46] 양 간문제(재위 549~551)는 정월 8일에 연등을 하였다고 한다.[47]

따라서 특정한 날에 국한되지는 않으나 정월에는 연등하는 풍속들이 있었던 것 같으며 이는 한대부터 있었던 정월 태일제사의 풍습에서 기인한 것으로 생각된다. 그러나 정월 태일제사의 한 부분을 이루고 있던 서왕모 설화의 연등 전통이 남북조시대의 혼란기에 4월 8일 불탄일 행상공양 같은 불교행사들을 통하여 불교적으로 윤색되면서 수양제의 시에서 보이는 것처럼 연등회라는 불교적 행사로 자리잡게 되었던 것이다.

(2) 상원 연등회의 내용과 기능

그러면 연등회가 상원과 결합된 배경은 무엇이었을까? 앞에서도 언급하였듯이 상원과 중원은 중국 고유의 농경제례와 관련깊은 인일과 칠석에서 비롯된 것이고 하원은 시대가 내려가면서 부가된 것이므로, 삼원에서 중심이 되는 것은 상원과 중원이다. 삼원은 불교의 우란분절 행사에 자극을 받은 도교 교단에 의해 생겼으므로 7월 15일인 중원에는 도교 교단에서는 중원초제가 거행되고, 불교 교단에서는 우란분절 행사가 열리고 있었다. 우란분

---

45) 隋 煬帝, 「正月十五日於通衢建燈夜升南樓一首」, "法輪天上轉 梵聲天上來 燈樹千光照 月影凝流水 春風含夜梅 幡動黃金地 鍾發琉璃臺"; 諸葛穎, 奉和通衢建燈應教, "芳衢燈夜景 法炬爛參差 逯輪時徙焰 桃華生落枝 飛煙繞定室 浮光映瑤池 重閣登臨罷 歌管乘空移"(『廣弘明集』 권30).

46) 陸翽, 『鄴中記』, "石虎正旦, 會於殿前. 設百二十枝燈, 以鐵爲之."

47) 梁 簡文帝, 「正月八日燃燈詩」, "藕樹交無極, 華雲衣數重, 熾竹能爲像, 縛荻功成龍. 落灰然蘂盛, 垂油濕畵峯, 天宮儻若見, 燈王顧可逢"(『廣弘明集』 권30).
『欽定古今圖書集成』 歲功典 第26卷 上元部 藝文1의 첫머리에도 簡文帝가 지은 燈賦 한수가 전한다. 그런데 이 등부에는 예문편의 다른 작품들과는 달리 상원이라는 날짜가 명시되어 있지 않아 상원연등에 쓴 것인지는 확실하지 않다.

절은 불교 교단에 한정된 행사로 그치지 않고 일반 서민들의 세시풍속이 되어서 사회적으로 큰 의미가 있었다.

그러나 상원에는 도교 교단에서는 상원초제가 거행된 반면, 불교 교단에서는 이에 대응하는 특별한 행사가 없었다. 이에 도교 교단의 상원초제에 자극되어 불교의 상원연등회가 성립된 것이라는 가설이 설득력을 가진다. 즉, 삼원이 성립되는 6세기 중반 이후 상원초제에 대응하여 사찰에서 태일제사 때 의례도구로 쓰이는 연등과 연등공덕신앙으로 부각된 불교적 연등을 연결고리로 하여 중국 고유의 정월 태일제사에 불교적인 외피를 씌운 연등회와 같은 불교행사를 설행하기 시작하였고,[48] 7세기를 전후한 시기에 정월 15일로 날짜가 고정되기 시작한 것은 아니었을까 추측된다.

그러나 수 대까지는 상원연등회가 성대하게 설행되지 않았던 것 같다. 수 문제 때 『형초세시기』를 주석한 두공첨이 그의 주석에서 상원연등행사에 대해 언급하지 않았기 때문이다. 상원연등에 대한 기록은 당 대부터 많이 등장한다. 『이십오사』에서 상원연등에 대한 가장 오래된 기록은 당 중종 경룡 4년(710)의 간등看燈 기사이다.[49] 여기에서 국왕이 등불 구경을 한 것은 개인적으로 베풀어진 연등행사였기 때문에 이 당시 국가적으로 연등회가 설행되었는지는 확실치 않지만 민간에서 상원연등 풍습이 있었음은 분명하다.

상원연등이 당 왕실로부터 주목받게 된 것은 현종 2년(713) 호승 파타婆陁에 의해서이다. 그는 현종에게 연등행사를 개최하자고 주청하면서 3일 동안 통행금지를 해제하여 야간에도 성문을 개방하고 수만 개의 등불을 밝히

---

48) 陳 後主(재위 582~589)도 上元燈詩를 남겼다고 한다.
『退朝錄』, "然燈, 上元然鐙或云沿漢, 祠太一, 自昏至晝, 故事梁簡文帝有列鐙賦, 陳後主有光壁殿遙詠山鐙詩"(『欽定古今圖書集成』 歲功典 第26卷 上元部彙考).

49) 『舊唐書』 권7 本紀7 中宗 4년 정월 乙卯, "於化度寺門設無遮大齋. 丙寅上元夜, 帝與皇后微行觀燈, 因幸中書令蕭至忠之第. 是夜, 放宮女數千人看燈, 因此多有亡逸者. 丁卯夜, 又微行看燈."

50) 『唐會要』 권49 燃燈, "先天二年二月. 胡僧婆陁請夜開城門, 燃燈百千炬, 三日三夜. 皇帝御延喜門, 觀燈縱樂, 凡三日夜." 그런데 『舊唐書』에는 위와 같은 사실이

고 기악을 벌이자고 건의하였다. 현종도 연희문으로 행차하여 화려한 연등 풍경을 구경하였고, 밤새도록 기악이 베풀어졌다고 한다.[50] 이때 행사는 상원이 아닌 2월 초에 개최되었지만 이 행사로 인해 민간에서 행해지던 상원 연등행사가 국가적 차원으로 상례화되는 계기가 되었다.

이후 매년 상원연등회가 개최되었는데 현종 29년(740) 폭설로 인해 2월 보름날로 연등회 일자가 변동되었다가 33년(744)에 다시 정월보름으로 환원되면서 영구적인 법식이 되었다.[51] 8세기 현종 대부터 장안성에서는 연중행사가 성행되었는데, 이것이 발전하여 당 후기에는 원정 → 입춘 → 상원연등 → 중화 → 춘분 → 한식 · 청명 → 상사 → 4 · 8불탄 → 단오 → 칠석 → 중원 → 우란분회 → 중추 → 중양 → 동지 → 납일 → 제야로 순환되는 형태가 정착되었다.[52] 상원연등회도 당 대에 이르러 연중행사가 되었으며 세시풍속으로 중국사회에서 자리잡게 되었다.

그러면 중국 상원연등회의 설행 양상은 어떠하였을까? 현종 시기 상원연등회의 모습을 전해주는 기사가 『구당서』에 전하고 있다.[53] 상원에 현종이 왕족과 백관들을 데리고 근정루로 행차하여 등불 구경을 하고 연회를 개최하였는데 이때 태상악부의 음악과 가무가 베풀어지고, 줄타기나 간목 같은 백희가 시연되어 사람들이 이를 즐겼다고 한다.

그런데 이 연등회 설행 양상이 4월 8일 불탄일 행상공양과 유사한 점이 많다. 황제가 문루에 나아가 관등하는 모습은 불탄일에 황제가 문루로 나아

예종 2년(711)이라 하여 2년의 차이가 난다(『舊唐書』 권7 本紀 제7). 그러나 『欽定古今圖書集成』에 전하는 『退朝錄』이나 『朝野僉載』 같은 문집에서도 이러한 사실이 모두 先天 연간에 있었다고 전하고 있으므로 현종 때로 보아야 할 것이다.

51) 『唐會要』 권49 燃燈, "開元二十八年, 以正月望日, 御勤政樓, 讌群臣 連夜燃燈 會大雪而罷, 因命自今常以二月望日夜爲之."; 『舊唐書』 권9 本紀9 玄宗 下, "天寶三載十一月癸丑, 每載依舊取正月十四十五十六日開坊市門燃燈, 永以爲常式."

52) 妹尾達彦, 1992, 「唐長安城の儀禮空間」 『東洋文化』 72.

53) 『舊唐書』 권28 志8 音樂1, "每初年望夜, 又御勤政樓, 觀燈作樂, 貴臣戚里, 借看樓觀望, 夜闌, 太常樂府縣散樂畢, 卽遣宮女於樓前縛架出眺歌舞以娛之. 若繩戲竿木, 詭異巧妙, 固無其比."

가 행상공양을 하는 것과 유사하고, 밤새도록 기악이 베풀어지는 것 또한 마찬가지이다. 불탄일 행사가 행상을 구심점으로 하고 있었다면 상원연등회는 연등을 구심점으로 하는 불교행사라고 규정할 수 있다.

그러므로 『송사』에서도 삼원관등三元觀燈을 중국 전래풍습에서 기인한 것이 아니라 외국으로부터 온 것이라고 설명하였던 것이다. 그러나 상원이란 용어는 토착적인 도교사상의 중핵을 이루는 삼원사상과 관련된 것으로 삼원관등은 도교적인 용어와 불교적인 용어가 결합된 것이다. 결론적으로 상원연등회는 중국 고유의 토속적 농경제례를 불교의례로 윤색하여 불교행사로 만든 연중행사라고 말해도 좋을 것이다.

당나라 때 고정된 상원연등풍습은 오대의 혼란기에도 지속되어[54] 송대까지 이어졌다. 송나라 왕실은 통일 직후부터 상원연등회를 대대적으로 개설하였다. 태조 건륭 2년(961)에 개최된 상원절 관등행사에는 백관과 전 · 현직 절도사와 관찰사가 모두 참여한 연회가 열렸고 오월에서 온 조공사와 사방 번국의 사신들에게도 밤늦게까지 주연이 베풀어졌다고 한다.[55]

그런데 태종 대에 이르면 상원만이 아니라 중원과 하원에도 관등을 행하게 되었다.[56] 상원연등회는 기원에서부터 도교와 같은 기반 위에 존재하고 있다. 당나라 황실은 노자를 황실의 선조로 간주하여 노자를 모시는 태청궁을 현종 천보 원년(742) 건축한 후 원구의례에 태청궁 조헌造獻을 포함시킴

---

54) 『舊五代史』 권4 梁書4 太祖紀4, "開平三年正月己卯, 備法駕六軍儀仗入西都, 是日 御文明殿受朝賀."; 『冊府元龜』 권205, "詔曰 近年以來, 風俗未泰, 兵革且繁, 正月燃燈, 廢停已久. 今屬創開鴻業, 初建洛陽, 方在上春, 務達陽氣, 宜以正月十四十五十六日, 開坊市門, 一任公私燃燈祈福"; 後晉 高祖 歿年, "天福七年春正月庚午, 契丹遣使來聘. 是日上元節, 六街諸寺燃燈, 御乾明門觀之, 夜半還宮."

55) 『宋史』 권113 志 제66 禮16 嘉禮4 遊觀, "太祖建隆二年上元節, 御明德門樓觀燈, 召宰相樞密宣徽三司使端明翰林樞密直學士兩省五品以上官, 見任前任節度觀察使飮宴, 江南吳越朝貢使預焉. 四夷蕃客列坐樓下, 賜酒食勞之, 夜分而罷."

56) 『退朝錄』, "本朝太宗時, 三元不禁夜, 上元御乾元門, 中元下元御東華門, 後罷中元下元二節而初元遊觀之盛, 冠于前代"(『欽定古今圖書集成』 歲功典 第26卷 上元部彙考).

으로써 노자 숭배를 국가의례에 도입하였다. 이로 말미암아 도교가 유행하게 되었는데 상원연등회가 도교의 삼원행사에 역으로 영향을 끼쳐 상원뿐 아니라 삼원에 모두 관등하는 풍습이 퍼지게 된 것으로 생각된다. 송 대 상원절 행사 때 국왕이 불교사원뿐 아니라 도교의 도관에도 행차하여 분향하는 의식을 행하였던 것도 이러한 배경에서 연유한다.[57)]

이와 같은 사실로 미루어 상원연등회의 불교적 행사로서의 종교적 의미는 시대가 흐를수록 퇴색되어 가는 듯하다. 이는 어쩌면 중국 고유의 제례의식 속에서 기복과 행락을 목적으로 한 연등 관념으로 다시 회귀하는 것이라고 할 수 있다. 진종(재위 997~1021) 무렵에 이르면 천자의 생일 등의 경축일에도 연회를 열면서 궁궐에 연등을 하였다.[58)]

이제 연등은 불교적인 성격에서 경축과 기복을 뜻하는 보편적 관념의 상징으로 변하여갔다. 이에 따라 상원연등회의 불교적 성격도 희석되어갔고 상원절로 불리는 절기풍속이 되면서 세속화되었다. 말하자면 연등회라는 의례를 통하여 한층 불교가 존숭되었으나 연등이 성행하면서 오히려 불교의 본래 정신은 사라진 연중행사의 하나로 유락화되었다.

송 대 국가의례상에서 상원연등회는 오례 가운데 가례 유관遊觀에 속하였다. 유관은 국왕이 절기에 따라 궁 밖으로 행차하여 연회와 오락을 즐겼던 행사들을 편재한 것이다. 『송사』는 이 같은 상원연등회의 설행 양상을 구체적으로 전하고 있다. 당대 상례화된 상원 야간에 방시坊市를 열고 성문에 연등하여 구경하는 풍속을 계승하여 송 대에도 상원을 전후한 사흘 동안 성안 곳곳에 많은 등불대를 세우고 궁성 정문을 오색비단으로 장식하고 등불을 밝히고, 무대를 가설하여 교방이 백희를 공연하였다.

---

57) 『宋史』 권113 志66 禮16 嘉禮4 遊觀, “天子歲時遊豫, 卽上元幸集禧觀相國寺, 御宣德門觀燈.”

58) 『宋史』 권112 志65 禮15 嘉禮3, “諸慶節, 古無是也, 眞宗以後始有之. 大中祥符元年, 詔以正月三日天書降日爲天慶節, 休暇五日, 兩京諸路州府軍監前七日建道場設醮, 斷屠宰, 節日, 士庶特令宴樂, 京師然燈.”

천자는 먼저 사찰과 도관에 가서 분향한 후 문루에 올라 관등하고 신하들과 주연을 갖는다. 이때 문루 아래에서는 사방 번국의 사신들이 자국의 가무를 공연하기도 하였다. 성문과 문루들, 궁성대로, 대궁관과 사찰에는 모두 산붕山棚[59]이 세워지고 환히 밝혀진 등불 아래서 음악이 연주된다. 궁성 담장을 따라 등불들이 장식되어 밤새도록 모든 사람들이 이를 구경하였다. 나중에는 17일과 18일 밤까지 행사가 연장되었다고도 한다.

한편, 지식인들 사이에서는 상원관등을 하면서 시부를 짓는 풍습이 생겨났다. 상원연등회 저녁을 연등을 하는 저녁이라는 의미로 '등석燈夕'이라 칭하고 그때 지은 시부를 등석시부라 일컫는다. 등석시부를 짓는 풍습은 상원연등이 세시풍속이 되고 당나라 시대 시부의 유행과 맞물려 본격적으로 시작된 것으로 보이지만, 그 기원은 정월 인일에 있었던 등고登高에서 찾을 수 있다.

등고는 높은 곳에 올라 시부를 짓는 풍습으로, 『형초세시기』에서 두공첨은 등고 풍습은 남북이 마찬가지이며 『업중기鄴中記』에 후조 석호(재위 334~349) 때 정월 보름에 등고지회登高之會가 있었다고 하는데 지금은 보이지 않는다고 주석하고 있다. 상원연등회의 등석에 시부를 짓는 행사는 당 · 송 지식인계급의 풍류가 되어 중국문학사에 많은 작품들을 남겼고 그 가운데 백거이, 왕유, 소식 등이 지은 대표적인 작품들이 『흠정고금도서집성』 세공전 상원부 예문편에 전하고 있다.

위의 사실들로 종합해 보면 중국에서 상원연등회는 당 대에 국가에서 상례화하여 세시풍속으로 자리잡았고, 송 대에 이르러 가례 유관에 속하는 국가행사로서 종합적인 구성체제가 완성되었다. 정월 14일부터 16일까지 사흘 동안 개설된 상원연등회에서 행사의 구심점인 연등은 두 가지 의미를 지니고 있었다. 첫째, 연등을 행하는 행위는 연등공덕신앙과 결부된 종교적 성격을 지닌 것이며, 둘째, 연등을 보는 행위, 즉 관등은 오락적 성격을 띤 것이다.

---

59) 임시로 가설된 사다리형의 누각.

왕이 도관과 사찰로 행차하여 분향하는 의식은 전자와 관련된 것인데 이날 국왕뿐 아니라 모든 사람들이 관사를 찾아가 분향하고 복을 빌었다.[60)]

『불설시등공덕경』에서는 관등까지도 공덕이 된다고 했지만, 연등 아래에서 베풀어지는 연회와 밤새도록 공연되는 기악과 백희, 등석에 읊어진 시부는 후자와 관련된 것이라 할 수 있다. 이러한 행사들은 엄숙한 종교행사를 향락적 · 세속적으로 만들었으나, 각 계층의 주민들로 하여금 열광적으로 참여를 유도하면서 사회적 통합을 이끌어내는 데 효과적이었다.

송 태종 옹희년간(984~987) 거란이 쳐들어와 국경에 계엄이 선포되자 성 안에 큰 혼란이 일어났는데 상원절을 맞아 시가지와 사찰에 연등을 하고 연회를 열어 기악을 베풀고 밤새도록 놀도록 하니 사람들이 이에 힘입어 안정을 찾았다고 한다. 연등회가 전란으로 인한 백성들의 불안을 진정시키고 있음을 알려주는데 이 같은 사실은 연등회의 사회적 기능을 보여주는 것이다.[61)] 휘종도 정화 5년(1115) 연등회가 단순히 즐기기 위한 것이 아니라 백성들의 동태를 살필 수 있는 계기도 되므로 개최하는 데 정치적인 목적도 있음을 언급하고 있다.[62)]

한편, 연등회 때는 방시, 즉 시장이 열리고 있어 사회경제적인 면에서도 주목된다. 상원연등회가 상례화되면서 사흘간 통행금지가 풀려 밤새도록 성문이 개방되고 축제 분위기로 사람들이 북적거리면서 상원연등회를 대목으로 하는 방시의 역할이 부상하였을 것이다. 아쉽게도 당나라 때의 면모는 확인되지 않으나, 송 대 개봉의 상원연등회 풍경을 소상히 전하고 있는 『동경몽화록』을 통해 상원연등회의 방시 모습을 구체적으로 그려볼 수 있다.

---

60) 『新五代史』 권2 梁本紀2 太祖 下, "開平三年正月 甲戌 如西都, 復然燈以祈福-然燈, 風俗相傳, 自天子至于庶人, 擧天下同其奢樂."

61) 『宋史』 권250 列傳9 王審琦, "雍熙中, 出知天雄軍府兼都部署. 時契丹擾鎭陽, 候騎至冀州, 去魏二百餘里. 鄰境戒嚴, 城中大恐, 屬上元節, 承衍(王審琦의 長子)下令市中及佛寺然燈設樂, 與賓佐宴遊達旦, 人賴以安."

62) 『宋史』 권113 志66 禮16 嘉禮4 遊觀, "政和五年十二月二十九日, 詔景龍門預爲元夕之具, 實欲觀民風, 察時態, 黼飾太平, 增光樂國, 非徒以遊豫爲事."

개봉에서의 상원연등회 행사는 사실상 동지 후부터 시작된다. 궁궐 앞 대로변에서는 가무와 백희가 끊임없이 공연되어 사람들을 모여들게 하였으며 방시에서는 상인들이 온갖 잡화와 먹거리를 팔고 있었고 그 앞에는 약장수들과 점쟁이들이 진을 치고 있었다.

휘종 선화년간(1119~1125)에는 아예 12월부터 상원일 밤처럼 산조문에 연등을 밝히고 문루 아래에 야외무대를 설치하고 남쪽의 보록궁까지 길 양옆으로 임시 점포가 들어서 상인들이 이른 아침부터 밤까지 손뼉을 치면서 호객하였다고 한다. 또한 성 밖에도 한 장소를 정해서 울타리를 치고 임시 시장을 개설하여 갖가지 종류의 물건을 팔기 위해 전국에서 상인들이 몰려들어 북적거렸다고 한다.[63] 이렇게 송 대 상원연등회 때는 대목을 보려는 상인들이 도성 안으로 들어와 방마다 시장을 열어 방시특수가 조성되었다.

이것이 관례가 되어 원대부터 수도인 북경에는 정월 8일부터 16일까지 등시燈市로 명명된 시장이 개설되었다. 이때 상인들은 연등을 달고 갖가지 상품들과 진기한 고금의 물건들을 팔았는데 신분을 가리지 않고 많은 사람들이 모여들어 사고파느라 번잡스러웠다고 한다.[64] 이처럼 상원의 방시는 등시라고 불릴 만큼 호황이었고 상원연등회를 사회경제적으로도 큰 의미를 가지게 하였다.

또한 상원연등회는 사원경제면에서도 중요한 행사였다. 사찰들은 대부분

---

63) 『東京夢華錄』, "正月十五日元宵, 大內前, 自歲前冬至後, 開封府絞縛山棚, 立木正對宣德樓, 遊人已集, 御街兩廊下, 奇術異能歌舞百戲, 鱗鱗相切, 樂聲嘈雜十餘里, 擊丸蹴踘踏索上竿 … 或坊市賣藥賣卦之人橫列 … 市人賣玉梅夜蛾蜂兒雪柳菩提葉科頭圓子拍頭焦 唯焦 … 宣和年間, 自十二月, 於酸棗門一名景龍門上, 如宣德門元夜點照, 門下小置露臺, 南至寶籙宮, 兩邊關撲買賣晨暉, 門外設有位一所前, 以荊棘圍繞周回, 約五七十步, 都下賣鵪鶉骨 兒圓子 拍白腸水晶鱠科頭細粉旋炒栗子銀杏鹽豉湯雞段金橾橄欖龍眼荔枝, 諸般市合團團密排準備, 御前索喚以至尊"(『欽定古今圖書集成』 歲功典 第26卷 上元部彙考).

64) 『直隸志書』, "宛平縣 正月八日至十六日商賈於市集燈花, 百貨珠石羅綺古今異物貴賤雜遝貿易, 曰燈市, 舊在東華門外燈市街今散置正陽門外花兒市菜市琉璃廠店諸處, 惟豬市口南爲盛"(『欽定古今圖書集成』 歲功典 第26卷 上元部彙考).

신도들의 보시로 유지해 나가는데 보시는 거의 향촉대香燭代의 형식으로 이루어진다.[65] 12월 납일臘日이 되면 사찰에서는 신도들에게 절에서 생산한 소맥분과 기름을 주고 상원연등회의 등유대燈油代를 모았다고 하며,[66] 귀족이나 부호들의 경우 희사의 규모는 더 컸을 것이다. 다양한 형태의 보시는 연등회의 소요비용보다 많기 마련이어서 남은 차액은 고스란히 사찰의 수입이 되었다.

이상으로 상원연등회가 중국에서 연중행사로서 자리잡은 과정, 설행의 구체적 양상과 사회적 기능을 알아보았다. 의례구조를 종합적으로 정리하면 개설일시는 상원을 전후한 사흘이었고 야간에도 성문을 개방하고 방시를 열어 성 안과 성 밖의 모든 계층이 참가하도록 하는 축제형식이었다. 연등을 축제의 구심점으로 하여 사찰과 도관으로의 행향과 관등이 행해지며 밤새도록 주연을 베풀고 가무와 백희를 즐기는 오락적인 행사와 시부를 짓는 풍류적인 행사가 동시에 개최되었다.

이 같은 상원연등회 풍속은 중앙의 수도에서부터 시작되어 점차 지방으로 확산되었으며 중국의 주변국으로까지 전파되었다. 고려에서도 상원연등회가 국가의례로 개설되었고, 요와[67] 금에서도[68] 설행되었다. 『송사』에는 조하사절로 와서 궁궐에 머물고 있던 대식, 삼불제, 포단, 교지, 점성 같은 나라들의 사신들이 상원절을 맞아서 돈꿰미를 하사받고 연회에 참석하여 연등 구경을 하였다는 사실이 전해지고 있다.[69] 우리나라의 조하사절들도

---

65) 道端良秀, 1983, 『中國佛教社會經濟史の研究』, 平樂寺書店, 23~24쪽.

66) 中村元 編, 1976, 『アヅア佛教史 中國編II-民衆の佛教』, 佼成出版社, 64쪽.

67) 『遼史』에는 穆宗 12년(962), 穆宗 13년(963), 穆宗 18년(968), 景宗 5년(973), 景宗 11년(979)에 상원연등회가 개설된 사실이 기록되어 있다.

68) 『金史』에는 章宗 15년(1202), 宣宗 대(1213~1223)의 상원연등회 설행이 기록되어 있다.

69) 『宋史』 권488 列傳247 外國4 交阯, "眞宗 景德二年上元節, 賜明提錢, 令與占城, 大食使觀燈宴飮, 因遣工部員外郎邵曄充國信使."; 『宋史』 권490 列傳249 外國6 大食國, "眞宗 景德元年, 又遣使來, 時與三佛齊蒲端國使並在京師, 會上元觀燈, 皆賜錢縱其宴飮."

체류 중 상원연등회 행사를 경험한 이들이 적지 않았을 것이다. 또한 도당 · 도송 유학승들도 상원연등회를 중요한 연례 불교행사로 인식하게 되었을 것이다. 이런 이들에 의해 중국의 상원연등회 풍속이 우리나라에 알려지게 되었다.

2. 고려 연등회의 의례 내용

1) 연등회의 전래

『삼국사기』의 기록에 의하면 경문왕 6년(866) 정월 15일과 진성여왕 4년(890) 정월 15일에 국왕이 황룡사로 행차하여 등불을 구경하였다고 한다.[70] 이를 통해 이미 통일신라시기부터 중국의 상원연등 풍습이 들어와 시행되었던 것을 알 수 있다. 중국처럼 연등회가 국가적으로 상례화하였는지 확인할 수는 없으나 사찰에서는 연례적으로 연등회가 열렸을 가능성이 크다.

이보다 앞선 850년 신라의 풍속을 그대로 유지하고 있던 중국 산동의 적산 신라원新羅院에서는 상원에 재회를 정기적으로 개설하고 있었다.[71] 이로 미루어 신라 본국에서도 정월 15일에 재회가 있었을 것이다. 이상을 종합해 볼 때 통일신라 말기 신라사회에서 정월 15일 불교행사가 있었으며, 이 행사에는 등불을 밝히고 구경하는 의식이 있었다. 태조 왕건은 이러한 전례를 수용하여 상원연등회를 부처님을 받드는 '사불事佛'의 대표적인 불교행사로 법제화하였다.

태조는 송악에 도읍한 후 오관산의 서쪽 봉우리가 삼재가 일어날 곳이라 하여 이를 막기 위해 그곳에다 석주석당을 세워 장명등을 설치하여 등불을

70) 등불 구경은 한자어로는 觀燈 또는 看燈으로 표현된다. 관등이나 간등은 밝혀진 등불을 구경하는 소극적 행위라면, 이에 비해 연등은 등불을 밝히는 적극적인 행위라고 할 수 있다(『三國史記』 권11 新羅本紀11 景文王 6년 정월; 『三國史記』 권11 新羅本紀11 眞聖王 4년 정월).

71) 『入唐求法巡禮行記』 권2 開成 5년 정월 15일, "此日 山院法華會畢集會男女 昨日 二百五十人, 今日二百來人, 結願已後與集會衆授菩薩戒, 齋後皆散去."

계속 밝혔고 이를 관리하기 위해 성등암聖燈庵을 창건하였다.[72] 장명등은 불교신앙에서 중요한 의미를 가진다. 장등 또는 장명등은 원래 부처님의 설법이 꺼지지 않는 등불처럼 계속됨을 비유하고 있는 불교용어이다. 태조가 설치한 장명등은 불교적 성격보다는 풍수지리와 관련된 기양적 성격을 지니는 것이었지만 백성들에게 장명등, 나아가 연등이 재난을 막아주고 복을 주는 것으로 각인되는 계기가 되었을 것이다.

그런데 태조 12년(929) 6월 서인도 승려 마후라摩睺羅가 초청하지도 않았는데 스스로 찾아왔으며,[73] 태조 21년(938) 3월에도 서인도 승려 실리전일라室哩嚩日羅가 왔었는데 태조가 몸소 나가 의장을 갖추고 성대하게 맞았다고 한다.[74] 실리진일라는 인도 마갈디국에 있는 대법륜보제사의 승려로 개경 사나사舍那寺에 머물다가 본국으로 돌아갔다고 한다.[75] 마갈다국은 석가의 활동 중심지역이었던 마갈제국을 가리키므로 불탄일 행상공양 같은 불교행사가 성대히 거행되던 나라였음을 앞 절에서 언급한 바 있다. 외국인 승려 파타婆陁가 현종에게 주청한 것이 계기가 되어 민간에서 행해지던 상원연등행사가 국가적 차원으로 상례화된 중국의 예처럼 고려에서도 이러한 외국 승려들에 의해 상원연등행사가 건의되었을 가능성은 충분히 있다.

하지만 『고려사』에서 상원연등회의 개최 사실을 알려주는 기사는 최승로가 성종 원년(982) 국왕에게 올린 「시무28조」에 처음으로 나타난다. 그 가운데 제13조가 연등회와 관련된 것으로 봄에는 연등회, 겨울에는 팔관회가 열리고 있었다고 하였다. 팔관회의 실시 기록은 건국 직후부터 등장하는데, 『고려사』와 『고려사절요』에 의하면 태조 원년(918) 11월 팔관회가 처음으

---

72) 『陽村集』 권13 「五冠山聖燈庵重修記」.

73) 『高麗史』 권1 世家 太祖 12년 6월 癸丑; 이때 태조가 의장을 갖추고 나가 맞이하였고 이에 큰 법이 흥하게 되었다고 한다(「僊鳳寺大覺國師碑」 『한국금석전문』, 594쪽).

74) 『高麗史』 권1 世家 太祖 21년 3월.

75) 「居頓寺圓空國師碑」 『한국금석전문』, 462쪽.

로 실행된 이후 해마다 상례가 되었다고 한다.[76] 반면에 연등회가 상례화된 정확한 연대에 대한 기록은 없다. 그렇지만 태조가 「훈요십조」에 연등과 팔관의 준수를 후대 왕들에게 유훈으로 남기고 있어[77] 팔관회와 더불어 태조대 정례화된 것은 확실하다.

최승로는 시무 제13조에서 연등회와 팔관회에 관하여 다음과 같이 주장하고 있다.

> 우리나라에서는 봄에는 연등을 실행하고, 겨울에는 팔관을 열어, 사람들을 많이 동원하고 노역이 심히 번거로우니 원컨대 이를 면하여서 백성의 힘을 덜게 하소서. 또 갖가지 인물 형상인 우인을 만들어 비용이 매우 많이 드는데도 한번 쓰고 난 후 바로 부수어 버리니, 이것 또한 심히 무의미한 일입니다. 더구나 우인은 흉례가 아니면 쓰지 않는 것이므로 중국의 사신이 와서 그것을 보고 상서롭지 못하다고 하면서 얼굴을 가리고 지나갔다 하니 원컨대 지금부터는 이를 쓰지 말도록 하소서.[78]

유학자인 그는 불교는 수신지도, 유교는 치국지도로 이해하고 나라를 다스리는 정치에서의 불교의 역할을 부정하였다. 즉, 불교와 유교의 기능을 명확히 구분하고 불교를 신앙하는 것이 나쁜 일은 아니지만 현실정치는 유교에 토대하여야 하며 경제적인 폐단이 큰 불교의 연중행사와 공덕행사를 금지해야 한다는 것이었다.[79] 불교의 세속권이 확대되어 국가재정에 부담을 주거나 사회풍속을 문란케 하는 경우 유학은 불교를 비판하는 입장에 설 수밖에 없다.

따라서 그는 백성들에게 과도한 경제적 부담을 주고 우인의 사용이 중국의 의례예법과 어긋나 풍속을 해치고 있다는 이유로 연등회와 팔관회의 폐

---

76) 『高麗史』 권1 世家1 太祖 원년 11월; 『高麗史節要』 권1 太祖 원년 11월.

77) 『高麗史』 권2 世家2 太祖 26년 4월.

78) 『高麗史』 권39 列傳6 崔承老; 『高麗史節要』 권2 成宗 원년 6월.

79) 최병헌, 1994, 「고려전기의 종교와 사상개요」 『한국사』 16, 국사편찬위원회, 18쪽.

지를 강력히 주장하였으며, 제20조에서는 불교행사를 『예기』의 월령 규범에 의하여 제한하였다.[80] 최승로의 개혁안은 성종에 의해 대부분 채택되어 성종 대 불교행사는 대체로 그의 건의대로 시행되었으며,[81] 2년(983) 정월에는 원구단에서의 기곡제와 적전에서의 친경의례가 시행되어 유교사상에 입각한 오례체제가 갖추어지기 시작하였다.[82] 그런데 중국에서도 이와 비슷한 시기인 송 태종 13년(988)에 국왕이 상원절에 관등을 하지 않았는데 그 이유가 적전에서 친경하였기 때문이라는 기사가 있어 주목된다.[83]

성종에 의해 추진된 중국 예제의 철저한 도입으로 연등회와 팔관회의 국가의례상의 지위는 상대적으로 약화되었고 간소화되는 형태로 제재가 가해지다가 결국 성종 6년(987)에 팔관회가 완전 폐지되었다. 연등회도 『고려사』에는 나타나지 않지만 이때 함께 폐지되었을 것으로 생각된다. 대신 성종은 재위 10년(991) 2월 사직제를 도입하였다. 이때 내린 교서에서 "사직단을 세워 봄에는 기원하고 가을에는 보은하도록 하라"는 표현을 사용한 것은 연등회와 팔관회의 기능을 유교적인 농경의례로 대체하려는 의도를 명백히 드러낸 것이다.

비록 성종이 유교이념을 기반으로 한 정치를 제도적으로 정착시켜 나갔을지라도 불교가 고려문화의 구심점으로 수행하고 있었던 역할을 경시할 수는 없었을 것이다. 성종의 정책에 대하여 반발하는 관리층이 존재하였고 이들은 국왕의 정책을 나라사람들도 좋아하지 않는다고 하면서 자신들의

---

80) 1년을 4기로 구분하여 2·3·4월과 8·9·10월까지는 정사와 공덕을 반반씩 행하고 5·6·7월과 11·12·1월은 공덕을 중지하고 정사만 보며 날마다 오후까지 다스리기에 힘써야 한다고 하였다.

81) 『高麗史』 권3 世家3 成宗 즉위년 11월, "왕이 팔관회의 잡기들이 불경하고 번쇄하다는 이유로 이를 전부 폐지하고 법왕사에 가 분향을 하고 구정으로 돌아와서 군신들의 조하를 받았다"; 『高麗史』 권3 世家3 成宗 6년 10월, "兩京의 팔관회를 정지하라고 명령하였다."

82) 이범직, 1991, 『韓國中世禮思想研究』, 일조각, 46~47쪽.

83) 『宋史』 권113 志66 禮16 嘉禮4 遊觀, "雍熙五年 上元節, 不觀燈, 躬耕藉田故也. 後凡遇用兵及災變諸臣之喪, 皆罷."

입장을 정당화하고 있었다.

이러한 입장을 대표하고 있던 이지백李知白은 성종 12년(993) 거란 침입 시 강화 수단으로 적국에게 가벼이 국토를 떼어주기보다는 다시 선왕이 행하였던 연등 · 팔관 · 선랑 등의 일을 회복하고 다른 나라의 법제인 중국 풍속을 따르지 말아 국가를 보전하고 태평함을 이루는 것이 옳다고 하는 상소를 올렸다.

이지백이 이 같은 상소를 올린 까닭은 성종이 화풍, 즉 중국 풍속을 즐겨 본받는 것을 백성들까지도 달가워하지 않았기 때문이라 하였다.[84] 이러한 사실로부터 당시 연등회와 팔관회의 폐지에 대하여 일부 관리들이 반발하고 있었고, 일반 서민들도 호응하지 않았던 것을 알 수 있다.

왕권강화를 위한 제도정비 과정에서 성종이 유교사상을 표방한 것은 당연하다고 할 수 있으나, 문화까지도 유교화하려는 방향은 일반 서민들의 정서와는 유리된 것이었다. 비록 연등회와 팔관회를 부활하지 않았지만 백성들의 생활 속에 자리잡은 불교와 산천신앙을 고려문화의 체질로 인정할 수밖에 없었다.

성종은 불교교리에 따라 삼장월인 정월, 5월, 9월에는 도살을 금지시켰고,[85] 태조와 부친 대종의 제삿날을 전후로 5일간, 모친 선의왕후의 제삿날을 전후로 3일간 불공을 드리며 제사가 있는 달에는 도살을 금지하고 고기반찬을 금한다는 교서를 내렸다.[86] 이 교서를 통해 고려에서는 제사를 불교식으로 지냈음을 알 수 있다.

이러한 것이 성종 때 시작되었다기보다 민간에서 보편화된 불교식 제례를 성종이 법제화한 것으로 생각된다. 불교와 산천신앙을 내세워 민심을 얻고자 했던 태조와는 대조적으로 문화까지 국왕을 정점으로 하는 수직적인 유교문화로 재편하려던 성종도 불교에 기반을 둔 민심을 재인식한 것이다.

---

84) 『高麗史』 권94 列傳7 徐熙; 『高麗史節要』 권2 成宗 12년 10월.

85) 『高麗史』 권3 世家3 成宗 7년 12월 乙丑.

86) 『高麗史』 권3 世家3 成宗 8년 12월 丙寅.

결국 성종에 의한 연등 · 팔관회에 대한 일련의 제재조치는 성종 사후 원상으로 복구되었다. 성종이 죽고 12년간의 목종 치세를 거친 뒤 현종 원년(1010) 윤2월 드디어 다시 연등회가 열렸고,[87] 11월에는 팔관회도 부활되었다.[88] 이듬해 2월 거란의 침입으로 청주로 피난을 간 현종은 청주행궁에서 연등회를 열고 이후 이를 법적으로 항례화하였다.[89] 이후 고려의 국가의례는 유교와 불교로 이원화되었고, 유교와 불교가 병존하는 문화적 다양성은 고려가 지향한 고려 고유의 문화적 특성이 되었다.

2) 연등회의 개설 일자

연등회와 팔관회가 부활되는 등 국가 불교의례가 본격적으로 재정립되고 불교정책이 적극적으로 추진되기 시작한 현종 대는 고려의 중앙집권적 지배체제가 일단 완성되고 그 지배체제를 운영하는 지배세력으로 문벌귀족이 대두된 시기이기도 했다.[90]

현종의 연등회 부활에는 연등회가 폐지된 후에도 궁중에 계속 연등 풍습이 남아 있던 사실도 영향을 미쳤을 것이다.[91] 현종은 정월의 상원도량을 폐지하고 연등회를 부활하였다.[92] 상원도량은 상원인 정월보름에 거행되는 도교적인 초제일 수도 있으나 고려에서 도교가 국가의례로 법제화된 시기는 예종 대이므로 여기에서의 상원도량은 불교적 성격의 행사로 보아야 할 것

---

87) 『高麗史』 권4 世家4 顯宗 원년 윤2월 甲子.

88) 『高麗史』 권4 世家4 顯宗 원년 11월 庚寅.

89) 『高麗史』 권4 世家4 顯宗 2년 2월 己未.

90) 김형우, 1992, 「고려전기 국가적 불교행사의 전개양상」 『伽山李智冠스님華甲紀念論叢 韓國佛教文化思想史』, 880쪽.

91) 『高麗史』 권3 世家3 및 『高麗史節要』 권2 穆宗 12년 정월에 목종이 상정전에 나아가 관등하였다는 기록이 있다.

92) 『高麗史』 권4 世家4 顯宗 원년 정월 乙丑; 『高麗史』 권4 世家4 顯宗 원년 윤2월 甲子.

이다. 성종이 팔관회에서 잡기가 정도를 벗어났을 뿐 아니라 번잡하였기 때문에 이를 모두 폐지하고 단지 법왕사로 행차하여 분향하고 대궐의 구정[93]으로 돌아와 문무관리들의 조하만을 받았다고[94] 하는 예로써 미루어, 상원도량은 절로 행차하여 분향하고 문루로 나가 등불 구경을 하는 형식으로 연등회를 간소화한 것으로 생각된다.

연등회의 부활 계기가 기록으로 명시되지는 않았지만 현종 원년(1010) 11월 팔관회가 최항의 건의에 의해 부활된 것처럼 연등회 역시 그의 건의로 비롯되었을 가능성이 크다.[95] 최항은 목종이 현종을 후계자로 세우는 문제를 비밀리에 의논했던 신하로 현종 즉위에 공이 컸으며 현종의 사부로서 정치적으로 비중이 큰 인물이었다.[96] 또한 그는 황룡사 9층탑의 수리를 청원하고 이를 직접 감독하였으며, 자신의 집에 불상과 불경을 봉안하고 승려와 다름없이 생활하다가 집을 절로 기진할 만큼 불교 신앙이 독실하였다.[97]

이러한 그가 현종이 즉위하자 팔관회 부활을 주청한 사실은 「훈요십조」가 재조명되는 상황과 관련하여 주목된다. 「훈요십조」는 최제안이 병란으로 분실되었던 것을 최항의 집에서 입수하여 현종에게 바침으로써 다시 세상에 알려지게 되었다고 한다.[98] 최제안은 최승로의 손자로 현종 11년(1020) 천령절 축하사절로 거란에 파견되는 기사로 『고려사』에 처음 등장

93) 毬庭은 궁성의 5번째 남문인 昇平門과 4번째 남문인 儀鳳門 사이에 위치한 궁궐 내 가장 큰 마당으로서 격구 경기장으로 쓰여 구정이라 불렀고 국가행사나 열병식이 열리기도 하였다.

94) 『高麗史』 권3 世家3 成宗 즉위년 11월.

95) 『高麗史節要』 권3 顯宗 원년 11월.

96) 『高麗史』 권3 世家3 穆宗 12년 정월; 권4 世家4 顯宗 즉위년 7월 辛巳.

97) 崔沆은 신라 6두품 숙위학생 출신으로서 태조에게 귀부하여 문필을 드날린 최언위의 손자이기도 하다(『高麗史』 권6 列傳93 崔沆).

98) 崔齊顔은 현종, 덕종, 정종, 문종 4대 왕을 보필하고 문하시랑까지 지냈다(『高麗史』 권93 列傳6 崔承老).

99) 『高麗史』 권3 世家3 顯宗 3년 윤12월.

100) 街衢經行은 개경의 거리를 세 갈래로 나누고 각 길을 비단으로 장식한 누각형 들

하고 있고[99] 정종 12년(1046) 3월에는 왕명으로 가구경행을 이끌기도 하였다.[100]

최항은 현종 15년(1024)에 죽었으므로 최제안이 최항으로부터 「훈요십조」를 직접 받았는지는 알 수 없으나, 연등 · 팔관회의 폐지를 추진한 최승로의 손자가 되는 최제안이 연등 · 팔관회의 부활에 적극 앞장섰던 최항의 집에서 연등 · 팔관회의 준수를 당부한 태조의 「훈요십조」를 입수하여 유포한 것은 기이한 인연이라 하겠다.

「훈요십조」가 현종 대 세간에 알려지게 된 배경에는 두 가지 요인이 크게 작용하였다. 첫째, 목종 말년 왕씨계 왕통이 단절되려는 위기 상황에서 왕씨 왕실의 권위가 재확인될 필요가 있었으며, 둘째, 현종 원년(1010) 거란의 침략으로 국가 존립이 위기에 처하게 되자 호국을 위한 공동체 결속이 요구되었기 때문이다.[101] 이런 이유에서 건국조인 태조 왕건이 재조명되고 그의 유조인 「훈요십조」가 통치이데올로기로 등장하게 되었다.

현종은 「훈요십조」의 준수를 천명하듯 연등회를 부활하고 이를 법적으로 상례화하였다. 그런데 왜 현종은 다시 연등회를 부활하면서 2월 보름으로 연등일자를 변경하였을까? 이에 대해서는 2월 보름이 석가의 열반일이기 때문에 불교적 요소를 더욱 가미하여서 2월 15일로 변경하였다는 주장도 있고,[102] 조선시기 정조 때 정동우가 편찬한 『주영편晝永編』을 보면 요와 금이 2월 8일을 불탄일로 하고 있었듯이 고려 연등회 역시 불탄일의 뜻을 가진 행사라는[103] 주장도 있다.

것에 반야경을 담아서 메고 앞서 나가면 승려들이 법복을 차려입고 독경하며 뒤를 따르고 監押官도 공복을 입고 그 뒤를 따라 시가지를 순회하는 행사이다. 爲民祈福이 그 목적이었고 이때부터 상례가 되었다(『高麗史』 권6 世家6 靖宗 12년 3월 辛丑).

101) 奧村周司, 1979, 「高麗における八關會的秩序と國際環境」 『朝鮮史研究會論文集』 16, 89~90쪽.

102) 안계현, 1959, 「연등회고」 『白性郁博士頌壽紀念佛敎學論文集』; 1983, 『韓國佛敎思想史硏究』, 동국대출판부 재수록.

103) 『李朝各種文獻風俗關係資料撮要』, 1326쪽.

이러한 견해들은 모두 연등이 불교행사라는 전제에서 날짜 변경을 설명하고자 한 것이다. 그리고 신라에서도 불탄일과 관련된 것인지 열반일과 관련된 것인지는 알 수 없지만 2월 8일부터 15일까지 경주에서는 흥륜사의 탑을 도는 탑돌이 풍속이 있었다.[104)]

그러나 이미 앞 절에서 살펴보았듯이 상원연등회는 중국으로부터 주변국들로 전파된 것인데, 중국의 상원연등회는 중국 고유의 토속적 농경제례가 불교의례로 윤색되어 불교행사로 정착되었고 이것이 절기행사로 발전된 것이다. 다시 말해 열반일이라든가 탄신일이라든가 하는 불교행사로서의 성격보다는 문화적인 절기행사로서 의의가 있었다. 더욱이 고려에서는 4월 8일이 불탄일로 인식되고 있었다. 의종 때 백선연이 불탄일인 4월 8일에 등불을 밝히고 국왕의 복을 빌었다고 한다.[105)]

따라서 현종이 연등회 일자를 한 달 늦추어 부활한 것은 불탄일이나 열반일과 맞추기 위한 것은 아니었다. 중국의 상원연등회는 한해 농사의 개막축제와 같은 것이다. 상원연등이 상례화된 것은 당나라 때였고, 절기풍속으로서의 행사절차가 완성된 것은 송나라 때였다. 그러므로 중국에서 상원연등이 보편적으로 시행되던 곳은 이 나라들의 수도인 장안과 개봉을 중심으로 한 지역이었을 것이다. 이들의 위치를 위도상으로 보면 34°로 우리나라 남단의 해남 · 강진 지역에 해당한다. 위도 38°의 개경 지역과는 기온이 다를 수밖에 없고 농사를 짓는 데 절기의 차이가 날 수밖에 없다.[106)]

우리나라는 음력 정월까지는 중국과 달리 땅이 해동되지 않은 상태이므로 사실상의 농사의 시작은 음력 2월이 된다. 고려에서는 농사철을 2월부터 10월까지로 잡고 있었다. 이는 성종의 교서를 통해 확인되는데 성종은 2월

---

104) 『三國遺事』 권5 感通 제7 金現感虎.

105) 『高麗史』 권122 列傳35 白善淵.

106) 김연옥, 1985, 『한국의 기후와 문화-한국 기후의 문화 역사적 연구-』, 이화여대 출판부, 83~100쪽.

107) 이태진, 1990, 「조선 초기의 화경 금지」 『李載龒博士還曆紀念韓國史學論叢』, 한울, 386쪽.

부터 10월까지는 만물이 나서 자라는 시기이니 산과 들에 불을 지르는 것을 금한다는 교서를 내린 바 있다.[107]

또한 2월 초하루를 속칭 노비일이라 하여 송편을 쪄 노비들에게 나이 숫자대로 먹이는 풍속이 있었는데 농사일이 이 날부터 시작되기 때문이었다고 한다.[108] 특히 등불이 중심이 되는 연등회는 날씨가 중요한 변수로 작용하는 의례이므로[109] 기후 조건이 여러 가지로 고려되었을 것이다. 당나라 현종 때에도 폭설로 인해 2월 보름날로 날짜가 변동되었다가 4년 만에 다시 정월 보름으로 환원된 경우가 있었다.

성종 대 연등회가 폐지된 이후에 민간에서는 여전히 한해의 농사를 시작하면서 어떠한 형태로든 풍년을 기원하는 농경제례 풍속이 지속되고 있었을 것이다. 현종은 그것을 통괄하여 연등회로 포섭하는 것이 효과적이라고 판단하고 상원연등회의 유제로 내려오는 상원도량을 폐지하고 연등회 일자를 고려의 현실에 맞추어 2월 보름으로 변경한 것으로 생각된다. 태조가 중국의 상원연등회를 고려의 국가 불교의례 행사로 공식화하였다면 현종은 한걸음 더 나아가 2월 보름 상원연등회로 토착화한 셈이다.

『흠정고금도서집성』의 화조부휘고를 보면 2월 보름날은 화조인데 고려는 이날을 상원절로 하고 있다고 전하고 있다.[110] 고려에서는 상원을 정월 15일로 하지 않고 2월 15일로 하였던 것이다. 중국에서 화조는 봄이 무르익어 만개한 백화들을 감상하는 날이었다. 우리는 3월 3일 삼짇날에 진달래 화전을 먹고 꽃놀이를 하는 풍습이 있으니 중국과 한 달 정도의 계절적 편차가 확인된다.

---

108) 洪錫謨, 『東國歲時記』 二月 朔日.

109) 『高麗史』 권13 世家13 睿宗 9년 2월 壬戌, "신유일의 연등대회를 우천으로 연기하여 이날 개최함."

110) 『提要錄』, "花朝 二月十五日爲花朝, 高麗以是日爲上元節, 今吳俗以二月十二爲花朝"; 『事物原始』 "花朝 二月十五日爲花朝, 風土記云, 浙間風俗言, 春序正中百花競放, 乃遊賞之時花朝月夕, 乃世所常言, 月夕者乃八月十五夜也"(『欽定古今圖書集成』 歲功典 第26卷 花朝部彙考).

즉, 고려는 중국으로부터 상원연등회를 수입하여 우리 절기에 맞게 날짜를 한 달 뒤 보름날로 변경하여 시행하였다. 이것은 우리의 전통적 농경의례를 그대로 계승하여 농경의례로부터 기인한 중국 상원풍속의 본질을 더욱 더 충실히 구현함과 동시에 고려 연등회의 고유성을 한층 더 부각시킨 것이었다. 나아가 지방마다 제각기 치르고 있던 봄철 기곡제를 종합하는 의의를 가지는 것이기도 하였다.

인종 원년(1123)에 고려에 왔었던 서긍徐兢은 사람들이 불교를 좋아하여 2월 보름 많은 절에서 등불을 켜는데 그 광경이 매우 사치스럽고 화려하며 왕이 비빈들과 함께 행차하여 구경하고 길거리는 사람들로 혼잡하다고 전하고 있다.[111] 『송사』에서도 고려에서는 2월 보름에 승려와 속인들이 모두 중국 상원절처럼 연등한다고 기록하고 있다.[112] 고려 속악인 동동에는 2월 절기행사인 보름날 연등회를 읊은 가사가 전하고 있다.[113]

현종 대부터 인종 대까지 137년 동안 상원연등회는 예외 없이 고려의 상원절인 2월 15일에 개최되었다. 그런데 인종이 2월에 세상을 뜨자 기월을 피하기 위해 의종 대부터는 연등회의 설행일자를 다시 정월로 옮겼다. 고려 초 정월 보름 상원연등 풍속으로 회귀한 셈이었다.

그러나 명종이 즉위하자 연등회 설행일자를 둘러싸고 다시 2월로 환원하자는 주장이 제기되어 명종 2년(1172)에는 2월에 시행되었다.[114] 또한 명종 8년(1178)에는 최충렬이 이광정, 문극겸 등과 함께 2월 연등풍속을 유지

---

111) 『宣和奉使高麗圖經』 권17 祠字 2월 망일 기사는 『海東繹史』 권28 風俗志 雜祀에 그대로 인용되어 있다. "又俗喜浮屠 二月望日 諸僧寺然燭極繁侈 王與妃嬪皆往觀之 國人喧闐道路"

112) 『宋史』 권487 列傳246 外國3 高麗, "二月望 僧俗燃燈如中國上元節"

113) 『樂學軌範』 권5 時用鄕樂呈圖儀, 牙拍, "二月ㅅ보로매 아으 노피현 燈ㅅ블 다호라 萬人 비취실 즈이샷다 아으 動動다리."

114) 『高麗史』 권19 世家19 明宗 2년 2월 癸丑, "연등회를 열고 봉은사에 감. 해당관리가 태조 때 제도에 의해 2월 보름에 연등회를 갖자고 청하자 왕이 반대하기 어려워 이 제의를 수용하였으나 다음해부터는 다시 정월 보름에 시행키로 함"; 『高麗史』 권19 世家19 明宗 6년 2월 庚寅, "연등회를 개최함."

하자는 건의문을 올렸다.

> 연등회는 옛날 2월 보름에 개최하던 것인데, 근래는 전왕이 돌아가신 달이기 때문에 정월로 개정하였으나 이것은 선왕, 즉 태조의 본의에 어그러지는 일입니다. 지금 일월성신에 이변이 나타나고 음양이 고르지 못한 현상이 일어나는 것은 혹시 이러한 까닭이 아닐까 생각됩니다. 2월 보름에 의식을 거행하고 풍악을 울리는 정식 행사는 하지 않더라도 공사 간에 적절히 등불을 달도록 하시는 것이 좋을 듯합니다.[115]

위와 같은 건의를 받고 명종은 2월 보름의 연등을 허락하였다고 한다. 태조 대 연등회는 정월 보름에 행하였으므로 2월 보름이 태조의 뜻에 부합된다는 최충렬의 주장이 사실상 옳은 것은 아니지만, 당시 고려사회에서 연등회는 전통적으로 2월 보름 행사로 인식되고 있었으며 정월 보름 연등은 인종의 기월을 피하기 위해 잠정적으로 시행되고 있다는 분위기가 우세했음을 알 수 있다. 137년의 긴 세월 동안 2월 보름에 연등회가 열렸기 때문에 2월 보름 연등회는 민간풍속이 되었던 것이다. 그런 연유로 비록 정월로 연등회가 옮겨졌지만 2월의 연등풍속이 계속되었던 듯하다. 최충렬의 건의는 연등회의 설행일자를 공식적으로 변경할 수 없다면 2월 보름 하루만이라도 민간의 연등행사를 법제적으로 공인하려는 시도였다.

그런데 『고려사』에 나타난 관리들의 휴가 규정을 보면 정월 보름 상원은 상원을 전후하여 3일간을, 연등일인 2월 15일은 하루 동안을 휴무일로 하고 있다.[116] 다음 절에서 다루고 있는 연등회의 의례절차에 따르면 연등회는 3일간의 휴무가 타당하며, 이는 연등회와 유사한 의례절차로 설행되는 팔관회의 관리급가 규정이 11월 보름날을 전후하여 3일간인 것과 비교해도 당연한 일이다.

따라서 관리급가 규정에서 상원은 이때 시행되던 정월보름 상원연등회

115) 『高麗史』 권100 列傳13 崔忠烈.

116) 『高麗史』 권84 志38 刑法1 公式.

를 가리키는 것이라 하겠다. 그렇다면 하루의 연등일 휴가는 어떤 것이었나? 이것은 최충렬의 건의로 2월 보름에도 하루 동안 연등이 시행된 결과 별개로 규정된 2월 15일 연등일의 관리급가였을 것이다.

설행일자를 둘러싼 갈등은 신종이 정월에 운명하면서 자연스럽게 끝이 났다. 50여 년 만에 희종 대부터는 2월 연등회로 되돌아가게 되었다. 이후 연등회는 공민왕 23년(1374) 노국공주의 기일이 2월이어서 다시 정월로 고칠 것을 청하였다는 기사가 있기는 하지만,[117] 우왕 14년(1388) 2월에 왕이 연등절이므로 봉은사奉恩寺에 갔다는 기사로부터[118] 알 수 있듯이 고려가 멸망할 때까지 2월에 열리는 것에는 변화가 없었다.

한편, 국상이 있거나[119] 국가에 변고가 있거나,[120] 국왕이 외국을 나가거나,[121] 재상이 죽었을 때[122] 부득이 옮겨지거나 정회되는 경우도 있었으며,

117) 『高麗史』 권69 志23 禮11 嘉禮雜儀 上元燃燈會儀.

118) 『高麗史』 권137 列傳50 辛禑 14년 2월 庚申.

119) 명종 14년(1184) 4월 임신 연등놀이를 하고 이튿날 대회를 갖고 풍악을 잡힘. 연등은 본래 정월 보름에 개최하던 것을 국상으로 인하여 잠시 중지하였다가 이번에 거행함. 그러나 꽃꽂이(삽화)와 백희는 금지함; 희종 원년(1204) 9월 임신 연등대회를 개최함. 연등회를 9월에 개최한 것은 정월에 국상이 있었기 때문임; 충숙왕 7년(1320) 2월 갑자 연등회 정지함. 경신에 정화공주 장례가 있었음(〈표 1〉 『高麗史』 世家 수록 연등회 관계 기사표 참고).

120) 원종 14년(1273) 12월 을축 국가에 변고가 많이 생겨 내년의 연등회를 중지하기로 함(〈표 1〉 『高麗史』 世家 수록 연등회 관계 기사표 참고).

121) 충렬왕 3년(1277) 정월 甲辰 왕이 원나라를 방문하게 되어 연등회를 앞당김(〈표 1〉 『高麗史』 世家 수록 연등회 관계 기사표 참고).

122) 예종 10년(1115) 2월 무오 별례연등회 개최. 그러나 중광전에서 최사추의 부고를 듣고 연회를 파함(〈표 1〉 『高麗史』 世家 수록 연등회 관계 기사표 참고).

123) 문종 2년(1048) 2월 갑신 연등회를 개최함(계미일인 보름날이 한식이므로 이날 개최함); 문종 24년(1070) 2월 계유 연등대회 중광전에서 연회 배설함. 새벽이 되어서야 파함(15일은 한식, 13일은 국기일이라 12일에 개최함); 문종 32년(1078) 2월 병진 연등회를 개최함. 보름날이 한식이라 사흘 앞당김; 원종 9년(1268) 2월 임진 연등회를 열고 봉은사에 감. 한식이 보름날이어서 사흘 앞당김(〈표 1〉 『高麗史』 世家 수록 연등회 관계 기사표 참고).

2월 보름이 한식과 겹쳐질 때는 며칠 늦추거나 당겨서 행해지기도 하였다.[123] 이러한 예는 중국에서도 마찬가지였다. 중국에서도 국상이 있거나,[124] 기근이 들거나,[125] 병란이나 재해가 있거나, 신하의 상사가 있을 때[126] 상원절 연등이 정지되었다.

3) 연등회의 의례절차와 실태

(1) 소회일 행사

상원연등회는 어떤 의례절차로 설행되었을까? 연등회의 설행실태는 『고려사』 제68권 지 제23권 예11 가례잡의의 상원연등회의上元燃燈會儀에 자세히 전해지고 있다. 이에 의하면 연등회 행사는 소회일, 대회일로 나뉘어 이틀간에 걸쳐 설행되었다. 소회일의 중심행사는 태조 원찰인 봉은사로 행차하여 태조 영정이 모셔져 있는 진전을 참배하는 조진배알의식이며, 대회일의 중심행사는 임금과 신하들이 주식을 함께 나누는 대연회의식이다.

14일에 개최되는 소회일 행사는 전반부인 '소회의식小會儀式'과 후반부인 '조진배알의식祖眞拜謁儀式'의 2부로 구성된다. 소회의식은 편전인 강안전에서 거행되었다.[127] 『고려도경』은 강안전이 고려 궁성 안 어디에 위치하고 있었는지를 알려주는 가장 귀중한 자료이다. 이에 의하면 본 대궐의 정남문인 승평문을 들어서면 신봉문(의봉문으로 개정됨)이 나오고 신봉문을 지나

---

124) 『宋史』 권351 列傳110 何執中, "政和二年, 大長公主喪, 罷上元端門觀燈, 執中言不宜以長主故闕衆情, 願特爲徙日, 以昭與民同樂之意 帝重逆其請, 爲申五日期."

125) 『宋史』 권12 本紀12 仁宗4, "皇祐二年春正月癸卯 以歲饑罷上元觀燈"

126) 『宋史』 권113 志66 禮16 嘉禮4 遊觀, "雍熙五年 上元節, 不觀燈, 躬耕藉田故也. 後凡遇用兵及災變諸臣之喪, 皆罷."

127) 康安殿의 이전 명칭은 重光殿이다. 예종 대까지 연등회 때 연회는 중광전에서 배설되었다. 인종 4년(1126)에 일어난 이자겸의 난으로 궁궐이 거의 소실되었고 인종 16년(1138)에 복구하면서 전각과 궁문의 명칭을 전부 개정할 때 중광전은 강안전으로 개정되었다.

10여 보를 들어가면 창합문이 나온다. 창합문을 지나 별도의 전문을 오르게 되면 드디어 정전인 회경전에 도달한다.

궁성 안에는 전각들이 흩어져 있는데 신봉문과 나란히 위치한 동문인 춘덕문(태통문으로 개정)은 세자궁으로 통하고, 서문인 태초문(태정문으로 개정)은 왕거와 통한다. 웅장하고 화려하여 여러 전각 중에 으뜸이었다는 회경전을 중심으로 해서 뒤로는 장화전, 그 뒤로는 원덕전이 있었고 서북쪽으로는 건덕전(대관전으로 개정)이, 그 뒤로는 만령전이 있었다. 그리고 건덕전의 동편으로는 장령전이 위치하였고 연영전과 자화전이 그 뒤에 차례로 자리하고 있었다.[128]

강안전(중광전)에 대하여 『고려도경』은 장경전 · 중광전 · 선정전을 하나로 묶은 장경전 항목에서 위치는 확실히 밝히지 않았으나 편전으로 설명하고 있다.[129] 이 세 전각들은 같은 기능의 건물군으로 서로 그다지 멀지 않은 곳에 위치하였을 것으로 생각된다. 중광전은 연등회 행사뿐 아니라 왕의 즉위식도 거행되는 경우가 많아 의례적인 면에서 정전의 기능을 수행하기도 하였고 출정 장수에게 부월을 하사한다든지 군사를 열병하는 일도 있었다.[130]

그런데 강안전 앞 전정은 부계와 꽃동산이 설치되고 소회의식이 거행되는 곳이므로 넉넉한 공간이 확보되어야 한다. 그리고 조진배알을 위해 봉은사로 행차할 때 강안전 전정에서 태정문까지 의위儀衛와 로부鹵簿[131]가 배치되고 왕의 수레가 강안전 전정으로부터 출발하여 태정문을 통해 승평문 밖으로 나간다. 이로 미루어 강안전 앞에는 다른 궁궐이 없었다고 여겨지며

128) 『宣和奉使高麗圖經』 권4 門闕; 권5 宮殿1; 권6 宮殿2.

129) 『宣和奉使高麗圖經』 권6 宮殿2.

130) 김창현, 2002, 『고려 개경의 구조와 그 이념』, 신서원, 250쪽.

131) 왕이 행차할 때 수행하는 방패와 무기를 갖춘 의장 행렬.

132) 定宗이 건덕전에서 동여진이 바친 말들과 토산품을 검열하고 있을 때 갑자기 우뢰가 치고 비가 내리면서 사람과 전각 서쪽 모퉁이에 벼락이 쳤다. 왕이 놀라 급히 중광전으로 피해 들어갔다(『高麗史』 권2 世家2 定宗 3년 9월).

건덕전과 매우 가까운 거리에 있었으므로[132] 강안전은 건덕전 서남쪽으로 다른 궁궐들을 앞세우지 않고 자리잡고 있었을 것으로 생각된다.

행사를 치르기 위해 각 부서들은 일찌감치 할당된 업무를 준비하기 시작한다. 도교서는 강안전 층계 전면에 부계를 설치하고, 상사국은 강안전에 왕을 위한 장막을 설치한 후 그 동편에 편차(간이화장실 겸 휴게소)를 만들고 커다란 사자화로 2개를 기둥 바깥으로 좌우로 놓는다. 상의국은 꽃꽂이를 한 탁자를 좌우 기둥 앞에 설치한다. 전중성은 부계의 상하좌우를 따라 등롱(연등갓)을 달고 아름답게 장식한 꽃동산을 전정에 만들어 놓는다. 내고사는 준뢰(의식용 큰 그릇)를 전정의 좌우에 진열한다.

위와 같이 만반의 준비를 마친 후 마침내 연등회 소회일 행사가 시작된다. 먼저 전반부 소회의식의 의례절차를 정리하면 다음과 같다.

〈1부〉 소회의식

① 국왕이 연등회 예복인 치황포를 입고[133] 편차에서 나와 강안전으로 올라간다.

② 견룡관 · 중금 · 도지와 전문 내외의 경위원과 의장대가 만세를 부르고 재배하고 나면 관리들이 차례차례 부서별로 재배하고 제 위치로 가 선다.

③ 백희를 하는 각종 곡예사들이 들어와 공연한 후 물러난다.

④ 교방의 악대와 무용단이 등장하여 연주하고 춤을 춘 후 퇴장한다.

⑤ 국왕이 다시 편차로 들어가면 소회의식이 끝나게 된다.

여기에서 주목되는 것은 백희가무 공연이다. 연등회와 팔관회에서는 백희가무가 공연되는데 『고려사』 예지에 실려 있는 다른 의례에서는 찾아볼 수 없는 것이다. 이러한 공연이 인도 불탄일 행사나 중국 상원연등회에서도

---

133) 『高麗史』 권72 志26 輿服 視朝之服에는 연등회 때 강안전 소회일 행사에서는 치황포를 입고, 봉은사 행향과 대회일에는 자황포를 입는다고 하였다. 그러나 팔관회 때는 소회일과 대회일의 구별없이 자황포를 착용한다.

있었음을 앞 절에서 살펴본 바 있다. 인도로부터 서역을 거쳐 중국으로 수입된 백희가무들은 처음에는 궁정오락으로 지배층들에 한정되었다가 점차 대중화되었다. 상원연등회 행사에서 백희가무 공연은 일반백성들의 호응도가 큰 중요 프로그램이 되어 불교의례인 상원연등회가 유락화되는 원인이 되기도 했지만 결과적으로 일반백성의 행사 참여를 촉발하여 상원연등을 세시풍속으로 만드는 데 기여하였다.

백희가무 역시 음악의 경우처럼 중국에서 우리나라로 전래되었다. 『고려사』 여복지 의위 규정을 보면 상원연등회 봉은사친행위장奉恩寺親幸衛仗을 구성하고 있는 대열 후미에 안국기 40명과 잡기 40명이 배치되고 있고, 법가위장法駕衛杖에는 안국기 40명 · 잡기 40명 · 고창기 16명 · 천축기 18명 · 연락기 40명이 배치되었다.[134] 안국과 고창은 서역 비단길상의 도시국가였고, 천축은 인도를 말하므로 이들 기악들이 그곳들로부터 온 것임을 알 수 있다.

한편, 송 철종 시기(1086~1093) 중국 상원연등회 행사에 고려 사신이 참가하여 음악을 진상하였다는 기록이 있다.[135] 송 태조 2년(961) 상원연등회 때에도 외국사신들이 본국의 가무들을 공연하였다는 전례가 있었으므로 중국의 상원연등회는 국제적인 성격도 지니고 있었다. 이는 상원연등회가 문화교류의 통로로 이용되었음을 시사하고 있다. 고려도 이를 계기로 백희가무를 수입하였을 가능성이 크다.

고려 왕실은 수입한 백희가무를 국가가 관장하고 육성하도록 하여 위장대에 기악인들을 배치하기도 하고 연등회와 팔관회에서 백희가무도 공연하였다. 이는 연등회와 팔관회에 대한 일반백성들의 관심을 높여 많은 사람들이 참여하도록 이끌었는데 고려 왕실은 이를 통해 '모두 고려국 사람' 이라는 일체감을 형성하고자 의도하였다. 따라서 백희가무의 공연은 연등회와

134) 『高麗史』 권72 志26 輿服 儀衛.

135) 『談苑』, "元祐中元夕 上御樓觀燈有御製詩 … 是夕以高麗進樂又添一杯"(『欽定古今圖書集成』 歲功典 第26卷 上元部彙考).

팔관회의 성격을 규정하고 있는 중요한 행사였다.

소회일의 후반부 행사는 조진배알이다. 조진배알은 태조 진영(초상화)이 봉안되어 있는 봉은사 진전으로 행차하여 분향하는 의식으로, 의례절차상에서는 '알조진의謁祖眞儀'로 명명되고 있다. 국왕의 봉은사 행향은 연등회 때가 아니더라도 『고려사』에 계속 등장하고 있는데 태조 기월인 6월 초하루 행향이 대부분이다.[136] 그러나 이날 행차는 연등회의 경우처럼 대규모는 아니었다. 『고려사』 여복지 의위 · 로부에서 봉은사 진전친행의 위장과 로부 규정은 '상원연등'에 한정된 것임이 명백하기 때문이다.

그런데 국왕의 시조지복 규정을 보면 봉은사 조진배알 때와 연등대회 때는 자황포를, 연등소회 때는 치황의를 착용하도록 하고 있다.[137] 이를 통해 전반부 소회의식보다 후반부 조진배알의식이 연등회 소회일의 중심의례로 더 중요시되었음을 알 수 있다.

조진배알의식, 즉 알조진의의 의례공간은 강안전 전정으로부터 봉은사까지의 행차로와 봉은사 진전이 중심이 되고 있다. 강안전 전정을 출발한 왕의 행차는 태정문을 지나 구정을 거쳐 궁성의 정남문인 승평문에 다다른다. 승평문을 지나 궁성 밖으로 나온 후 다시 황성의 남문인 주작문을 지나서 대로를 따라 약간 남쪽으로 내려가면 봉은사에 도착하게 된다. 봉은사의 삼문을 지나 진전으로 가 배알의식을 행한 후 왕의 행차는 다시 왔던 길을 거슬러 환궁한다.

봉은사는 광종 2년(951) 태조의 원당으로 창건되었는데[138] 태조 진영이 있는 진전사원 가운데[139] 으뜸으로 '대봉은사'라고 하였다. 봉은사는 황성

---

136) 덕종 원년(1032) 6월 태조의 제삿날 왕이 봉은사로 행차하여 불공을 드렸다. 이것이 계기가 되어 이후 6월 봉은사 행향은 국왕의 연례행사가 되었다(『高麗史』 권5 世家5 德宗 원년 6월 辛丑).

137) 『高麗史』 권72 志26 輿服.

138) 『高麗史』 권2 世家2 光宗 2년.

139) 태조의 진전사원으로 봉은사 외에도 靈通寺, 大安寺, 開泰寺, 奉業寺, 陽山寺가 있었다(한기문, 1998, 『고려사원의 구조와 기능』, 민족사, 222쪽).

의 남쪽 대로와 내성의 동문과 서문을 이어주는 동서가도가 교차하는 사거리 교통요지에 인접해 있었고 국자감과도 가까웠다.[140]

역대 왕과 왕비들의 진영을 모셔놓고 이를 기리는 고려의 진전제도는 유교의 원묘 개념[141]에 근거하여 궁궐 내 설치한 진전인 경령전과 원당사찰들 안에 설치한 진전들로 운용되었다. 왕들에게는 선고·선비의 능과 가까운 곳에 왕실의 원당사찰을 마련하고 진전[142]을 설치하여 진영을 모시는 것이 중요한 관례로 정착되었다. 그 결과 많은 왕실 원당들이 세워졌는데 봉은사는 왕실이 가장 중요하게 여긴 원당사찰이었다.

목종 원년(998)에 내려진 교서를 보면 태조와 황고인 경종의 기재는 5일 동안 지내고 혜종, 광종, 성종의 기재는 하루만 지내도록 명하고 있다.[143] 여기에서 태조는 불천으로 여전히 누구보다도 중시되고 있으며 선왕보다는 선고를 우선으로 하는 기재가 확립되었음을 알 수 있다. 따라서 봉은사는 고려 왕실에 의해 지속적으로 가장 중요시되었다. 왕실은 관심을 가지고 봉은사를 계속 개·보수하며 잘 유지하였고,[144] 고종 19년(1232) 강화로 천도한 후 개경 사찰 가운데 제일 먼저 이전 건립하였다.[145]

봉은사도 다른 왕실원당들과 마찬가지로 왕실로부터 사원 유지와 진전재

---

140) 박용운, 1998, 『고려시대 개경 연구』, 일지사.

141) 原廟의 원은 이중이라는 뜻으로 종묘를 세운 후 다시 세우는 제왕의 가묘를 말하며, 원묘는 원래 진영을 모셨기 때문에 진전이라고 하였다(지두환, 1996, 『조선전기 의례연구』, 서울대출판부, 86~88쪽).

142) 金瞻은 '原廟奠物'을 의논하는 자리에서 진전은 원칙적으로 불교식 제도로 진영을 모시고 소손을 올리는 곳이라고 말하고 있다(『太宗實錄』 권10 太宗 5년 12월 辛巳).

143) 『高麗史』 권3 世家3 穆宗 원년 5월 戊午.

144) 『高麗史』 권5 世家5 德宗 원년 3월 庚子.

145) 고종 21년(1234) 2월 연등회를 열고 왕이 봉은사로 행차하였다. 이때 전 참정 車倜의 집을 봉은사로 만들었는데 임금이 다니는 길을 백성들의 집을 헐어 넓혔다. 비록 도읍을 옮긴 초창기였으나 구장, 궁전, 사원 등의 일체 시설을 다 개경에 있던 이름과 같이 하였고 팔관회, 연등회, 분향도량 등을 다 종전 방식대로 설행하였다(『高麗史』 권23 世家23 高宗 21년 2월 癸未).

를 위해 재정적으로 지원을 받았을 것이다. 비록 봉은사에 관한 직접적인 기록은 없지만 현종의 부왕인 안종과 모후 헌정왕후의 원당이었던 현화사의 예를 들어보면 전지 2,000경, 노비 100인, 우마공구 등을 상주에 충당하였으며, 현종이 조곡을 3,000여 석을 시납하고 군신 양반도 시납하여 별도로 금종보金鐘寶를 두었다고 한다.[146] 그렇다면 태조 원당인 봉은사는 그 중요성에 비추어서[147] 현화사보다 규모가 컸을 것이므로 운영비도 더 많이 들었을 것이다.

조진배알의식이 연등회의 의례절차로서 확립된 시기는 정종 4년(1038)부터이다. 이해 처음 국왕이 연등회날 봉은사로 행차하였고,[148] 이듬해에는 14일은 봉은사 진전에 행향하고 15일은 중광전에서 관아 행사를 가졌다고 한다.[149] 이로부터 상원연등회의에서의 소회일 · 대회일로 구성되는 연등회 의례구조의 원형이 성립된 셈이다. 『보한집』에서도 해마다 2월 보름 등석 전날에 국왕이 봉은사로 행차하여 태조 진영을 배알하고 분향하는데 이를 봉은행향奉恩行香이라 한다고 전하고 있다.[150]

연등회 때 국왕이 행차한 사찰에는 덕종 때 왕륜사가 있다.[151] 왕륜사는 태조가 고려를 건국한 이듬해 개경에 창건한 십찰 가운데 하나이다. 왕륜이란 사찰명은 국왕과 법왕을 동일시했던 태조의 사상이 반영되고 있다. 쉬지 않고 법륜을 굴려 중생을 구제하고 있는 부처님처럼 늘 좋은 정치를 백성들에게 베풀겠다는 태조의 의지를 보여주고 있다. 십찰 가운데 하나인 법왕사

146) 「玄化寺碑」 『한국금석전문』, 441쪽.

147) 봉은사 진전에는 숙위군으로 散職將相 4인이 배정되었다. 안화사, 현화사, 흥왕사의 신선에는 이보나 적은 2인이 배정되있나(『高麗史』 권83 志37 兵3 衛宿軍).

148) 정종 4년(1038) 2월 연등회를 열고 국왕이 봉은사로 가 태조의 진영을 참배하였는데 이때부터 등석에 반드시 진전행향하는 것이 상례가 되었다(『高麗史』 권6 世家6 靖宗 4년 2월 癸未).

149) 『高麗史』 권6 世家6 靖宗 5년 2월 乙亥.

150) 崔滋, 『補閑集』 卷上.

151) 『高麗史』 권5 世家5 德宗 원년 2월 乙卯.

역시 이름에서부터 마찬가지라고 생각하여 팔관회 때는 법왕사 행향이 있었고, 연등회 때는 왕륜사 행향이 있었다고 보는 견해도 있다.[152)]

그러나 왕륜사 행향이 항례적인 것이었는지는 검토의 여지가 있다. 팔관회 때의 법왕사 행향은 성종 즉위년(981)부터 시작되었는데 팔관회의 축소와 관련된 것이었다. 그리고 성종은 6년 후 팔관회를 완전히 폐지하였다. 다시 법왕사 행향이 나타나는 것은 정종 때부터이다. 정종은 즉위년(1034) 11월에 팔관회를 열어 백관들에게 주연을 베풀고 저녁에는 법왕사로 행차하였다. 이후 5년(1039) 팔관회 때도 법왕사 행향을 하였고, 문종 대부터는 국왕의 법왕사 행향이 상례화되고 있다(〈표 3〉『고려사』 세가 수록 팔관회 관계 기사표 참고).

따라서 '연등회는 봉은사 행향', '팔관회는 법왕사 행향'이라는 도식이 성립된 것은 정종 대부터라고 하겠다. 왕륜사 행향이 봉은사 행향으로 바뀐 것이 아니고 정종 4년(1033) 봉은사 행향이 시작되면서부터 비로소 국왕의 행향 사찰이 봉은사로 고정된 것이다. 덕종의 왕륜사 행차는 연등회를 맞아 사찰마다 연등행사가 있었을 것이고 그 가운데 개경의 중심사찰 중 하나인 왕륜사로 행향하러 갔다는 정도로 이해해도 충분할 것이다. 요컨대 정종에 이르러 상원연등회의와 중동팔관회의에 규정된 의례절차의 원형이 마련되었던 것이다.

연등회라는 불교의례에 조진배알이라는 국조 숭배의례가 결합된 이유는 무엇일까? 앞에서 언급한 바와 같이 목종 대 왕권이 위협받고, 현종 대 거란의 침입으로 말미암아 국가의 존립이 위협받게 된 위기상황 속에서 고려라는 국가공동체의 결속을 뒷받침해 줄 통치이데올로기로 '태조신앙'이 대두되었다. 이러한 배경에서 태조가 중시했던 연등회와 팔관회가 부활되고 「훈요십조」가 세상에 알려지게 되었고, 나아가 조진배알의식이 연등회와 팔관회의 의례절차 속에 들어가 중요한 부분을 이루게 되었다.

152) 안계현, 1983, 앞의 논문, 250쪽.

정종은 거란과의 대외관계가 안정 국면에 접어들자 현종 대 마련된 유교의례와 불교의례로 구성된 이원적 국가의례의 기본틀을 본격적으로 운영하려 시도하였다. 이는 성종 대부터 도입되기 시작한 유교의례 체계가 정비되어가는 과정과 무관하지 않을 것이다. 정종은 유교의례의 정형화된 설행절차를 연등회와 팔관회에도 대응시켜 이들 의례의 설행절차를 정형화하려 한 것으로 보인다.

그렇지만 정종은 의례절차를 통해 연등회와 팔관회가 절기행사 성격을 띤 불교의례임을 분명히 하였다. 즉, 두 행사를 소회일과 대회일로 이분하여서 소회일에는 길례 대사와 유사한 형식으로 진행되는 알조진의를 통해 왕실중심의 정치사상을 구현하면서도 의례공간을 사찰로 연결시켜 자연스럽게 불교의례로 규정짓고, 대회일에는 연회가 베풀어지고 상하가 어우러져 즐기면서 절기행사 같은 축제의 전통을 계승하고 있다.

〈1부〉 소회의식이 끝나면 연등회 소회일의 중심행사라 할 수 있는 〈2부〉 봉은사 진전행향의식이 시작된다. 봉은사 진전행향의식은 대략 세 단계로 진행되고 있다.

〈2부〉 봉은사 진전행향의식

〈첫째 단계〉 봉은사 행차의식

① 강안전에서의 예식이 끝난 다음 예사에서 첫 신호를 알리면 행차 의식이 시작된다. 로부와 의장대가 구정에 정렬하고 일산 · 부채 · 위장들이 강안전 전정으로부터 태정문까지 좌우로 진열한다. 상사국에서는 전정의 북

153) 의종 때 상정에 따르면 교묘 六祀 때 타는 象輅는 붉은 칠과 노금을 하고 은으로 장식하며 각 부분의 끝은 상아로 장식한다. 軺輚輦은 종려나무로 뚜껑을 만들고 붉은 칠을 하였으며 도금한 구리로 용과 봉황 모양을 만들어 장식하였다. 금실과 은실로 반룡을 짜 넣은 모직 요 하나, 책상 하나, 장대 하나를 비치한다. 모두 붉은 칠을 하며 책상에는 붉은 비단을 깔고 장대는 은빛 용두로 장식한다. 이것은 상원연등과 팔관회,문루에 나가 대사를 내릴 때 탄다. 대궐로 돌아올 때는 平輦을 타는데 초요련과 같으나 뚜껑이 없다(『高麗史』 권72 志26 輿服 輿輅 王輿輅).

동쪽에 국왕이 탈 초요련을 대기시킨다.[153)]

② 예사에서 두 번째 신호를 알리면 추밀관 이하 시신들이 전정으로 들어와 좌우로 갈라 정렬하고 좌우승제와 천우상대장군은 전각의 동 · 서편 층계 아래 서고 비신장군, 중금, 도지, 지유 등은 각각 좌우로 나누어 부계 위에 서서 기다린다.

③ 왕이 자황포를 입고 나와 앉으면 채찍을 울리고 경위원들이 만세를 부르고 재배한다. 태자 · 공 · 후 · 백작과 재상들이 지정된 자리로 인도되어 들어와 재배한 후 서편으로 물러선다.

④ 왕이 내려와 수레에 오르면 의장이 움직이고 채찍을 울린다. 추밀관과 좌우시신이 앞길을 인도하여 강안전 전문을 나갈 때 교방악대가 북을 울리며 나팔을 불어 정신을 가다듬게 한다.

⑤ 예사에서 세 번째 신호를 알리고 행차가 태정문에 이르면 황문시랑은 수레를 멈추고 백관들이 말에 오르도록 분부하실 것을 청한다. 섭시중이 "좋다 하신다"라고 선포하면 황문시랑은 행차할 것을 청하고 시신들이 수레를 인도하여 승평문 밖으로 나간다.

⑥ 승평문을 나오면 시종하는 백관들은 말을 타고 왕의 수레가 봉은사 삼문 밖에 이르게 되면 말에서 내린다.

이로써 봉은사까지의 행차가 완료된다. 이때 총 인원 약 3,000명이[154)] 동원된 대규모의 위장이 왕의 행차를 수행하였다.[155)] 행차는 영장군을 선두로 하여 화려한 복장을 갖추고 갖가지 의식용 병기들을 손에 든 위의사들이

---

154) 『高麗史』 권72 志26 輿服 儀衛의 上元燃燈奉恩寺眞殿親幸衛仗에 나열된 위의사들의 총수를 합산하면 1,883명이다. 같은 조의 仲冬八關會出御看樂殿衛仗에는 위의사가 3,276명이라고 명수가 정확히 밝혀져 있으나, 항목에 나열된 위의사의 명수를 합산해 보면 1,964명으로 연등회 때와 별로 차이가 없다. 따라서 연등회 위장의 규모도 3,276명의 위의사가 동원된 팔관회 때와 비슷하였을 것으로 생각된다.

155) 『高麗史』 권72 志26 輿服 儀衛 燃燈衛仗.

왕이 탄 초요련을 전후로 도열하고, 행렬 사이사이로 시신들과 내시관, 승제원들이 위치하고, 맨 뒤에는 교방악관 100인, 안국기 · 잡기 각 40인이 뒤따르고 있었다.

또한 수레 앞에는 고취군사 16인, 뒤에는 취라군사 24인이 자리해 왕이 지나감을 나팔을 불어 알렸다. 이러한 왕의 행차를 태자 · 공 · 후 · 백작과 재상들, 문무백관들이 열을 지어 뒤따르고 있었다. 또한 행차하는 길을 따라 가지각색의 화려한 번기와 병기를 든 군사들이 좌우로 도열하고 있었다.[156] 봉은사까지의 왕의 행차 모습은 백성들에게 대단한 구경거리였을 것이다.

〈둘째 단계〉 조진배알의식

① 연등이 화려하게 장식된 봉은사 삼문 안으로 왕의 수레가 들어서면 왕은 수레에서 내려 임시 가설한 장막(편차) 안으로 들어가고, 태자와 문무백관들은 진전 대문 밖에서 대기한다.

② 왕이 진전 대문 안으로 들어와 북쪽을 향해 선다. 합문의 인도로 태자 · 공 · 후 · 백작과 재상, 시신, 문무백관들도 북쪽을 향해 도열한다.

③ 왕이 절한 후 태자 이하 백관들이 재배한다. 전정을 지나 진전 문 앞에 이르면 또 왕이 절하고 태자 이하 백관들이 재배한다.

④ 진전 안으로 들어가 왕이 재배하고 술잔을 올린 후 재배하면 태자 이하 백관들도 재배한다. 추밀관이 술을 올리면 왕은 재배하고 음복한 후 재배한다. 신하들은 절하지 않는다.

⑤ 왕이 진전의 문 밖으로 나가서 재배하면 태자 이하 백관들도 재배한다. 진전 대문 밖을 나서기 전 왕은 북쪽을 향해 다시 한번 절하고 태자 이하 백관들도 재배한다.

⑥ 추밀관이 왕을 인도하여 장막으로 들어가면 시신들과 문무 양반들은 봉은사 삼문 밖으로 나가 정렬한다.

---

156) 『高麗史』 권72 志26 輿服 鹵簿 燃燈鹵簿.

〈셋째 단계〉 환궁행차의식

① 예사에서 신호를 알리면 왕의 자황포를 입고 나와 수레에 오른다.157) 황문시랑이 행차할 것을 청하면 의장대가 움직이고 국왕의 수레가 봉은사 삼문 밖을 나서면 백관들도 말에 오른다.

② 왕이 탄 수레가 태정문 안으로 들어가 강안전 전정에 도착하면 왕은

---

157) 왕의 복장에 대해 자황포로 다시 언급된 것으로 미루어 조진배알시 복장은 자황포가 아니었던 것으로 추측된다. 그런데 팔관회 소회일 행사 가운데에는 의봉루에 안치된 태조의 진영을 배알하는 의식 순서가 포함되어 있다. 이때 배알에 앞서 장막으로 들어가 자황포를 바꾸어 입고 신도 갈아 신는다(改服靴袍). 그러므로 연등회 때도 奉恩寺謁祖眞儀에는 갈아입는 절차가 명기되지 않았어도 봉은사 도착 직후 장막에 들어갔을 때 조진배알을 위해 자황포를 다른 복장으로 갈아입었을 가능성이 크다. 팔관회에서 조진배알시 갈아입은 복장이 어떤 것이었는지는 명확하지 않다. 그런데 원구 · 사직 · 태묘에 제사지낼 때는 왕은 출궁시 입었던 자황포를 곤룡포와 구류면으로 갈아입는다. 그렇다면 조진배알시에도 곤룡포로 갈아입지 않았을까? 『高麗史』 권59 志13 禮1 吉禮大祀 圜丘와 志14 · 15 禮2 · 3 吉禮大祀 太廟에는 제사드릴 때 복장을 袞冕(곤룡포와 면류관)으로 명백히 밝히고 있는 데 반해 팔관회 조진배알 때에는 改服靴袍로만 기록해 놓았다. 奧村周司는 앞서 언급한 「高麗における八關會的秩序と國際環境」란 논문에서 국왕이 태조에게 신하의 예를 표하는 紫袍와 같은 복장으로 갈아입었을 것으로 상정하였는데, 태묘는 서향인 데 반하여 조진배알은 북향이며, 원종이 복위하자 紫袍를 입고 전정으로 나가 멀리 북쪽을 향해 감사의 예를 표한 다음 黃袍로 바꾸어 입고 신하의 조하를 받았다는 것(『高麗史』 元宗 10년 11월 甲子)과 충선왕이 紫袍를 입고 강안전에서 관정도량을 베푼 다음 경령전에 가서 왕위계승을 고한 후 신하들의 조하를 받았다(『高麗史』 권33 忠宣王 즉위년 8월 甲寅)는 것을 전거로 들고 있다. 그러나 이 같은 견해는 의문의 여지가 있다. 왜냐하면 국왕이 신하로서 강조되는 북향이란 방향은 경령전에서는 서향이 되므로 반드시 절대적인 것은 아니며, 원종이 복위시 전정에서 북향재배한 대상은 태조가 아니라 몽골 황제였기 때문이다. 더욱이 원종과 충선왕 때는 몽골의 간섭기였으므로 이때의 사실을 의종 때의 의례를 전거로 하는 상원연등회의와 중동팔관회의에 대입하는 것은 무리라고 생각한다. 그런데 『高麗史』 권59 志15 禮3 吉禮大祀 景靈殿諸陵에서는 왕의 경령전 제향시 복장은 靴袍로, 諸陵 참배시에는 改服靴袍로 기록하고 있다. 결론적으로 봉은사 조진배알과 팔관회 조진배알, 경령전 제향과 제릉 참배시 祖眞과 神座에 헌주할 때는 이

수레에서 내려 강안전 위로 오른다. 지후 · 추밀 이하 좌우시신들은 읍하고 물러난다.

소회일인 14일 밤 개경 전역에서 관등행사가 베풀어졌다. 2월은 해가 짧은 계절이었기 때문에 봉은사로 행차했다가 돌아올 무렵이면 이미 해는 지고 어두워 밤이 깊었다. 『보한집』에는 이날 밤의 화려했던 관등행사 모습을 묘사한 글이 전하고 있다.

> 옛 서울인 개성에는 아홉 개의 거리가 넓고 평탄하며 흰 모래가 평평하게 깔려 있고 큰 내가 도도히 흘러 양편의 집과 집 사이를 흘러나온다. 이날 저녁에는 문무백관들이 지위에 따라 각각 비단으로 아름답게 만든 언덕 모양의 장식대를 이곳저곳에 설치하고 군부대들도 거리를 따라 화려한 비단장식을 길게 연결하여 놓는다. 그리고 그림이 그려져 있는 휘장과 글씨가 써있는 병풍을 좌우에 펼쳐 두고 기생의 음악은 다투어 울려 나오고 여러 개의 등불은 하늘에 이어져 대낮같이 밝다. 봉은행향으로부터 왕의 행차가 돌아올 때는 양부의 기녀가 무지갯빛 치마를 입고 화관을 쓰고 음악을 연주하며 승평문 밖에서 임금의 수레를 맞이한다. 임금이 환궁할 때 올리는 풍악이 연주되고 수레가 흥례문과 이빈문 사이를 들어서면 궁전은 밤이 깊어 고요하고 별은 높이 떠 총총한데 풍악소리 요란하니 마치 공중에서 나는 듯하다.[158]

이처럼 개경 전체에 연등이 장식되었고 많은 사람들이 이것을 구경하기 위해 몰려들어 밤새도록 도성이 북적거렸다. 이날은 통행금지가 해제되기 때문에 일반백성들도 마음대로 거리를 돌아다니며 관등을 하기도 하고 사찰을 돌며 연등하기도 하면서 복을 빌었다.

를 위한 별도의 의복과 신발이 있었다고 여겨진다. 이것은 곤룡포도 아니고, 자황포도 아닌 다른 것으로 추측되며, 『高麗史』 권72 志26 輿服 視朝之服에 의하면 문종 12년(1058) 4월 禮司에서 왕의 조복 색깔로 紅과 黃 이외에는 없다고 아뢰었다 하므로 색깔은 홍색이나 황색이었을 것이다.

158) 崔滋, 『補閑集』 卷上.

(2) 대회일 행사

이튿날 15일에 열리는 대회일 행사는 3부로 구성되었으며 연회가 중심을 이루고 있다. 상원연등회의가 편재되어 있는 『고려사』 예지 가례 부분 의식들 대부분에는 연회가 수반되고 있다. 이는 '상하가 함께 한다'라는 가례의 개념을 구현하기 위해 가례의식 안에 연회를 넣어서 참여자 모두가 연회의를 통하여 음식과 술 기타 예물을 서로 나누면서 친밀감을 높이는 기회를 갖는다.

즉, 위로는 왕의 정치적 권위를 유지하면서 아래로는 구성원 모두를 친애한다는 것이다.159) 그런데 연등회 대회일의 연회는 가례 항목의 대부분을 차지하고 있는 혼례나 책례, 하례에 수반되는 연회는 말할 것도 없고, 연회가 의례 목적이었던 대관전연군신의에서의 대연보다도 규모면에서 성대한 점이 주목된다.

대회일 3부 행사는 〈1부〉 편전예식便殿禮式, 〈2부〉 진설陳設 및 좌정의식坐定儀式, 〈3부〉 연회宴會의 순서로 진행되고 있다.

〈1부〉 편전예식

편전예식은 소회일 행사의 전반부인 소회행사 절차와 같다. 즉, 국왕이 편차로 행차하면 견룡관 · 중금 · 도지와 전문 내외의 경위원과 의장대가 만세를 부르고 재배한 후 관리들이 부서별로 재배하고 제 위치에 가서 선다. 그러면 백희를 하는 각종 기인들이 전정으로 들어와 차례차례 공연한 후 나가면, 교방악대가 주악하고 무용단인 무대가 등장하여 춤을 추고 퇴장한다.

〈2부〉 진설 및 좌정의식

① 편전예식이 끝난 후 다방에서는 왕의 자리 앞에 과실상을 차리고 좌우에 설치된 꽃꽂이를 한 탁자 남쪽에 술상을 차린다. 상사국에서는 태자 이

---

159) 이범직, 1991, 앞의 책, 129~151쪽.

하 공 · 후 · 백작, 좌우추밀관, 좌우시신의 자리를 정하고 과실상을 차려둔다. 상승국에서 반룡 · 공작 · 홍수선 등을 전정의 좌우에 진열하고 수정장은 왼쪽에 부월은 오른쪽에 놓는다.

② 진설이 끝난 다음 좌우승제, 근시관, 합문원, 육상국과 여러 후전관들은 공복으로 갈아입고, 천우상대장군, 비신장군, 견룡관, 중금, 도지 등 각 경위원과 의장대는 각각 병기와 복장을 갖추고 정해진 자리에 위치한다.

③ 왕이 자황포를 입고 나와 앉으면[160] 채찍을 울리고 금위대원이 만세를 부르고 재배한다.

④ 태사국에서 시간을 알리면 합문관들이 각각 태자 · 공 · 후 · 백작과 추밀관 · 시신들을 인도하여 들어선다.

⑤ 태자가 앞으로 나가 감사의 말을 전하고 이 자리에 불러주심을 사례하고 물러간다.

⑥ 좌집례관이 왕의 교서를 태자에게 전하면 모두들 동서로 나뉘어 자리를 잡고 앉는다.

이것으로 〈2부〉 진설과 좌정의식이 끝나고, 〈3부〉 연회가 시작된다. 연회는 세 단계로 진행되는데 왕이 편차로 퇴장하여 휴식을 취하고 다시 전으로 나오는 의식이 각 단계를 구분하는 기준이 된다.

〈3부〉 연회

〈첫째 단계〉

① 왕이 편차로 들어가 휴식을 취하고 다시 나와 앉으면 예식이 시작된다. 왕이 근시관에게 차를 올리도록 명령하면 집례관이 차를 올린다. 왕은

160) 대회일 행사의 맨 첫머리인 편전예식은 연등소회 행사와 절차가 같으므로 복장도 치황포를 입었을 것이다. 따라서 본격적인 대회일 연회의식이 시작되면서 자황포로 갈아입은 것으로 생각되는데, 승제원이나 근시들도 대회일 편전예식이 끝나자 공복으로 갈아입고 있는 사실로 미루어 편전예식 때까지는 마찬가지로 연등소회 때처럼 평상복을 입고 있었던 것으로 추측된다.

태자 이하 시신들에게도 차를 내린다.

② 집례관은 태자 및 공·후·백작을, 추밀관은 시신들을 인도하여서 절하는 자리로 나간다. 태자는 꿇어앉아 "저희들은 마침 상원의 성대한 연등회를 맞이하여 크게 경축하며 삼가 천만세의 축배를 올리고자 감히 분부를 기다리나이다"라고 아뢴다. 모두 함께 재배한 후 집례관이 인도하여 세수하는 곳으로 나가서 손을 씻은 다음 술을 땅에 조금 따른다. 그리고 왕좌의 왼쪽으로 가서 서쪽을 향하고 꿇어앉아 태자는 잔을 들고 상공은 주전자를 들어 술을 따른다. 왕이 잔을 들 때 주악이 시작되고 술을 마신 다음 주악이 멎는다. 다시 각각의 지정된 자리로 돌아간다.

③ 태자 이하 시신들에게 술잔을 돌리는데 집례관이 마시기를 권하면 태자 이하 모두 재배하고 잔을 잡는데 이때 주악이 시작되고 술을 마신 후 읍할 때 주악이 멎는다.

④ 근시관들이 왕에게 술과 음식을 올리고 태자 이하 시신들에게도 술과 음식을 권할 때 신분에 따라 각각 달리하는 것과 주악이 시작되고 멎는 것은 의례예법에 준한다. 세 가지 음식이 두 차례 나온 후 태자 이하 시신들은 재배하고 태자와 공·후·백작, 추밀관들은 세수하는 곳으로 가서 손을 씻는다.

이상의 〈첫째 단계〉에서는 차와 술과 음식이 군신 간 나눔의 주제가 되고 있다.

〈둘째 단계〉

① 왕이 편차로 들어가 휴식을 취하고 다시 나와 앉으면 근시관들이 꽃이 담긴 함과 잔과 주전자를 준비해 놓는다. 태자 이하 추밀관 이상은 전 위로 올라와 엎드렸다가 일어난다. 태자가 승제원으로부터 건네받은 꽃가지 하나를 왕에게 올릴 때 주악이 시작된다. 모두 12개의 꽃가지를 드린다. 왕이 꽃을 꽂으면 태자는 조금 물러나 머리를 숙이고 엎드렸다가 꿇어앉는다. 이어

서 공 · 후 · 백작 및 추밀관들이 두서너 가지씩 드리고 나면 주악이 멎는다.

② 태자 이하 공 · 후 · 백작 및 추밀관들이 차례로 왕에게 잔을 올린다. 왕이 잔을 들면 주악이 시작되고 술을 다 마시면 주악이 멎는다. 태자 이하는 모두 전에서 내려와 재배한다.

③ 집례관이 다시 왕께서 특별히 술잔을 하사한다고 전한다. 먼저 근시관 2인이 함에 하사할 꽃과 봉약(약봉지), 과실, 주전자 및 잔을 가지고 오른다. 왕이 태자에게 손수 꽃을 하사할 때 주악이 시작되며 태자가 꽃을 꽂고 재배하고 물러나면 공 · 후 · 백작과 추밀관들도 차례대로 나아가 꽃을 받으며 이를 다 마치면 주악이 멎는다. 다시 태자는 왕으로부터 봉약을 하사받고 이어서 술잔과 과실을 받은 다음 재배하고 자기 자리로 물러난다. 공 · 후 · 백작과 추밀관들도 차례대로 이와 같이 행한다. 이때 주악이 시작되고 술을 마신 다음 주악이 멎는다.

④ 좌우시신들, 시립원장들, 양부의 악관들과 산대악사들에게 꽃과 술을 하사하고, 시봉군인들에게는 음식과 과실을 하사한다.

⑤ 다시 왕에게 술과 음식을 올리고 태자 이하 시신들에게 술과 음식이 베풀어지는데 그 절차와 주악이 시작되고 멎는 것 등은 보통 때와 같다. 특별잔 하사와 시신들의 헌수 차례가 되면 집례관은 시신들을 인도하여 세수하는 곳으로 나가 손을 씻는다.

이상의 〈둘째 단계〉에서는 꽃과 봉약, 과실이 나눔의 주제이다. 그리고 공 · 후 · 백작과 추밀관뿐 아니라 좌우시신, 시립원장, 양부악관, 산대악사, 시봉군인들에 이르기까지 대회 참석자 모두에게 꽃 · 봉약 · 과실 · 주식이 하사되고 있다.

〈셋째 단계〉

① 왕이 편차로 들어가 휴식을 취하고 다시 나와 앉으면 근시관이 주전자와 잔을 받들고 먼저 오르고 시신들도 전상으로 올라와 차례로 헌수한다.

왕이 술을 들면 주악이 시작되고 술을 마신 다음 주악이 멎는다. 시신들이 내려가 재배한다.

② 다시 집례관이 왕께서 특별히 술잔을 하사한다고 전한다. 먼저 근시관들이 함에다 봉약과 과실, 잔과 주전자를 담아서 오른다. 왕이 시신들에게 봉약을 하사한다. 이어서 술잔과 과실을 하사받고 물러나 재배한다. 시신들이 차례로 술과 봉약, 과실을 받고 자리로 되돌아가 잔을 잡을 때 주악이 시작되고 마신 다음 주악이 멎는다.

③ 시립원장 · 양부악관 · 시봉군인들에게 다시 술과 과실을 하사한다.

④ 다시 근시관이 왕에게 주식을 올리고 태자 이하 시신들에게 주식을 베푸는데 그 절차와 주악이 시작되고 멎는 것 등은 보통 때와 같다.

〈셋째 단계〉는 〈둘째 단계〉와 거의 유사한데 하사품에서 꽃이 제외되고, 공 · 후 · 백작과 추밀관을 제외한 〈둘째 단계〉의 하사 대상자들에게 다시 하사를 반복하고 있다.

예식이 끝난 후 왕은 편차로 들어가고 군신들의 사은하는 마음을 충분히 알겠다는 교지를 내린다. 집례관들의 인도로 태자 이하 공 · 후 · 백작, 추밀관, 시신들은 읍하고 물러나간다. 이것으로 연회가 끝남과 동시에 연등회 대회일의 행사가 막을 내린다.

이상을 분석한 결과 대회일 행사는 〈1부〉 편전의식, 〈2부〉 진설 및 좌정, 〈3부〉 연회 순서로 진행되고 있으며 〈3부〉 연회가 행사의 중심을 이루고 있다. 연회는 세 단계로 설행되었는데 국왕에게 차 · 술 · 꽃을 올리면 이에 대한 답으로 왕이 연회에 참석한 모든 사람들에게 차 · 술 · 꽃 · 봉약 · 과실을 하사하는 절차가 반복되고 아울러 주식이 베풀어지는 형식으로 구성되어 있다.

이러한 대회일 행사의 절차를 다른 가례의식과 비교 검토해 본다면 그 차이를 통해 연등회 대회일 연회가 지니는 의미가 좀더 선명히 드러날 수 있을 것이다. 이를 위해 가례의식 가운데 그 자체가 바로 연회를 종합 정리한 의례라 할 수 있는 '대관전연군신의'를 구체적으로 살펴보았다.

대관전연군신의는 〈1부〉 진설 및 좌정과 〈2부〉 대연으로 구성되어 있으며, 대연大宴은 연등회 대회일의 연회와 마찬가지로 세 단계로 진행되고 있다. 그러나 연등회와는 달리 차와 술만 헌상하고 하사될 뿐, 왕에게 태자 이하 백관들이 꽃을 바치면 이에 답하여 왕이 꽃 · 봉약 · 과실을 하사하는 의례는 없다. 단지 대연의 〈둘째 단계〉가 시작될 때 왕을 위시하여 군신들이 꽃을 꽂을 뿐이다.

그러나 술과 음식은 대관전 연회가 연등회보다 훨씬 풍성하다. 연등회 때는 삼미, 즉 세 가지 요리로 주식이 제공되지만 대관전 연회 때는 팔미로 여덟 가지 요리가 제공된다.[161] 이것은 대관전 연회가 군신이 모여 주식을 즐긴다는 의미에 가장 중점을 둔 의식이었음을 뜻한다.

이에 비해 연등회는 군신간의 상하관계를 엄격히 하고 그에 따라 예물을 헌상하고 하사하는 의례절차가 포함되어 있다. 이 점에서 대회일 행사가 군신간의 친목 도모와 아울러 왕의 정치적 권위를 확인하는 위계적 성격도 함께 함을 확인할 수 있다.

대회일 공식 행사가 끝나고 야간에는 다시 궁중에서 관등을 위한 등석연燈夕宴이 베풀어졌다. 이 때문에 대보름인 대회일 저녁은 등석이라고도 불렸다. 등석연은 상원연등회의에 포함된 의례절차는 아니었지만 공식적인 행사보다 군신이 격식을 벗어나 어울리며 친목을 도모하는 데는 더욱 효과적이

---

161) 『高麗史』 권68 志22 禮10 嘉禮 大觀殿宴群臣儀.

162) 林宗庇의 개인 행장은 전하지 않으나, 무신란 때 가족이 모두 몰사하고 유일하게 살아남았다고 하는 그의 조카 임춘의 기록으로 미루어 의종 대 활약한 인물로 추측된다. 임춘은 명종 때 이인로, 오세재 등과 교유를 맺고 海左七賢의 한사람으로 시와 술로 세월을 보내다가 요절하였는데 이인로가 그의 유고를 6권의 『西河先生集』으로 수습하였다(『高麗史』 권102 列傳15 李仁老). 그런데 이규보는 옛사람들의 글 중에서 길고 산만한 것을 인용하여 대구를 맞추는 풍습이 임종비로부터 비롯되었는데 이는 본받아서는 안 된다고 비판하고 있다(『東國李相國全集』 권26 書 「與金秀才懷英書」).

었을 것이다. 이때 신하들은 국왕에게 축하문인 치어를 바쳤는데, 임종비의[162] 「등석치어」는 이러한 등석연의 모습을 잘 그리고 있다.

> 「등석치어」
> 봄이 바야흐로 돌아오니 날씨는 점점 화창하고, 옥황상제가 음악을 벌이시니 인궁이 선궁으로 화하옵나이다. 피리와 노래 소리가 보름밤에 드높고 번쩍이는 비단 옷깃들이 궁궐 바람에 휘날립니다. 황금향로가 향을 토하니 오르는 연기가 푸르고, 촛농이 그림자를 가르니 화산이 붉으옵니다. 도성 사람들은 금오의 물음을 두려워하지 않사오니 하늘이 대중과 같이 보고 즐기기를 허락하시옵기 때문입니다.[163]

이렇듯 보름날 밤에는 궁중에서는 등석연이 베풀어져 풍악소리가 드높고, 일반 사람들은 통행금지가 해제되어 야간통행을 규찰하는 금오를 두려워하지 않고 도성 안을 밤새도록 몰려다니면서 즐기고 있었다. 그런데 등석연에서 등롱시를 짓는 풍속이 생겼는데 이는 중국으로부터의 영향으로 추측된다. 당 · 송 대 중국 지식인들 사이에서는 상원관등을 하면서 등석시부를 짓는 것이 유행이었다.

이인로가 『파한집』에서 상원 보름날 밤에 등롱시를 짓는 것이 자신으로부터 비롯되었다고 말하고 있기 때문에[164] 등석연에서 등석시부를 읊는 시연은 무신란 이후 명종 대 정착된 것을 알 수 있으나, 이미 예종 대 연등대회에서 왕이 시를 짓고 신하들이 화답시를 올리고 있는 사례[165]가 있었던

163) 『東文選』 권104 致語 「燈夕致語」.

164) 李仁老, 『破閑集』 卷上, "정월 대보름날 밤에 임금님의 보좌 앞에 붉은 비단으로 만든 등롱을 벌여 놓고, 한림원에 명하여 지어 올리게 한 등롱시를 공인들을 시켜 금박으로 써서 붙이도록 하니 대부분 대보름 밤의 경치를 읊은 것들이다. 명종 때 내가 옥당에 입시하여 바로 지어 올린 글에 '바람아 순하게 불어 金燼이 떨어지지 않게 하고 시간이 길어 玉虫이 생김을 보리로다. 오로지 일편단심이 있으니 중동의 일월 같은 밝음을 도우리로다.' 하여 임금께서 크게 칭찬하셨다. 이후로 대개 등을 읊는 것이 나로부터 시작되었다."

165) 『高麗史』 권13 世家13 7년 2월 辛丑.

것으로 미루어 연등회에서 시부를 짓는 관례는 그 연원이 깊다고 하겠다. 고종 대에 이르면 등석시연이 연등회에서 중요한 행사로 자리잡아[166] 『동문선』과 『동국이상국집』에는 등석연 때 지어진 등석치어와 등롱시가 다수 전해지고 있다.[167]

한편, 교방악 감상도 등석연에서의 중요행사였다. 교방은 궁중에서의 기악을 담당하는 부서로서 특히 국가의례를 설행할 때 중요한 역할을 담당하였다. 상원연등회 때는 '헌선도' 라는 당악을 공연하였다고 생각되는데, 이 공연을 감상하고 쓴 등석시들이 다수 전해지고 있기 때문이다.

> 「등석헌선도교방치어」
> 삼오야에 등불놀이를 구경하니 신주의 홍련 만섬을 뿌린 것 같고, 일천년에 한번 맺는 열매는 서왕모가 드리는 아름다운 복숭아 일곱 알이로다.[168]

> 「정사년 상원등석교방치어」
> 마침 상원등석을 맞이하여 성대한 풍악의 의식을 베푸시니, 칠정육합의 생황은 그 소리가 천상의 풍악보다 우렁차고, 구광사조의 등불은 그 그림자가 별빛보다 찬란하도다. 백희가 교대로 이어져 백성들과 함께 즐기시니 귀신과 사람이 서로 기뻐하고 오랑캐와 문화인이나 모두 빈객으로 오게 되도다. … 승로반 위의 선도 복숭아를 새로이 바치며 다시 열매 맺는 해가 돌아오기를 바라옵니

---

166) 「燈夕에 대간 유충기와 함께 시연에 가서 짓다」(『東國李相國集』 권16 古律詩); 「동년인 시랑 유승단이 처음으로 등석연에 시종하므로 하례하다」(『東國李相國集』 권16 古律詩).

167) 林宗庇, 「燈夕致語」(『東文選』 권104 致語); 崔滋, 「燈夕獻仙桃教坊致語」(『東文選』 권104 致語); 李奎報, 「燈夕에 대궐에 들어가 느낌이 있기에」(『東國李相國集』 권10 古律詩); 「燈夕 중 문기징자를 보고 짓다」 「燈籠을 보고 짓나」(『東國李相國集』 권14 古律詩); 「燈夕에 대간 유충기와 함께 시연에 가서 짓다」(『東國李相國集』 권16 古律詩); 「동년인 시랑 유승단이 처음으로 등석연에 시종하므로 하례하다」(『東國李相國集』 권16 古律詩); 「유군이 화답하므로 다시 답하다」(『東國李相國集』 권16 古律詩); 「丁巳年 上元燈夕教坊致語」(『東國李相國集』 권19 雜著).

168) 崔滋, 「燈夕獻仙桃教坊致語」(『東文選』 권104 致語).

169) 李奎報, 『東國李相國集』 권19 雜著 「丁巳年 上元燈夕教坊致語」.

다.[169]

복숭아는 서왕모 설화에 등장하는 장생불사의 과실이다. 중국에서 상원연등이 성립된 배경에는 서왕모신앙이 깊숙이 자리잡고 있었다. 『한무고사漢武故事』에는 서왕모가 한무제와 만났을 때 불사약으로 복숭아 일곱 개를 꺼내서 자신이 두 개를 먹고, 한무제에게 다섯 개를 주었다는 내용이 전한다.[170] 이러한 서왕모의 선도가 등석시의 소재로 등장하는 것은 '헌선도' 가 공연되었던 것에도 기인한다고 생각된다. 서왕모는 고려에서 정월 7일의 인일풍속에서도 신앙되었다.[171]

상원연등회에서 '헌선도' 공연의 공연자들은 교방에 소속된 악관, 무대, 기녀들이었다. 악관은 음악을 연주하고, 무대와 기녀들은 가무를 담당한다. 가무에 참가하는 인원은 왕모 1인, 협왕모 2인, 봉개 3인, 인인장 2인, 용선 2인, 작선 2인, 미선 2인, 봉정절 8인, 봉죽간자 2인, 봉위의 18인으로 총 44인이다.[172]

'헌선도' 의 공연 과정을 정리해 보면 다음과 같다.

① '회팔선인자會八仙引子' 를 연주한다.

② 봉죽간자가 구호치어를 올린다.

③ '회팔선인자' 를 연주하면서 춤춘다.

④ 왕모가 선도반을 받쳐 들고 '원소가회사元宵嘉會詞' 를 부른다.

⑤ 노래가 끝나면 악관이 '헌천수獻天壽' 를 연주하고 왕모 등 3명이 '일난풍화사日暖風和詞' 1절을 부른다.

---

170) 魯迅, 『古小說鉤沈』, 299頁.

171) 『宋史』 권487 列傳246 外國3 高麗, "正月七日 家爲王母像"

172) 문종 31년 2월 을미에 개최된 연등회에서 왕이 중광전에서 교방악 감상할 때 여제자 楚英이 "王母隊 가무의 인원은 55명인바 춤을 추면서 네 글자를 형성하는데 君王萬歲나 天下太平이란 글자를 나타냅니다"라고 아뢴 사실로 미루어 이때 공연된 교방악은 '헌선도' 는 아니었던 것으로 추측된다(『高麗史』 권71 志25 樂2 用俗樂節度).

⑥ '헌천수령獻天壽令' 을 연주하고 '일난풍화사' 2절을 부른다.

⑦ '금잔자金盞子' 가 연주되는 동안 왕모는 춤을 추다가 연주가 멎으면 앞으로 나와 '여일서장사麗日舒長詞' 를 부른다.

⑧ 왕모가 물러서면 두 명의 협왕모가 '금잔자령金盞子令' 이 연주되는 동안 춤춘다. 연주가 멎으면 '동풍보난사東風報暖詞' 를 부른다.

⑨ '서자고瑞鷓鴣' 가 세 번 연주된다.

⑩ 연주가 끝나면 왕모가 앞으로 나와서 '해동금일사海東今日詞' 를 부른다.

⑪ 왕모가 자리로 돌아가면 다시 '서자고' 가 연주되고 협왕모들이 나란히 춤추다가 연주가 멎으면 '북폭동안사北暴東頑詞' 를 부른다.

⑫ '천년만세인자千年萬歲引子' 를 연주하면 봉위의 18인이 세 번을 돌면서 춤을 춘 후 물러간다.

⑬ 연주가 멎으면 봉죽간자가 앞으로 나와 치어를 올린다.

⑭ '회팔선인자' 를 연주하면 봉죽간자가 춤추면서 물러가고 봉개와 왕모들도 뒤를 따라 춤추며 물러간다. 그 외 봉위의 등도 마찬가지이다.[173)]

(노래 가사와 치어의 내용은 〈표 2〉 악곡 『헌선도』 내용 분석표 참고)

'헌선도' 에서 불렸던 노래는 모두 여섯 곡인데 이 가운데 '원소가회사' , '일난풍화사' , '여일서장사' , '북폭동완사' 는 봄날을 맞이하여 상원의 관등놀이를 축하하고 있고, '동풍보난사' 에는 시연이 베풀어지고 있는 광경을 전하고 있다. 그러므로 '헌선도' 는 연등회 등석연을 위한 교방악이었음이 확실하다. 이렇게 연등회만을 위한 악곡이 존재했을 정도로 연등회에서 교방악 공연은 중요한 행사였다. 또한, 연등회를 계기로 새로운 가무가 발표되기도 하였다.[174)]

결론적으로 연등회는 소회일에는 편전의식과 봉은사 행향의 순서로, 대

173) 『高麗史』 권71 志25 樂2 唐樂.

회일에는 편전의식과 연회와 등석연의 순서로 의식이 진행되었다. 그리고 편전의식에서는 백희잡기가 공연되고, 등석연에서는 관등놀이를 하며 교방악을 감상하고 등석시를 짓는 등 다양한 프로그램으로 구성되었다. 이것은 연등회가 종합적인 문화축제임을 확실히 보여주는 것이라 하겠다.

(3) 특설연등회 행사

연등회의 의례절차는 경우에 따라 가감되기도 하였다. 연례적인 연등회와는 달리 특별히 치러진 연등회가 있었는데,[175] 이러한 특설연등회는 의례절차에서 차이가 있었다. 문종 21년(1067) 특설 연등대회가 흥왕사에서 5일 동안 주야로 설행되었다. 이는 정월에 완공된 흥왕사 낙성을[176] 경축하기 위하여 그해 연등회를 특별히 흥왕사에서 대규모로 거행한 것으로 생각된다.

이때 대궐 뜰에서부터 흥왕사 정문까지 오색비단을 감은 장대들을 겹겹이 세워 장식하고 왕의 수레가 통과하는 가로를 따라 양편으로 등불을 높이 밝혀 마치 대낮처럼 환하였다고 한다. 왕은 병사들의 호위를 받으면서 백관들과 함께 향불을 올리고 재물과 의복을 시주하였는데 이처럼 성대한 불교행사는 일찍이 없었던 것이었다고 전한다.[177]

---

174) 문종 27년(1073) 2월 을해 교방에서 아뢰기를 "여제자 진경 등 13명에게 전습시킨 蹈沙行 가무를 연등회에 사용하기를 바랍니다"라고 하니 왕이 시행을 명령하였다(『高麗史』 권71 志25 樂2 用俗樂節度).

175) 문종 21년(1067) 2월 무진 흥왕사에서 5일 주야에 걸쳐 특별히 연등대회 개최; 문종 25년(1071) 2월 무인 연등회 특별개최 경령전에 참배; 문종 26년(1072) 정월 갑술 중광전에서 특별히 연등회 개최; 문종 27년(1073) 2월 정유 봉은사에서 연등회 특별 개최, 새로 만든 불상 찬송; 문종 31년(1077) 2월 계묘 중광전에서 3일간 특별히 연등회 개최(〈표 1〉 『高麗史』 世家 수록 연등회 관계 기사표 참고).

176) 문종 21년(1067) 정월 경신 興王寺가 완성됨. 2,800칸으로 12년 만에 완공함. 왕이 낙성식으로 재를 올리고 계행자 1천 명을 선발하여 낙성식 후 흥왕사에 남도록 함(『高麗史』 권8 世家8 文宗 21년 정월 庚申).

177) 『高麗史』 권8 世家8 文宗 21년 2월 戊辰.

문종 27년(1073)에는 봉은사에서 연등회가 특설되었다. 이는 봉은사에 불상이 새로 안치된 것을 찬송하기 위해서였다. 가로변에는 3만 개의 등불이 이틀 밤 동안 밝혀졌고 중광전과 각 관아에는 오색비단으로 꾸민 다락과 등불로 장식된 동산이 만들어지고 풍악이 끊이지 않고 흘러나왔다.[178] 그러나 대회일 행사는 예법대로 중광전에서 개최되었다고 한다.[179]

그런데 정례연등회가 개최된 후 다시 특설연등회가 열리기도 하였다. 문종 25년(1071) 정례연등회를 개최한 후 7일 만에 다시 특설연등회를 개설하였는데 경령전 참배가 주요 행사였다.[180] 문종 26년(1072) 정월 중광전에서 특설된 연등회도 정례연등회와는 별도로 개설된 것이라 생각된다.[181] 문종 31년(1077)에도 정례연등회를 개최한 후 다시 중광전에서 3일간 특설연등회를 열었다.[182] 중광전에서 특설되고 있는 이러한 연등회의 목적은 다른 사례들로 미루어 축하나 기념을 위한 특수한 것이 아니었을까 생각된다.

따라서 특설연등회는 두 가지로 분류할 수 있는데, 첫째, 연례연등회와 특별행사를 결합시켜 연례연등회보다 규모를 크게 하여 개최하거나, 둘째, 연례연등회와는 별도로 개최한 것이 있었다. 문종 대는 왕권이 강화되고 정치적 안정기로 접어들면서 문화의 전성기를 구가하던 시기였다. 이 시기에 집중적으로 연등회가 특설되고 있는 것은 강화된 왕권을 과시하기 위한 정책의 일환이었던 것으로 보인다. 이는 연등회가 국가권위의 강화라는 정치적 목적도 있었던 국가의례임을 시사하고 있는 것이라 하겠다.

이와는 반대로 연등회 때 기악이나 삽화가 정지되기도 하였는데 국상이 있거나, 외적의 침입이나 화재와 같은 재난이 있는 경우 백희가무를 중지하거나 꽃을 꽂지 않고 간소하게 의식을 거행하였다.[183] 예종 4년(1109) 2월

---

178) 『高麗史』 권9 世家9 文宗 27년 2월 丁酉.
179) 『高麗史』 권7 世家7 文宗 27년 2월 戊戌.
180) 『高麗史』 권8 世家8 文宗 25년 2월 戊寅.
181) 『高麗史』 권9 世家9 文宗 26년 정월 甲戌.
182) 『高麗史』 권9 世家9 文宗 31년 2월 癸卯.

연등대회에서 왕의 명령으로 평장사 김경용이 춤을 추자 승선 임언이 동쪽 변방이 아직 평정되지 못하였는데 어찌 춤을 출 수 있는가 하며 비판한 사실은[184] 정국이 불안할 때 연등회 행사 가운데 축제의 성격을 지니는 부분이 생략되었을 가능성이 충분이 있음을 알려주고 있다.

원 간섭기에는 원에 의하여 의례절차에 제약이 가해지기도 하였다. 충렬왕 27년(1301) 5월 고려의 관제를 황제의 격에서 제후의 격으로 격하시키고자 관제 개혁이 단행되었다.[185] 이때 의례에 착용되는 관복과 수반되는 위장들도 제후에 준하는 격식으로 변경되었는데, 국왕의 관복을 원의 제도에 준해 황제가 입는 지황포에서 자포로 바꾸고, 황산도 홍산으로 대신하게 하였다. 또한 의례 가운데 무도와 경필을 없앴다.[186] 이러한 상황은 연등회 설행절차에도 영향을 주었으리라 생각된다. 이에 대하여 자료는 남아 있지 않지만 전보다 그 설행규모가 축소되었을 것으로 생각된다.

---

183) 인종 24년(1146) 2월 계축 연등회를 열었으나 음악은 정지; 명종 14년(1184) 4월 임신 연등놀이를 하고 이튿날 대회에서 음악을 공연. 연등은 본래 정월 보름에 개최하는데 국상으로 인하여 중지하였다가 이번에 거행. 그러나 삽화와 백희잡기는 금지; 명종 15년(1185) 정월 무술 연등회 열고 봉은사에 감. 이튿날 대회에는 왕이 천부전에서 음악을 구경하였는데 국상으로 인하여 삽화는 중지; 원종 원년(1260) 2월 기유 연등회 때 태손인 충렬왕이 봉은사로 갈 때 황색과 홍색 일산, 수정부월 같은 의장과 전위하는 의장대 길잡이 등을 없앰. 종실을 제외한 추밀관 및 문무백관, 사병의 경위들로만 평상시와 같이 위의하도록 함. 이는 고종의 국상 때문; 원종 12년(1271) 2월 무신 연등회를 열고 봉은사에 감. 楮市橋 근방에 화재가 발생하여 300여 호의 민가가 전소됨. 연등회의 기악을 중지하고 태조진전에 참배만 함; 원종 14년(1273) 2월 정유 연등회를 열고 봉은사에 감. 국가에 많은 변고가 있어 기악은 중지하고 절문 밖에 등불만을 설치; 충렬왕 4년(1278) 정월 기해 연등회를 열고 봉은사에 감. 기악은 중지; 충렬왕 8년(1282) 2월 갑진 연등회를 열고 봉은사에 감. 기악은 중지; 충렬왕 11년(1285) 2월 정사 연등회를 열고 봉은사에 감. 기악은 중지(〈표 1〉 『高麗史』 世家 수록 연등회 관계 기사표 참고).

184) 『高麗史』 권13 世家13 睿宗4년 2월 庚寅.

185) 『高麗史』 권32 世家32 忠烈王 27년 5월 丙午.

186) 『高麗史』 권72 志26 輿服 冠服 · 儀衛.

한편, 연등회 때 삼계령에게 초제를 지내는 도교적 의례가 설행되거나[187] 소재도량이 설행된 경우도 있었다.[188]

187) 『高麗史』 권12 世家12 肅宗 10년 정월 癸丑. 이해만 연등회가 정월에 개설되었다.

188) 『高麗史』 권23 世家23 高宗 30년 2월 壬戌.

3. 고려 연등회의 사회적 성격

1) 연등회의 운영 상황

연등회는 고려의 국가의례로 수도 개경의 왕궁과 태조 진전인 봉은사를 잇는 의례공간을 주축으로 하여 설행되었음을 살펴보았다. 상원연등회의로 남은 기록상의 의례 절차만을 추적한다면 연등회는 중앙에서의 왕실 행사로 한정되어 보인다. 그러나 이것은 고려 연등회가 지니는 사회적 성격의 부분적인 면모일 뿐이다. 연등회는 고려 전역에서 설행되고 있었다.

현종이 연등회를 다시 부활하였을 때, 이에 관하여 『고려사』와 『고려사절요』는 정월 보름에 이틀 동안 왕궁과 국도로부터 시골에 이르기까지 연등을 하였던 국가적인 풍속이 있었는데 성종이 폐지하였으므로 이를 다시 복구한 것이라고 언급하고 있다.[189] 이로 미루어 왕실의 연등회 행사와 아울러서 왕궁 밖에서도 연등회가 베풀어지고, 전국 향읍에서도 연등회가 열리고 있었던 것을 알 수 있다.

그런데 명종 8년(1178) 2월 인종의 기월을 피해 정월로 변경된 연등회를 다시 2월로 복귀시키자는 상소가 올라왔는데 만약 복귀할 수 없다면 공연 등의 축하행사는 하지 않더라도 공사公私가 각자 분수에 따라 연등만이라도 할 수 있게 해 달라고 청하고 있다. "공사가 각자 분수에 따라 연등한다"는 대목은 연등회가 국가에 의해 주도되는 행사이지만 개인도 적극적으로 참여하여 정부기관과 개인이 모두 행사를 주도하는 이원적 방식으로 진행되

189) 『高麗史』 권23 禮11 嘉禮 雜儀 上元燃燈會儀 顯宗 원년 윤2월; 『高麗史節要』 권3 顯宗 원년 윤2월, "復燃燈會 國俗 自王宮國都 以及鄕邑 以正月望 燃燈二夜 自成宗以來 廢而不擧 至是 復之"

고 있음을 시사하고 있다.

개경의 연등회는 봉은사 진전행향이 중요한 행사였기 때문에 국왕이 친행하는 의례공간은 왕궁뿐 아니라 내성 남문인 주작문 밖 봉은사까지로 확대된다. 현재 남아 있는 고려 궁궐터인 만월대에서부터 봉은사지로 추정되는 위치까지는 직선거리로도 3km나 된다.[190] 의례공간의 중심을 이루는 이 지역은 연등회 때 관리들에 의해 분담되어 화려하게 연등으로 장식되었다.

> ① 옛 서울인 개성에는 아홉 개의 거리가 넓고 평탄하며 흰 모래가 평평하게 깔려 있고 큰 내가 도도히 흘러 양편의 집과 집 사이를 흘러나온다. 이날 저녁에는 문무백관들이 지위에 따라 각각 비단으로 아름답게 만든 언덕 모양의 장식대를 이곳저곳에 설치하고 군부대들도 거리를 따라 화려한 비단장식을 길게 연결하여 놓는다.[191]
> ② 문종 21년(1067) 2월 연등대회가 흥왕사에서 5일간 주야로 특설되었다. 이때 百司와 안서(해주)도호부, 개성부, 광주, 수주(수원), 양주, 동주(철원), 수주(부평) 등 5개 주와 강화, 장단 2개 현에게 명령하여 대궐 뜰에서부터 흥왕사 정문까지 오색비단을 감은 장대들을 겹겹이 세우고, 왕의 수레가 통과하는 가로를 따라 양편으로 燈山과 火樹로 장식하고 등불을 높이 밝혀 밤에도 대낮처럼 환하였다.[192]

위의 내용을 보면 개경 연등회는 중앙의 관청과 관리들, 개경 주변의 5개 주와 2개 현의 지방기관이 주체가 되어 준비되었음을 알 수 있다. 즉 연등회는 행정체계를 이용하여 조직적으로 준비되어 개최되었고, 이것은 역으로 많은 사람들의 참여를 유도하여서 연등회의 국가적인 성격을 더욱 공고히 하였다.

이들에 의해 장식된 왕궁과 국도 개경의 화려한 모습은 굉장한 구경거리로서 일반백성들에게는 큰 즐거움이 되기도 하였지만, 고려 왕실의 권위를

---

190) 『開城地圖』(축적: 1/25,000), 1918, 朝鮮總督府.

191) 崔滋, 『補閑集』 卷上.

192) 『高麗史』 권8 世家8 文宗 21년 2월 戊辰.

상징함과 아울러 문화적 역량을 과시함으로써 그들로 하여금 공동체의 일원이라는 자부심을 느끼도록 만들었다. 그리고 공식적으로 진행되는 연등회 행사와는 별도로 절을 찾아가 지배층은 지배층대로 일반대중들은 일반대중대로 각기 분수에 맞게 법회에 참례하고 연등을 하면서 1년 동안의 복을 비는 기복행위도 연등회에서 중요하였을 것이다.

또한, 서경에서도 개경과 같은 연등회 행사가 개최되었다. 비록 연등회나 팔관회 때 왕이 참석하지는 않았지만 조위총의 난 이전까지는 재상을 파견하여 재제를 대행하였고 이후에는 3품의 관리를 보냈다고 한다.[193] 그리고 국왕의 서경 순행시에는 연등회 때와 유사한 연등행사가 베풀어지기도 하였다.

선종은 흥국사에 연등도량을 개설하고 궁성 안팎과 거리에 등불을 밝혔으며,[194] 숙종은 신호사에서 대장회를 열고 낙성식을 하면서 궁궐 전정으로부터 신호사에 이르는 가로 양편으로 수만 개의 등불을 밝혔다고 한다.[195] 그러므로 서경에서도 연등회 때는 개경만큼의 규모는 아니더라도 궁성과 사찰을 연등으로 장식하고 재제를 올리는 연등회 행사가 진행되었을 것이다.

이처럼 대대적인 준비를 하여 설행된 양경의 연등회는 얼마만큼의 비용이 소요되었을까? 이에 대한 자료로는 『고려사』 식화지 녹봉 서경관록에 언급된 내용이 유일하다고 할 수 있다.

> 명종 8년(1178) 4월 서경관록을 개정하였다. 식록미로 1년에 납부되는 13,136석은 모두 경창에 이납하고, 전미와 세조 합계 13,136석 13두 3승 가운데 육조의 영승과 별장 · 교위 · 대정에게 해마다 지급하는 녹봉으로 620석, 연등, 팔관, 재제, 객사 등 연간 용도로 총계 4,321석 2두, 연간 별재제 등 예측하지 못한 비용으로 1,500석을 제외한 나머지 모두를 경창에 이납하였다.[196]

---

193) 『高麗史』 권100 列傳13 崔忠烈.

194) 『高麗史』 권10 世家10 宣宗 4년 9월 戊寅.

195) 『高麗史』 권11 世家11 肅宗 7년 9월 己酉.

이를 보면 서경에서는 연등회와 팔관회, 재제, 객사 등을 위한 연간 경비로 4,321석 2두가 책정되고 있다. 이 가운데 연등회와 팔관회의 소요 경비가 정확히 얼마였는지는 알 수 없으나, 서경 관아에서 연간 집행되는 예산 가운데 가장 큰 액수를 차지하는 항목에서 연등회와 팔관회를 제일 먼저 거론하고 있기 때문에 집행 예산 중 이들이 차지하는 부분이 분명히 가장 컸을 것으로 생각된다.

서경의 연등회 규모는 개경보다는 소규모였을 것이니 개경의 연등회 비용은 이보다 월등히 많았을 것이다. 또한 개경 연등회는 백료와 군부가 각각 개경의 가로에 연등장식을 능력에 따라 분담하여 설치하고 있었으므로 국가에서 지출하는 비용 외에도 상당한 비용이 개인들로부터 염출되고 있었다.

이러한 연등회의 제반 사무는 어떤 기관에서 담당하였을까? 이와 관련하여 주목되는 것이 연등도감이다.[197] 『고려사』의 기록만으로는 연등도감이 언제 설치되었는지는 명확히 알 수 없다. 팔관회를 위한 팔관보에 관해서는 문종 대 소속관원을 규정한 내용이 있기 때문에[198] 그 설치연대가 적어도 문종 대까지로 올라갈 수 있다. 그렇다면 연등도감의 설치연도 역시 팔관보와 마찬가지로 최소한 문종 대까지 올라갈 수 있지 않을까?

그런데 팔관보에는 소속된 관원의 상세한 규정이 전하는 데 반해 연등도감에는 그러한 기록을 찾을 수 없다. 이것은 연등도감과 팔관보의 성격상의

---

196) 『高麗史』 권80 志34 食貨3 祿俸 西京官祿, "明宗八年四月更定食祿米 一年納一萬三千一百三十六石并移納上京倉 轉米稅租并一萬三千一百三十六石十三斗三升除六曹令丞及將校尉隊止歲給祿 六百二十石 燃燈八關齋祭客使等年內用度 都計四千三百二十一石二斗 及年內別齋祭等不虞之備 一千五百石外 并移納上京倉"

197) 『高麗史』 권77 志31 百官2 諸司都監各色 燃燈都監.

198) 『高麗史』 권77 志31 百官2 諸司都監各色 八關寶에 의하면 팔관보에는 4품 이상 使 1인, 5품 이상 副使 2인, 판관 4인, 갑과권무와 이속들로 記事 2인, 記官 1인, 算士 1인이 소속되어 있었고, 『高麗史』 권80 食貨3 祿俸 西京官祿에 의하면 서경에도 권무직 팔관보 부사와 팔관보 판관이 있었다.

차이점을 시사하고 있는 중요한 점이다. 팔관보는 '보'의 일반적인 기능에 따라 팔관회를 위한 경비를 염출하고 관리하는 경제적 기능이 중요하였던 기관이었을 것이다.[199] 이에 비해 연등회를 위해서는 연등보가 아닌 연등도감을 설치한 것은 경제적 기능보다 다른 목적이 있었기 때문으로 보인다.

연등도감이 관장하였던 업무를 살펴보면 충렬왕 5년(1279) 정전산대색庭殿山臺色을 병합하였으므로 이때부터 전정에서 베풀어지는 기악관계의 직무를 겸임하고 있었던 것을 알 수 있다. 그런데 연등도감은 충렬왕 34년(1308) 6월의 관제개혁 때[200] 소부, 궁궐도감, 창고도감, 국신 등과 아울러 토목영선을 담당하는 선공시에 병합되고 있다.[201] 소부, 즉 소부시는 공예품과 보물을 보관 관리하는 부서이고,[202] 궁궐도감과 창고도감은 궁궐과 창고의 조영과 관리를 담당한 것으로 추측되며, 국신은 국신색, 또는 국신도감으로 원에 친조할 때마다 임시로 설치되던 기관이었다.[203] 따라서 연등도감은 연등회 때 사용되는 시설물들을 만들고 설치하는 것을 총감독하는 임시관청이었다고 생각된다.

이 밖에 연등회의 각종 시설물들을 각 부서에서 분담하여 설치했던 것을 앞에서 살펴본 바 있다. 부계를 담당한 도교서는 공작을 담당하던 부서였고, 장막과 편차를 담당한 상사국은 왕이 베푸는 연회를 준비하는 부서였다. 꽃으로 장식한 탁자를 담당한 상의국은 어의를 공급하는 부서였으며, 등롱과 꽃동산을 담당한 전중성은 왕실 족보를 맡아보던 관청이었다.

준뢰를 담당한 내고사는 왕실 창고인 내고를 관리하는 부서였고, 과실상

---

199) 한기문, 1998, 앞의 책, 397~408쪽.

200) 『高麗史』 권32 世家32 忠烈王 34년 6월 辛丑.

201) 『高麗史』 권76 志30 百官1, "繕工寺掌土木營繕 穆宗朝有將作監 監少監丞注簿 文宗定判事秩從三品 監一人正四品 少監一人從四品 丞二人從六品 注簿二人從七品 … 忠烈王三十四年忠宣改繕工司 以小府宮闕都監倉庫都監燃燈都監國𧶽併焉"

202) 『高麗史』 권76 志30 百官1 小府寺.

203) 『高麗史』 권79 志33 食貨2 借貸.

을 담당한 다방은 요리를 담당하는 상식국에 속한 기구였을 것이다. 반룡선, 공작선, 홍수선과 수정장, 부월의 진열을 담당한 상승국은 왕실의 마구와 말을 관리하는 부서였다. 상사국, 상의국, 상식국, 상승국은 어약을 짓는 상약국과 함께 육상국이라고 통칭되었다. 또한 기악을 담당한 양부 악관과 산대 악사들은 태악서 소속이었다.[204]

이처럼 연등회는 여러 기관에서 많은 인원이 동원되어 치러지는 대규모 행사였기 때문에 소요 경비가 국가 경제면에서도 큰 비중을 차지하였다. 충선왕이 궁전 보수를 위해 연등회를 정지시킨 사례는 연등회에 소요되는 자금과 노동력이 막대한 것이었음을 반증하고 있다.[205]

한편, 주현의 향읍에서도 연등회가 개최되고 있었다. 향읍에서 열린 연등회에 대해 직접적으로 알려주고 있는 자료는 거의 남아 있지 않다. 『보한집』에는 고창현에서 열린 연등회에서 호랑이 소년과 만나 기이한 인연을 갖게 된 한 노승의 이야기가 수록되어 있다.[206] 이것이 지방에서 개최된 연등회와 관련하여 남아 있는 유일한 사료라고 할 수 있다.

그런데 지방에서의 연등회는 그 지역의 사찰에서 설행되었을 것이다. 고려 초기 지방에서는 그 지역의 유력자들이 불사를 통하여 지역민을 포섭, 유대를 강화하고 세력을 과시하면서 향도香徒가 군단위의 규모로까지 확대되고 있었다.[207] 따라서 지방에서의 연등회는 이러한 지연적인 유대로 모인 향도들과 그 지역의 사찰이 연계하여 설행되었을 가능성이 크다.

---

204) 『高麗史』 권76 · 77 志30 · 31 百官1 · 2.

205) 『高麗史』 권34 世家34 忠肅王 원년 정월 乙未, “상왕이 경령전에 참배하고 강안전으로 돌이와 궁전이 기울고 무너진 것을 보고 ‘부왕이 30여 년 동안 연회와 오락으로 일삼던 시절에 만약 이 궁전을 중수하였더라면 나에게 오늘의 근심이 없었을 것이다.’ 라고 탄식하면서 연등회를 정지하고 궁전을 보수할 것을 명령하였다.”

206) 崔滋, 『補閑集』 卷下.

207) 이태진, 1989, 「고려말 · 조선초의 사회변화」 『震檀學報』 55; 채웅석, 2000, 『고려시대의 국가와 지방사회-본관제의 시행과 지방지배질서』, 서울대출판부, 174~188쪽.

왕의 생일인 성평절에는 7일간 기상영복도량을 설치하였는데 왕실은 외제석원에서, 문무백관들은 흥국사에서, 동 · 서경 및 4도호와 8목에서는 각각 소재지의 절에서 행사를 진행하는 것이 상례였다.[208] 그런데 동 · 서경 및 4도호와 8목에서 기상영복도량이 설행되었던 곳은 그 지방의 중심 사찰로서 국가의 비보사원에 포함되었다.[209]

이러한 사찰에는 국가에서 지원한 보가 있었다고 한다. 혜심의 「상주보기」의 기록을 보면 수선사는 국가로부터 시납을 받은 '국립유향보'를 운영하고 있었다.

> 11개 사원에 곡식을 나누어 이익을 취하는데, 이전의 國立油香寶와 여러 기신보 등의 잡보 4,000석과 지금 판부된 상주보 6,000석을 합하여 10,000석을 본수로 하여 그 수를 줄이지 말고 매년 이익을 얻어서 부처님을 예불하고 스님을 공양하는 비용으로 조달하여 병란을 멈추게 하고 국왕의 안녕을 비는 바탕으로 삼는다.[210]

이처럼 사찰들은 나라로부터 시납을 받아 보를 운영하고 개인들로부터도 시납을 받아 여러 개의 기신보를 운영하여서 사찰 유지의 기본비용을 보장받고 사찰의 규모를 늘려 나갔다. 향읍의 연등회는 바로 비보사원의 범위에 포함되는 이러한 사찰들을 중심으로 설행되었을 것이고 그 지역의 향도들이 주축을 이루어 비용을 염출하고 제반 업무를 수행하였을 것이다.

충숙왕과 충혜왕 대에 이르면 연등과 관련되어 보이는 점등배나 등촉배 같은 이름의 향도들도 생겨나는데, 이는 연례적인 상원연등회뿐만 아니라 연등을 불사의 목적으로 하는 행사가 유행하게 되었음을 알려주는 것이

208) 『高麗史』 권7 世家7 文宗 즉위년 12월 丙午.

209) 한기문, 1998, 앞의 책, 404쪽.

210) 慧諶, 「常住寶記」 『無衣子詩集』 下(『韓國佛敎全書』 6, 66쪽).

211) 『高麗史』 권85 志39 刑法2 禁令, "忠肅王 後8년(1339) 5월 감찰사에서 금령을 발표함. … 여섯째, 성안 부녀들이 존비노소를 가리지 않고 香徒를 결성하여 재를 올

다.[211] 상원연등회는 이제 국가 불교의례로서 최고의 연등행사로 위치하며 대중적인 연등행사를 파생시키고 있었던 것이다.

연등회 때는 많은 사람들이 궁궐과 사찰로 운집하였고 이러한 기회를 이용하여 자연스럽게 상거래가 활발하게 이루어졌다. 앞 절에서도 살펴보았듯이 중국은 당 현종 32년(744)에 상원연등회 3일 동안 방시를 여는 것을 상례화하였고,[212] 후량 태조 3년(909)에도 오랫동안 병란으로 정지되었던 연등회를 낙양에서 재개할 때 방시 개문을 선포하였다.[213] 이렇게 연등회 때는 시장이 특별히 개설되어 교역이 활발히 이루어지고 있었는데 이는 고려에서도 마찬가지였을 것으로 유추된다.

그런데 시장뿐 아니라 다수의 사람들이 모여 연등하는 장소인 사찰 역시 교역장소의 역할을 하였을 것이다. 고려시기 사원은 대중들이 많이 모이는 중심지였고 특히 법회 때는 수천 명이 모이기도 하므로 보통 때도 사찰이 소재한 지역 내에서 시장과 같은 역할을 수행하는 경우가 많았다.[214] 더욱이 지방의 유통경제는 부정기적으로 개설되는 군현의 장시를 통해 이루어졌는데 이러한 장시의 한계를 사찰에서 이루어지는 상거래의 기능이 상당히 보완을 하고 있었다.

사찰은 교역장소의 역할을 하였을 뿐 아니라 더 나아가 경제활동에도 적극적으로 참여하였다. 대중들이 많이 모여드는 법회는 사찰이 경제적인 축

리고 點燈하며 절로 몰려가서 중들과 간통하는 일이 간혹 있으니, 평민은 그 아들에게 죄를 주고, 양반은 남편에게 죄를 줄 것이다"; 『高麗史』 권36 世家36 忠惠王 後3년 6월 甲寅, "忠惠王 後3년(1342) 6월 왕이 신효사에 감. 燈燭輩들이 향도를 결성하고 이 절에서 축수재를 베풀었는데 왕이 참석하였다."

212) 『舊唐書』 권9 本紀9 玄宗 下, "天寶三載十一月 癸丑, 每載依舊取正月十四十五十六日開坊市門燃燈, 永以爲常式."

213) 『舊五代史』 권4 梁書4 太祖紀4, "開平3年正月 己卯 詔曰 近年以來, 風俗未泰, 兵革且繁, 正月燃燈, 廢停久. 今屬創開鴻業, 初建洛陽, 方上春, 務達陽氣, 宜以正月十四十五十六日, 開坊市門, 一任公私燃燈祈福."

214) 이병희, 1992, 『고려후기 사원경제의 연구』, 서울대 박사학위논문, 90~91쪽.

척을 도모할 수 있는 좋은 기회였다. 사찰은 지역의 상권에 영향력을 행사할 수 있는 위치이기 때문에 강압적인 매매를 강요하거나,[215] 연화를 통해 불사를 위한 재물을 시주받기도 하였다.

연등회 때도 행사를 위해 연화가 권장되었을 것인데 연등공덕이라는 구체적인 행위가 매개되고 다른 법회보다 연화대상이 광범위하여 사찰은 어느 때보다도 자금 조달이 용이하였을 것이다. 조달된 자금 가운데 연등회의 운영비용을 제외하고 남는 금액은 사찰이나 승려 개인의 경제적 기반이 되었을 것이다.[216] 그러나 상원연등회는 행사 주체가 특정하게 한정되지 않고 범 교단적인 행사이므로 승려 개인에게보다는 사찰의 수입 면에 더 큰 기여를 하였을 것이다. 현재까지도 우리나라 사찰에서 초파일 연등행사의 연등값이 연중 가장 큰 수입원이 되고 있다.

또한, 상원연등회 때는 아니어도 4월 초파일 불탄일에 연등을 위한 비용을 마련하기 위해 아이들이 수십일 전부터 도성 안을 떼를 지어 몰려다니면서 쌀과 포를 구하는 호기呼旗라는 풍습이 있었다.[217] 일반백성들에게도 연등은 경제활동의 중요한 계기가 되었다.

2) 연등회의 사회 · 문화적 기능

불교에 있어서 연등의 공덕을 쌓는 데는 일시가 따로 정해져 있는 것은 아니기 때문에 고려의 연등회가 정월 또는 2월 보름에 열린 것은 불교적 의미

215) 배상현, 1998, 『고려후기사원전연구』, 국학자료원, 295~296쪽.

216) 승려에게 하는 보시를 嚫錢이라고 하는데, 嚫은 達嚫拏의 약자로 布施라는 의미의 범어(dakṣiṇā)의 음역이다. 친전은 승려 개인 수입의 중요한 부분을 차지하는데, 법회에 참석한 승려들에게 평등하게 분배되는 것이 아니라 齋文을 지었다든가 하는 법회의 기여도에 따라 받는 액수가 달랐다고 한다(大谷光照, 1937, 「唐代の佛敎儀禮」 『史學雜誌』 46-10 · 11).

217) 『高麗史』 권40 世家40 恭愍王 13년 4월 辛丑, "國俗 以四月八日是釋迦生日 家家燃燈 前期數旬 群童剪紙注干爲旗 周呼城中街里 求米布爲其費謂之呼旗"

와 아울러 재래의 제천의식과 농경의례적 의미를 강하게 보여주는 것이었다. 또한 격식을 갖춘 국가의례로서 절차를 갖추어 설행되었고, 기악과 연희가 중요한 프로그램으로 곁들여졌으므로 연등회는 문화제전의 양상을 띠고 있었다.

고려 사람들에게 불교는 가장 영향력이 있는 사상이었고 문화였으며 신앙이었음은 주지의 사실이다. 다시 말해서 그들은 불교에 입각한 인생관과 사회관 · 세계관을 지니고 있었다. 연등회는 이러한 고려 사람들의 인생관 · 사회관 · 세계관이 투영된 고려만이 가지는 고유성이 총체적으로 결집된 국가적 행사였다. 그러므로 그들이 남긴 연등회에 관한 기록들은 고려 사람들이 연등회를 어떻게 인식하고 있었고 연등회의 사회적 의미는 어떠하였는지를 알려줄 것이다.

그러면 먼저 연등회와 관련된 도량문과 등석시를 누구보다도 많이 남긴 이규보의 작품들 가운데에서 「봉은사연등도량문奉恩寺燃燈道場文」과 「정사년 상원등석교방치어구호」를 검토해 보도록 하자.

> 「봉은사연등도량문」
> 부처님께서 이 세상에 오시어 널리 만물을 이롭게 하는 법문을 여신 후, 천축에서는 성을 돌며 연등하는 청정한 법석이 시작되었습니다. 이 의식은 선대로부터 숭상해오던 제도로서 후손에 미칠수록 더욱 빛을 발하옵나이다. 생각건대 왕께서 법도에 따라 봄철의 좋은 밤을 택해 법석을 절에서 엄숙히 베푸시니, 천만 개의 아름다운 등불은 찬란하기가 광명의 바다와 같고, 백 가지 진귀한 음식은 풍성한 공양의 구름을 일으킨 듯하나이다. 이 맺어진 특별한 인연으로 곧 감통하게 하소서. 엎드려 바라옵건대, 상서로운 조짐이 많이 이르고 수명과 복이 더욱 길어져 나라의 기초가 길이 평안하여 솥발이 서듯 안정되고, 온 백성이 같이 경사를 누려 빛남이 마치 봄날 정자에 오른 듯하여지소서.[218]

위의 내용을 보면 고려 사람들은 연등회를 그 연원이 인도로부터 비롯된

218) 『東國李相國集』 권39 佛道疏 「奉恩寺燃燈道場文」.

불교적인 행사이며 선대로부터 숭상해 오던 의식임을 명확하게 인식하고 있었다. 봄철의 좋은 밤, 즉 2월 보름을 택하였다는 것은 연등회의 풍요를 기원하는 농경의례적 성격을 강조하고 있는 것이다. 그런데 봉은사는 진전행향이 이루어지는 곳으로, 이 연등도량문은 국왕이 진전행향 후 야간에 연등도량을 베풀었음을 알려주고 있다. 연등도량은 수명과 복을 빌고 국가가 평안하기를 온 백성과 함께 기원하는 순수한 불교의식이었다. 연등회 때 이 같은 연등도량이 봉은사에서만 열리지는 않았을 것이다. 사찰마다 연등도량이 베풀어져 많은 사람들이 모여들어 수명과 복을 빌고 태평성대를 기원했을 것이다.

> 「정사년 상원등석교방치어구호」
> 치어
> 마침 상원등석을 맞이하여 성대한 풍악의식을 베푸시니, 칠정육합의 생황은 그 소리가 천상의 풍악보다 우렁차고, 구광사조의 등불은 그 그림자가 별빛처럼 찬란하도다. 백희가 교대로 이어져 백성들과 함께 즐기시니, 귀신과 사람이 서로 기뻐하고, 오랑캐와 문화인이나 모두 빈객으로 오게 되도다. 저희들은 이름은 단대에 기재되고 몸은 궁궐에 매어 있사오니, 비록 고당에 비를 오게 한 무협의 신선은 아니오나, 한전에 복숭아를 드린 귀대의 어멈을 본받으려 하옵니다. 겸하여 구호를 바치고 민요를 채취하는 데 참여합니다.
> 구호
> 위장들이 오색비단으로 만든 일산 앞에 늘어섰고, 주옥으로 꾸민 전각들은 삼천을 개벽하였네. 봉황 등이 불꽃을 토하며 은꽃처럼 빛나고, 보름달의 모습은 둥근 옥쟁반과 같도다. 십리의 향기로운 바람이 비단옷에 스며들고, 구중의 춘색은 신선을 취하게 하도다. 승로반 위의 신령스런 복숭아를 새로이 바치며 다시 열매 맺는 해가 돌아오기를 바라옵나이다.[219]

여기에서 정사년은 신종 즉위년(1197)의 정사년으로 추측된다. 신종은 9월에 즉위하였으므로 이 연등회는 명종에 의해 주최된 것이다. 이해 연등

---

219) 『東國李相國集』 권19 雜著 「丁巳年上元燈夕教坊致語口號」.

회가 설행되었다는 기사는 『고려사』에 나타나지 않으나 『고려사』 범례에서 도 밝혀져 있듯이 상례적인 것은 설행기록을 생략하기도 하였으므로, 위의 교방치어는 분명히 1197년 정사년의 연등회 등석연에서 바쳐진 것이다.

교방치어는 교방이 등석연에서 음악과 가무를 공연할 때 왕에게 올리는 연등회 하례문이다. 그 내용을 살펴보면 연등회의 악곡인 '헌선도獻仙桃'의 노래가사와 유사하므로 '헌선도' 공연의 서두에 등장하는 치어와 구호였을 것이다.[220] 여기에서 "백희가 교대로 이어져 백성들과 함께 즐기시니 귀신과 사람이 서로 기뻐하고 오랑캐와 문화인이나 모두 빈객으로 오게 되도다."라고 하는 구절은 연등회가 왕실만의 행사로 그치는 것이 아니라 백성들도 함께 참여하고, 나아가 주변국 사람들까지도 참여하는 행사였음을 알려준다.

중국에서도 연등회는 천자부터 서민에 이르기까지 함께 풍요로움과 즐거움을 나누는 풍속으로 인식되고 있었다.[221] 그래서 사회가 불안할 때는 민심의 동요를 막고 결속을 다지는 데 연등회가 중요한 역할을 하기도 하였다. 연등회와 같은 집단적 차원의 주기적 축제는 기존 사회질서체계 내의 억압적 요소들이나 외부로부터 기인하는 위기감을 축제의 카타르시스적 과정을 통해 해소시킴으로써 기존의 체제와 사회질서를 유지하고 강화하는 기능을 한다.[222] 백희공연이나 관등놀이는 백성들에게 제공되는 이러한 성격의 축제적 요소들이라 할 수 있다.

나아가 연등회는 단지 즐기고 노는 것에 그치지 않고 이를 통하여 사회의 분위기를 살펴보는 기회가 되기도 하였다. 송 휘종은 정화 5년(1115)의 조

---

220) 〈표 2〉 樂曲 「獻仙桃」의 내용 분석표 참고.

221) 『新五代史』 권2 梁 本紀2 太祖下 後梁 太祖 3년 정월 甲戌, "如西都, 復然燈以祈福-然燈, 風俗相傳, 自天子至于庶人, 擧天下同其奢樂, 而風俗敝之大者, 故錄其詔意, 則其失可知."

222) 류경희, 1998, 「축제의 종교적 의미와 사회문화적 기능-인도의 계절축제 홀리를 중심으로-」 『宗教學硏究』 17.

223) 『宋史』 권113 志66 禮16 嘉禮4 遊觀, "宋 徽宗十六年 政和五年十二月二十九日,

칙에서 연등회가 백성들의 생활을 보고 시정을 살펴 왕실의 태평함과 국가의 평안함을 도모하기 위한 것이지 한갓 노는 것만을 일삼는 것이 아니라고 하였다.[223] 고려의 연등회도 왕을 비롯한 지배계급이 일반민들과 직접 접하게 되어 민의를 파악할 수 있는 기회가 되었다.

충렬왕 때 몽고병란 후 남자의 수적 열세를 일부다처제를 실시하여 해소하자는 의견을 낸 박유가 등석 때 왕의 행차를 호위하고 따라갔는데 어떤 노파가 박유를 향해 손가락질하면서 "첩을 두도록 요청한 자가 바로 저 빌어먹을 놈의 늙은이란다"라고 하니 사람들이 모두 손가락질을 하여서 거리가 붉은 손가락을 다발로 묶은 것처럼 되었고, 결국 그의 건의는 실행되지 못하였다고 한다.[224]

한편, "귀신과 사람이 서로 기뻐하고 오랑캐와 문화인이나 모두 빈객으로 오게 되도다."라는 구절은 연등회가 외국의 사신들도 참례하여 국제적인 성격을 띠었을 가능성을 시사하고 있다. 『고려사』 기록을 보면 인종 20년(1142) 2월 연등회 때 금나라 사신이 연등음악을 감상하려 했다가 대간들의 반대로 저지되었다고 한다.[225]

최승로의 「시무28조」에도 연등회와 팔관회 행사 중 인물 형상인 우인이 사용된 것을 보고 중국 사신이 흉례에 쓰는 우인이 등장하니 상서롭지 않다고 하며 낯을 가리고 지나갔다는 기사가 전해진다. 이러한 내용을 보면 연등회 때 중국 사신이 참례했을 가능성이 크다.

중국에서도 연등회 때 외국인 축하사절이 참석한 사례가 있다. 송 태조

詔景龍門預爲元夕之具, 實欲觀民風, 察時態, 黼飾太平, 增光樂國, 非徒以遊豫爲事. 特賜公, 師, 宰執以下宴, 及御製詩四韻賜太師蔡京."

224) 『高麗史』 권106 列傳19 朴褕.

225) 『高麗史節要』 권10 仁宗 20년 2월 기록에는 허락하였다고 하여 상반된 내용을 전하고 있다.

226) 『宋史』 권113 志66 禮16 嘉禮4 遊觀, "太祖建隆二年上元節, 御明德門樓觀燈, 召宰相樞密宣徽三司使端明翰林樞密直學士兩省五品以上官, 見任前任節度觀察使飮宴, 江南吳越朝貢使預焉. 四夷蕃客列坐樓下, 賜酒食勞之, 夜分而罷."

2년(961) 상원절 행사에는 사이번객四夷蕃客이 참례하였고,[226] 진종 7년(1004)과 8년(1005)에는 대식, 삼불제, 포단, 교지, 점성 등의 나라들이 참례하였다.[227] 상원절은 각국으로부터 정조사가 와서 체류하게 되는 기간과 겹치므로 고려에서도 충분히 외국사신이 연등회에 참여할 수 있었을 것이다.

그러나 연등회 때의 번객참례의 성격은 팔관회 때와는 다른 것이었다. 팔관회의 중동팔관회의에는 번객참례가 공식 의례절차상에 들어가 있는데 반해 연등회에서는 그렇지 않기 때문이다. 연회에 초대되어 즐긴다는 정도였을 것으로 생각된다.

또한 연등회에서는 조진배알의식이 비중이 크게 거행되었다. 연등회에서는 소회 행사를 한 후 봉은사 진전까지 행차하여 조진배알을 하는 조진배알의식이 독립적으로 구성되어 있다. 반면에 팔관회 때는 조진배알이 소회가 진행되는 가운데 간단히 이루어진다. 오늘날로 말하면 식을 시작할 때 행하는 국민의례 정도라고 할 수 있다. 그러므로 연등회는 조진배알의식이 의례의 중요한 부분을 이루었고 그 안에 태조신앙이 중핵으로 자리잡고 있었던 것이다.

그러면 고려인들은 건국자 태조를 어떻게 인식하고 있었을까? 이규보가 지은 「봉은사고태조진전문」에는 태조에 대한 그 당시 사람들의 생각이 잘 나타나 있다.

> 「봉은사고태조진전문」
> 聖祖께서 왕업을 일으키셨고 처음 하늘로부터 명을 받으셨는데, 지금 추악한 무리들이 하루살이처럼 결집하여 망령되게 국난을 일으키려 하고 있습니다. 삼가 생각건대 신 등은 본디 군략이 부족한데 군의 책임을 맡고 보니, 모자

---

227) 『宋史』 권113 志66 禮16 嘉禮4 遊觀, "眞宗七年 景德元年正月十四日, 賜大食, 三佛齊, 蒲端諸國進奉使緡錢, 令觀燈宴飲"; 『宋史』 권488 列傳247 外國4 交阯 "眞宗八年 景德二年上元節, 賜明提錢, 令與占城, 大食使觀燈宴飲, 因遣工部員外郎邵曄充國信使."

라는 자격으로 쉽사리 승리할 수가 없습니다. 감히 바라옵건대, 밝으신 영령께서는 곡진히 도움을 주시어 위용이 더욱 왕성해지고 사기는 더욱 앙양되어, 북을 치고 용감히 전진하면 순풍이 바로 깃발에서 불고, 무기를 세워 향하면 역혼이 먼저 칼끝에 떨어지게 하여 주옵소서.[228]

이규보는 신종 5년(1202) 경주에서 민란이 발생하자 동경초토병마사로 부임하면서 봉은사 진전으로 가 태조 진영 앞에서 민란이 진압되기를 간절히 기원하였다. 이를 보면 태조는 국가적인 신앙의 대상이었고 봉은사 진전행향은 이러한 태조신앙의 구체적 표현이었던 것을 알 수 있다. 특히 국가가 위기에 처했을 때 후삼국의 전란을 종식시키고 통일왕조를 이룩한 태조의 위업이 재인식되었을 것이다. 고려 왕실은 태조신앙을 연등회에 포섭하여 고려만의 국가의례로 성립시켰다.

따라서 연등회는 불교의례를 매개로 하여 고려를 건국하고 후삼국을 통일한 태조를 기념하면서 왕실의 통치력을 과시하고 계층 간의 결속을 도모하는 행사였다. 의례의 기능 가운데 하나가 집단의 가치나 이념을 표출하고 강화시키는 것이라고 한다면 연등회의 봉은사 진전행향은 고려인으로서의 정체성을 태조신앙을 통해 확인하고 이를 강화해 나가는 사회적 기능을 하였다.

임종비의 「등석치어」는 이러한 연등회의 성격을 명확히 보여주고 있다.

「등석치어」

성인이 나시매 만물이 드러나 누대로 빛을 크게 이어 받들고, 봄기운이 발하매 백초가 나게 되어 상원의 모임을 화려하게 열었습니다. 이에 위아래 모두 기쁨으로 함께하고 큰 구경거리가 매일 새롭습니다. 삼가 듣건대, 예악은 필히 백년이 되어야 일어나고, 제왕은 만세에 응해 일어납니다. 오직 우리 태조께옵서 하늘의 신령스런 운을 받자와 삼국의 끝에 나셔서, 통일의 대업을 이루시고자 아래로는 인망을 따르시고 위로는 천심에 순응하시어, 한고조처럼 의기를 드시어 운명과 흥망을 걸고 단판 씨름을 하옵시고, 순임금처럼 문덕을 펴시어 간무와 우무를 두 섬돌에서 춤추게 하시었나이다. 이에 기쁨을 나누는 자리를

228) 『東國李相國集』 卷38 道場齋醮疏祭文 「東京招討兵馬所製 奉恩寺告太祖眞前文」.

여시고 長燈의 예를 처음으로 일으키셨으니, 이 자리는 祖考의 즐기심을 자손이 보존하는 것이옵니다.[229)]

위의 내용을 보면 연등회는 태조가 시작하였고, 자손들이 이를 계승하여 이어져 오고 있는데 모든 백성이 함께 즐거움을 나누는데 그 의의가 있음을 강조하고 있다.

문종 대의 특설연등회와 예종 대의 별례연등회는 연등회의 이러한 성격과 관련하여 주목된다. 『고려사』를 보면 특설연등회는 문종 21년(1067)부터 문종 31년(1077)까지 10년 동안 집중적으로 개최되었다.[230)] 문종 대는 대내적으로는 국왕의 강력한 통치력이 정국을 주도하고, 대외적으로는 고려 · 송 · 거란의 세력이 균형을 이루어 고려 전기 가장 안정되었던 문화의 황금기로 일컬어진다.

문종 대의 특설연등회는 이와 같은 사회적 분위기를 반영하는 정치적인 의미가 특히 큰 것이었다고 생각된다. 특히 문종 21년은 문종의 강력했던 왕권을 상징하는 흥왕사[231)]가 완공된 해인데 그해 연등회는 왕궁이 아닌 흥왕사에서 연례연등회 때보다 큰 규모로 5일 동안 특설되었다. 이는 문종의 통치력을 과시하고 국가의 권위를 강화하는 계기가 되었을 것이다. 문종 14년(1060)에는 왕권신성화를 목적으로 한 불교의례인 제석도량을 처음 개설하여 국왕이 하늘로부터 신력神力을 보증받은 사실을 강조하기도 하였

229) 『東文選』 권104 致語 「燈夕致語」.

230) 각주 175) 참조.

231) 흥왕사는 문종의 원찰로서 12년의 공사 끝에 완공된 2,800칸에 달하는 거대한 사찰이었다. 성을 둘러쌓고 금탑을 조성한 화려한 모습이 법회의 성대함과 아울러 유례가 드문 것이었다고 한다.

232) 안지원, 1997, 「고려시대 제석신앙의 양상과 그 변화」 『國史館論叢』 78, 248쪽.

233) 예종 10년(1115) 2월 무오 별례연등회를 개최하였으나 중광전에서 崔思諏의 부고를 듣고 연회를 파하였다. 예종 11년(1116) 2월 갑신 별례연등회를 개최하고 왕이 중광전에서 연회를 열었는데 밤이 깊어서야 파하였다(〈표 1〉 『高麗史』 世家 수록 연등회 관계 기사표 참고).

다.[232]

예종 대의 별례연등회는 10년(1115)과 11년(1116)에 두 차례 개설되었다.[233] 별례연등회는 정례적으로 개최되는 연등회와는 별도로 개설되는 연등회였다. 예종 10년의 정례연등회에 관한 기록은 『고려사』에 나타나 있지 않으나 예종 11년에 정례연등회가 개최된 나흘 뒤 별례연등회가 열리고 있어 예종 10년에도 역시 정례연등회가 개최되었을 것이다. 별례연등회의 목적이 무엇이었는지는 명확하지 않지만 예종 10년과 11년은 12세기 고려 정치사에서 분기점이 되는 중요한 시기였다.[234]

예종 11년(1116) 4월 서경에서 반포된 '신교新敎'로 가시화된 정치개혁은 이전의 정치운영 방식과는 상당한 차이가 있었다. 이전의 방식이 국왕권을 강조하여 권귀세력을 누르고 국민에 대한 직접지배를 통하여 창출된 사회적 부를 국가질서 속으로 수렴시키는 방향이었다면, 이후는 국왕권이 기존의 지배세력과 타협하면서 왕실을 유지하려는 방향으로 변화하였다. 그런데 예종은 태조 유훈을 신교의 사상적 기초로 내세우고 있다.[235] 정치적 변혁기에 태조 유훈이 다시 확인되고, 연등회가 다시 한번 개최된 사실은 연등회가 지니고 있는 정치적 중요성을 시사하고 있는 것이라 하겠다.

이제까지 왕경인 개경에서 설행된 연등회를 중심으로 연등회의 성격을 살펴보았다. 그런데 연등회가 농경의례의 성격을 지니고 있었던 사실은 전국에서 행하여지던 다양한 형태의 기곡제가 국가의 질서 속으로 수렴되었다는 의미이기도 했다. 고려 초기 지방세력들은 자신들의 재지세력을 강화하기 위해 연등회와 유사한 공동체의 결집에 효과적인 주기적인 제의행사를 개최하고 있었다. 따라서 연등회는 고려왕조의 일원적 질서 안에 이러한 행사들을 종합하였던 것이 분명하지만, 지방에서 개최되는 연등회에는 원래부터 가지고 있던 그 지방의 공동체 결속을 강화한다는 지역적 성격이 내포될 수밖에 없었다. 즉, 고려 왕실을 중심으로 한 지배계층에 의해 개최된 개

---

234) 박종기, 1993, 「예종대 정치개혁과 정치세력의 변동」 『역사와 현실』 9.

235) 『高麗史』 권14 世家14 睿宗 11년 4월 庚辰.

경의 연등회와 지방에서 개최된 연등회는 그 성격에서 차이가 있었다. 성종 12년(993) 거란 침입시 이지백이 올린 상소는 연등회의 이러한 양면이 갈등을 일으키고 있음을 시사한다.

> 성종 12년 겨울 10월에 전 민관어사 이지백이 아뢰기를, "태조께서 나라를 세워 자손에게 물려주어 오늘날까지 이르렀는데, 한사람의 충신도 없어 갑자기 토지를 가벼이 적국에게 주고자 하니 어찌 원통하지 않습니까. 옛사람의 시에 '천리강산을 어린아이보다 가볍게 여기니, 두 조정의 무장들이 초주를 원망하다' 라고 했으니, 이는 초주가 촉한의 대신으로서 선왕을 이은 새로운 왕에게 위나라에게 토지를 바치도록 권하여 천고의 웃음거리가 된 것을 이른 것입니다. 가벼이 토지를 떼어 적국에 주는 것보다 다시금 선왕의 연등 · 팔관 · 선랑 등의 일을 행하고 다른 나라의 이상한 법을 시행하지 말아 국가를 보전하여서 태평을 이루는 것이 옳지 않겠습니까. 만약 그렇게 여기신다면 마땅히 먼저 신명에게 고한 뒤 전쟁을 하든지 화친을 하든지 주상께서 이를 결정하소서"라고 하였다. 이때 왕이 중국의 풍속을 즐겨 본받으니, 국민이 기뻐하지 않으므로 이지백이 이렇게 말한 것이다.[236]

이지백은 건의에서 연등 · 팔관 · 선랑은 중국의 풍속이 아니라 우리 고유의 풍속임을 분명히 하고 이를 통해 공동체의 결속을 강화하여 위기를 돌파하자고 주장하고 있다. 앞서 언급했듯이 성종은 중국의 제도를 적극적으로 수용하고 유교 이념을 기반으로 한 정치를 정착시켜 가는 과정에서 연등회와 팔관회를 폐지한 바 있다.

이는 농정관리권이 각지 호족들의 수중에 있는 기존 질서를 부정하고 중앙정부의 일원적인 농정관리체제를 확립하기 위한 것으로 이해되기도 한다.[237] 다시 말하여 연등회와 팔관회가 지방세력들이 자신의 재지적 권한을 강화하는 데 효과적인 수단으로 기능하는 측면이 있어 유교적 중앙집권화 과정에서는 장애가 되었으므로 폐지되었다는 것이다.

---

236) 『高麗史』 권94 列傳7 徐熙; 『高麗史節要』 권2 成宗 12년 10월.
237) 이태진, 1995, 「사회사적으로 본 한국중세의 시작」 『한국사의 시대구분』, 신서원.

그러므로 그가 올린 상소는 연등 · 팔관 · 선랑을 부활시켜 위축된 지방 세력들의 사기를 북돋아 외적을 물리치는 힘으로 삼자고 건의한 것이다. 거란의 침입이라는 국가적 위기 속에서는 연등회와 팔관회의 지방적인 개별성은 충분히 해소될 수 있는 것이었다. 이것은 국민들의 정서와도 부합되는 방향이었다. 이러한 건의가 나온 배경은 지방호족들의 수중에 있는 광군 병력을 제대로 활용하기 위해서는 지역 내의 공동체 결집에 효과적이던 연등회와 팔관회를 부활할 필요가 있다고 생각했기 때문이다.[238] 이는 연등회가 군사적 성격도 지니고 있었음을 시사한다. 고려 초기 지방에서 개설되었던 연등회에서는 지방세력이 자위를 위해 갖추고 있던 군사력을 과시하는 행사가 있었던 것은 아니었을까 추측된다.

이와 관련하여 연등도감에서도 군사적 성격이 나타나고 있는 것이 주목된다. 연등도감은 연등회 때 사용되는 시설물들을 만들고 설치하는 것을 총감독하는 임시관청이었다. 고려 후기 자료지만 연등도감은 충렬왕 34년(1308)에 소부, 궁궐도감, 창고도감, 국신 등과 아울러 토목영선을 담당하는 선공시에 병합되었는데,[239] 공양왕 원년(1390) 조준은 선공시가 복잡한 업무에 비해 인원이 적다는 이유로 중방의 상대장군과 낭장, 별장으로 하여금 판사 이하의 관직을 겸임시킬 것을 건의하고 있다. 그리고 이때 병기 제조를 맡은 군기시도 중방의 무반이 관직을 겸임하였고, 의례 때 쓰는 기구들을 관리하는 위위시가 중방에 병합되었다.[240]

이처럼 선공시, 군기시, 위위시의 사무가 무반에 의해 관장되고 있었으므로 연등도감도 본시 무반에 의해 관장되었던 것은 아니었을까 추측된다. 충렬왕 9년(1283) 연등도감에서 군대를 사열하였다는 기사는 이러한 심증을

238) 이태진, 1995, 위의 논문.

239) 『高麗史』 권76 志30 百官1.

240) 『高麗史』 권76 志30 百官1, "軍器寺掌營造兵器 … . 恭讓王元年趙浚建議軍器寺務劇員小 以重房上大將軍郎別將 兼判事以下官"; "衛尉寺掌儀物器械 … 恭讓王元年罷併於重房"

241) 『高麗史』 권29 世家29 忠烈王 9년 4월 乙酉; 『高麗史』 권81 志35 兵1.

뒷받침하여 준다.[241] 즉, 연등도감에 군사적 성격이 있었기 때문에 열병행사가 있었다고 생각된다. 연등회가 본래 군사적으로도 의미가 있었기 때문에 가능했을 것이다.

현종 대 연등회의 부활은 국왕의 중앙집권적 입장과 지방호족들의 분권적인 성향 사이의 갈등이 해소되었음을 의미한다. 거란의 침입이라는 국가적인 위기 앞에서 고려국 사람이라는 공동체적 일체감은 이러한 갈등을 해소시키는 타협점을 찾게 만들었을 것이다.[242] 이후 연등회는 국중대회國中大會가 되어 국왕을 정점으로 하는 일원적 질서를 지향함을 분명히 하고 고려인의 정체성을 확인하고 동질감을 고양하는 기능이 한층 강화된다고 하겠다. 지방에서 개최되는 연등회에서도 지연적인 공동체의식과 아울러 국가적인 공동체의식이 병존하는 형태를 이루게 되었다.

현종 때 정도사에 5층 석탑을 조성하면서 작성한 「정도사오층석탑조성형지기」에서도 이러한 성격을 확인할 수 있다.[243] 여기에서 발원된 내용은 크게 국가, 장리, 군내 노소남녀 백성의 세 입장으로 분류된다. 첫째, 국가에 대해서는 그 복업과 기틀이 흥성하여 오래오래 보존되고 국왕의 수명이 더해져 장수하기를 기원하며, 둘째, 장리들에 대해서는 재앙에 들지 않고 복이 들어와 곳곳마다 모두 좋은 일이 생기고 사람마다 하는 일이 즐거워 이웃나라 군대는 빨리 멸망하고 위로는 나라가 더욱 편안해서 백곡이 풍년 들고 만민이 화락하고 태평하기를 기원하였다. 셋째, 군내 노소남녀 백성들

---

242) 이태진은 양자 간의 갈등이 군사권은 중앙정부에 돌리고 농경을 비롯한 대민관계의 소관사는 지방호족에게 돌려지는 형식으로 대타협을 보아 해소되기에 이른 것으로 파악하고 있다(이태진, 1995, 「사회사적으로 본 한국중세의 시작」 『한국사의 時代區分』, 신서원).

243) 정도사 5층 석탑은 若木郡 부호장의 동생인 광현의 발원으로 현종 14년(1023)에 공사가 시작되어 8년 만인 현종 22년(1031)에 완성되었다. 약목군의 읍사와 임품구, 수원승속 천여 명이 노동력을 제공하였고, 위로는 장리와 지방군 지휘자로부터 향리, 공장, 서민신도들에 이르기까지 다양한 계층이 시주를 하였다고 한다(이기백 편저, 1987, 「淨兜寺五層石塔造成形止記」 『한국상대고문서자료집성』, 일조각).

의 경우에는 오래 살도록 수명을 더하며 복을 받고 재앙이 사라져 길이 편안하고 항상 즐겁게 지낼 수 있기를 기원하였다.

발원문의 중심이 지방 장리층임은 서술 분량에서도 분명히 드러나 있으나, 국가가 지역공동체의 상부에 위치하고 있으며 사회안정을 위한 절대적 기반임을 확실히 하고 있다. 장리층의 보호 아래 지역민이 있는 것처럼 장리층도 국가의 지배구조 안에 소속된 계층임을 명확히 하고 있다. 이와 같은 국가관과 종교관은 연등회에서도 마찬가지로 나타났을 것이다.

3) 연등회의 성격 변화

고려에서의 연등회는 정월이나 2월 보름인 상원에 정례적으로 설행되었다. 그러나 연등회 때 외에도 연등행사가 개최되기도 하였는데 대부분 4월 초파일 석가탄신일 때였다.[244] 4월 초파일 연등회에 관한 기사는 『고려사』에서 고종 32년(1245)에 처음 나타난다. 4월 8일 최우崔瑀가 연등회를 열었는데 채붕을 설치하고 기악과 온갖 잡희를 공연하여 밤새도록 즐겁게 놀도록 하니 도읍 안의 남녀노소 구경꾼들이 몰려와 장사진을 이루었다고 한다.[245] 이날 연등회는 최우가 주도한 것으로 당시 국왕 위에 군림하던 최고 권력자인 그가 막강한 자신의 권력을 과시하기 위해 왕실 주최의 상원연등회와는 별개로 초파일에 성대하게 연등회를 개최한 것으로 생각된다. 상대적으로 상원연등회의 비중은 약화되었을 것이다.

그런데 4월 초파일인 불탄일은 불교문화권의 중요한 축일이었으므로 사

---

244) 이외 국왕이 9월 서경을 순행하는 기간 중 서경에서 연등도량이 베풀어지기도 하였다. 선종 4년(1087) 9월 흥국사에서 연등도량을 설치하고 궁성 안팎거리에 등불을 켰다(『高麗史』 권10 世家10 宣宗 4년 9월 戊寅); 숙종 7년(1102) 9월 神護寺에서 대장회를 열고 낙성식을 치를 때 대궐 정전에서부터 신호사에 이르는 길 양편에 수만 개의 등불을 켰다(『高麗史』 권11 世家11 肅宗 7년 9월 己酉).

245) 『高麗史』 권129 列傳42 崔忠獻.

찰에서는 연등회와 같이 대규모는 아닐지라도 경축행사가 있어 왔다. 의종 때 백선연이 국왕의 나이와 같은 40구의 금동불과 40장의 관음보살 불화를 봉안하고 4월 8일에 별원에서 등불을 밝히고 왕의 복을 빌었다는 기록이 있다.[246] 이로부터 불탄일에 사찰에서 연등이 있었던 것을 알 수 있다. 그러나 불탄일 행사에서 연등이 부각되어 불탄일 행사를 '사월팔일 연등회'로 부르게 된 계기는 최우에 의해 비롯되었을 가능성이 크다. 이후부터 4월 8일에는 상원연등회와는 별도로 불탄일연등회가 개설되었다.

> ① 고종 45년(1258) 박희실, 이연소가 류경, 임경 등에게 崔竩는 옳지 않은 소인들을 친근히 하고 참소를 잘 믿고 남을 잘 꺼리니 일찍이 대책을 세우지 않았다가는 우리들도 화를 면치 못할 것이라고 하면서 4월 8일 연등회를 계기로 거사할 것을 계획하였는데, 이를 이주, 최문본, 박의, 유태, 유보 및 최양백 등이 최의에게 밀고하였다.[247]
> ② 원종 12년(1271) 4월 달로화적 脫朶兒에게 어떤 사람이 일러바치기를 우리나라 풍속에는 4월 8일 등불을 관람하는데 내가 엿들은 바에 의하면 누구인가 이 기회에 난을 일으키려 한다고 하니 탈타아가 그 말을 믿고 성 밖으로 나가 며칠 동안 돌아오지 않았다.[248]

위의 내용에 따르면 최우에 의해 본격적으로 설행되기 시작한 4월 8일 연등회가 손자인 최의 대까지 오랜 기간 지속됨에 따라 최씨정권이 끝난 후에도 국속이 되어 유지되고 있음을 알 수 있다. 그러나 4월 8일 연등회는 순수 불교행사로 재래의 농경의례를 포섭하고 태조신앙을 의례의 중핵으로 설정하여 고려만의 고유한 국가 불교의례로 자리매김한 상원연등회와는 본질적으로 다른 것이었다

원 간섭기에 들어 고려의 자주성이 상실되어 가면서 상원연등회의 위상은 점차 위축되어갔다. 연등공덕을 위한 연등행사는 점차 성행하는 반면 상

246) 『高麗史』 권122 列傳35 白善淵.
247) 『高麗史』 권129 列傳42 崔忠獻.
248) 『高麗史』 권27 世家27 元宗 12년 4월 庚子.

원연등회는 정지되기도 하였다. 충렬왕 대에 이르면 연등은 화려한 등불을 보며 즐기는 호사스런 잔치라는 의미가 더 큰 비중을 차지하게 되었다. 충렬왕 22년(1296) 5월에 신효사에서 연등행사를 가졌는데 구슬과 옥으로 편직하여 만든 등롱들이 말할 수 없이 사치스럽고 화려하였다고 한다.[249)]

또한, 충숙왕 즉위년(1313) 10월부터 이듬해 3월까지 연등행사와 반승이 집중적으로 거행되었다. 이때의 연등행사는 대부분 상왕인 충선왕에 의해 주최되었다. 충선왕은 충숙왕에게 양위를 하고 상왕으로 있다가 이듬해 정월 원나라로 갔는데, 양위 후 원으로 갈 때까지 9개월 동안 대규모의 반승과 연등행사를 거행하였다.

일찍이 충선왕은 108만 명의 승려를 반승하고 108만 개의 등불에 연등할 것을 발원하였다. 이때 이르러 날마다 2,000명의 승려를 반승하고 2,000개의 등불을 켜기로 하여, 5일간이면 승려와 등의 수가 1만씩 되므로 반드시 발원을 성취할 것을 기약하였다고 한다.[250)]

이 행사는 만승회라고도 일컬어졌는데 엄청난 비용이 소요되었다. 충선왕이 만승회를 시행한 목적은 식목도감에서 올린 전문에 잘 나타나 있

249) 『高麗史』 권31 世家31 忠烈王 22년 5월 庚寅.

250) 충숙왕 즉위년(1313) 10월 병자 상왕이 2천 명을 반승하고 연경궁에서 2천 개의 연등을 5일간 계속함; 동년 11월 무신 상왕이 연경궁에서 5일 동안 반승하고 연등하였는데 승려 수와 불공 비용이 전보다 증가함; 동년 12월 경오 상왕이 연경궁에서 이틀간 2천 명을 반승하고 2천 개의 연등을 밝힘; 송광사 승려 萬恒을 초빙하였는데 돌아갈 때 자신이 타는 초요자에 태워 보냄; 동년 12월 임신 상왕이 연경궁에서 반승하고 연등함. 만항과 가마를 같이 타고 연복사에 가서 8일 동안 연등함; 만항이 주연을 베풀었는데 상왕이 기뻐하며 노래까지 부름; 원년(1314) 정월 경자 상왕이 연복사에 가서 2천 개의 연등을 밝힘; 동년 정월 계묘 상왕이 연경궁에서 2천 명을 5일간 반승함; 동년 정월 정미 상왕이 원나라로 가는 길에 연경궁의 만승회에 참여하여 만항에게 은 130근을 줌; 왕이 금교역에서 상왕을 전송하였는데 왕이 술잔을 올리니 상왕이 눈물을 흘리며 왕과 대신들에게 국사를 부탁함 (〈표 1〉 『高麗史』 世家 수록 연등회 관계 기사표 참고).

251) 『高麗史』 권34 世家34 忠肅王 원년 정월 甲辰.

다.[251] 이 전문은 충선왕이 자신의 업적을 원나라에 알리려는 의도에서 작성한 것이다. 만승회에 관한 내용은 세 부분으로 구분되어지는데, 첫째, 고려는 창건 이후 불교를 널리 믿고 이를 유지해 왔기 때문에 태평하였고, 둘째, 선대의 모범을 계승하고 신앙심을 더욱 발휘하여 반승하고 연등하니 고승들이 모여들고 은은한 독경소리가 울려 퍼지며, 셋째, 이로 인해 원나라 황제와 황태후가 만수무강하기를 축원하며 아울러 고려도 경사스러울 것을 기원하고 있다.

즉, 만승회의 중요한 목적이 원나라 황제와 황태후를 위한 축원임을 분명히 나타내고 있다. 충선왕이 원으로 간 이후 2월과 3월에 계국대장공주가 묘련사와 왕륜사에서 행한 전등행사도 이러한 목적에서였다.[252]

그런데 주목되는 것은 같은 해 연등회가 중지된 사실이다. 충선왕은 만승회에는 막대한 비용을 지출하면서도 궁전의 보수를 위해 연등회를 중지시키는 명령을 내리고 있다.[253] 이것은 국가의례인 연등회의 위상이 추락해 가고 있는 것을 반증하는 것이다. 즉, 고려 왕실에서 정례연등회에 대한 의식이 점점 약화되기 시작했다.

이러한 배경에는 고려의 자주성 상실이라는 정치적인 이유가 크게 작용했을 것이다. 원 황실은 고려 왕실 위에 군림하면서 연등회의 의례 격식을 황제의 격에서 제후의 격으로 낮추도록 요구하였다. 이러한 분위기 속에 태조신앙도 퇴색해 갔고, 이와 함께 태조신앙을 중핵으로 한 국가적 차원의 사회통합으로서의 연등회의 성격은 쇠퇴해 갔다.

그 대신 불교의 공덕 행위로서 개인적 기복을 위한 연등은 사회적으로 더욱 유행하였다. 충숙왕 후8년(1339) 5월에 발표된 금령 가운데에는 성안 부녀들이 존비노소를 가리지 않고 향도를 결성하여 재를 올리고 등불을 단다며 절로 몰려가 승려들과 간통하는 일이 간혹 있어 평민의 경우는 아들에게

252) 『高麗史』 권34 世家34 忠肅王 즉위년 2월 己巳; 同年 3월 辛卯.

253) 『高麗史』 권34 世家 34 忠肅王 원년 정월 乙未.

254) 『高麗史』 권85 志39 刑法2 禁令.

죄를 주고 양반인 경우는 남편에게 죄를 준다는 조항이 있을 정도로[254] 연등을 빙자한 풍기문란이 만연하였음을 알 수 있다.

이와 유사한 금령이 이미 인종 9년(1131)에도 내려진 바 있는데,[255] 그 당시 퇴폐적인 불사를 벌였던 만불향도들은 염불독송을 중심으로 하고 연등은 하지 않았다. 이로 미루어 고려 전기에는 일반 불사에서 연등이 보편적이지는 않았던 것 같다. 충혜왕 후3년(1342) 6월에는 국왕이 신효사로 행차하였을 때 수행한 등촉배들이 향도를 결성하고 왕의 축수재를 열었다고 한다.[256] 이들은 고관은 아니지만 국왕의 측근세력이었으며 등촉배라는 명칭에서 연등과 관련된 불사를 이끌었음을 알 수 있다. 따라서 고려 후기에는 부녀자부터 국왕의 측근세력에 이르기까지 전 계층에서 연등회와는 다른 연등 관련 불사들이 유행하고 있었던 것을 알 수 있다.

고려 말에 이르면 상원연등회보다 4월 8일 연등회가 사회적으로 비중이 커졌는데 『고려사』에도 4월 8일 연등회 관련 기사가 상원연등회 기사보다 더 많이 나타나고 있다.[257] 공민왕 대에는 불탄일 연등행사가 신돈이 집권하는 정치적인 상황과 맞물려 대규모로 설행되었다.

> ① 공민왕 원년 4월 경술 불탄일이라 궁중에 연등을 하고 승려 100명에게 반승을 하였으며 화산잡희를 시키고 기생에게 풍악을 연주시켰다..[258]
>
> ② 공민왕 15년 4월 8일 신돈 집에서 대연등회 행사를 열었는데 개경 사람

---

255) 陰陽會議所에서 근래에 승속잡류들이 모여 무리를 지어 萬佛香徒라 부르며, 염불독송을 하며 훼탄한 짓을 하거나, 혹은 내외사사의 승도들이 술이나 파를 팔거나, 병장을 들고 포악한 짓을 하고 날뛰면서 유희를 하여 윤리와 풍속을 어지럽히고 있으니 어사대와 금오위로 하여금 순검하고 금지시키도록 청한다고 아뢰었다. 왕이 이를 허락하였다(『高麗史』 권85 刑法2 禁令 仁宗 9년 6월).

256) 『高麗史』 권36 世家36 忠惠王 後 3년 6월 甲寅.

257) 상원연등회 기사는 공민왕 대부터 고려가 멸망할 때까지 『高麗史』에 단지 세 차례 등장한다(恭愍王 원년 2월 戊子; 恭愍王 23년 정월 壬午; 禑王 14년 2월 庚申).

258) 『高麗史』 권38 世家38 恭愍王 원년 4월 庚戌.

259) 『高麗史』 권132 列傳45 辛旽.

들 모두가 이를 따라하느라 가난한 집에서는 구걸이라도 해서 연등하였다.[259]

③ 공민왕 17년 4월 경술왕이 신돈 집에서 연등화산을 구경하였다..[260]

④ 공민왕 17년 연등절에 화산을 만들어 놓고 왕을 초청하였으므로 왕이 신돈의 집으로 갔다. 신돈은 이운목, 기현, 지신사 염흥방, 응양군상호군 이득림 등과 함께 문무관원 수백 명을 인솔하여 좌우대열을 편성하고 감독하였는데 등불의 수가 백만이나 될 듯이 많았고 그 모양도 지극히 교묘하고 기이했으며 또 잡희를 성대하게 공연하였다. 왕이 포목 100필을 하사하였다.[261]

신돈은 공민왕 14년(1365) 5월에 등용된 후 왕권을 위임받은 것이나 마찬가지로 막강한 권력을 가지고 개혁정치를 수행하였다. 그런데 신돈이 등용된 이듬해 4월 8일에 자신의 집에서 대규모 연등회를 개최하고 있다. 이것은 최씨정권 시기에 최우가 4월 8일 연등회를 대규모로 개최한 것과 흡사하다. 이는 연등회가 가지고 있는 국왕의 권위를 과시하고 체제를 강화시켜 나가는 기능에 의도적으로 자신들을 투사시켜 자신들의 위상이 국왕과 다름없다는 것을 과시하려 한 것처럼 보인다.

이제 연등은 유행처럼 번져 구걸이라도 하여 등을 밝힐 정도로 광적이 되었는데 이러한 풍조는 고려 말의 시대적 상황과 관련이 깊었을 것이다. 안으로는 권문세가가 발호하고 밖으로는 홍건적과 왜구가 침입하여 정치적·사회적으로 위기가 고조되고, 그 결과 민생은 도탄에 빠져 있었지만 정상적인 방법으로는 헤어날 길이 보이지 않았다. 따라서 현실의 고통에서 벗어나기 위하여 기복적인 행위에 더욱 매달리게 되었을 것이다. 4월 8일 연등행

---

260) 『高麗史』 권38 世家38 恭愍王 17년 4월 庚戌.

261) 『高麗史』 권132 列傳45 辛旽.

262) 우왕 7년(1381) 4월 개경 사람들이 석가탄신일이라 하여 등불을 다니 왕이 평복으로 구경하러 갔다(『高麗史』 권134 列傳47 辛禑 7년 4월); 우왕 8년(1382) 4월 왕이 밤거리로 나와 등불을 구경했다(『高麗史』 권134 列傳47 辛禑 8년 4월).

263) 우왕 12년(1386) 4월 초파일에 왕이 의비와 함께 화원에서 관등놀이를 하였다. 호화롭게 채붕을 매고 잡희를 공연하였는데 새벽까지 노래와 풍악소리가 계속되었다(『高麗史』 권136 列傳49 辛禑 12년 4월 癸巳).

사는 민간의 풍속이 되어 왕까지도 궁궐을 나와 이를 구경하였고,[262] 궁중에서도 연등이 설행되었다.[263]

고려 말에 이르면 민간에서는 상원연등회보다는 4월 초파일 연등행사를 더 중요하게 여기고 있었다. 고려 왕실이 지배력을 상실해 가면서 고려 왕실의 문화 지배의 방식이기도 했던 연등회 역시 과거의 유제로만 존재하는 죽은 의례가 되어갔던 것이다.

그럼에도 불구하고 연등회는 건국조인 태조와 결부된 국가의 중심 의례였으므로 고려왕조가 존속하고 있는 한 유지되었다.[264] 비록 공민왕 대 이후 연등회 설행기사는 소략하지만 고려 말까지 연등회가 계속되었던 것은 확실하다. 공민왕 23년(1374)에 상원연등회의 개최일에 대하여 해당기관에서 태조는 정월에 연등하였고, 현종부터 2월에 연등하였는데 현재 2월은 노국공주의 기월에 해당하므로 다시 정월로 고칠 것을 청하였다는 사실에서 이를 확인할 수 있다.[265] 또한 이숭인을 탄핵하고 있는 간관의 상소문을 통해서도 상대적으로 비중은 줄어들었으나 연등회를 여전히 국가의 주요의례로 인식하고 있었다는 것이 재확인된다.[266]

이처럼 연등회는 고려의 국가의례 가운데 팔관회와 더불어 가장 '고려적' 성격을 지닌 것이다. 따라서 조선이 건국되자 연등회는 고려문화의 청산이라는 차원에서 우선적인 철폐대상이 되었다. 건국 직후인 태조 원년(1392) 연등회는 도평의사사사에 의해 혁파가 강력히 주청되었다.[267] 상원연등회가 국가의 공식행사에서 폐지되었음에도 불구하고 여전히 민간에서

---

264) 주) 148 참조.

265) 『高麗史』 권69 志23 禮11 嘉禮 雜儀 上元燃燈會儀.

266) 기복 중에는 종묘제사, 신년, 동지, 절일 및 팔관, 연등의 조회에는 일절 참례하지 않습니다. 이것은 나라의 성문법으로 되어 있습니다. 그리고 비록 사리를 모르는 우매한 사람일지라도 부모의 3년상 중이면 심지어는 결혼식까지도 참여하지 않습니다. 하물며 선비로서 국가시험의 시관을 맡을 수 있겠습니까?(『高麗史』 권115 列傳28 李崇仁).

267) 『太祖實錄』 권1 太祖 원년 8月 甲寅 "都堂請罷八關燃燈"

상원에 연등하는 풍속이 계속되자 태종 15년(1415)에는 상원일 연등마저 공식적으로 금지하였다.[268)]

그런데도 불구하고 이듬해 다시 연등 준비를 하자 지금부터는 상원에 등불을 켜는 것을 금지하니 이미 만든 등들은 4월 8일에 사용하라는 엄명이 내려졌다.[269)] 이후 상원연등에 대한 기사를 『조선왕조실록』에서는 찾을 수 없으니 대체로 이때부터 상원의 연등풍속마저 없어지게 되었다고 볼 수 있다.

그러나 연등은 본래 불교에서 공덕을 쌓는 의례행위 가운데 하나로 연등회에만 한정된 것이 아니고, 봄철 기곡제로서 기능하였던 연등회의 성격은 연등회를 절기풍속으로 만들었기 때문에 고려 상원연등회의 전통은 왕조를 초월하여 민간에 전승될 수 있었다. 조선시기 사월 초파일의 연등행사와 2월 15일에 열렸던 불교의례인 수륙재,[270)] 월령적 유교의례인 입춘절 절기행사 등에서 그 역사적 계기성을 발견할 수 있다.[271)]

특히 제주도에서는 정월 보름부터 2월 보름까지는 바다를 건너서 풍우신인 용등 할머니가 아들인 용동과 함께 온다 하여 2월은 용등월이라 하였고,[272)] 구덕과 금녕 지역에서는 2월 초하루 12개 장대를 세우고 신을 맞이해서 제사를 지내고, 애월에서는 2월 보름까지 나무로 말머리 모양을 만들어 채색 비단으로 꾸며서 말뛰기 놀이를 하는 풍속이 있었는데 이를 연등이라 불렀다 한다.[273)] 또한 영남지방 풍속에도 집집마다 신에게 제사지내는데

---

268) 『太宗實錄』 권27 太宗 15년 정월 丁巳.

269) 『太宗實錄』 권27 太宗 16년 정월 戊申, "除上元張燈 上日上元張燈欲依古制與中朝之法爲之 然本國不遵此制久矣 自今除上元張燈 其己備之燈用於四月八日"

270) 이영화, 1993, 「조선초기 불교의례의 성격」『청계사학』 10.

271) 이훈상, 1990, 『조선후기의 향리』, 일조각, 161~168쪽.

272) 三品彰英, 1956, 「ヨンドン神 小考」『朝鮮學報』 10, 168~170쪽.

273) 『東國歲時記』 二月, "濟州俗 二月朔日 歸德金寧等地 立木竿十二 迎神祭之, 涯月居人 得槎形如馬頭者 飾以彩帛作躍馬戲以娛神 至望日乃止 謂之燃燈."; 『新增東國輿地勝覽』 권38 濟州牧, "於二月朔日 歸德金寧等地 立木竿十二迎神祭之, 居涯月者 得柱形如馬頭者 飾以彩帛作躍馬戲以娛神 至望日乃罷 謂之燃燈."

이를 영등신이라고 칭하였다.[274] 이로 미루어 용등 · 용동 · 연등 · 영등이 같은 내용의 풍속이라고 할 수 있다. 이는 고려시기 상원연등회에서 유래한 명칭이 상원연등회는 사라졌지만 그대로 민간에 전승되고 있음을 보여주는 사례라 하겠다.

274) 『東國歲時記』 二月, "嶺南俗 家家祭神 名日靈登神 降于巫 出遊村閭 人爭迎而樂之"

제3장 팔관회의 의례 내용과 사회적 성격

1. 팔관회의 기원과 중국의 팔관재회

1) 인도의 팔계재

고려시기 팔관회를 검토하기에 앞서 인도와 중국에서는 팔관회가 어떤 성격으로 어떻게 설행되었는지 살펴볼 필요가 있다. 팔관회의 기원은 본래 인도의 팔계재八戒齋이다. 인도에서 행해졌던 팔계재는 어떤 목적을 위한 것이었으며, 어떤 불교경전을 근거로 한 것인지를 알아보도록 하자.

팔계재는 '계'를 지키는 정신과 관련된다. 계는 산스크리트어로 śīla이며, 교의상으로는 삼학과 육바라밀 가운데 하나로 불교도덕의 총칭이다. 계는 금제의 뜻으로 소극적으로는 잘못을 막고, 악을 방지하는 힘이며, 적극적으로는 여러 가지 선업을 발생시키는 근본이라고 생각했다. 경·율·론 삼장 가운데 율장에 속하기 때문에 율과 동일시되지만, 율이라는 것은 경장에 대응되는 총칭적인 표현이고, 계라는 것은 율 가운데 하나하나의 금제 조목을 가리키므로 율보다는 하부 개념이 된다.

한편, 계는 규율을 지킨다는 자발적인 마음의 작용을, 율은 타율적인 규범을 의미한다고 하여, 계는 방비지악防非止惡으로, 율은 승단의 규율로 이해되기도 한다. 즉, 불교 교단이 확립되어감에 따라 교단의 질서유지를 위해 규범이 필요하게 되어 이에 따라 만들어진 각종의 규율 조항과 벌칙 규정이 율이며, 그것을 마음속으로부터 자발적으로 지키겠음을 맹세하는 것이 계라는 것이다.

율장은 석가 입멸 후 경장과 함께 결집되었는데, 교단 분열 후 부파별로 각각 전승되는 사이에 많은 상이점이 파생되었다. 부파불교의 소승율장은 북방 한역율漢譯律과 남전 파리어율巴梨語律, 서장율西藏律의 세 계통이 전해진다. 소승율장은 출가자인 비구와 비구니에게 한정된 계율이며 불교 계율의 원형이 되는 것이다. 한국 불교와 밀접한 관련을 가지는 북방 한역율의 경우, 『십송율』 61권, 『사분율』 60권, 『오분율』 30권, 『마하승지율』 40권이 4대 근본율로서 중요시되었다. 이후 성립된 대승불교의 계율[1]들은 소승율과는 달리 보살계를 중심사상으로 하고 있으나 소승율장의 조항들을 기초로 하고 있다.

그런데 소승율장의 가장 핵심이 되는 계가 '사미십계' 이다. 어린 수도승들에게는 비구 250계와 비구니 348계 가운데 범하기 쉬운 가장 기초적인 계율 10개를 집중적으로 교육시키는 데 이를 사미십계라 한다.

① 살생하지 말라.
② 도둑질하지 말라.
③ 음란한 일을 하지 말라.
④ 거짓말하지 말라.
⑤ 술을 마시지 말라.
⑥ 몸에 꽃 장식을 하고 향을 바르지 말라.
⑦ 노래하고 춤추는 풍악놀이를 하지 말고 그런 것을 하는 데 가서 보고 듣지도 말라.
⑧ 높고 넓은 큰 평상에 앉지 말라.
⑨ 때 아닌 때 먹지 말라.
⑩ 돈과 금은보물을 가지지 말라.[2]

이상의 10개 조항 중 앞의 다섯 조항은 더욱 기본이 된다 하여 '사미오계' 라 하였는데, 이것을 재가 남녀신도들에게도 적용하여서 보통 오계라 하

1) 대승불교의 계율은 소승계율을 초월하여 순수 대승계를 설하고 있는 『梵網經』, 『瓔珞經』 등의 梵網戒와 소승부파의 계율을 수용하여 대승계를 설하고 있는 『地持經』, 『瑜伽論』 등의 瑜伽戒로 양분된다.

2) 『俱舍論』 권14.

며 재가신도들이 지켜야 하는 기본적인 계율이 되었다.[3)]

오계는 종신토록 날마다 지켜야 하는 계인 반면, 팔계는 재가신도가 하루 24시간 동안만 지키면 되는 계였다. 팔계는 팔재八齋, 팔지재八支齋, 팔재계八齋戒, 팔계재八戒齋, 팔분계八分戒, 팔관재계八關齋戒, 팔관재八關齋라고도 한다. 팔계는 오계에 사미십계의 ⑥ · ⑦항을 합하여 제6계로 하고, ⑧항을 제7계로 하고, ⑨항을 제8계로 하고 있는데,[4)] 여덟 번째의 때 아닌 때 먹지 않는 것은 재의 본질이기 때문에[5)] 팔계를 팔계재라고도 일컫는다.[6)]

팔계의 제⑥ · ⑦ · ⑧조항은 재가자가 평상시에는 지키기 어려운 출가자의 계이므로 팔계재를 수지한다는 것은 하루 동안이라도 몸을 삼가며 정진하면서 출가의 고행을 체험하여 본다는 의의를 지니고 있다. 『지도론』에서는 오계는 항상 지니는 것이므로 시간은 많으나 계는 적고, 팔계는 하루 동안만 지니므로 시간은 적으나 계는 많다. 만일 큰마음이 없으면 종신토록

---

3) 『優婆塞戒經』 권3 受戒品.

4) 팔계의 순서는 경전에 따라 다른데 『中阿含經』 55 「持齋經」에서는 ⑥ · ⑦을 합하여 제7계로, ⑧을 제6계로 하고 있으며, 『雜阿毘曇心論』 제10에서는 ⑥ · ⑧을 합하여 제6계로 ⑦을 제7계로 하고 있다. 저자는 『中阿含經』과 『佛說齋經』에 있는 설을 따랐다. 그리고 앞의 4계는 性戒이고, 뒤의 4계는 遮戒의 성격을 지닌다.

5) 齋는 원래 청정을 의미하는 단어이다. 불교의 청정한 생활 가운데 가장 중요한 계율 중 하나가 오후에 먹지 않는 것이다. 현재에도 남방불교의 수행승들은 정오 이후 非時에 식사하지 않는 계율을 엄수하고 있다. 이로부터 정오 이전에 하는 분량을 넘지 않는 식사를 가리키게 되어 時食 · 齋食으로도 일컬어진다. 이것이 육식을 하지 않는다거나 불교행사 때 하는 식사로 의미가 변하였고, 승려들에게 식사를 공양하는 행위를 일컫는 말로도 쓰이게 되었다. 그 결과 오늘날 재회라는 것은 승려들에게 식사를 제공하는 의식, 또는 그러한 의식을 중심으로 하는 법회라는 의미로 사용되고 있다. 또한 재는 布薩로 음역되어진 일정한 날을 정해 계율을 지킨다는 뜻의 산스크리트어 poṣadha의 뜻 번역으로도 쓰인다.

6) 『智度論』 권13에서는 '사미십계' 가운데 8계와 제9계인 離非時食戒를 별도로 하여서, 8계를 수지하는 동안 離非時食戒를 지키는 것은 당연하므로 8계에 離非時食戒인 齋를 합하여 팔계재라 한다고 설명하고 있다.

7) 『法苑珠林』 권88 受戒篇5 八戒部 功能部.

지닌다 하더라도 큰마음으로 단 하루 계를 지니는 것보다 못하다고 하여,[7] 하루 동안이라도 팔계를 수지하는 것이 중요하다고 역설하고 있다.

인도에서 팔계재는 육재일이라고 하는 특정한 날에 행해졌다.[8] 인도 전래의 습속에서 육재일은 악귀가 사람들을 쫓아다니며 목숨을 빼앗고 병에 걸리게 하는 불길한 날들로 인식되었다. 이 날이 돌아오면 사람들은 목욕하고 단식하며 착한 일을 하여 복을 지어서 흉함을 피하려고 하였는데, 이것이 불교로 유입되어 재가신도들이 팔계를 수지하는 날이 되었다고 한다.[9]

이처럼 팔계재는 인도 전래의 액막이 풍속으로부터 기인하여 재가 신도들이 육재일에 모여 하루 동안 출가자들의 계에 근거한 팔계를 수지하는 불교적 포살이 되었다.[10] 불교경전에서는 이러한 팔계재를 수지하여 얻어지는 공덕에 대하여 언급하고 있는데, 『중아함경』과 『증일아함경』에서는 팔계재를 잘 닦으면 죽어서 삼도팔난에 떨어지지 않고 욕계육천에 태어난다고 하였다.[11] 또 『우바새계경』에서는 오역죄를 제외한 나머지 일체의 죄업을 소멸시키는 공덕이라고도 하였다.[12]

팔계재는 『아함경』에서부터 언급되고 있기 때문에 불타의 생존시부터 행해졌던 것으로 추측되며, 대승불교에서는 재가신도들의 수행이 중요시되므로 팔계재는 재가신도들의 수행법으로서 더욱 의미있게 되었다. 따라서 팔계재의 중요성이 부각되어 『팔관재경』, 『우바이타사가경』, 『불설재경』 등의 단독 경전들이 성립되었는데, 모두 『중아함경』의 「지재경」과 『증일아함경』의 「마혈천자문팔정품」을 전거로 한 이역본들이다.

---

8) 六齋日은 매월 8 · 14 · 15 · 23 · 29 · 30일을 가리킨다.

9) 『智度論』 권13.

10) 『增一阿含經』 권38 제43 馬血天子問八政品1에는 팔관재를 수행하는 방법이 나와 있다. 이에 의하면 재가 신도들은 팔관재일에 사문 또는 장로비구에게 가서 이름을 외치고 서원을 견고히 세운 다음 하루 동안 팔계재를 청정히 닦아야만 크게 공덕을 얻을 수 있다고 한다.

11) 『中阿含經』 제55부 제202 持齋經; 『增一阿含經』 제38권 제43 馬血天子問八政品.

12) 『優婆塞戒經』 제5권 八戒齋品.

인도인들이 팔계재를 어떻게 신앙하고 있었는지는 『현우경』에 전하는 차마의 이야기를 통하여 구체적으로 살펴볼 수 있다. 차마는 팔계재를 성실히 받드는 가난한 브라만의 아내였다. 마침 사나운 짐승과 무서운 나찰의 재앙이 많은 밤중에 숲에 묶여 있는 죄수에게 밥을 가져다주는 사람에게는 상금 천 냥을 내리겠다는 왕의 포고를 듣고서 결심하고 나아가 응모를 하였는데, 당시 세간에 팔계재법을 받들어 지니면 어떤 귀신이나 짐승들로부터도 일절 재앙을 입지 않는다는 믿음이 퍼져 있었기 때문이었다.

차마는 도중에 귀신 셋을 만났으나 그 귀신들은 차마가 팔계재를 하나도 빠짐없이 지녔기 때문에 두려워하여 오히려 금 세 가마니를 주었다. 차마는 금 세 가마니를 집에 가져다 두고 다시 왕에게 상금 천 냥을 얻어 큰 부자가 되었는데 사람들이 집으로 몰려와 기꺼이 하인이 되었고 왕은 그를 궁으로 불러 대신으로 삼았다고 한다.[13] 이처럼 팔계재 수지는 인도에서 현세에서는 복업을 이루고, 죽어서는 죄업을 소멸시켜 욕계육천에 태어나게 만들어 주는 공덕이 큰 신앙의 방법으로 인식되고 있었다.

2) 중국의 팔관재회

중국에서 인도의 팔계재와 같은 의례가 언제부터 행해졌는지는 확실하지 않다. 그러나 중국 불교도들은 일찍이 3세기 무렵부터 팔계재에 대하여 알고 있었을 것으로 생각되는데, 오 황무 2년에서 건흥 2년(223~253) 사이에 지겸支謙에 의해 『불설재경』이 한역되었기 때문이다. 『불설재경』은 그 전거경전인 『중아함경』과 『증일아함경』이 400년을 전후한 시기에 번역되었고 구마라습에 의한 본격적인 역경사업이 5세기 초 시작되었다는 사실을 고려한다면 상당히 이른 시기에 번역되어 유포되었음을 알 수 있다.

『불설재경』의 내용을 보면 재에는 목우재牧牛齋, 니건재尼犍齋, 불법재佛法齋

13) 『賢愚經』 권3 差摩現報品(『한글대장경』 15 본연부 7).

의 세 가지가 있는데 그 가운데 불법재가 가장 으뜸이어서 팔계를 받들어 지니고 다섯 가지의 서원[14]을 세워 불법의 재를 닦으면, 하늘과 함께 덕을 같이 하고 악을 없애고 선을 일으켜 죽어서도 욕계육천의 천상에 나고 마침내 열반을 얻게 된다고 설하면서 팔계재 수지의 공덕을 찬미하고 있다.[15]

남북조시기가 되면 팔관재와 관련된 다른 경전들도 속속 역경되어 『불설재경』의 이역본인 『팔관재경』은 유송 효건 2년(455)에 저거경성沮渠京聲에 의해 번역되었고, 『우바이타사가경』도 유송 대에 번역되었다. 또한 북량 현시 15년(426)에 담무참曇無讖에 의해 번역된 재가신도들을 위한 계율서인 『우바새계경』에 「팔계재품」이 포함되어 있으며, 유송 말기 5세기 중엽 중국에서 성립된 『범망경』[16]에도 "팔계 등을 범한 사람은 보고 함께 포살하여 참회시키지 않으면 가벼운 죄가 된다."라는 계와 "육재일과 삼장재일에 살생하고 도둑질 등을 하여 계를 범하면 죄가 된다."라는 조항이[17] 실려 있어 당시 팔재계에 대한 인식을 반영하고 있다. 따라서 팔계재는 남북조시기에 재가신도들에게 중요한 불교의식으로 자리잡게 되었음을 알 수 있다.

『형초세시기』[18]에 의하면 6세기 양나라의 형주 지방에서는 2월 8일 불탄일에 재가신도들이 팔관재계를 닦고, 수레바퀴나 우산 모양을 하거나 화엄경의 7처8회를 상징하는 등불을 달며, 새벽에 향과 꽃을 들고 성을 한 바퀴 도는 행성행사를 하였다고 한다. 『법원주림』에는 석가의 모친 마야부인이 팔관재를 닦은 후 석가를 잉태하였으며, 보살은 그 어머니가 팔관재를 닦은 후 잉태된다고 기록되어 있다.[19] 형주 지방 사람들이 팔관재를 수지한 결과로 인해 태어난 석가를 기념하여 불탄일 행사에 팔관재계를 닦은 것인지는

14) 첫째, 佛에게 귀의하고, 둘째, 法을 명심하고, 셋째, 僧에게 가르침을 받으며, 넷째, 戒律을 받들고, 다섯째, 欲界六天을 염원하는 것이다.

15) 『佛說齋經』(『한글대장경』 8 아함부8-2, 585~589쪽).

16) 望月信亨 저, 김진열 역, 1995, 『불교경전 성립의 연구』, 불교시대사, 345~381쪽.

17) 『梵網經』 下卷 菩薩戒本 四十八輕戒.

18) 『荊楚歲時記』 二月.

19) 『法苑珠林』 권8 千佛篇4 降胎部.

확실하지 않지만, 6세기 남조에서 팔관재계가 널리 행해지고 있었던 것을 확인할 수 있다.

그런데 『형초세시기』에서 '팔계재'를 '팔관재계'로 쓰고 있는 것이 주목된다. 팔계재는 원래 산스크리트어로 aṣṭâṅga-samanvāgatôpavāsa인데 앞의 aṣṭâṅga라는 단어는 8개라는 의미이고, 뒤의 samanvāgatôpavāsa는 상응이란 의미의 samanvāgata와 포살이라는 의미인 upavāsa의 합성어이다. 즉, '여덟 가지에 계합되어지는 재'라는 뜻이다. 산스크리트어로 오계는 글자 그대로 다섯 계율을 뜻하는 pañca-sīla인 데 비하여, 팔계에는 포살이란 단어가 붙어 재가신도들이 일정한 날에 사문이 있는 곳에 모여 재를 행한다는 의미가 강조되고 있다.

aṣṭâṅga-samanvāgatôpavāsa는 경전 속에서 팔계, 팔계재, 팔재계, 팔재, 팔지근주재계, 팔지재, 팔분재 등으로 다양하게 한역되었다. '팔관재'란 번역어가 부각되기 시작한 것은 유송 효건 2년(455)에 저거경성이 경전 이름을 『불설팔관재경』으로 하면서부터이다. 비슷한 시기에 역경된 『우바이타사가경』이나 『우바새계경』에는 팔계, 팔계재, 재계로 번역되었고 팔관이란 용어는 보이지 않는다.

『불설팔관재경』 이전에 팔관재로 번역한 경전은 『증일아함경』뿐이다. 『증일아함경』은 원래 『중아함경』과 함께 담마난제에 의해 전진 건원 21년부터 후진 건초 6년(384~391) 사이에 역경되었으나 현재 전하지 않고 구담승가제파瞿曇僧伽提婆에 의해 륭안 원년부터 2년(397~398) 사이에 되어진 2차 역경본이 전해진다. 여기에서 팔관재로 번역되었는데, 『중아함경』에서는 팔지재로 번역되고 있다. 그 밖의 다른 경전들에서도 팔계재가 보편적인 번역어였고 팔관재로 번역한 사례는 찾아볼 수 없다. 저거경성도 『불설팔관재경』과 같이 역경한 『불설미륵보살상생도솔천경』에서는 팔관재가 아닌 팔계재로 번역하고 있다.

이처럼 팔계재가 보편적인 번역어였고 교리적으로도 충분히 의미가 전달되는데도 불구하고, 저거경성이 경전 이름을 『불설팔관재경』으로 붙인 것은 팔관재라는 용어가 중국인들의 정서와 사고방식에 더 익숙하기 때문에 유포하기가 더 쉬웠기 때문으로 추측된다. 이와 관련하여 『법원주림』의 팔관에 대한 설명을 살펴보도록 하자.

> 문: 모든 경론 가운데서 무엇을 八關齋라 하고 八關戒라고 하는가?
> 답: 앞의 팔관은 여덟 가지의 악을 닫아 잠그고[關[20]閉] 어떠한 잘못도 만들지 않는 것이며, 재는 때 아닐 적에 먹지 않는다고 함은 재이니, 재라 함은 다스린다[齊]는 것이다. 이를테면 육정을 금하고 육진에 물들지 않으면서 모든 악을 다스려 끊고[齊斷] 모든 선을 갖추어 닦는다는 것이니, 그러므로 재라 한다.[21]

여기서 팔관은 여덟 가지의 악을 닫아 잠그고 가까이 하지 않는다는 뜻으로 쓰이고 있다. 이런 뜻의 '관'은 '금禁'과 상통하는데 '금'은 '계'와 마찬가지로 쓰이는 글자이다.[22] 이러한 의미상의 상통함이 팔계재와 팔관재를 혼용하게 한 이유가 되었을 것이다. 그러나 이런 의미상의 공통점만으로 팔계재가 팔관재로 바뀐 것은 아니었다. 중국인들의 사상 속에 '관'이란 글자를 더 선호하는 관념이 있었기 때문이다.

이와 관련하여 『제위파리경提謂波利經』은 매우 중요한 경전이다. 이 경전은 『개원석교록』에서 '위망란진록'으로 판정된 이래[23] 송 이후 인쇄 대장경에

---

20) 關은 ① 잠그다, ② 관문, ③ 관계하다, ④ 겪다 등의 뜻으로 쓰이는 단어인데, 여기서는 잠근다는 뜻으로 쓰였다.

21) 『法苑珠林』 권88 受戒篇5 八戒部.

22) 팔계재를 『불설관정경』에서는 八禁으로, 『불본행집경』에서는 八禁淸淨齋戒로 번역하고 있다.

23) 인도에는 없는 것으로 중국인들의 정서와 사고방식에 맞도록 중국에서 만들어진 경전들을 僞經이라고 일컫는다. 위경 중에는 인도에서 미처 정리되지 못한 제설들을 종합적으로 정리하여 불교를 좀더 쉽게 알려주어서 위경으로 배척되지 않고 진경으로 간주되어 널리 유포되기도 하고 유명한 고승들이 주석서를 남긴 경전들도 있으며, 부처님의 가르침과 반대되거나 모순되는 것으로 여겨져 유포가 금지된 위경들도 있었다. 『開元釋敎錄』에서는 이런 경전들을 모두 '僞妄亂眞錄'으로 분류하고 있다.

서는 완전히 자취를 감춘 위경이지만, 오계와 십선의 본질을 밝혀 사람들에게 그 정신을 알리고 공양, 탑돌이, 재 등을 실행하도록 권하는 데 있어 서민적이고 명쾌한 중국적 성격 때문에 불교적 감화에 있어 일반 대중들에게 진경 이상으로 영향력이 컸다.

『제위파리경』은 『불설팔관재경』이 역경되었던 때와 같은 유송 효무제(452~464) 시기에 만들어졌는데, 북위 태무제의 폐불(444~446)로 인해 많은 경전이 불타버려 사람들을 교화하기 위한 의지처가 없어졌기 때문에 북위의 담정曇靖이 지은 것이라 한다. 이후 『제위파리경』은 사회적으로 독자적인 신앙결사를 창조했으며, 지의, 도세, 법림, 담연, 징관 같은 고승들에 의해 평가되고 활용되었다.[24)]

이렇듯 대중들에게 인기가 있었던 『제위파리경』에 팔관재와 관련하여 주목되는 내용이 있다. 그것은 육재일에 대한 설명 부분인데, 육재일을 오계를 수지하는 날이라고 강조하고 있다는 점이다. 『제위파리경』의 육재일에 대한 설명은 『법원주림』 권88 수계편 팔계부에 길게 인용되어 있는데, 『법원주림』에서는 육재일을 팔계재를 수지하는 날로 강조하고 있었던 반면, 『제위파리경』에서는 오계를 수지하는 날로 하고 있었다.

『제위파리경』은 오계를 강조하면서 중국 고유의 사상과 오계를 결합시켜 이해하려고 시도하였다. 오계를 중국인의 천하관인 오상 · 오방 · 오행 · 오

---

24) 木村淸孝 저, 장휘옥 역, 1989, 『중국불교사상사』, 민족사, 50~52쪽

25) 이들의 관계를 도표화하면 아래와 같다.

五戒	五常	五方	五行	五臟	五嶽
不殺生	仁	東方	木	肝	太山(泰山)
不偷盜	智	北方	水	腎	長生山(恒山)
不妄語	信	中央	土	脾	和山(嵩山)
不邪淫	義	西方	金	肺	華岳
不飮酒	禮	南方	火	心	霍岳(衡山)

(牧田諦亮, 1976, 『疑經研究』, 京都大學 人文科學研究所, 148~211쪽).

장 · 오악에 대응시켜 배열하였는데,[25] 이는 '5' 라는 숫자를 천하의 큰수로 보는 중국인들의 사상을 반영한 것으로 남북조시기 외래사상인 불교를 중국화한 형태이기도 하다. 다시 말해 오계를 오상 · 오행 등과 일치시켜서 오계를 수지하는 일은 오상을 실천하는 것이고 오방의 재액을 막아 음양오행이 조화를 이루어 복을 쌓는 것임을 역설하였던 것이다.

마찬가지로 팔계가 팔관으로 혼용되게 된 것도 불교 교리를 중국적 관념으로 이해시키려는 과정에서 나타난 현상이었을 것이다. '8' 이란 숫자도 5와 마찬가지로 중국인의 세계관에서 중요한 것이었다. 중국인들의 세계관에서 공간구조는 대략 4가지의 도식적인 형태로 분류될 수 있다. 즉, 사방 · 오위 · 팔위 · 구궁이다. 오위와 구궁은 사방과 팔위에 중앙이 합해진 변형 형태라 할 수 있다. 그런데 오위와 구궁은 천하만물의 배치원리로서 발전하였고, 사방과 팔위는 방위와 결합된 공간 개념의 성격이 강하며 바람과 중요한 상관관계를 가진다.[26] 보통 팔위 또는 팔방은 천지사방, 즉 천하를 지칭하는 말로 쓰이며 중국의 전국토를 팔주八州라고 일컫기도 한다.

이러한 방위의식은 후한 효영제 중평 원년(184)에 황건적의 공격으로부터 수도인 낙양을 방어하기 위해 낙양성을 중심으로 팔관八關을 설치하여 방어의 요새지로 삼았다는 기록에서도 나타난다.[27] 여기서 팔관의 위치는 팔방의 방향과 거의 일치하고 있다.[28] 물론 주변의 험준한 산악지형과 하천을 천연적인 요새지로 이용하려는 전술상의 목적도 있었겠지만 방어요새를 여덟 곳 설치한 것은 팔방으로부터 들어오는 모든 적들을 막아냄으로써 수도를 안전하게 지킨다는 의미를 상징하고 있는 것으로 중국 고유의 세계관에 기반을 둔 관념적 표현이라고 생각된다. 즉, 중국인들에게 팔관은 외적 및 위험한 것들로부터 자신들을 막아주는 상징적인 방어선으로 인식되고

---

26) 李零, 1991, 「"式"與中國古代的宇宙模式」『中國文化』4, 三聯書店.

27) 『後漢書』 권8 孝靈祭紀 8, "中平元年三月戊申, 置八關都尉官, 八關謂函谷, 廣城, 伊闕, 大谷, 轘轅, 旋門, 小平津, 孟津也."

28) 『中國歷史地圖集』 2, 中國地圖出版社, 42~43쪽.

있었을 것이다.

그런데 팔방마다 이에 해당되는 바람인 팔풍이 있고, 팔풍 가운데는 길한 것도 있고 흉한 것도 있기 때문에 이를 잘 넘기기 위해 금기가 존재하였다. 흉한 것을 막아 재앙을 입지 않으려는 중국 전통적 액막이 관념은 불교에서 팔계재를 수지하여 선을 쌓아 악을 막아 복덕을 이룬다는 측면과 일맥상통하므로 '팔'과 '금'이 연결고리가 되어 팔계와 팔관은 자연스럽게 혼용되었을 것이다.

경전 속에서는 팔계재의 명칭들이 다양하게 나타나고 있지만 실제로 중국사회에서 설행된 사례들의 기록에서는 모두 팔관재로 표현되고 있는 사실은 중국인의 전통적 관념과 연결된 팔관재가 산스크리트어를 직역한 팔계재보다 중국사회에 팔계재를 유포시키는 데 더 유효했음을 뒷받침하고 있다.

팔관재는 남북조시기에 들어 보편적이 되었지만 훨씬 이전 3세기 중엽부터 그 사례를 찾을 수 있다. 『법원주림』은 진나라 사람 주당이 재계와 송경을 독실하게 하고 팔관재를 설행하였던 사실을 전하고 있다.

> 주당은 16세부터 채식하면서 재계와 송경을 모두 이루었다. 삼장월인 정월 내내 송경하며 재를 올린 후 스님을 모셔다 팔관재를 베풀고 향시사에 가서 스님의 스승인 축불밀에게 법계를 주기를 청하였다. 축불밀은 그로 하여금 재일에 소품반야경을 계속 읽도록 한 바 있었다.[29]

정월 마지막 날인 30일은 육재일에 해당되는 날이니, 주당은 여법하게 팔관재를 설행하고 있었던 셈이다. 진은 265년부터 317년까지 통치하였으므로 불교가 전래된 초창기지만 이미 오 황무 2년에서 건흥 2년(223~253) 사이에 지겸에 의해 『불설재경』이 한역된 바 있으므로 주당이 팔관재를 설행하였다는 사실은 충분히 근거가 있다고 생각된다. 조금 뒤의 시기에 활동

29) 『法苑珠林』 권18 敬法篇 感應緣.

한 혜원慧遠(334~416)은 『대승의장大乘義章』에 팔관재 수지의 작법을 기술해 놓기도 하였다.[30)]

도사 이단에 관한 이야기는 불교의 팔계가 중국의 전통사상과 결합되어 일반 민중들에게 유포되어간 사실을 뒷받침해주는 사례로 주목된다. 이단은 유송 문제 원가 3년(426)과 6년(429) 두 차례나 죽었다가 살아났는데 명부에 갔을 때 앞으로 15년 후인 갑신년에 전염병이 대유행을 하여 모든 악인들을 죽일 것이나 불제자들은 팔관재를 행하여 마음을 닦고 선을 행하면 그 병을 면할 수 있다는 말을 들었다. 이단은 본래 도가의 제주였는데 이 때문에 녹본법籙本法, 즉 도가를 버리려 하였으나 도교의 신도들이 말려서 두 가지 일을 다 수행하였고 항상 팔관재를 권하며 교화하였다고 한다.[31)]

이로부터 팔관재는 액을 막는 데 있어 도교의 주술보다 우월하다는 인식이 민간에 퍼지고 있었고 도교와 융합되는 양상도 보이고 있었음이 시사된다. 고대사회에서 질병은 사람들에게 가장 두려운 공포의 대상이었는데 질병이란 재앙을 막는 데 팔관재가 가장 효험이 있다는 인식이 『불설팔관재경』이 역경된 무렵 유행하였던 것은 이 경의 영향 때문으로 생각된다.

이때부터 『이십오사』에서도 팔관재 설행에 대한 기록들이 나타나기 시작한다. 유송 문제 원가 7년(430)에 서주자사였던 길한에게 죽을 죄를 지은 전첨이 길한이 팔관재를 올릴 때를 이용하여 구명을 위해 찾아갔다고 한다.[32)] 여기에서 팔관재가 구명장생과 밀접한 관련이 있다는 것을 확인할 수

---

30) 그 내용을 정리하면 다음과 같다.
① 생사를 여의고 열반을 구하는 마음을 일으킨다.
② 아침 일찍 계사가 있는 곳으로 가 먼저 삼보를 예경한다.
③ 계사 앞에 나아가 무릎을 꿇고 합장하여 이전의 모든 죄를 참회한다.
④ 팔계를 문답하며 그것을 서원하는 방식으로 계를 받는다.
(道端良秀, 1979, 「中國佛教における在家菩薩と八關齋」『中國佛教思想史の研究』, 平樂寺書店, 390쪽).

31) 『法苑珠林』 권6 六道篇4 鬼神部11 舍宅部 感應緣.

32) 『宋書』 권65 列傳25 吉翰.

있는데, 이와 유사한 사례가 제 명제 연흥 원년(494)에도 보이고 있다. 명제는 즉위 후 고제와 무제의 자식들을 처형하기 시작하였는데 고제의 열여섯 번째 아들인 의도왕 갱은 이 소식을 듣고 팔관재를 봉행하였다고 한다.[33]

개인뿐만 아니라 왕실에서도 기일에 팔관재를 설행하였다. 유송 효무제가 효건 원년(454) 선왕인 문제의 기일에 군신들을 이끌고 중흥사에서 팔관재를 설행하였는데 이때 시중 원찬이 계를 어기고 정오가 지난 후 생선과 고기를 먹었다. 상서령 하상지가 이를 국왕에게 고하여 원찬이 파직되었다고 한다.[34] 하상지는 원래 교리를 잘 지키고 항상 삼가고 근신하는 인물로 자신의 집에 조신들을 불러 모아 크게 팔관재를 개최하기도 한 인물이다.[35]

기일에 위령제로서 팔관재를 설행한 것은 팔관재를 수지하면 죄장이 소멸되어 삼도팔난에 떨어지지 않고 욕계육천인 천상에 태어나게 된다는 경전적 교리에 근거하여 고인의 죄업을 소멸하고 천상으로 천도시키려는 목적이었을 것이다. 제 무제는 즉위 직후인 영명 원년(483)에 모반의 혐의가 있는 거기장군 장경아를 화림원에서 개최된 조신들을 다 모인 팔관재 석상에서 체포하였다.[36] 이와 같이 5세기 말에 이르면 왕실에서 국왕이 조신들과 함께 팔관재를 설행하였던 사례가 확인된다.

한편, 제 무제 영명 4년(486) 오흥태수 이안인은 불법을 봉행하는 불교도였기 때문에 태수로 부임하는 사람이면 군내 제반사를 지켜주고 있다고 믿는 항우에게 소를 잡아 제사를 지내야 하는 관례를 따르지 않았다. 그 대신 정무를 부지런히 수행하고 관아에서 팔관재를 설행하였는데 그가 죽은 후 세상 사람들이 신으로 숭배하였다고 한다.[37] 이때 이르면 사회적으로 팔관재는 이단의 사례에서 보이던 것처럼 도가법과 병존하는 차원이 아니라 훨

33) 『南史』 권43 列傳33 齊高帝諸子 下.
34) 『南史』 권26 列傳16 袁湛.
35) 『南史』 권21 列傳11 王弘.
36) 『南史』 권45 列傳35 張敬兒.
37) 『南史』 권46 列傳36 李安人.

씬 더 우월하고 중심을 이루는 행사가 되었던 것이다.

양 간문제(549~551)는 몸소 제정한 팔관재에서 지켜야 할 열 가지 규칙 조항을 「팔관재제서八關齋制序」로 남겼다.[38] 조항들을 보면 모인 사람들이 흑백의 두 편으로 나뉘어 유나의 지도 아래 독경을 듣는 형식으로 팔관재가 진행되고 있는데, 재계 도중에 졸거나 멋대로 출입하는 것이 엄격히 통제되었다.[39]

그런데 팔관재의 의례절차에서 중요한 위치를 차지하는 것이 경전을 듣는 청경이었다. 이때 독경된 경전은 어떤 것이었을까? 졸게 되면 세 번 청경하는 동안 향로를 들고 있어야 된다는 벌칙이 있는 것으로 보아 그렇게 긴 경전은 아니었을 것으로 추측된다. 이와 관련하여 저거경성이 『분선팔관재

38) ① 수면주(조는 것을 경고하는 표)가 이르렀는데도 깨닫지 못하면 20번 절하고 향로를 들고 聽經을 3회 한다.
② 나갈 때 자(패찰)을 청하지 않으면 10번 절한다.
③ 나가서 독경이 세 번 이루어질 때까지 돌아오지 않으면 10번 절한다.
④ 옆 사람이 조는데 유나가 이를 때까지 말하지 않으면 10번 절한다.
⑤ 옆 사람이 조는데 서로 사사로이 감춰주고 유나에게 말하지 않으면 10번 절한다.
⑥ 유나는 움직이지 않고 규칙을 어기는 자를 청찰해야 하는데 그렇지 못하고 규찰하는 행동이 사람들의 눈에 띄게 되면 유나는 20번 절해야 한다.
⑦ 향로를 들고 청경을 세 번 하는 동안 흑백유나는 다시 서로 규찰하여 건성으로 속이면서 행하는 자에게 20번 절하게 한다.
⑧ 청경을 마칠 때 찬을 소리높이 외우지 않는 자는 10번 절한다.
⑨ 패찰을 청할 때 순서가 없으면 10번 절한다.
⑩ 패찰을 청할 때 백흑자의 구분을 제대로 못하면 10번 절한다.
(『廣弘明集』 권28 啓福篇)

39) 이러한 팔관재가 있던 날 밤 簡文帝의 태자는 「八關齋夜賦四城門」이란 시부를 남기기도 하였다. 東城門病, 南城門老, 西城門死, 北城門沙門을 제목으로 하여 각각 오언율시를 지어서 함께 묶은 시부이다. 석가가 태자 시절 유력할 때 동문에서는 병자를 보고, 남문에서는 노인을 보고, 서문에서는 죽은 자를 본 후 인생의 무상함을 고민하게 되었다가 북문에서 사문을 만나 출가를 결심하게 되었다는 이야기를 모티브로 한 것이다(『廣弘明集』 권30 八關齋夜賦四城門更作四首).

경』과 함께 『불설미륵보살상생도솔천경』을 유송 효건 2년(455)에 한역한 사실이 주목된다. 『불설미륵보살상생도솔천경』은 미륵신앙의 3대 소의경전[40] 가운데 하나이다.

일반적으로 미륵신앙은 상생과 하생으로 대별된다. 미륵상생신앙은 죽어서 미륵보살이 일생보처보살이 되어 설법교화하고 계시는 도솔천에 왕생하기를 바라는 것이고, 미륵하생신앙은 미륵보살이 불멸 후 56억 7천만 년이 되는 미래세에 설법교화하고 있던 도솔천으로부터 이 세상으로 내려와 용화수 아래에서 성불하여 세 차례 설법하실 때 이를 듣고 아라한이 될 수 있는 인연을 희구하는 것이다.

그런데 미륵상생신앙과 하생신앙은 엄밀하게 구분되어 존재할 수 있는 성질의 것은 아니다.[41] 미륵이 보살로 도솔천에 머물고 있는 현재를 중시하느냐, 미륵이 인간으로 하생하여 성불하는 미래를 중시하느냐의 시기상 차이가 있을 뿐이다. 미륵이 미래불로서 수기를 받은 보살이기 때문에 도솔천으로의 상생신앙이 성립되며, 현재 도솔천에 미래불로서 미륵이 존재하기 때문에 하생신앙이 성립될 수 있다.

『불설미륵보살상생도솔천경』에는 도솔천에 왕생하기 위한 공덕을 다음과 같이 말하고 있다.

> 내가 열반에 든 뒤 제자들이여, 부지런히 정진하여 공덕을 닦고 위의를 지키라. 탑과 도량을 청소하고 갖가지 향들과 꽃으로 공양하며 여러 삼매를 닦아 깊은 선정에 들고 경전을 외워라. 이 같은 수행을 정성으로 하는 사람이면, 비록 번뇌를 끊지 못했더라도 육신통을 얻는 것과 다름없으리라. 또 오로지 한마음으로 부처님의 거룩하신 모습을 생각하고, 미륵의 명호를 부르며 일념 동안

---

40) 미륵삼부경은 『佛說彌勒菩薩上生兜率天經』, 『佛說彌勒下生經』, 『佛說彌勒大成佛經』 3경을 말한다. 『불설미륵하생경』이 가장 먼저 서진 태안 2년(303) 축법호에 의해 한역되었고, 『불설미륵대성불경』이 구마라습에 의해 후진 홍시 4년(402)에 한역되었다. 『불설미륵대성불경』은 『불설미륵하생경』과 구성은 대동소이하나 미륵경 중에서 가장 정비된 형태이고 분량도 길기 때문에 '大'란 글자가 붙여졌다.

41) 김영태, 1990, 「미륵신앙」 『삼국시대불교신앙연구』, 불광출판부, 119~165쪽.

이라도 팔계재를 수지하여 모든 정업을 닦아 큰 서원을 발하면, 수명이 다한 뒤 날쌘 장사가 팔을 한번 펴는 그 짧은 찰나에 도솔천에 왕생하여 연화대 위에 앉게 되리라.[42]

이처럼 팔계재를 도솔천왕생의 중요한 공덕으로 설하고 있는 『불설미륵보살상생도솔천경』을 『불설팔관재경』과 함께 한역한 것으로 보아 저거경성은 팔관재계를 수지하면 죽어서 도솔천에 왕생할 수 있다는 미륵상생신앙을 중요하게 여겼던 듯하다.

또 하나의 예로, 제무제는 즉위 직후인 영명 원년(483)에 조신들과 함께 화림원에서 팔관재를 개최하였다. 화림원은 용화수의 정원이라는 뜻으로 미래에 미륵이 하생하여 중생을 구제하는 장소가 바로 용화수 아래라고 한다. 그러므로 제무제가 설행한 팔관재는 미륵신앙과 관련이 있었을 것으로 생각된다. 더욱이 그 태자는 미륵석상을 조성하였고, 둘째아들인 문선왕 소자량은 『정주자淨住子』 20권 등의 저서를 남긴 열렬한 불교도이며 용화회를 베풀고 그에 관한 글도 남겼다.[43]

따라서 남조 왕실에서는 미륵신앙과 결부된 팔관재가 설행되었고, 그때 읽혀진 경전은 『불설미륵보살상생도솔천경』이었다고 생각된다. 『불설미륵보살상생도솔천경』은 1권의 분량으로 길지 않아서 졸면 세 번을 독경하는 동안 향로를 들고 있어야 한다는 「팔관재제서」의 벌칙에도 적당하다.

한편, 남조에서뿐 아니라 북위에서도 팔관재가 설행되었다. 광주자사를 지냈던 최정은 부임 기간 동안 위엄과 자애로움을 동시에 갖추고 풍속을 크게 교화하였으므로 경명 4년(505) 그가 죽자 옛날 이속으로 있었던 자가 슬픔을 이기지 못하여 팔 척의 동상을 세우고 광고사에서 팔관재를 설행하여 명복을 빌었다고 한다.[44] 이를 보면 북조에서도 남조와 마찬가지로 팔관재

42) 『佛說彌勒菩薩上生兜率天經』(『大正新脩大藏經』 14, 420쪽).

43) 김영태, 앞의 책, 142쪽.

44) 『北史』 권32 列傳20 崔挺.

가 위령제로 설행되고 있었다.

또한, 팔관재와 관련된 미륵신앙[45] 역시 유행하였다. 이는 태화 19년(495)에서 연창 4년(515) 사이에 조성된 석불의 명호가 분명한 용문석굴 고양동의 58구 불상 가운데 미륵상이 석가상보다도 4구나 많은 24구로 가장 많은 수를 차지하고 있는 사실에서도 확인된다.[46] 전란이 끊이지 않던 혼란기에 현실의 괴로움에서 벗어나 고통이 없는 이상세계를 갈구하는 미륵신앙은 시대적 상황에 부응하는 적절한 것이었다.

이후 팔관재는 당 대에 이르면 그 설행규모가 대형화되고 재계에서 법회의 성격으로 변해 갔다. 명칭도 팔관재 '계'에서 팔관재 '회'로 바뀌고 있다. 이렇게 명칭이 바뀌는 것은 연등회가 당 후기에 이르면 순수한 불교의례에서 세시풍속 절기행사가 되는 현상과 유사하다. 재라는 것은 앞에서도 언급하였듯이 정오 이전에 적당하게 하는 식사를 가리키는 말이었다가 승려들에게 식사를 공양하는 행위를 일컫게 되어, 재회는 승려들에게 식사를 제공하는 의식, 또는 그러한 반승의식을 중심으로 하는 법회를 의미하게 되었다. 따라서 팔관재회에서는 팔계를 수지한다는 의의는 퇴색되었을 것이다.

당 대종 대력 7년(772)에 송주 개원사에서 개최된 팔관재회의 기록은 이

45) 앞에서 미륵상생신앙과 팔관재의 관련을 밝힌 바 있는데, 미륵하생신앙도 팔관회와 무관하지 않다. 『불설미륵하생경』에는 미륵의 용화삼회 법회에 참석할 수 있는 14가지 공덕 가운데 팔관재를 수지하는 것이 포함되어 있다. "여기 있는 모든 대중은 모두 석가불의 제자로 과거세로부터 깨끗한 수행을 닦아 오늘 이 자리에 온 이도 있으며, 어떤 이는 석가불이 계시던 곳에서 삼보에 공양한 공덕으로 이 자리에 온 이도 있다. 또 어떤 이는 석가불이 계시던 곳에서 아주 짧은 순간에 자신이 닦은 착한 일로 인하여 이곳에 태어난 사람도 있다.(중략) 또 어떤 이는 석가불이 계시던 곳에서 법당을 고친 인연으로 이곳에 태어났고, 어떤 이는 석가불이 계시던 곳에서 팔계재법을 받아 지킨 인연으로 이곳에 태어났고, 어떤 이는 석가불이 계시던 곳에서 향화를 공양한 공덕으로 이곳에 태어났다"(『高麗大藏經』 7, 211쪽 下).

46) 塚本善隆, 1949, 「龍門石窟に現れたる北魏佛教」 『支那佛教史硏究』, 淸水弘文堂書林.

러한 팔관재의 변화 모습을 잘 알려주고 있다. 개원사의 팔관재회는 송주자사 서향 등이 하남절도관찰사인 전신공의 병이 회복되기를 기원하면서 개최한 것이다.

> 5월 8일부터 30만 전의 비용을 들여 팔관대회를 개최하여 개원사에서 1천 명의 승려들을 반승하고 지위의 고하를 막론하고 다투어 받든 것은 오직 田公의 죽음을 두려워하였기 때문이다. 그후 주현관리 묘장실 등 1,500명이 또다시 개설하였고, 진알단연과 손림 등 500명이 또다시 개설하였고, 백성 장렬 등 5천 명이 또다시 개설하였다. 이로 인하여 법연과 갖가지 공양들로 성 밖이 복잡하였고, 범패와 향화로 밤낮없이 시끌벅적하였다. 또한 그 밖의 향촌취락에서는 왕래하는 배와 수레 편으로 이러한 풍문을 듣고 스스로 삼가도록 서로 독려하고, 입은 은혜를 생각하며 슬퍼하면서 먼저 나서서 힘쓰는 자가 셀 수 없이 많았다.[47]

이와 같이 8세기 후반에 이르면 팔관재계는 팔관재회로 일컬어지면서 주현의 고위관리에서 백성에 이르기까지 주현의 군민 전체가 참여하는 대대적인 규모로 설행되기까지 하였다. 또한 법회를 열고 반승을 하면서 밤새도록 범패를 연주하고 사람들이 모여 분향과 헌화를 하는 번잡하고 세속적인 분위기여서 엄숙히 팔계재를 수지하였던 전대의 팔관재 행사와는 상당히 다른 양상을 보이고 있다. 이것은 경전의 내용과는 배치되는 것이다. 왜냐하면 팔계 가운데 여섯 번째가 "몸에 꽃장식을 하고 향을 바르지 말며, 노래하고 춤추며 풍류를 잡히지 말고, 그런 것을 하는 데 가서 보고 듣지 말라." 이기 때문이다.

그럼에도 불구하고 팔관재 행사에 범패연주와 향화공양이 된 것은 계율을 철저히 수지하는 공덕보다 많은 사람들이 참여하는 것이 더욱 큰 공덕으로 간주되었기 때문이라 생각된다. 왜냐하면 범패는 정교하고 특유한 곡조로 경전을 노래하여 내용을 손쉽게 이해시키고 불심을 일깨우므로 교화

---

47) 『金石萃編』 권98 「顔眞卿撰並書八關齋會報德記」.

의 방편으로 불교를 일반대중들과 가깝게 만드는 대중화의 중요한 수단이었다.

향화 역시 마찬가지였다. 향화는 분향과 산화의 합성어로 분향은 신앙 대상의 불상 앞에 향을 사르는 것이고, 산화는 법회에서 행하는 강경의식 도중에 부처님을 찬송하기 위해 생화 또는 오색종이로 만든 꽃잎을 불전에 뿌리는 행법을 말한다. 이때 산화사 또는 산화가로 불리는 게송이 수반된다.[48)]

이렇게 많은 사람들의 참여가 유도되고 있는 것에서 법회가 성대히 베풀어졌는가의 평가기준이 법회 참석 인원수에 비례하고, 법회가 성대할수록 법회가 기원하고 있는 목적이 더 크게 달성될 수 있다는 인식이 보편화되었음을 알 수 있다. 이는 불교의례에서 사회적 통합기능이 중요하게 되는 현상을 보여주는 것인데 팔관재에 직접 참석한 사람이든 아니든 간에 주현민 모든 계층이 서로 독려하면서 전신공의 쾌유를 빌었다는 것이 강조되고 있다.

이처럼 팔계를 지킨다는 질적인 면보다 법회에 동참한다는 양적인 면이 중요시되는 팔관회의 대중화 현상은 불교의례가 공동체의식을 고양시키고 사회통합을 이루어 나가는 데 중요한 역할을 하게 되었다는 것을 의미한다. 이는 8세기 현종 대부터 연등회가 향락적이고 세속적인 절기행사로 변질하는 양상과 유사한 것이다.

개원사의 팔관재회는 병이 낫기를 기원하기 위해 열린 것이었다. 이렇듯 팔관재회의 목적이 치병에 있다는 것은 종래 팔관재가 가지고 있는 전염병을 막기 위한 액막이의 성격이 그대로 계승되고 있는 것이다. 이러한 팔관

---

48) 김문경, 1970, 「의식을 통한 불교의 대중화운동」『史學志』 4.

49) 『약사경』의 한역본으로 대표적인 것은 『佛說灌頂拔除過罪生死得度經』, 『佛說藥師如來本願經』과 『藥師琉璃光如來本願功德經』이다. 이 가운데 『불설관정발제과죄생사득도경』은 『불설관정경』 12권 가운데 제12권에 해당되는 것으로 동진 원제 때(317~322) 백시리밀다라가 한역하였고, 『불설약사여래본원경』은 수 대업 11년(615)에 달마급다가 한역하였으며, 『약사유리광여래본원공덕경』은 당 영휘 원년

재의 기능은 『약사경』[49]에서도 확인된다.

> 만약 병든 사람이 있어 병의 괴로움에서 벗어나고자 한다면 마땅히 그 사람을 위해서 일곱 날과 일곱 밤 동안 八分齋戒[50]를 수지하여야 하며 힘이 닿는 데까지 음식과 그 밖의 재물로써 스님에게 공양을 하고 밤과 낮 6시로 약사여래를 예배 공양하여야 한다. 『약사경』을 49번씩 독송하고, 49개의 연등을 49일 동안 켜놓으며 약사여래상을 일곱 구 만들고 각각의 상 앞에 각각 일곱 개의 등불을 놓는데 커다란 수레바퀴만한 크기여야 하고 49일 동안 광명이 끊이지 않아야 한다. 또한 오색의 채번을 만드는데 49갈래여야 하며 여러 가지 중생을 방생해야 하는데 49마리에 이르러야 한다.[51]

이처럼 『약사경』에 의하면 환자의 병을 낫도록 하기 위해서는 이레 동안 그 사람을 위해 팔분재계를 수지하여야 한다. 전염병 등을 위시한 갖가지 질병들은 가장 크게 사람들을 위협하는 죽음에 대한 공포 가운데 하나였다. 전염병이 돌거나 병에 걸렸을 때 사람들은 가장 즉각적인 효험을 기대하며 약사신앙에 의지하였을 것이므로 팔관재를 강조하고 있는 『약사경』 역시 팔관재가 성행하는 데 중요한 근거 경전이 되었다.

---

(650)에 현장이 한역하였다. 이 경들은 중병에 걸린 사람이 병고를 벗어나기 위한 공양법식을 설명하고 있다.

50) 『불설관정발제과죄생사득도경』에서는 八禁으로, 『불설약사여래본원경』에서는 八分齋로 표현하고 있다.

51) 『藥師琉璃光如來本願功德經』(『高麗大藏經』 10; 『한글대장경』 64 경집부3, 585~596쪽).

2. 고려 팔관회의 의례 내용

1) 팔관회에 보이는 전통적 요소

(1) 신라적 요소

고려시기 팔관회에 대한 기록으로 가장 먼저 살펴보아야 할 것은 연등회와 마찬가지로 「훈요십조」이다. 태조 왕건은 「훈요십조」의 여섯 번째 조항에서 자신이 지극히 원하는 바는 '연등'과 '팔관'으로 연등은 부처를 섬기는 것이고, 팔관은 천령과 오악, 명산, 대천, 용신을 섬기는 것이라 하였다. 또 후세 간신들이 마음대로 이 행사를 늘리거나 줄이려 한다면 이를 절대로 금지해야 하며, 행사 날짜가 국기일과 서로 겹쳐지는 일이 없이 임금과 신하가 함께 즐길 것을 내 자신에게 굳게 맹세하였으니, 후대 왕들은 마땅히 공경하는 마음으로 이를 시행하라고 하였다.[52)]

이것은 자신의 신앙을 의례를 통하여 구체화하고 공식행사로 지속시키려는 강력한 의지표명이라 할 수 있으며, 그가 대업을 완수하기까지 경험한 초월적인 힘들을 승인하고 지속적인 의례를 통해 그 힘을 유지하고 통제하려 한 것으로 이해할 수 있다.

팔관회는 태조 즉위년(918) 11월에 처음 개최되었다. 이에 관한 기사를 『고려사』 세가와 예지, 그리고 『고려사절요』가 각각 전하고 있다.

---

52) 『高麗史』 권2 世家2 太祖 26년 4월, "朕所至願 在於燃燈八關 燃燈所以事佛 八關所以事天靈及五嶽名山大川龍神也 後世姦臣建白加減者 切宜禁止 吾亦當初 誓心會日 不犯國忌 君臣同樂 宜當敬依行之"

A

11월에 왕이 처음으로 팔관회를 열고 의봉루에 나가서 이를 관람하였다. 이 때부터 해마다 상례적으로 이 행사를 실시하였다.[53)]

B

① 11월에 有司가 아뢰기를 "전 임금은 매년 중동에 팔관회를 크게 열어 복을 빌었습니다. 그 제도를 따르기 바랍니다"라고 하니 왕이 그 말을 따랐다.
② 그리하여 구정에 수레바퀴 모양의 등불좌대를 설치하고 사방으로 등불을 쭉 매달았으며 두 개의 채붕을 5장 이상의 높이로 설치하고 그 앞에서 백희와 가무를 공연하였는데, 四仙樂部와 龍鳳象馬車船은 모두 옛 신라 때의 행사 모습과 같았다.
③ 백관들은 도포를 입고 홀을 들고 예식을 거행하였는데 구경꾼들이 도성으로 몰려들었다.
④ 왕은 위봉루로 행차하여 이를 관람하였으며 이는 매년 상례가 되었다.[54)]

C

① 11월에 팔관회를 베풀었다. 유사가 아뢰기를 "전 임금이 매년 중동에 팔관재를 크게 베풀어서 복을 빌었으니 그 제도를 따르기를 원합니다"라고 하니,
② 왕이 이르기를 "짐이 덕이 없는 사람으로서 왕업을 지키게 되었으니 어찌 불교에 의지하여 국가를 편안하게 하지 않으리오" 하였다.
③ 그리하여 구정 한 곳에 윤등을 설치하고 향등을 벌여 놓으니 밤이 새도록 광명이 가득하였다. 또 채붕을 두 곳에 설치하였는데 각각 높이가 5장 이상이었고 모양은 연화대와 같아서 바라보면 아른아른하였다. 그 앞에서 백희와 가무가 벌어졌는데, 四仙樂部와 龍鳳象馬車船은 모두 옛 신라 때의 행사 모습과 같았다.
④ 백관들은 도포를 입고 홀을 들고 예식을 거행하였는데 구경꾼들이 도성으로 몰려들어 밤낮으로 즐겼다.
⑤ 왕이 위봉루로 행차하여 관람하였으며 그 명칭을 부처를 공양하고 귀신을 즐겁게 하는 모임(供佛樂神之會)이라 하였다. 이후로 매년 상례가 되었다.[55)]

---

53) 『高麗史』 권1 世家1 太祖 원년.
54) 『高麗史』 권69 志23 禮11 嘉禮 雜儀 仲冬八關會儀.
55) 『高麗史節要』 권1 太祖 원년 11월.

이상의 세 기사를 비교해 보면 A의 『고려사』 세가 기사는 설행 사실만을 간단히 언급하고 있을 뿐이고, 설행의 구체적인 면모는 B와 C의 기사를 통해 알 수 있다. 이 두 기사는 같은 기록을 전거로 하고 있었던 것으로 추측되는데 C의 『고려사절요』의 기사가 더 자세하게 서술되어 있다. 그러면 B와 C 기사의 분석을 통하여 태조 원년에 개설되었던 팔관회가 어떠한 것이었는지를 알아보도록 하자.

B와 C의 ①을 통하여 팔관회의 설행시기는 중동인 11월 15일이고 기복에 그 목적이 있었음을 알 수 있다. 그런데 전 임금을 전주와 전왕으로, 팔관회를 C에서는 팔관재로 표현하고 있어 약간의 차이를 보인다. 여기에서 전주나 전왕은 모두 궁예를 지칭한다. 궁예는 효공왕 3년(899) 12월에 처음으로 팔관회를 개최하였다고 하므로,[56] 기사들로 미루어 태봉에서는 중동에 해마다 팔관회가 개최되고 있었다. 고려의 팔관회는 이러한 태봉의 전통을 계승하고 있다고 하겠다.

한편, B에는 없는 C②는 팔관회가 불교의례임을 명백히 하고 있다. C①에서 팔관회를 팔관재로 언급하고 있어 팔관회의 교리적 근거가 불교임을 확실히 하고 있다. 그런데 「훈요십조」에서는 연등은 부처를 섬기는 것이고 팔관은 천령과 오악, 명산, 대천, 용신을 섬기는 것이라고 양분하고 있다. 둘 다 불교 교리에 근거를 두고 있는데도 이렇게 역할이 분담된 것은 무슨 연유인가? 태조 19년(936) 드디어 후삼국의 분열을 종식시키고 통일을 이룩한 태조는 후삼국 사람들이 가지고 있던 분열적인 정서를 '고려인'이라는 일체감으로 통합하는 것이 중대한 과제라고 생각하였다.

이에 효과적인 사회문화적 통합매체인 불교와 토속신앙을 이용하여 상원연등회는 부처를, 중동팔관회는 천령과 오악, 명산, 대천, 용신 등의 토속신들을 섬기는 것으로 양분하였다. 그러나 이것은 엄밀히 말해 양분이 아니라 불교적 신앙체계 안에서 이루어지는 역할 분담이었다. 팔관회 행사에 천령,

---

56) 『三國史記』 권50 列傳10 弓裔.

오악, 명산, 대천, 용신이 강조되어 우리 고유의 토속성이 부각되고는 있으나, 태조의 불교적 신앙 대상의 범위는 불교의 불 · 보살 · 호법신중뿐 아니라 토속신들도 망라하는 것이었다. 따라서 C⑤에서처럼 팔관회를 '부처를 공양하고 귀신을 즐겁게 하는 모임' (공불락신지회)이라 하였던 것이다.

B②③와 C③④ 부분은 팔관회의 설행양상을 설명하고 있다. 이 날 궁궐의 구정에는 수레모양의 대규모 등불대가 장치되어 밤새도록 등불이 밝혀졌고, 채붕이 가설되어 그 앞에서 백희와 가무가 벌어졌으며, 백관들이 예식을 거행하고, 도성 주변의 백성들이 몰려들어 밤새도록 이를 구경하고 즐겼다 한다. 그런데 여기에서 "사선악부와 용봉상마거선은 모두 옛 신라 때의 행사 모습과 같았다"라는 대목이 주목된다. 이것은 이때 설행된 사선악부와 용봉상마거선이 신라 팔관회의 전통을 이은 것이라는 의미이다.

신라에서 팔관회는 진흥왕 12년(551)에 의해 처음 개설되었다. 거칠부가 고구려를 침공하여 10군을 공취하고 혜량법사를 모시고 돌아오자 진흥왕은 그를 승통을 삼아 처음으로 백고좌회와 팔관지법을 설치하였다.[57]

그후 33년(572)에 팔관연회八關筵會가 7일간 외사外寺에서 개최되었는데,[58] 이때의 팔관연회는 전몰장병을 위한 위령제임이 명시되어 있으므로 혜량이 전한 팔관지법에 위령제의 기능이 있었던 것을 알 수 있다. 이것은 중국에서 팔관재가 위령제로 설행되고 있던 사실과도 상통한다. 고구려 승려인 혜량은 고구려 불교가 중국 북조 불교의 영향을 많이 받고 있었으므로 당시 중국에서 위령제로 유행하고 있는 팔관재에 대하여 잘 알고 있었을 것이다.

하지만 신라의 팔관재가 북조 불교의 영향만은 아니었다. 신라는 중국 남조와도 활발하게 교류하였기 때문이다. 진흥왕 10년(549)에 신라 승려 각덕이 양의 사신과 함께 오면서 불사리를 가져왔고, 26년(565)에는 진에서 사

57) 『三國史記』 권44 列傳4 居柒夫.

58) 『三國史記』 권4 新羅本紀4 眞興王 33년 10월.

59) 『三國史記』 권4 新羅本紀4 眞興王 10년 봄; 26년 9월.

신 유사와 승려 명관이 오면서 1,700여 권의 불경과 논집을 가지고 왔다.[59] 남조에서도 팔관재가 미륵신앙과 연관되어 유행하고 있었다. 따라서 신라에서 팔관재는 혜량에 의해 처음 설행되었으나 남조로부터 경론들이 수입되면서 교리적으로 보강되고 발전하였을 것이다.

진흥왕 대는 정치면에서도 비약적인 발전을 하였지만 사상적으로도 중요한 전환기였다. 통치 이념으로 불교의 전륜성왕 교리가 도입되고 화랑이 조직되었다. 전륜성왕은 세계를 통일한 후 불교 교리에 입각한 정법으로 세상을 다스리는 이상적인 제왕을 말한다. 불교적 윤색을 통해 왕권을 신성화하고 있는 전륜성왕 관념은, 진흥왕이 왕권을 강화하고자 할 때 기존의 지배이데올로기인 고대적 천신 관념을 극복할 수 있는 이론적 근거가 되었다.[60]

그런데 전륜성왕은 팔관회와 밀접한 관련이 있는 미륵신앙에서 중요한 역할을 하고 있다. 미륵삼부경 가운데 『불설미륵하생경』과 『불설미륵대성불경』은 미륵하생신앙을 설하고 있는 경전이다. 이에 의하면 미륵이 미래세 도솔천으로부터 하생할 때 이 세상을 다스리고 있는 왕이 바로 양거왕蠰佉王이라는 전륜성왕이다. 양거왕은 혼탁하고 혼란한 말법세상에 출현하여 이상세계를 건설한 후 용화수 아래에서 성불한 미륵에게 출가하여 해탈을 얻는다. 『불설미륵대성불경』은 미륵이 하생하여 올 양거왕의 치세를 다음과 같이 묘사하고 있다.

> 그 시대에는 양거라는 전륜성왕이 있을 것이다. 그는 네 종류의 군사를 거느리고 있지만 무력으로 세상을 다스리지는 않을 것이다. 그는 32상을 지녔고, 또 혼자서 천명을 이기는 용맹하고 단정한 아들 1천 명이 있어, 모든 원수들과 적은 그들 앞에 스스로 무릎을 꿇으리라. 양거왕에게는 일곱 가지 진기한 보배가 있으니, 金輪寶 · 象寶 · 馬寶 · 珠寶 · 女寶 · 主藏寶 · 主兵寶가 그것이다. … 그때 1천 명의 왕자가 각각 진기한 보배로 궁전 앞에 일곱 개의 보대를 세울 것이다. 이 보대의 높이는 30 유순이고 서른 겹의 벽이 있으며, 천 개의 머리와 천 개의 바퀴가 있어 허공이건 어디건 마음대로 다니게 하느니라.

60) 안지원, 1997, 「신라 진평왕대 제석신앙과 왕권」 『歷史教育』 63.

> 또 네 개의 큰 곳간이 있는데 각각 4억 개의 작은 곳간으로 둘러싸여 있을 것이다. … 이 네 개의 큰 곳간은 스스로 문이 열려 큰 광명을 나타낼 것인데 길이와 폭이 1천 유순이고 보배가 가득 차 있을 것이다. 큰 곳간의 둘레에는 4억 개의 작은 곳간들이 둘러싸고 있고, 네 마리의 큰 용이 지키고 있으며, 큰 곳간과 작은 곳간은 저절로 솟아올라 연꽃처럼 보일 것이다.[61]

이에 의하면 양거왕은 4종의 군사를 거느리고 1천 명의 왕자가 있으며 일곱 가지 보배를 소유하고 있다. 또 어디든 마음대로 다닐 수 있는 7개의 보대와 큰 용이 사방을 지키고 있는 4개의 곳간이 있다. 그런데 내용 가운데 신라 팔관회 행사에서 설행된 사선악부와 용봉상마거선을 연상시키는 대목이 있어 주목된다. 사신익부는 화랑 및 낭도들로 조직된 4부의 악대를 가리키는 것인데 양거왕이 거느린 4종의 군대와 대응시킬 수 있다.

그리고 용봉상마거선은 용과 봉황, 코끼리와 말의 형상을 싣고 있는 배 모양의 수레들을 말하는 것으로 양거왕의 일곱 가지 보배 중 상보와 마보, 4개의 곳간을 지키고 있는 용이 형상화되어 있다. 화랑도는 신라 고유의 토착적 성격을 지니면서도 미륵신앙과도 밀접한 관련이 있었다.[62] 사선악부와 용봉상마차선은 양거왕이 통치하고 있는 미륵이 하생하실 이상적인 용화세계를 그리고 있었던 것은 아닐까?

화랑도에서는 음악이 중시되었다. 경덕왕 대 도솔가를 지은 월명사도 화랑의 무리에 속해 있었고,[63] '찬기파랑가讚耆婆郎歌'[64]나 '모죽지랑가慕竹旨郎歌'[65]와 같은 화랑에 대한 향가들도 전해지고 있다. 화랑도의 수련에서 산천유람은 전사훈련을 겸한 것이기도 하면서, 국토순례와 성산참배의 의미

---

61) 『佛說彌勒大成佛經』(『高麗大藏經』 세11, 200~201쪽).

62) 상수화랑으로 국선으로 봉해졌던 미시랑이 하생한 미륵으로 간주되었다거나, 화랑 김유신의 무리를 당시 사람들이 '용화향도'라 불렀다는 사실은 화랑도와 미륵신앙의 친연관계를 뒷받침하고 있다.

63) 『三國遺事』 권5 神呪 제6 月明師兜率歌.

64) 『三國遺事』 권2 紀異 제2 景德王忠談師表訓大德.

65) 『三國遺事』 권2 紀異 제2 孝昭王代竹旨郎.

를 지니는 것으로 중요한 과정이었다. 여기에서 노래와 음악은 특히 청소년의 사기를 고무하는 데 있어 기여하는 바가 매우 컸고 정신교육에 효과적이었을 것이다.

신라에서 화랑이 이끄는 집단이 몇 개나 되었는지는 확실하지 않다. 7개 이상이었던 것을 암시하는 진평왕 대 기사도 있으나,[66] 삼국통일 직후 소위 사선의[67] 금강산 유람 사실이 고려시기 금강산을 찾는 문인묵객 사이에 크게 회고 대상이 되었던 것에서 삼국통일 이후 대표적인 화랑집단은 4개였다고 할 수 있다.[68] 『파한집』과 『보한집』에도 신라의 사선에 대한 기사가 수록되어 있다.[69] 이상의 사실들로 미루어 신라에는 네 명의 국선이 이끄는 사선악부의 전통이 내려오고 있었음을 알 수 있다.

산천유람 같은 풍류와 세속오계 같은 정신교육을 통해 단련된 화랑과 낭도들은 신라가 삼국통일을 달성할 수 있었던 밑바탕이 되었다. 진흥왕 대부터 문무왕 대까지 약 1세기 동안 이들 화랑들의 순국은 끊이지 않아 『삼국사기』와 『삼국유사』에는 이들의 애국적인 일화들이 많이 전해지고 있다. 화랑도에서 성원간의 유대는 매우 긴밀하여 죽음으로 우정을 지킬 것을 서약할 정도로 응집성이 강하였다. 이처럼 강한 결속력을 강조하는 화랑도에서 동료가 전사하였을 때 그들을 위한 추모의식이 요구되었던 것은 필연적인 것이었다. 이에 혜량이 전한 팔관지법이 미륵신앙과도 결부되면서 적극적

66) 『三國遺事』 권5 感通 제6 融天師彗星歌眞平王.

67) 永郎, 述郎, 安祥, 南石行이라고 하는 네 사람의 國仙.

68) 이기동, 1984, 『신라골품제사회와 화랑도』, 일조각, 334~337쪽.

69) ① 계림의 옛 풍속에 풍채가 아름다운 남자를 뽑아 비취옥으로 장식하고 花郎이라 하여 국인이 모두 그를 받들었다. 그 무리가 삼천여 명에 이르러 전국시대 평원군, 맹상군, 춘신군, 신릉군이 선비를 양성한 것처럼 남다르게 재능이 드러난 사람을 뽑아서 조정에서 벼슬를 하게 했는데, 오직 四仙의 문도가 가장 번성하여 비를 세우기까지 하였다(李仁老, 『破閑集』 卷下). ② 東都는 본래 신라의 도읍이다. 옛날 사선이 있었는데 각각 천여 명의 무리를 거느렸고, 노래를 부르는 제도가 성행하였다(崔滋, 『補閑集』 卷上).

으로 수용되었다.

그런데 팔관재는 화랑의 풍류와 결합되어 신라만의 독특한 양식으로 정착되었다. 중국에서는 도솔천 왕생을 기원하는 미륵상생신앙적 성격이 우세했는데 신라에서는 전륜성왕 교리와 관련된 미륵하생신앙이 강조되어 전륜성왕이 통치하는 용화세계를 구현하는 형식으로 위령제가 진행되었다. 이것은 미륵이 성불하여 설법하게 될 용화세계를 경전의 묘사대로 화려하게 꾸며놓고 팔관회를 개최하여 그곳에 참여한 모든 사람들이 미륵의 설법을 듣고 해탈을 얻는다는 상징성을 내포하고 있었다.

이미 신라는 전륜성왕을 자처하고 있는 진흥왕이 통치하고 있었으므로 새삼스러울 것도 없었다. 이때 행사를 이끄는 주체는 화랑집단이었을 것이다. 화랑집단에는 낭도승려가 한 명씩 속해 있어서[70] 의례를 이끌었다. 사선악부의 가무는 행사에서 중요한 역할을 하였다. 용화세계에는 하늘의 음악이 울려 퍼지고 수천 가지의 기악으로 부처님의 공덕을 찬양한다고 하였으니,[71] 이들은 경전의 내용대로 용화세계를 구현하고 있었던 셈이다.

여기에서 중요한 것은 팔관회에 참석한 사람들이 함께 해탈을 얻는다는 공동체의식이다. 신라의 팔관회는 죽은 자들의 명복을 비는 차원의 단순한 위령제가 아니라, 죽은 자를 현재로 데려와서 산 자와 죽은 자가 구분없이 생사를 초월하여 함께 구원을 받고 이 세상에 용화세계가 구현됨을 즐기는 축제이기도 하였다.

이러한 사실은 이를 계승한 고려의 팔관회에서 인물 형상의 우인이 사용된 사례로 뒷받침된다. 최승로는 「시무28조」에서 연등회와 팔관회가 사람들을 널리 징발하고 몹시 번거롭게 노역시키고, 갖가지 우인을 만드는 데 비용이 많이 들어가며, 더욱이 우인을 흉례가 아니면 쓰지 않는 것이기 때문에 중국 사신들이 와서 보고 상서롭지 못하다고 한다는 점을 들어 사용을

---

70) 이기동, 1984, 앞의 책, 336쪽.

71) 『한글대장경』 64 경집부 3, 『불설미륵하생성불경』, 420쪽.

72) 『高麗史』 권93 列傳6 崔承老.

금할 것을 상소하였다.[72]

우인이 사용되었던 예를 보면, 예종 15년(1120) 10월 서경의 팔관회에서 왕이 잡희를 관람할 때 태조공신인 김락과 신숭겸의 우인이 있는 것을 보고 감동하여 시가를 남겼다고 한다.[73] 『평산신씨계보』에는 태조가 팔관회를 설치하고 군신과 함께 즐길 때 전사한 공신들이 참여하지 못한 것을 슬퍼하여 두 사람의 우상을 만들어 조복을 입혀서 반열에 참석하게 하고 춤추며 즐기도록 항상 음악이 공연되는 구정에 자리잡게 한 데서 연유하였다고 전하고 있다.[74] 이 밖에도 많은 우상들이 만들어졌던 것 같다. 예종 5년(1110) 9월 천수전에서 종친 및 재추와 더불어 베풀어진 연회에서 우인의 유희가 있었는데, 그 우인은 현종 때 거란 침입시 공로를 세운 하공진이었고 그를 예찬하는 것이었다.[75]

이로 미루어 팔관회에서 사용되었던 우인들은 대부분 역대 공신들의 우상이었던 것으로 생각된다.[76] 따라서 고려 팔관회에는 신라 삼국 통일전쟁시 전사한 화랑들을 위한 위령제의 성격을 계승하여 고려 건국 공신들을 비롯한 역대 공신들의 영혼을 위로하고 찬미하는 형식이 포함되었다. 특히 신라의 팔관회가 삼국 통일전쟁기에 사회통합적인 기능을 수행한 것처럼 후삼국 통일전쟁기와 같이 고려가 위기 상황에 처했을 때 이러한 성격은 더욱 강조되었을 것이다.

한편, 고려 팔관회가 신라의 전통을 계승하고 있음은 지식인들의 문집에서도 확인된다.

> 우리 태조께서 등극하시어 옛나라의 유풍이 아직도 바뀌지 않았다고 여기시고 같은 달 팔관회를 베풀고 양가의 자제 4인을 뽑아 무지개옷을 입혀 궁정

---

73) 『高麗史』 권14 世家14 睿宗 15년 10월 辛巳.

74) 『平山申氏系譜』「壯節公行狀」.

75) 『高麗史』 권13 世家13 睿宗 5년 9월 甲戌.

76) 채웅석, 2000, 『고려시대의 국가와 지방사회-본관제의 시행과 지방지배질서』, 서울대출판부, 196~197쪽.

에 늘어서서 춤추게 했다. 대제 郭東珣이 대표하여 하표를 지어 이르기를 "복희씨가 천하의 왕이 된 뒤로 태조가 삼한을 통일한 일보다 더 높은 것이 없고, 막고사산에 신선이 있다 하니 바로 우리 月城의 四子임이 분명합니다"라고 하였다. 또 "복사꽃은 흐르는 물에 묘연히 흘러가 버려 참된 자취는 찾기 어렵다지만, 옛집의 유풍이 아직도 남아 있으니 전통은 끊이지 않았음을 믿겠습니다"라고 하였다.[77]

태조가 '고국의 유풍'이 아직도 바뀌지 않았다고 생각하여 양가자제 4인을 선발하여 팔관회에서 노래하고 춤추도록 시켰다고 한다. 그들을 월성사자로 표현하고 있는 것은 신라 화랑의 전통을 계승하고 있음을 명백히 하는 것이다. 곽동순[78]의 하표는 인종 대에 올린 것으로서 태조 대 팔관회에서 이 행사가 후대 왕들에 의해서도 지속되고 있음을 뒷받침해 주고 있다. 위의 하표는 『동문선』에 전문이 전하고 있다.[79] 또한, 의종이 22년(1168) 3월에 서경을 순행하고 내린 교서에도 다음과 같은 내용이 들어 있다.

> 仙風을 준수하고 숭상해야 한다. 옛날 신라 때에는 선풍이 성행하였다. 그래서 하늘이 기뻐하고 백성들이 모두 편안했던 것이다. 그런 까닭에 조종 이래 그 풍을 숭상하여 온 지 오래였는데, 근래에는 양경의 팔관회가 날이 갈수록 옛 격식이 줄어들고 유풍이 점차 쇠퇴하고 있다. 이제부터 거행하는 팔관회는 가산이 풍족한 양반집을 미리 선택하여 仙家로 정하고 옛날 풍속 그대로 실행함으로써 사람들과 하늘이 모두 기뻐하도록 할 것이다.[80]

의종은 팔관회에서 신라의 선풍을 계승하고 있었던 의례들이 점차 사라

---

77) 李仁老, 『破閑集』 卷下.

78) 곽동순은 인종 대 대학박사와 원외랑, 비서감을 역임했으며 인종 13년(1135) 11월 金에 하정사로 파견되기도 하였다(『高麗史』 권16 世家16 仁宗 10년 3월 癸卯; 『高麗史』 권16 世家16 仁宗 13년 11월 甲申; 『高麗史』 권17 世家17 仁宗 22년 12월 癸未).

79) 郭東珣, 「八關會仙郎賀表」 『東文選』 권31 表 · 箋.

80) 『高麗史』 권18 世家18 毅宗 22년 3월 戊子.

지는 것을 우려하면서 이를 다시 복구하여 실행할 것을 명하고 있다. 이는 팔관회에 신라의 전통이 큰 부분을 차지하고 있었다는 것을 다시금 확인시키는 것이라 하겠다.

(2) 고구려적 요소

신라 팔관회의 전통이 고려에도 계승된 것은 이러한 풍습이 태조가 활동하였던 송악지방에까지 전파되어 후삼국시기까지 유지되고 있었기 때문이었다. 진흥왕 33년(572)의 팔관연회가 외사外寺에서 개최된 사실은 팔관회가 경주 중심 사찰에만 한정된 것이 아니었음을 시사한다. 후삼국시기에 이르면 팔관회는 보편성을 띠어 신라 왕실을 위한 것으로만 인식되지는 않았던 것 같다. 신라 왕실의 의례라고 여겼다면 신라 왕실에 대한 적개심이 대단하였던 궁예가 팔관회를 개최하지 않았을 것이다.

궁예가 신라 효공왕 3년(899) 10월 처음으로 도읍인 송악에서 팔관회를 개최하였다.[81] 이해 궁예는 송악성을 수리하고 송악 호족이었던 태조를 정기대감으로 삼아 양주 · 견주를 정벌하였다. 이때까지 궁예는 왕을 자칭하며 송악을 중심으로[82] 세력을 넓히고 있었지만 아직 국호와 연호를 정식으로 정하지 않고 있었다. 궁예가 고구려 계승을 주장하며 국호를 고려로 공포한 것은 효공왕 5년(901)이다.[83]

궁예가 고려로 국호를 정한 것은 자신의 세력 기반인 송악을 중심으로 한 중부지방이 구 고구려 영역이어서 주민들에게 고구려 지향적인 토착의식이 면면히 흐르고 있었기 때문에[84] 자신의 입지를 공고히 하기 위해 고구려 계승의식을 표방할 필요가 있었던 것이다.

---

81) 『三國史記』 권50 列傳10 弓裔.

82) 효공왕 원년(897) 궁예가 송악군을 漢北의 명군으로 산수가 특히 뛰어나다고 하면서 도읍으로 하였다(『三國史記』 권50 列傳10 弓裔).

83) 『三國遺事』 권1 王曆 後高麗.

84) 김광수, 1988, 「고려조의 고구려 계승의식과 고조선 인식」 『歷史教育』 43.

그런데 국가의 면모를 갖추기도 전에 궁예가 팔관회를 개최한 사실로부터 팔관회가 무엇보다도 공동체 결속에 효과적인 사회통합적인 기능을 가졌다는 것을 유추할 수 있다. 궁예는 당시 태조를 앞장세워 영토를 확장하고 체제를 정비하면서 본격적으로 국가의 면모를 갖추고 있었다. 그러한 가운데 송악성을 수리하고 팔관회를 개최한 것은 왕으로서의 자신의 위치를 과시함과 아울러 계속되는 전란이 주는 불안감을 팔관회를 통하여 해소하고 세력권 내의 주민들로 하여금 공동체의식을 고양하려는 의도가 다분히 있었을 것이다.

궁예는 군사들과 동고동락하며 어떤 지역을 정복할 때 공을 위하고 사를 버리므로 모든 사람들이 그를 공경하게 되어 장군으로 추대되었다고 한다.[85] 따라서 집권 초기 궁예는 민심을 얻기 위해 노력을 경주하였을 것이다. 그가 팔관회를 개설한 것도 이와 무관하지는 않았을 것이다. 그는 당시 민간에서 행해지던 팔관재 의례를 이용하였을 가능성이 크다.

그런데 궁예는 10월에 팔관회를 개최한 것은 고구려의 10월 동맹을 계승한 것이라는 사실을 지적할 수 있다. 궁예가 국호도 정하기 전부터 팔관회를 10월에 연 것은 통일신라시기에도 구 고구려 지역에서 동맹의 유풍이 팔관회로 잔존해 오고 있었기 때문으로 생각된다. 기록에는 없지만 팔관지법은 고구려 지역에서 신라보다 먼저 설행되었을 것이다. 팔관지법을 신라에 처음 전한 인물이 고구려 승려였던 혜량이다.

삼국통일 후 고구려 유민들은 통일전쟁에서 죽은 가족이나 동료들을 위한 위령제로서 팔관회를 개최하였을 것이다. 팔관회를 통해 고구려 유민들은 정신적인 유대감을 확인할 수 있었고, 이를 동맹의 전통에 따라 10월에 개최하여 자신들의 습속을 지속해 나갔다고 생각한다. 특히, 팔관회는 신라에도 존재하는 의례였기 때문에 신라와 마찰없이 자신들만의 공동체의식을 유지하는 것이 가능하였을 것이다.

---

85) 『三國史記』 권50 列傳10 弓裔.

송악을 중심으로 한 팔관회가 고구려 계승의식을 기반으로 한 토착적 문화행사로서 고구려의 제천행사인 동맹제의 전통을 잇고 있다는 인식은 위령제나 액막이의 성격을 지녔던 팔관회에 추수감사제라는 농경의례적 성격을 더하여 주었다. 팔관회는 이렇듯 다양한 성격을 지니고 있어 폭넓은 공감대를 형성할 수 있는 특성을 지니고 있었다. 궁예는 이에 착목하여 팔관회를 매해 개최하여 지역 내 주민들의 결속을 도모하고자 하였다.

고려에서 팔관회는 계절축제적인 농경의례의 양상이 두드러지게 되었다. 최승로는 「시무28조」에서 "봄에는 연등을 실시하고, 겨울에는 팔관을 연다."고 하여 팔관회가 겨울에 열리는 계절축제임을 명백히 하고 있다. 제천의례는 본래 종교적인 성격을 강하게 띠었지만 점차 그 의미나 기능이 사회문화적으로 확대되어 계절축제[86]의 양상을 띠게 되었다.

팔관회는 계절축제 가운데 무르익은 곡식을 추수한 후 한해를 마감하는 마지막에 열리는 풍요축제로서 계절축제의 전형적인 요소들을 표출하고 있다. 팔관회는 원래 하루 동안 금욕과 금식을 계율로 하는 팔계를 수지하여 그간의 죄업을 소멸하고 재액을 막는 팔관재법에서 기인하였다. 고려의 팔

86) 게스터는 계절의례를 다음과 같이 네 단계로 구분하고 있다. 첫 번째 단계는 금욕의례(mortification)인데 공동체 삶의 일시적인 쇠퇴를 상징화시킨 의례들로 단식과 금욕 등의 행위가 이루어진다. 두 번째는 정죄 또는 정화의례(purgation)이다. 여기서는 앞으로 집단의 복지를 손상시킬 만한 모든 유해한 요소들과 죄의 오염 등을 미리 제거하는 의례를 행한다. 세 번째는 곡물의 풍성한 성장이나 인간과 동물의 풍요를 기원하는 고무의례(invigoration)이며, 네 번째는 새로운 단계의 확보를 축하하는 공동체적인 축연인 경축의례를 행하여 새로운 세계의 확립을 축하한다(T. H. Gaster, 1987, "Seasonal Ceremonies" *The Encyclopedia of Religion*, vol.13, New York, Macmillan, pp.148~150). 계절축제의 이러한 절차는 축제의 종교적 의미와 기능이 집단의 복지, 안녕, 풍요를 포함한 생명력의 주기적인 재생과 갱생에 있음을 보여주는 것이다. 이러한 의례는 주기적인 사회와 경제활동을 위한 시작과 마무리로서 이 순간들을 짚고 넘어가지 않으면 불안과 부작용을 낳는다고 생각된다(L. Honko, 1979, "Theories Concerning the Ritual Process," in L. Honko ed., *Science of Religion: Studies in Methodology*, Hague, Mouton Publishers, pp.375~377).

관회에서 재법에 맞는 팔관재 수지가 이루어진 것 같지는 않으나 팔관재가 가졌던 금욕의례로서의 본질이 팔관회가 계절축제로 전이하게 된 매개가 되었을 수도 있다.

고무의례와 경축의례는 모든 유해한 요소, 즉 재액을 소멸시킨 후 풍요를 기원하며 공동체적인 축연을 베풀어 일상을 다시 활성화시킨다는 의미를 지닌다. 그러므로 축제 동안에는 일시적으로 일상세계의 소멸이 이루어지고 신성한 세계와 질서가 형성된다. 이는 역으로 일상적인 관습과 법칙이 중지되는 것이므로 환락과 자유의 분위기가 이루어져 난장적인 요소들이 표출된다. 이러한 난장적인 요소들은 기존 사회체계 내의 억압적 요소들을 축제의 카타르시스 과정을 거쳐 주기적으로 해소시켜주어 기존 사회체제와 질서를 유지하고 강화시키는 기능을 하기도 한다.[87)]

팔관회에 이러한 난장적인 요소들이 등장하고 있는 것은 팔관회의 계절축제적 성격을 보여준다. 예컨대 이때 공연된 가무백희는 산대잡극이나 나례 같은 것들인데, 여기서는 재담과 풍자를 주로 한 즉흥극이 공연되었다.[88)] 밤새도록 계속되는 이 같은 행사들로 팔관회는 평상시와는 달리 환락적인 분위기를 연출하였을 것이다.

예종이 팔관회에 참석한 후 돌아오다가 궁정 합문 앞에서 행차를 멈추고 시를 짓고 화답하다가 광대들을 시켜 자정이 가깝도록 노래를 부르고 춤추게 하였다든지,[89)] 팔관회 예행연습시 추밀원에서 배설한 연회석 차림이 너무 지나쳐 대관이 그 일을 담당한 별가를 붙잡아 가두자 대신인 한안인과 추밀원사 왕자지가 만취하여 욕설을 하고 주정을 부렸던 사례는[90)] 이러한 분위기를 엿보게 한다.

희종 대에는 어사대의 아전이 대정의 멱살을 잡고 욕설을 한 것이 계기가

---

87) 류경희, 1998, 앞의 논문, 77～78쪽.

88) 이두현, 1996, 『한국무속과 연희』, 서울대출판부, 381～383쪽.

89) 『高麗史』 권98 列傳11 許載.

90) 『高麗史』 권97 列傳10 韓安仁.

되어 병사들이 소란을 떨며 기와와 돌멩이를 어사대 천막으로 어지럽게 던져 재상들의 천막에도 돌이 떨어지는 소동이 있었다.[91] 충숙왕 즉위년(1313) 11월에 개최된 팔관회에서는 고관대작들의 연회가 베풀어지던 중 그들을 수행한 종들 사이에 싸움이 벌어져 왕이 있는 누각 위까지 던진 돌들이 날아들 정도였고,[92] 공민왕 대 판합문사 허유는 팔관회 예행연습 도중 술을 마시고 주먹다짐까지 하다가 어사대로부터 탄핵을 받았는데 도리어 어사대 관원에게 욕질을 하였다고 한다.[93]

위의 세 가지 사례들은 무인집권기 이후 국가 기강의 해이로 나타난 현상일 수도 있으나, 팔관회 때 이처럼 국왕에서부터 노비들까지 모두 술에 취해 해이해지는 현상이 두드러지게 나타나는 것은 일시적으로 계급의 차별이 완화되고 금기가 허용되어 일상적인 사회구조가 깨지는 난장적 측면을 팔관회가 내포하고 있기 때문으로 생각된다.

축제는 뿐만 아니라 집단의 가치나 이념을 표출하고 강화시키는 도구가 되기도 하며 그 집단이 공유하고 있는 정서나 이념, 가치 등을 정규적으로 표출함으로써 집단의식을 강화시키는 역할을 하기도 한다. 즉, 그 집단의 신들과 국민적 영웅들, 역사적인 사건들을 주기적으로 반복하여 기림으로써 집단만의 특정 정서를 갱신시키고, 이것이 집단의식을 고취시켜 사회적 유대를 강화시키는 것이다. 앞에서 살펴보았듯이 팔관회에서도 고려 개국공신들을 기리는 의식이 베풀어지기도 하였다. 이는 태조와 개국공신들이 이룩한 고려의 통일을 주기적으로 기념하여서 백성들로 하여금 고려 공동체의식을 고취시키는 기능이 있었음을 시사하고 있다.

그런데 팔관회의 개최 날짜가 궁예가 처음 개설하였을 때는 10월이었다가 11월로 변경되었다. "전 임금이 매년 중동에 팔관회를 크게 배설하여 복을 빌었다"는 『고려사』의 기록은 궁예 스스로가 11월로 팔관회 일자를 변경

---

91) 『高麗史』 권102 列傳15 琴儀.

92) 『高麗史』 권34 世家34 忠肅王 즉위년 11월 庚子.

93) 『高麗史』 권105 列傳18 許珙.

한 것을 암시한다. 고구려 계승의식을 표방하여 동맹이 열렸던 10월에 팔관회를 개최하였던 궁예가 11월로 팔관회 개설 일자를 변경한 이유는 무엇이었을까? 이와 관련하여 궁예의 정치적 이력에서 주목할 사실이 있다.

집권 초기에는 공사를 분명히 하여 민심을 얻었던 궁예가 효공왕 15년(911)부터 정치적 한계를 드러내기 시작하였다. 스스로를 미륵불이라고 자처하면서 신통력을 내세우며 포악한 광태를 부리기 시작한 것이다. 이러한 태도는 확실히 이전과는 다른 것으로 그를 둘러싼 정치적 상황이 변화하고 있음을 시사하고 있다. 그는 효공왕 8년(904)에 마진과 무태로 변경했던 국호와 연호를 효공왕 15년(911) 태봉과 수덕만세로 다시 바꾸었다.

이것이 정치이념이 빈곤 내지는 일관성의 결여에서 기인한 것이라고도 볼 수 있으나, 그 동안 의지하였던 고구려계 토착세력으로부터 이탈하여 독자적 기반을 구축하려는 시도였다고도 해석할 수 있다.[94] 그래서 그는 자신을 미륵불, 즉 미래의 구세주로 자처한 것은 아니었을까? 그 결과 고구려 동맹의 전통을 이은 10월보다는 동지에 가까워서 한해의 마지막이라는 관념이 강력하게 부각되는 중동으로 팔관회의 일자를 옮겼을 가능성도 생각할 수 있다.

그러나 궁예의 그 같은 시도는 실패로 돌아가고 점점 공포정치로 치달아 태조가 집권하는 계기가 되었다. 이는 태조 왕건을 중심으로 하는 고구려계 토착세력들이 고구려 유민의식에서 이탈하려는 궁예에 대한 반발이었다고 할 수 있다. 태조는 궁예를 제거하고 고려를 국호로 건국하여 고려왕조의 출자의식이 고구려에 있음을 명백히 하였다.

이것은 고려에서 팔관회가 수도인 개경에서뿐만 아니라 한때 고구려의 수도였던 서경에서도 개최된 것에서도 알 수 있다. 고려가 고구려를 계승했다는 의식은 풍수지리설과도 결합되어 서경을 중시하는 정책으로 이어졌다. 태조 원년(918)에 황폐한 평양에 염주, 백주, 황주, 해주, 봉주 등의 백

94) 김광수, 1988, 앞의 논문, 94쪽.

95) 『高麗史』 권58 地理3 西京留守官.

성들을 사민하여 대도호부로 하였다가 곧 서경으로 삼았고,[95] 태조 9년(926) 12월에는 서경으로 가 재제를 직접 거행하고 여러 주군과 진을 순행하였다.[96] 이 같은 서경 행차와 순행이 태조 14년(931)과[97] 태조 17년(934)에도[98] 거듭되었다. 태조의 서경에 대한 관심은 관념상으로 그치지 않고 실제 개발정책으로 실현되고 있었다. 정종 2년(947)의 서경의 왕성축조 공사는[99] 서경이 황도인 개경에 버금가는 서도[100] 로서의 면모를 갖추게 하였다.

태조의 이러한 서경 중시 정책에도 불구하고 태조가 서경에서 팔관회를 개최한 기록은 없다. 하지만 성종 6년(987) 10월 "양경의 팔관회를 정지한다."는 왕명이 내려진 것으로 보아 성종 대에는 개경처럼 서경에서도 팔관회가 열리고 있었으므로, 이로 미루어 태조 대부터 서경 팔관회가 개설되었을 가능성이 크다.

그러나 서경의 팔관회는 개경의 팔관회와는 달리 10월에 개최되었다. 『고려사』 예지 가례잡의의 중동팔관회의에는 10월에는 서경에서 팔관회를 개최하고 11월에는 개경에서 팔관회를 개최한다고 전하고 있다.[101] 개경의 팔관회 일자는 11월로 변경되었지만 서경의 팔관회를 10월에 개설한 것은 고구려의 동맹제 전통을 그대로 답습한 것으로 고구려 계승의식을 분명히 드러낸 것이라 하겠다.

서경의 팔관회는 왕을 대행하여 파견된 대신이 재제를 거행하는 것이 상례였으나,[102] 왕이 직접 행차하여 설행하기도 하였다. 『고려사』에 전하는 국왕이 서경으로 행차해 팔관회를 거행한 사례는 다음과 같다.

---

96) 『高麗史』 권1 世家1 太祖 9년 겨울 12월.
97) 『高麗史』 권1 世家1 太祖 14년 11월.
98) 『高麗史』 권2 世家2 太祖 17년 정월 甲辰.
99) 『高麗史』 권2 世家2 定宗 2년 春.
100) 『高麗史』 권2 世家2 光宗 11년 3월, "改開京爲皇都西京爲西都"
101) 『高麗史』 권69 志23 禮11 嘉禮雜儀.
102) 『高麗史』 권100 列傳 13 崔忠烈.

① 정종 7년(1041) 10월 팔관회를 개최하였다. 국왕이 영봉문에 나아가 문무 백관들로부터 축하를 받고 그들을 위하여 주연을 베풀었다. 이어서 흥국사로 가 행향하고 장락궁으로 갔다.
② 문종 7년(1053) 10월 흥국사에 가서 팔관회를 개최하였다.
③ 선종 4년(1087) 10월 팔관회를 개최하였다. 국왕은 영봉루 부계에 앉아 음악을 감상한 후 흥국사로 갔다.
④ 숙종 7년(1102) 10월 팔관회를 개최하였다. 왕이 영봉문에 나아가 백관의 축하를 받고 흥국사로 갔다.
⑤ 예종 15년(1120) 10월 팔관회를 개최하였다. 왕이 백희를 구경하는데 개국공신 김락, 신숭겸 등의 우인이 등장해 왕이 감개한 마음으로 시를 지었다.[103)]

위와 같이 역대 국왕들은 정종에서부터 예종까지 재위기간이 1년 정도로 짧았던 순종과 헌종을 제외하고는 모두 팔관회를 목적으로 1년에 한 번씩 서경 행차를 하고 있다. 왕들은 서경의 팔관회를 태조의 유훈을 실천하는 중요한 의례로 생각하고 있었고 고구려 계승의식이 고려사회의 전통으로 이어져 오고 있었던 것이다.

그런데 고구려는 삼국 가운데 가장 무속적 성격이 강하여, 중국 역사서의 고구려 관계 기사에는 "귀신을 섬겨 음사가 많다"는 언급[104)]이 빠지지 않는다. 이는 팔관회의 성격을 파악할 수 있는 단서가 되고 있다. 여기에서의 음사는 중국의 기준에 따른 규정이지만, 보통 음사라 하면 유교의 의례 규정대로 설행되지 않는 제사를 말한다. 고려에서도 음사는 성종 대 최승로의 비판을 시작으로 고려 말 성리학자들에 이르기까지 유학자들에 의해 지속

103) 〈표 3〉『高麗史』世家 수록 팔관회 관계 기사표 참고.

104) ① 왕의 궁실 왼편에 큰 집을 지어 귀신에게 제사지내고, 또한 零星과 社稷에도 제사를 지낸다(『南史』 東夷列傳 高句麗); ② 풍속은 음란하여 부끄럽게 여기지 않는다. 游女가 많은데 일정한 남편이 없다. 밤이면 남녀가 떼지어 모여 노는데, 귀천의 구분이 없다(『北史』 列傳 高句麗); ③ 귀신을 섬기어 淫祠가 많다(『隋書』 東夷列傳 高句麗); ④ 풍속은 음사가 많고, 靈星神 · 日神 · 可汗神 · 箕子神을 섬긴다(『舊唐書』 東夷列傳 高句麗); ⑤ 풍속은 음사가 많고, 靈星 및 日 · 箕子 · 可汗 등의 신에게 제사를 올린다(『新唐書』 東夷列傳 高句麗).

적으로 비판되었다. 최승로가 비판하였던 주된 이유는 '번독', 즉 문란하고 더럽히고 있다는 것이었다. 종묘와 사직 등의 제사도 법전대로 실행하지 못하면서 산악의 제사와 성숙의 초제가 법도를 지나치고 있어 이로 인하여 불경스러워지고 있다고 주장하였다.[105)]

옛 고구려 지역에서는 옛날부터 행해지던 산악과 성숙에 대한 제사가 전승되고 있었고, 고구려를 계승한 고려도 마찬가지였다. 『송사』에서는 고려의 풍속은 음양과 귀신을 믿어 꺼리는 것이 매우 많아서 사신들의 조서도 매번 좋은 달에 길한 날짜를 가린 뒤에야 예식을 갖추어 받곤 하였고,[106)] 귀신을 신봉하고 음양설에 얽매여 병을 앓으면 서로 보지도 않으려 한다고[107)] 전하고 있다. 『고려도경』에서도 고려는 본래 귀신을 두려워하여 믿으며 음양에 얽매이고 꺼려서 병이 들면 약을 먹지 않는다고 하였다.[108)]

태조는 이러한 토착적인 신앙을 국가적으로 통합하기 위해 팔관회를 이용하였다. 그러므로 「훈요십조」에서 팔관회는 천신과 오악 · 명산 · 대천 · 용신을 섬기는 것이라고 하여 토착신앙들의 내용을 광범위하게 언급하였던 것이다.[109)] 이것은 특히 지역적인 성격을 띠고 그 지역의 공동체의식을 확인시키고 이를 고양하는 데 큰 역할을 하고 있던 산천신앙을 중앙집권체계로 일원화하기 위한 문화정책이었다.

앞에서 살펴본 바와 같이 원래 팔관회는 불교의례면서도 토착신앙과도 관련이 깊다. 인도에서 팔계재였던 것이 중국에 와서 팔관재로 변하게 된 배경에는 중국에 '팔관'이라는 전통적 개념이 있었던 것에 기인한다. 팔관은 팔방 개념에서 비롯하여 팔방으로부터 침입하는 외적이나 사악한 기운

---

105) 『高麗史』 권93 列傳6 崔承老.

106) 『宋史』 권487 列傳 外國3 高麗, 90쪽.

107) 『宋史』 권487 列傳 外國3 高麗, 113쪽.

108) 『宣和奉使高麗圖經』 권17 祠宇.

109) 안계현, 1956, 「팔관회고」 『東國史學』 4; 1983, 『한국불교사상사연구』, 동국대출판부 재수록, 211쪽.

을 막는다는 방어 관념을 내포하고 있으며, 이러한 관념은 현실적으로 후한대 팔관 설치로 나타났다. 팔관은 수도인 낙양을 방어하기 위해 산악이나 하천같이 지형적으로 중요한 여덟 곳에 설치되었다. 이들은 해당지역의 산천신앙과 관련된 곳이기도 하였다. 따라서 고려 팔관회는 중국의 예를 보더라도 지역적인 산천신앙을 중앙의 고려왕실을 중심으로 하여 종합한 국가적 행사라고 규정하여도 무리가 없을 것이다.

숫자 팔은 음양오행의 측면에서 고려와 밀접한 관련이 있다. 음양오행사상에 의하면 고려는 동방이고 동방은 목이고 목위의 색은 청이며 이를 숫자로 돌리면 8이 된다.[110] 그런데 팔관회의 8은 고려와 밀접한 관련이 있는 상징적 숫자이다. 이것이 팔관회가 고려의 국가의례로 지속된 한 원인이 아니었을까 추측해 본다.

이러한 팔수사상은 인종 때 묘청이 서경에 임원궁성을 축성하고 팔성당을[111] 설치한 것에서도 확인된다. 묘청이 전국적 토착신앙의 대상들 가운데 8개소를 선정하여 팔성당에 모신 것은 8이란 숫자가 고려사회에서 상징적 의미가 있었음을 시사한다. 8성 가운데 구려평양선인, 구려목멱선인은 서경의 동명사와 목멱신사에 모셔진 동명신을 가리키고, 나머지 6성은 주로 북부지역 명산 가운데 선발된 토착 산악신을 말한다.

묘청이 선발한 팔성은 당시 백성들 사이에 효험이 크다고 생각되던 토착신들인데 이들을 불 · 보살 · 천신 · 천왕 · 우바이라고 칭하여서 불교에 포섭시켜 팔성당을 불교와 토속신앙을 종합하는 신앙장소로 만들었다. 팔성당은 팔성의 신령을 한 곳에 모아 제사하여 이국연기利國延基, 즉 나라를 부강하게 하고 국기를 튼튼히 하려는 데 그 목적이 있었으며 고구려 계승의식

110) 『高麗史』 권106 列傳19 朴褕.

111) ① 護國白頭嶽太白仙人－文殊舍利菩薩 ② 龍圍嶽六通尊者－釋迦佛 ③ 月城嶽天仙－大辨天神 ④ 駒麗平壤仙人－燃燈佛 ⑤ 駒麗木覓仙人－毘婆尸佛 ⑥ 松嶽震主居士－金剛索菩薩 ⑦ 甑城嶽神人－勒叉天王 ⑧ 頭嶽天女－不動優婆夷(『高麗史』 권127 列傳40 妙淸).

을 뚜렷이 하고 있었다. 이런 점에서 팔성당은 팔관회의 방계적인 경향을 보여주는 것이라고 할 수 있다.

팔관회는 천령, 오악, 명산, 대천, 용신 등 토속신앙을 모두 포괄하는 것이었지만, 위의 팔성당에서도 보이듯이 중심을 이루는 것은 산악신앙이었을 것이다. 산악숭배는 고구려뿐만 아니라 신라에도 존재하였다. 『삼국사기』를 보면 신라는 산악들을 중심으로 한 토속신앙의 대상들을 중국 사전체제의 대 · 중 · 소사의 틀을 받아들여 정리하고 있다.[112] 오례 가운데 길례에 해당하는 대 · 중 · 소사는 다양한 제사들을 신의 공렬에 따라 세 등급으로 구분하고 있다.

중국의 사전체제에서는 전통적으로 산천을 '악 · 해 · 독 · 진'과 '산림천택' 또는 '명산대천'으로 구분하고, 대사에는 이들은 편제하지 않고 전자는 중사에, 후자는 소사에 두고 있다. 이에 반해 신라는 대사에도 산천신앙을 편제하고 있었다. 신라는 대 · 중 · 소사의 틀만을 받아들여서 산악신앙을 중심으로 전통적인 토속신앙을 나름대로 편제하고 있다.

그런데 『고려사』에서는 산천에 대한 제사가 대 · 중 · 소사에 편제되지 않고 '잡사' 항목에 들어가 있다. 잡사는 제사에 대한 의식이나 절차에 대한 체계적인 기록이 아니라 대 · 중 · 소사에 포함된 제사 이외에 고려시기 행해진 여러 제사에 대한 역사적 기록을 모아 놓은 것에 불과하다. 그러므로 이것은 산천에 대한 제사가 대 · 중 · 소사에 포함된 여타의 국가제사와는 다르게 인식되었음을 시사한다.

---

112) 『三國史記』 권32 雜志1 祭祀에는 신라가 3산과 5악 이하의 명산대천에 대 · 중 · 소의 제사를 나누어 지냈다고 전하고 있다. 그 내용을 정리하면 아래 표와 같다.

종류	내용
大祀	三山祭
中祀	五岳祭 · 四鎭祭 · 四海祭 · 四瀆祭 · 俗離岳 외 5개소
小祀	霜岳 외 23개소 · 四城門祭 · 部庭祭 · 日月祭 · 五星祭 祈雨祭 · 四大道祭 · 壓丘祭 · 辟氣祭

태조는 「훈요십조」에서 우리가 예부터 당풍의 문물 · 예악제도를 다 그대로 준수하여 왔으나, 지역이 다르고 사람의 성품이 같지 않으니 반드시 맞출 것은 없다고 이르고 있다.[113] 이는 우리의 토착문화가 중국의 문물과는 다르다는 의식이 뚜렷하였고, 그러한 것들을 버리지 말고 계승하여야 한다는 것을 명백히 하고 있는 것이다. 이러한 의식이 우리 고유의 산천신앙을 중국의 사전체제 속에 편재하지 않고 별도로 자리매김하였던 것으로 생각된다.

한편, 「훈요십조」를 보면 제4조에서 우리의 토착신앙이 중국과는 다르다는 것을 천명하고, 이어서 제5조에서는 삼한 산천신령들의 음덕으로 왕업을 이루었다고 하면서 제6조에서는 팔관회를 반드시 설행할 것을 당부하고 있다. 이를 총괄해 보면 태조는 토착신앙을 중시하여 지역적으로 산재되어 수시로 열리고 있는 토착적 신앙대상에 대한 제사를 11월에 종합적으로 합사하여 팔관회라는 고려의 최고 의례로서 개경에서 해마다 거행할 것을 강조하고 있었다. 이 같은 태조의 토착신앙에 대한 인식은 후대 왕들에게도 계승되어 다른 제사 대상들은 중국 사전체제에 준해서 체계를 갖추어 나갔지만 산천신앙 등의 토착적 의례들은 중국 사전체제와는 별개로 운영되었다.

지역적인 토착신앙을 팔관회를 통해 일원적인 국가질서로 수렴하였던 태조의 문화정책은 성종 대 유교의례를 적극적으로 도입함에 따라 변화를 겪게 되었다. 성종 6년(987) 팔관회가 정지되고, 성종 9년(990) 반포된 기묘교서에서 명산대천 제사에 대한 산정이 표명되었다.[114]

그러나 모든 의례들을 중국식 유교의례로 일원화하려는 정책은 고려 고유의 정서를 무시한 것으로 국민들의 반발이 컸다. 이지백이 국토를 할양하여 거란과 화친하려는 소극적인 정책을 비판하면서 선대로부터 내려오는 연등 · 팔관 · 선랑의 행사를 다시 거행하고 타국의 풍습을 본받지 말아서

113) 『高麗史』 권2 世家2 太祖 26년 4월.

114) 『高麗史』 권3 世家3 成宗 9년 9월 己卯.

국가를 보전하고 태평을 누리자고 상소한 배경에는 성종이 중국 풍습을 즐겨 모방하려 하는 것을 달가워하지 않는 백성들의 분위기가 있었기 때문이었다.[115] 이는 연등회와 팔관회가 고려 고유의 의례로 인식되고 있었음을 단적으로 알려주는 예라 하겠다.

성종이 9년(990) 9월 서경 행차에 앞서 명산대천에 대한 제사제도를 새로 정하겠다는 기묘교서를 발표한 것이나,[116] 목종 대에 국내 명산대천의 신들에게 훈호를 내리고[117] 지속적으로 가봉을[118] 행하고 있는 것은 분명 유교적 의제를 정착시키려는 의도였다고 할 수 있다. 그러나 형식적으로는 유교적 외피를 씌우려 하고 있었지만, 내용에서는 유교적 예제의 산천제와는 성격이 달랐다. 고려의 전 시기를 통해 왕이나 왕을 대행한 관리만이 국가적으로 승인된 산천에 대한 제사를 독점한 것이 아니라 일반인들도 누구나 지낼 수 있었다.

---

115) 『高麗史』 권94 列傳7 徐熙.

116) 돌아올 10월에는 遼城, 즉 서경으로 가서 조상의 옛 규례를 실행하고 국가의 새 법령을 반포하려고 한다. 단지 山川關防의 형세만을 보려는 것이 아니라 아울러 백성들의 형편을 알며, 고을 관원의 수를 증감하고, 명산대천의 제사제도를 정하려고 한다(『高麗史』 권3 世家3 成宗 9년 9월 己卯).

117) ① 목종 즉위년(997) 12월 왕이 위봉루로 행차하여 대사령을 내리고, 효자와 순손을 표창하였으며 무죄한 사람의 누명을 벗겨주고 질병을 구제하여 주었으며 문무관과 승려들의 품계를 한 계급씩 올려주고 국내 명산대천의 신들에게 모두 훈호를 내리고 하루 동안 내외에 큰 잔치를 베풀었다(『高麗史』 권3 世家3 穆宗 즉위년 12월 壬寅), ② 목종 7년(1004) 11월 호경, 즉 서경에 가서 재제를 치르고 장형 이하 죄수들을 특사하고 노인들을 대접하고 명산과 주진의 신들에게 훈호를 내렸다.(『高麗史』 권3 世家 3 穆宗 7년 11월 甲寅), ③ 목종 10년(1007) 10월 왕이 호경에 가서 재제를 치르고 유배형 이하 죄수들을 석방하였으며, 국내 천지신명에게 훈호를 내렸다(『高麗史』 권3 世家3 穆宗 10년 10월 戊申), ④ 목종 11년(1008) 10월 왕이 호경에 가서 재제를 치렀다(『高麗史』 권3 世家3 穆宗 11년 10월).

118) 加封制度는 특정한 사건으로 인해 영험성이 인정되거나 정치적 필요에 의해 산천신에게 爵號 · 德號 · 勳號 · 尊號를 내리는 것으로 각 지역의 산천신에 대한 국가의 통제방식이기도 하였다.

또한 고려의 산천신은 음과 양의 두 기운에 내재한 '양능良能' 작용으로 보는 유교적 관념과는 달리 처첩을 거느린 인격화된 신이었다. 산천신앙의 이러한 측면은 유학자들로부터 음사로 취급되고 비판의 대상이 되기도 하였다. 즉, 고려 사람들의 명산대천의 제사에 대한 일반적인 관점은 유교적 예제의 산천제와는 무관한 것이었고, 이는 국가적인 차원에서도 마찬가지였다. 따라서 이러한 명산대천에 대한 토착적 제사들을 중국적 예제 속에 포함시키지 않고 별개의 사전체제로서 운영하였다.

현종 16년(1025) 5월 해양도 정안현에서 두 번이나 산호수를 진상하였으므로 남해신을 승격시켜 '사전'에 올렸다는 기사가 『고려사』 예지 잡사에 전하고 있다.[119] 이를 통하여 전국의 산천신들을 편재하고 그 내용과 의식 절차를 밝힌 별도의 사전이 있었음을 유추할 수 있다. 고려에서는 유교적 의례와 비유교적 의례, 즉 토착적 의례를 구분하여 이원적으로 의례체제를 구성하고 이에 대한 각각 별도의 사전이 존재하고 있었다.

『고려사』의 찬수고려사범례에서는 환구·적전·연등·팔관 등과 같이 상례로 있는 일은 처음 나왔을 때만 기록하여서 그 실례를 보이는 것으로 그치겠지만, 만일 왕이 직접 행할 경우는 빠짐없이 기록한다고 밝히고 있다. 여기에서 환구와 적전은 유교의례이고 연등과 팔관은 비유교적인 의례, 다시 말하여 불교의례로서, 이 구절은 고려의 이원적 의례체제를 상징하고 있다. 그런데 불교의 신앙체계 안에 토착신앙의 대상들이 포섭되어 있었듯이 비유교적 의례, 다시 말해 불교의례에는 토착신앙의 제사들이 함께 포괄되었을 것이다.

그러나 『고려사』를 편찬할 때 이원적 체계였던 고려의 의례를 오례체제로 구성하면서 불교의례를 '잡사'와 '잡의'로 판정하고, 그 가운데 국왕이 직접 행하였던 것만 『고려사』 예지 길례 잡사와[120] 가례 잡의에 최소한으로

---

119) 『高麗史』 권63 志17 禮5 吉禮 雜祀 顯宗 16년 5월.

120) 현종 3년(1012) 7월에 구정에서 큰 醮祭를 지냈다. 옛 제도에 나라에서는 왕왕 천지와 경내산천을 대궐마당에서 두루 제사지냈는데 이를 초제라고 하였다(『高麗

기록한 결과, 통탄스럽게도 불교의례에 관한 내용의 대부분이 멸실되어 전해지지 않게 되었던 것이다. 한편, 팔관회는 중국인들의 눈에도 고구려의 전통을 이은 풍속으로 인식되고 있었다.

> 왕씨가 나라를 세운 이후 산을 의지하여 남쪽으로 성을 쌓고 음력 11월이 되면 왕이 관속들을 거느리고 의식에 사용되는 제물들을 갖추어 하늘에 제사한다. … 10월의 동맹 모임은 지금도 그달 보름에 소찬을 차려놓는데 이것을 팔관재라 부른다. 그 의식이 아주 성대하였다.[121)]

『고려도경』의 저자 서긍은 고려의 팔관회가 10월에는 서경에서, 11월에는 개경에서 개최지를 달리하여 설행되는 사실은 몰랐던 것 같다. 그래서 개경 팔관회는 팔관회라 하지 않고 막연하게 '사천祀天'으로 언급하고, 서경 팔관회는 팔관재로 적고 있다. 유교의례에서 사천, 즉 국왕이 하늘에 제사를 지내는 의식은 환구제사인데 고려에서의 상례적인 환구제사는 정월 상신일에 행해졌다.[122)]

『대당개원례大唐開元禮』에 의하면 환구, 즉 원구에서 올리는 제사는 정월 상신기곡사와 5월의 우사, 동지사 세 종류가 있었다. 그런데 고려에서는 기곡사와 우사는 지냈지만 동지사는 지내지 않았다.[123)] 동지원구사가 행해지는 달은 11월인데 고려에서는 대신 팔관회를 설행하였다.

서긍은 11월의 개경 팔관회를 동지원구사의 관점에서 해석하여 하늘에 제사하는 의식으로 인식하였고, 10월의 서경 팔관회는 고구려 풍속인 10월

史』 권63 志17 禮5 吉禮 雜事). 원래 초제는 도교의 제사를 일컫는 말이지만 도교가 고려에 수입된 때는 예종 대이므로 여기서의 초제는 도교적 제례가 아니라 토착적인 제사를 의미한다. 초제에서 모셔졌다는 천지 · 산천의 신들은 팔관회에서 모셔지는 천령 · 오악 · 명산 · 대천 · 용신 등의 신들과 중첩되고 있다.

121) 『宣和奉使高麗圖經』 권17 祠宇.

122) 『高麗史』 권59 志13 禮1 吉禮大祀 圜丘.

123) 奧村周司, 1997, 「高麗の圜丘祀天禮と世界觀」 『朝鮮社會の史的展開と東アジア』, 山川出版社.

의 동맹을 계승하여 불교식으로 성대하게 치르는 고유행사로 인식하여 별개 행사로 설명하였다. 10월의 서경 팔관회와 11월의 개경 팔관회를 별개의 행사로 보는 관점은 『송사』도 마찬가지이다.

> 해마다 건자월이면 하늘에 제사지냈다. 나라 동쪽에 구멍이 있는데 禭神이라고 불렀다. 언제나 10월 보름날이면 그 수신을 맞이하여 제사지냈는데 이를 팔관재라고 한다. 이때의 의식은 매우 성대하여 왕은 비빈들과 함께 문루에 올라 크게 풍악을 울리면서 연회를 베풀어 술을 마시고, 상인들은 비단으로 장막을 만드는데, 백필이나 연결하여 부유함을 과시하기도 하였다.[124]

여기서 건자월인 11월에 하늘에 제사를 지냈다는 기록은 개경 팔관회를 가리키는 것이며, 10월 보름 망일에 열리는 팔관재는 서경 팔관회를 말하는 것이다. 그런데 나라 동쪽에 수신이라고 불리는 구멍이 있고, 언제나 10월 보름이면 수신을 맞이하여 제사지냈다고 하는 내용은 고구려의 동맹제에서 행한 의식을 그대로 재현하고 있다. 이것은 팔관재가 동맹을 이은 것이라는 하는 『고려도경』의 기사와도 상통하고 있다.

따라서 『고려도경』과 『송사』의 기사는 팔관재, 즉 10월의 서경 팔관회가 고구려의 동맹을 계승한 고유의례라는 것을 명백히 전하고 있는 셈이다. 그렇지만 설행장소를 개경이라고 생각하여 기사에서 착종을 보이고 있다 하겠다.

또한, 『송사』에는 그 설행 양상을 의식이 매우 성대하여 왕은 비빈들과 함께 루에 올라 크게 풍악을 울리면서 연회를 베풀고, 상인들은 비단을 백필이나 연결하여 장막을 만들어 부유함을 과시하기도 하였다고 하여 팔관회의 축제적 면모를 강조하고 있다.

---

124) 『宋史』 권487 列傳 外國3 高麗.

2) 팔관회의 의례절차와 실태

(1) 의례절차의 확립 과정

『고려사』 제68권 지 제23권 예11 가례잡의에 실려 있는 중동팔관회의는 팔관회의 설행절차를 자세히 전하고 있다. 이에 따르면 팔관회 행사는 소회일, 대회일로 나뉘어 이틀간에 걸쳐 설행되었다. 소회일 행사는 예조진작헌詣祖眞酌獻과 좌전수하坐殿受賀를 중심으로 설행되었고, 대회일에는 대연회가 열렸는데 이때 외국인조하도 이루어졌다.

행사는 의봉문루에서 개최되었는데 의봉문은 구정을 향하여 있는 궁궐 남문으로 궁성 정남문인 승평문과 직선으로 연결되고 있다. 의봉문은 삼문三門 양식으로 양편에 정문보다 작은 규모의 부속문이 있었으며, 누각 형태로 동서 양편에 층계가 있어 이를 이용하여 문루로 올라갈 수 있었다. 팔관회 날 아침 국왕은 선인전[125]에서 대관전[126]으로 나온 후 대관전 전정에서 수레를 타고 의봉문까지 행차하여 의봉문루에서 행사를 거행하였다.

그런데 위와 같은 팔관회 의례절차의 틀이 확립된 것은 정종 대에 이르러서이다. 태조가 건국한 해부터 팔관회가 설행되었지만, 정종 대에 이르러 비로소 정형화된 틀을 갖추게 되었다.

> 정종 즉위년(1034) 11월 경자일에 왕이 신봉루로 나가 팔관회를 열고 백관들에게 주연을 베풀고 저녁에는 법왕사로 행차하였다. 이튿날 대회에서 다시 주연을 배설하고 음악을 감상하였으며 동서2경, 동북양로병마사, 4도호, 8목에서는 각각 表文을 올려 축하하였다. 또한 송나라 상인들과 동서번과 탐라국에서도 토산물을 바쳤는데 그들에게 좌석을 배정하여 의례에 참가할 수 있도록 하였다. 이후부터 이것이 상례가 되었다.[127]

---

125) 宣仁殿은 『고려사』 지리지에는 보이지 않는다. 『고려사』 지리지에는 조회를 받고 손님을 맞는 내전으로 사용된 宣政殿이 廣仁殿으로 개칭되었다는 기사가 보인다.

126) 대관전의 본래 이름은 乾德殿이었다. 건덕전도 선정전과 마찬가지로 내전의 기능을 하던 전각이었다.

여기에 나타난 정종이 정형화한 팔관회의 기본틀은 법왕사 행향을 제외하고는 중동팔관회의와 거의 일치하고 있다. 중동팔관회의에 의하면, 태조 당시의 의례절차는 구정에 설치된 공연장에서 백희와 가무가 공연되고 백관들이 예식을 거행하는 형식으로 구성되어 있었고, 왕에서부터 일반백성에 이르는 모든 사람들이 하루 밤낮 동안 이것을 보고 즐겼다고 한다.

그러나 유교적 예제의 도입을 주장하는 최승로가 팔관회에서의 백희와 가무가 불경스럽고 문란하며 많은 비용이 소요된다고 비판하자, 성종은 즉위년(981) 팔관회에서 이를 폐지하고 법왕사에 가 분향하고 돌아와 구정에서 군신들의 조하만을 받는 것으로 행사를 축소하였다.

그후 성종 6년(987) 개경과 서경, 양경에서 모두 팔관회가 폐지되었다가 23년 만인 현종 원년(1010)에 부활되었다. 하지만 위봉루에 나가 음악을 구경하였다고만 되어 있을 뿐[128] 법왕사 행향이나 군신들의 조하의식은 보이지 않다가 정종 대에 이르러 상례화된 의례의 틀을 갖추게 되었다.

팔관회를 앞두고 각 부서들은 각기 맡은 업무를 수행한다. 도교서는 3층 부계를 의봉문 동전 계단 아래 설치하고, 상사국은 왕을 위한 장막을 의봉문루 누상 한복판에 남쪽을 향하여 설치한 후 상례대로 국왕의 좌석을 만든 후 편차를 장막의 동편에 설치한다. 상의국에서는 왕좌의 기둥 앞에 꽃꽂이를 한 탁자를 양쪽으로 설치한다. 다방에서는 과실상을 왕의 좌석 앞에 차리고 술상을 양쪽 꽃꽂이 탁자의 남쪽에 차린다.

상사국에서는 2개의 커다란 사자화로를 기둥 바깥으로 좌우로 놓고, 왕태자 이하 공·후·백작, 좌우추밀관과 좌우시신들, 협률랑 등의 좌석을 정하며, 악기를 올려놓은 탁자를 좌우시신들이 앉은 뒤편에 설치하고 찬방과 다방의 휘장은 중간층계 동서편에 각각 마련한다. 내고사에서는 준뢰를 구정 좌우에 진열한다. 예부에서는 큰 황룡기 2개를 앞마당의 동서편에 꽂아 둔다. 합문에서는 구정에 국왕에게 표문을 올릴 때 서는 장소인 문사위와 절을 올

---

127) 『高麗史』 권6 世家6 靖宗 즉위년 11월 庚子.

128) 『高麗史』 권4 世家4 顯宗 원년 11월 庚寅.

리는 장소인 배위를 태자의 위치를 기준점으로 하여 관등별로 배치한다.

그리고 팔관회 하루 전날 좌우추밀관과 시신, 장위와 악부는 대관전에서부터 열을 지어 의봉문까지 나오고, 재상 이하 문무백관들도 모두 의봉문 앞 구정으로 모여서 '습팔관의習八關儀', 즉 예행연습을 실시한다. 관등별로 배치된 문사위와 배위가 무척 복잡하기 때문에 원활한 진행을 위해서 예행연습이 꼭 필요했을 수도 있으나 그만큼 행사가 중요하게 여겨졌다는 것을 의미한다.

의봉문 앞 구정에 태자를 기준점으로 하여 관등별로 질서 있게 배치된 문사위와 배위는 팔관회 의례구조 속에 국왕을 정점으로 한 엄격한 위계질서가 내재하고 있음을 시사한다. 이 같은 의례구조는 성종 대부터 도입되기 시작한 유교의례가 체계적으로 정비되어가는 과정과 무관하지 않을 것이다. 정종은 유교의 정형화된 의례절차를 팔관회에도 대응시켜 설행절차의 정형화를 꾀했던 것으로 보인다.

이렇게 정형화된 팔관회의 의례절차는 어떠한 다른 의례보다 엄격하게 준수되었다. 원종 대 병부시랑이었던 김련은 팔관회에서 예식에 맞지 않게 행동한 이유로 파면되었고,[129] 충렬왕 대 나유는 합포수비장으로 파견되었다가 의례를 잘 안다고 하여 특별히 소환되어 팔관회 의식을 맡아보았다고 한다.[130] 강화도 천도 이후 팔관회는 이전의 격식대로 운영되기란 사실 불가능하였을 것이다. 그리고 무인집권기부터 약화된 왕권으로 인하여 팔관회의 위상은 이미 하락된 상태였을 것이다. 원종 대와 충렬왕 대에 이르러 팔관회를 격식대로 잘 치르려 하는 노력이 나타나고 있는 것은 무인정권이 끝나고 개경으로 환도하면서 다시 팔관회의 위상을 회복하고 이전의 전통을 되살리려 하였기 때문이다.

그런데 팔관회 전날 모든 참가자들이 모여 습팔관의를 하는 자리에서 갈등이 빚어지기도 하였다. 예종 대 있었던 일로서 습의 도중에 추밀원에서

129) 『高麗史』 권107 列傳20 金連.

130) 『高麗史』 권104 列傳17 羅裕.

준비한 과실상의 차림이 정도에 넘쳤다고 하여 대관이 그 일을 담당한 별가를 붙잡아 가두었는데 이로 인해 어사대와 추밀원 간에 싸움이 벌어졌다. 이 때 추밀원 대신이었던 한안인이 자신들이 불초한 탓에 하급관리들에게 모욕을 당하였으니 자신들을 파면시켜 달라고 강경하게 나오자 도리어 예종은 어사대 대간들을 좌천시켜 한안인을 달랬다고 한다.[131] 공민왕 대에도 허유가 습의 도중 술에 취해 왕궁의 수위군인 속고적을 주먹으로 때려 어사대에서 탄핵하였으나, 공민왕은 허유의 죄가 실로 중대하지만 바로 대회가 있는데 예식을 맡은 관리관원이 없으면 안 되므로 당분간 일을 보게 할 수 밖에 없다고 하였다.[132]

한편, 각 부서들이 분담된 설치물들을 경쟁적으로 잘 차리려고 하여 문제가 되기도 하였던 모양이다. 앞에서의 예종 대 어사대와 추밀원 사이에 있었던 분쟁의 원인도 정도를 넘어선 추밀원의 과실상 때문이었다. 명종 대 최충렬은 팔관회 때 관리들의 과실상과 중금군의 옷차림이 지나치게 사치하여 제도에 위반되니 금지하도록 건의하여 왕도 이를 받아들였다고 한다.[133]

여하튼 팔관회는 고려에서 가장 성대하게 치러야 하는 의례로 생각되었던 것은 분명하다. 고종 12년(1225)에는 연등회와 팔관회에 중단되었던 유밀과상이 전례대로 회복되었다.[134] 유밀과는 조선시기에도 사용이 제한되던 고급 과자류이다. 『경국대전』의 음사 및 제사 관련 금령에는 헌수 · 혼인 · 제향 이외 유밀과를 사용하는 자는 장 60대의 형을 받는다고 엄격하게 규정하고 있다. 또한 충렬왕 4년(1278) 3월 원의 금주령이 우리나라에도 적용되어 공사 간에 일체 술을 금지한다는 금령이 선포되었으나 연등회와 팔관회는 제외되었다.[135]

---

131) 『高麗史』 권97 列傳10 韓安仁.

132) 『高麗史』 권105 列傳18 許珙.

133) 『高麗史』 권100 列傳13 崔忠烈.

134) 『高麗史』 권22 世家22 高宗 12년 정월 己巳.

135) 『高麗史』 권85 志39 刑法2 禁令.

이러한 팔관회 의례절차는 경우에 따라 가감되기도 하였다. 통상의 팔관회 의례절차에 사면령이 부가되어 실시된 경우도 있었다.[136] 성종 대부터 즉위 직후 상례적으로 '의봉문대사령선포례'가 행해졌고, 왕비 책봉 가례가 거행된 후나 왕이 와병 중이거나 재해가 발생하면 사면령이 내려지곤 하였다. 팔관회 때는 덕음을 전파하기 위해 사면을 실시했는데, 사면 대상에 현재의 보석금 제도처럼 재물을 바치면 풀려날 수 있는 죄수들도 포함하여 구제와 아울러 재정 확보의 성격까지 띠고 있었다.

이와는 반대로 팔관회에서 기악이 정지되거나 조하가 생략되는 경우도 있었다. 의종 즉위년(1146)에는 11월 인종의 복상 중이어서 팔관회에서 여악女樂을 정지하고 조하만을 받은 후 그 길로 법왕사로 행차하였고,[137] 원종 원년(1260)에는 법왕사로 행차였다가 환궁할 때 복상 중인데도 음악을 연주하여 사람들이 조소하였다고 한다.[138] 명종 14년(1184)에는 태후의 소상이 있어서 구정에서 풍악은 관람하였지만 조하는 생략하였다고 한다.[139] 이로 미루어 복상 중에는 의례절차가 간소해졌던 것을 알 수 있다.

원 간섭기에는 원에 의해 의례절차에 제약이 가해지기도 하였다. 충렬왕 원년(1275) 11월 팔관회 때부터 금오산액에 쓰인 '성수만년聖壽萬年'이란 네 글자를 '경력천추慶曆千秋'로 고쳤고, "일인, 즉 국왕에게 경사가 있으면 8방으로부터 표문이 궁전 앞마당에 이르고 천하가 태평하다"는 문구는 완전히 개작되었으며, '만세'를 '천세'로 부르게 하였다. 또한 행차 길에 황제의 행차를 상징하는 황토를 펴는 일을 금지하였다.[140] 이는 모두 황제의 격에서

---

136) 정종 5년(1039) 11월 왕께서 명령하시기를 팔관회를 이미 전례에 따라 성대한 의례로 거행하였으니 당연히 德音을 전파하는 것이 좋을 것이다. 따라서 공적으로 귀양형 이하와 사적으로 장형 이하의 죄수들과 징속에 해당되는 벌을 받은 사람들은 모두 이를 면제하라고 하였다(『高麗史』 권80 志34 食貨3 賑恤 恩免之制).

137) 『高麗史』 권17 世家17 毅宗 즉위년 11월 庚辰.

138) 『高麗史』 권25 世家25 元宗 원년 11월 丁丑.

139) 『高麗史節要』 권13 明宗 14년 11월.

140) 『高麗史』 권69 志23 禮11 嘉禮雜儀 仲冬八關會儀 忠烈王.

제후의 격으로 고려의 의례를 격하시키는 조치였다.

(2) 소회일 행사

중동팔관회는 어떤 의례절차로 설행되었을까? 『고려사』 제68권 지 제23권 예11 가례잡의의 중동팔관회의에 의하면 팔관회 행사는 소회일, 대회일로 나뉘어 이틀간에 걸쳐 설행되었다. 음력 11월 14일에 개최된 소회일 행사는 크게 전반부인 '난가출궁鑾駕出宮'과 후반부인 '좌전수하坐殿受賀'의 2부로 구성되었다. 난가출궁은 좌전수하의식을 거행하는 의봉문까지 국왕이 행차하는 의식 절차로 중요한 것은 마지막에 태조의 진영 앞에 술을 올리고 배례하는 '예조진작헌詣祖眞酌獻'을 행한다는 것이다. 먼저 전반부 난가출궁의 의례절차를 정리하면 다음과 같다.

〈1부〉 난가출궁의식

① 해뜰 무렵 상사국에서는 왕좌를 대관전에 설치하고 전정을 중심으로 동쪽에 수레 놓을 자리를 마련한다. 예사에서 첫 신호를 알리면 노부와 의장대가 구정에 정렬하고, 일산 · 부채 · 위장들이 대관전 전정으로부터 의봉문 사이에 좌우로 진열한다. 인가관이 국왕이 탈 초요련을 대기시킨다. (그림 ① 참고)

② 예사에서 두 번째 신호를 알리면 추밀관 이하 시신들이 전정으로 들어와 좌우로 갈라 정렬하고, 천우상대장군과 비신장군도 기물과 복장을 갖추고 대기한다. 왕이 자황포를 입고 선인전을 나오면, 금위에서 만세를 부르고 승제 이하 근시관들이 차례대로 조하를 올린 후 왕을 대관전으로 인도한다. 왕이 대관전에 올라 왕좌에 앉으면 채찍이 울리고 대관전 안팎의 위장들과 추밀관, 시신들이 차례로 재배한다. 왕이 전에서 내려와 수레에 오르면 의장대가 움직이고 채찍을 울린다. 추밀관과 좌우시신이 앞길을 인도하여 전문을 나갈 때 교방악대의 주악이 시작된다(그림 ②, 그림 ③ 참고).

③ 예사에서 세 번째 신호를 알리고 왕의 수레가 의봉문 앞에 멈추면 왕

은 잠시 누상으로 올라가 휴식한다. 이때 추밀관, 좌우승제, 집례관들이 따라 오른다. 왕이 누상에 설치된 장막으로 들어가 개복화포한다.[141] 추밀관이 태조의 진영 앞으로 왕을 인도하면 북쪽으로 향하여 재배하고 잔을 드리고 다시 재배한다. 각도閣道를[142] 통하여 왕은 다시 장막으로 들어간다. 추밀관과 승제, 집례관들은 모두 자기 자리로 나가서 선다.

이상으로 난가출궁의식이 완료된다. 난가출궁의식 동안 대관전을 출발하여 의봉문까지 나오는 국왕의 수레를 대규모의 위장이 수행하였다. 『고려사』 권72 지26 여복 의위에 있는 중동팔관회출어간악전위장仲冬八關會出御看樂殿衛杖[143] 맨 앞부분에 위의사의 총인원이 3,276명이라고 밝혀져 있어, 그 규모가 얼마나 크고 화려했는지를 알 수 있다.

그런데 총인원수가 3,276명이라 하였지만 항목마다 나열되어 있는 위의사의 인원수를 실제로 합산해 보면 1,964명이다. 따라서 언급된 총수와 실제 기록된 항목별 총인원수는 1,300여 명의 차이를 보이고 있다. 이를 보면 『고려사』에 의례의 내용을 빠짐없이 정확하게 다 기록하지는 않았다는 것을 알 수 있다. 연등회 때의 봉은사 진전 행차시 위의사의[144] 총인원수는 팔

---

141) 이때 어떠한 복장으로 갈아입었는지는 명확하지 않다. 팔관회 조진배알에는 봉은사 조진배알, 경령전 제향, 제릉 참배시와 마찬가지로 조진과 신좌에 헌주하고 재배할 때 입는 별도의 의복과 신발이 있었다. 이것은 곤룡포도 아니고, 자황포도 아닌 다른 종류였을 것으로 추측된다. 『高麗史』 권72 志26 輿服 視朝之服에 문종 12년(1058) 4월 예사에서 왕의 조복 색깔로 紅과 黃 이외에는 없다고 아뢰었다는 내용에서 색깔은 홍색이나 황색이었을 것이다. 제2장 주) 157 참고).

142) 상하 이중으로 된 길을 말하는데 復道라고도 한다. 보통 윗길은 천자가, 아랫길은 백성이 다닌다고 한다. 이를 통해 의봉루 누상에는 각도가 설치되었으며 조진은 윗길을 따라 올라간 문루의 상층부에 봉안되어 있었던 것으로 짐작된다. 국왕은 누상에 설치된 전용계단을 통해 각도의 윗길로 올라가 조진을 배알했을 것이다.

143) 여기서 간악전은 팔관회의 의식이 소회일이나 대회일 모두 의봉문에서 설행되었으므로 의봉문루의 별칭으로 생각된다.

144) 『高麗史』 권72 志26 輿服 儀衛 上元燃燈會奉恩寺眞殿親幸衛仗.

관회처럼 정확히 밝혀져 있지는 않으나 마찬가지 방법으로 위의사들의 인원수를 합산하면 총 1,883명으로 팔관회의 1,964명과 큰 차이가 없다.

한편, 왕이 태묘 · 원구 · 사직 등에 행차할 때 따르는 법가위장의[145] 경우도 팔관회처럼 정확한 위의사의 총인원수가 구체적으로 기록되어 있지는 않지만 마찬가지로 합산하여 보면 총 3,148명이다. 이 숫자는 기록의 내용을 바탕으로 세목별로 합산해 본 연등회와 팔관회의 총인원수보다 훨씬 많을 뿐 아니라, 기록에 명기되어 있는 3,276명의 팔관회 위의사의 총인원수와 거의 일치하고 있다. 생각건대 법가위장은 유교의례 중 가장 중요한 길례대사에 수반되는 위장이므로 『고려사』 편찬자들이 가장 자세하게 기록한 때문일 것이다. 이로 미루어 연등회와 팔관회 의례의 내용이 유교의례에 비하여 소홀히 다루어졌음을 알 수 있다. 나아가 불교의례로 거행된 부분은 삭제하고 편집하였을 가능성도 충분히 있다.

팔관회 때의 대관전부터 의봉문까지 행차는 궁궐 내에서의 이동이었기 때문에 봉은사나 태묘, 원구로의 행차와 비교하면 대단히 가까운 거리였다. 개경의 궁성은 동서 길이가 375m, 남북 길이가 725m, 둘레가 2,170m 정도였으므로,[146] 대관전과 의봉문 사이의 거리는, 대관전 뒤의 북쪽에는 침전들인 장령전, 연영전, 자화전, 만령전 등이 자리잡고 있었고, 의봉문 앞 남쪽에는 넓은 공간을 차지하는 구정이 있었던 점을 감안한다면, 넉넉잡아도 500m가 채 안 되었을 것이다(그림 ④ 참고).

그러므로 팔관회 위장은 원거리 행차가 아니었으므로, 그 구성에 있어 연등회나 법가위장과는 차이를 보이고 있다. 즉, 연등회나 법가위장이 선배대령장군을 선두로 하여 왕이 타고 있는 초요련의 앞뒤에서 도열하여 행진하는 위의사들의 순서를 중점적으로 규정하고 있는 데 비해서, 팔관회 위장은 의봉루를 중심으로 하여 배치되고 있는 위의사들의 위치를 중점적으로 규정하고 있다. 화려한 복장에 의식용 기물들을 들고 호위하고 있는 3,276명

145) 『高麗史』 권72 志26 輿服 儀衛 法駕衛杖.
146) 홍영의, 1998, 「고려 수도 개경의 위상」 『역사비평』 45, 359쪽.

의 위의사들과 행차길 좌우로 가지각색의 화려한 번기들과 무기들을 들고 도열하고 있는 군사들로[147] 팔관회 날 궁성은 그지없이 화려하고, 굉장한 구경거리였을 것이다.

한편, 난가출궁 의례의 마지막에 행해지는 예조진작헌 의식은 팔관회도 연등회와 마찬가지로 태조신앙을 중핵으로 하고 있는 의례임을 뒷받침하고 있다. 의봉문루에 모셔져 있는 태조진영이 얼마나 중요하게 여겨지고 있었는지는 이규보가 지은 팔관회에 임하여 태조진영 앞에서 대를 이동하는 사유를 고하는 축문에 잘 나타나 있다.[148] 팔관회 전 행사를 위한 부계 등의 시설을 의봉루 앞에 설치하기 위해 장비들을 동원하여 공사를 벌이게 되면 작업소리로 소란스러워지므로, 공사를 시작하기 전에 조진 앞에서 그 사유를 고하는 의식을 미리 행하고 있었다.

또한, 서경 팔관회에서도 예조진작헌 의식과 유사한 태조묘 제사의식이 행해졌다.

> 명종 20년(1190) 10월 갑신 사신을 서경에 보내어 藝祖廟에서 都祭를 지냈는데, 서도는 예조가 일어난 곳으로 지금까지도 의관이 사당에 보관되어 있으므로 그후 왕들은 매번 연등과 팔관회 때 대신들을 보내 제사를 지내게 하였다.[149]

여기에서 예조는 시조인 태조를 가리키는데[150] 태조묘에는 팔관회뿐 아니라 연등회 때도 제사를 지내고 있다. 이는 개경 팔관회에서의 예조진작헌 의식과 연등회에서의 봉은사 진전행향과 비견되는 절차였다.

팔관회의 예조진작헌 의식과 연등회의 봉은사 진전행향을 비교하면, 작

147) 『高麗史』 권72 志26 輿服 鹵簿 仲冬八關會出御鹵簿.

148) 이 예문을 읽어 하늘에 있는 바람의 행차를 맞고 기계의 공교로움을 써 장차 땅을 흔들 우뢰 바퀴를 굴리려 합니다. 그러기 위해 먼저 사유를 고하오니 부디 놀라거나 이상스럽게 여기지 마옵소서(『東國李相國集』 권40 釋道疏 諸祝 「八關日祖眞前動臺告事祝」).

149) 『高麗史』 권63 志17 禮5 雜祀.

150) 김철웅, 2002, 「고려 국가제사의 체제와 그 특징」 『韓國史硏究』 118, 151쪽.

헌에 앞서 국왕이 옷을 바꿔 입고 신발을 갈아 신는 것은 공통적이지만, 봉은사 행향시에는 국왕이 작헌할 때 태자 이하 백관들 모두 함께 재배하고 있는 것과 달리, 팔관회 때는 국왕만이 진영이 있는 곳으로 올라가 잔을 올리고 재배한다.[151] 예조진작헌은 다음날 대회일 행사 때도 행사 첫머리에 다시 행해진다.

이로 미루어 팔관회의 예조진작헌은 오늘날 의식을 시작할 때 행하는 국민의례처럼 팔관회 의식을 시작하면서 팔관회 설행을 유훈으로 남긴 태조를 기리며 태조신앙을 확인하는 의례 정도로 여겨지며, 팔관회에서 차지하는 비중은 연등회에서 봉은사 진전행향이 차지하는 비중에 비하여 적었다고 생각된다. 연등회 소회일 행사의 하이라이트가 태조를 주인공으로 하는 봉은사 진전행향이라면 팔관회 소회일 행사의 하이라이트는 국왕을 주인공으로 하는 좌전수하 의식이기 때문이다.

〈2부〉 좌전수하의식

난간출궁의식이 끝나고 국왕이 편차로 퇴장하여 휴식을 취한 후 다시 전으로 나오면서 시작된다. 이 의식은 세 단계로 구성되는데 국왕이 편차로 퇴장하여 휴식을 취하고 다시 전으로 나오는 의식이 각 단계를 구분하는 기준이 된다. 세 단계 모두 군신들은 헌수하고 국왕은 하사하면서 함께 술과 음식을 나누는 연회 형식으로 의식이 진행되며, 그 가운데 〈첫째 단계〉가 조하를 받는 수하의식이 들어 있어 가장 중요하다고 할 수 있다.

〈첫째 단계〉

① 왕이 편자에서 나오기 전 좌우승제, 전우상대장군, 비신장군, 내시, 다

151) 이러한 형식을 두고 국왕이 홀로 신하의 예로써 태조를 배알하며 작헌하고 음복하는 의식을 통해서 태조의 靈威를 체득하는 과정이라 보기도 하지만(奧村周司, 1979, 「高麗における八關會的秩序と國際環境」『朝鮮史研究會論文集』16, 79쪽), 이는 어떠한 특별한 뜻이 있기보다 진영이 봉안되어 있는 의봉루 위의 장소가 협소하기 때문에 국왕만이 올라가 작헌한 것으로 생각된다.

방원, 어주원, 협률랑, 수정장, 부월, 은간작자, 지절관, 지정관, 견룡, 정편, 장선, 승지, 중금반 등은 층계를 올라 정해진 위치로 가 기구와 복장을 갖추고 선다. 교방악관들은 앞마당 구정에 좌우로 갈라서고, 추밀관 이하 좌우 시신들도 모두 구정에 정해진 위치로 선다. 합문관들이 태자 및 공 · 후 · 백작, 재신 및 문무백관들을 인도하여 하례를 올리는 문사위에 가 서게 한다. 고취의위는 백관들의 절을 올리는 자리인 배위 후면에 정렬한다(그림 ⑤, 그림 ⑥, 그림 ⑦ 참고).

② 왕이 자황포를 입고 편차를 나올 때 교방악대가 풍악을 시작한다. 왕이 자리에 오르면 채찍을 울리고 화로에서는 연기가 오른다. 합문원이 태자 이하 백관들을 인도하여 배위로 나아간다. 태자 이하 백관들이 재배한 후 태자가 앞으로 나서서 "저희들은 성대한 팔관회를 맞이하여 크게 경축하오며 무한히 기뻐하는 바입니다."라고 말하고 물러간다.

다시 좌집례관이 태자와 상공을 인도하여 문사위로 나아간다. 태자와 상공 및 앞마당의 백관 모두 재배한다. 태자와 상공은 꿇어앉아 "저희들은 성대한 팔관회를 맞이하여 크게 경축하오며 삼가 천만세의 축배를 올리고자 감히 분부를 기다리나이다."라고 하례를 올린다. 태자와 상공 및 앞마당의 백관들 모두 재배한다.

태자와 상공은 좌집례관의 인도로 세수하는 곳으로 나가서 손을 씻은 다음 동편 층계를 통해 전상으로 올라간다. 왕좌의 왼쪽으로 가서 서쪽을 향해 꿇어앉아 태자는 잔을 들고 상공은 주전자를 들어 술을 따른다. 왕이 잔을 들 때 악관들은 가곡 '천온향天醞香'을 연주하기 시작하다가 빈 잔을 물리면 멈춘다. 태자와 상공이 전에서 내려오고 다시 태자 이하 백관들은 재배한다.

③ 처음 헌수가 끝나면 사재경은 왕에게 음식을 올리고 전중감은 술을 올리는데 세 번 음식이 올린 후, 좌집례관이 전에서 내려와 태자에게 국왕의 조하에 대한 인사말과 아울러 차와 술을 하사하신 것을 전한다. 다시 태자 및 공 · 후 · 백작들이 전상의 자리로 오른다. 추밀관 · 시신 · 급사 · 중승 ·

정4품 지제고 및 대제 이상은 3층으로 된 부계의 맨 위 층계로 오르고 나머지 가운데 층계에 있는 사람들도 모두 양편으로 나뉘어 북쪽을 위로 하고 자리에 선다. 재신들과 문무 3품관 이하 백관들은 좌우 동락정과 좌우행랑 쪽으로 가 갈라선다.

④ 합문관들이 3경유수와 동서병마사 · 8목 · 4도호부의 봉표원들을 인도하여 문사위로 가서 북쪽을 위로 하고 서쪽으로 향하여 선다. 합문이 "지표원 아무개 등이 조하할 것을 삼가 기다리고 있습니다."라고 아뢰고 나서 그들을 인도하여 절하는 자리로 가서 표문을 받들고 꿇어앉는다. 합문원이 표문을 받아 올리면 지표원은 머리를 숙이고 엎드렸다가 일어난다. 합문원이 풍악을 즐길 수 있는 좌석과 주식을 그들에게 하사한다는 분부를 전한다. 사인이 인도하여 서쪽으로 나간다.

⑤ 전선傳宣이 모두 배정된 좌석에 앉게 하라는 왕의 명령을 전하면 명을 받은 사람들은 명령을 전하는 자리로 가서 남쪽으로 향하여 서며 재신들은 모두 층계에서 내려와 절하는 자리로 가서 전을 향해 선다. 명령을 받은 사람이 '봉선' 이라고 말하면 재신들은 재배하고 허리를 굽힌다. 구선口宣의 절차가 끝나면 재상들은 자리에 가서 앉는다. 이하 문무 3품관들이나 문무 4품 이하의 관리들이 명령을 받는 절차도 이와 같다(그림 ⑧~그림 ⑭ 참고).

⑥ 좌우집례관이 왕의 명령을 받아 양부악관과 근위장 10인에게 층계 위로 올라오는 것을 허락한다는 분부를 전하면 양부악관들과 위장, 장사들이 다같이 만세를 부르고 재배한 후 차례로 층계를 올라와 좌우로 나뉘어 모두 북쪽을 위호하면서 두 줄로 선다.

⑦ 협률랑이 휘를 들면, 태악령이 백희가 등장할 것을 아뢰고 이어서 백희가 공연된다. 협률랑이 휘를 눕히면 모두 물러간다.

⑧ 추밀관 이하 양계, 즉 위 층계와 가운데 층계에 앉은 시신들과 앞마당에 있는 합문원들을 위한 과실상을 차린다. 전상의 태자 이하 공 · 후 · 백작들의 과실상은 앉기 전에 미리 차려 둔다. 근시관들이 왕에게 차와 음식을 드리고 태자 이하 공 · 후 · 백작, 추밀관들과 양계의 시신들에게도 다식을

차린다. 다음에 근시관들이 왕에게 차를 올리고, 태자 이하 공·후·백작, 추밀관들과 시신들에게도 차를 올리면 모두 재배하고 차를 마신 다음 읍한다.

⑨ 태악령이 "방정 주 구성"이라 외치면 구정에 진열되어 있는 악기들을 사용하여 아악 등 여러 가지 음악을 예법에 맞게 차례대로 교대하여 연주한다.

⑩ 근시관들이 왕에게 술과 음식을 올리고 태자 이하 시신들에게도 주식을 차린다. 집례관이 "식"이라고 하면 왕이 수저를 드는데 이때 주악이 시작되고 태자 이하 시신들이 읍하고 자리에 앉아 식사를 마치면 주악이 멎는다. 그 다음 근시관들이 술을 올리는데 왕이 술을 들 때 주악이 시작되고 술을 마신 다음에 주악이 멎고 집례관이 "음"이라고 하면 태자 이하 시신들은 재배하고 술을 받는데 이때 주악이 시작되고 술을 마신 다음 주악이 멎는다. 이러한 절차로 세 번 주식이 나온다.

⑪ 집례관이 태자 공후백작을 인도하여 전에서 내려오면 추밀관들과 위층계 시신들이 함께 각각의 절하는 자리로 가 서고 가운데 층계의 시신들은 각자의 과실상 앞에 가 선다. 이하 사람들도 이에 따른다. 집례관이 "태자 이하 양계 시신들 재배"라고 하면 태자는 꿇어앉아 "신 아무개 등은 천만세의 축배를 올리고자 하오니 삼가 분부가 있으시기를 바랍니다."라고 아뢴다. 태자 이하 시신들은 재배하고 태자와 공·후·백작, 추밀관들은 세수하는 곳으로 가서 손을 씻는다. 양계의 시신들은 각각의 절하는 자리에서 꿇어앉아 기다린다.

〈첫째 단계〉는 국왕에 대한 태자 이하 종실들과 중앙의 모든 관리들의 조하 → 지방관들이 파견한 지표원들의 봉표 조하 → 좌석을 배정하는 의식 → 백희 공연 → 음다飮茶 → 음악 공연 → 주식酒食을 함께 나눔의 순서로 전개되고 있다. 그러면 각 의식 요소들이 가지는 의미는 무엇일까?

지방관들이 파견한 지표원들의 봉표 조하의식은 팔관회에서만의 독특한 의식절차로서 고려의 다른 국가의례에서는 찾아볼 수 없는 중요한 것이다.

이것은 의례를 통해 중앙과 지방의 상하관계를 분명히 하면서 국왕을 정점으로 하는 국가의 질서체계를 총체적으로 구현하려는 의도가 표현되어 있다.

백희공연은[152] 연등회 소회일에도 행해졌는데, 이는 연등회와 팔관회에 유락적인 요소를 부가하여 왕실만의 행사로 그치지 않고 일반백성들의 관심을 끌어들여 참여를 유도하는 데 기여하였다. 이를 통해 축제 분위기가 조성되어 문화공동체로서의 일체감을 형성하는 데 큰 역할을 하였다. 『고려도경』은 인종 당시 석지(장대묘기)와 포구(공던지기묘기)의 기예도 있었고, 백희공연자들도 수백 명이 있었는데 모두들 대단히 민첩하다고 전하고 있다.[153]

음악도 역시 팔관회에서 중요한 비중을 차지하였다. 중동팔관회출어간악전위장仲冬八關會出御看樂殿衛杖이라는 명칭에서도 시사되듯이 간등이 연등회를 상징하고 있다면 간악은 팔관회를 상징하고 있었던 것 같다. 팔관회에서는 가곡 '천온향'과 아악, 중악으로 통칭되는 여러 종류의 음악이 모두

---

152) 시기적으로 후대이기는 하지만 이색의 「산대잡희」란 시에는 14세기 후반 산대잡극으로 불리고 있던 고려의 가무백희의 면모가 집약되어 전하고 있어 백회공연의 내용을 추측하는 데 도움이 된다. 그 내용을 정리하면 다음과 같다. ① 오색비단으로 장식된 산대의 모양은 봉래산과 같고, ② 바다에서 온 선인이 과일을 올린다. ③ 속악을 울리는 북과 징소리는 천지를 진동하고, ④ 처용의 춤추는 소맷자락은 바람에 휘날린다. ⑤ 솟대장이는 긴 장대 위에서 평지처럼 재주를 부리고, ⑥ 폭발하는 불꽃이 번개처럼 번쩍인다(「山臺雜戲」『牧隱詩藁』 권33). 여기에서 ①은 연등회나 팔관회 때 가설되는 채붕이나 화산과 유사하며, ②는 연등회 때 연주되던 당악인 헌선도 속의 내용이며, ③은 속악들이 연주되고 있는 모습이다. ④는 처용무가 공연되는 모습이다. 처용무는 신라향가 '처용가'에서 비롯된 것으로 고려시기 백희 공연에서 주요 레퍼토리였는데 팔관회에서도 역시 공연되었을 것으로 추측된다. ⑤는 자지와 유사한 묘기를 부리는 백희이며 ⑥은 화약을 사용한 불꽃놀이를 가리킨다. 이 같은 산대잡극의 내용의 기원은 연등회와 팔관회 때 공연되던 백희와 연주되던 음악들이었을 것으로 대중화되면서 민간의 오락이 되어갔을 것으로 생각된다.

153) 『高麗圖經』 권40 同文 樂律.

154) 송방송, 1996, 「음악」『한국사』 21, 국사편찬위원회, 460~488쪽.

155) 문종 27년(1073) 11월 신해일 팔관회를 베풀고 왕이 신봉루로 거동하여 교방악을 감상하였는데 여제자 초영이 아뢰기를 "새로 전습한 가무는 포구락과 구장기별기

연주되었으니, 아악, 당악, 속악으로 분류되는[154] 고려시기 모든 장르의 음악들이 망라되고 있던 셈이다. 또한 팔관회를 계기로 새로운 가무가 발표되기도 하였다.[155]

〈둘째 단계〉

① 왕이 편차로 들어갔다가 다시 나와 앉으면, 태자 이하 공·후·백작 및 추밀관들은 전상에 올라와 엎드렸다가 일어난다. 태자는 왕좌의 왼쪽으로 가서 잔을 받들고 공·후·백작 및 추밀관들은 차례대로 주전자를 들어 술을 붓는다. 왕이 술을 들면 주악이 시작되고 술을 다 마시면 주악이 멎는다. 태자 이하 모두 엎드렸다가 일어나 전에서 내려 절하는 자리로 가 재배하고, 양계의 시신들은 원래 자리로 돌아간다.

② 집례관이 특별잔을 하사한다는 말을 전하면 추밀관 이상은 다 재배한다. 근시관이 주전자와 잔을 받들고 먼저 오르고 추밀관 이상도 전상에 올라 머리를 숙이고 꿇어앉는다. 태자가 잔을 받아 전상의 동쪽 벽 자신의 마시는 자리로 물러나서면 공·후·백작과 추밀관들도 차례대로 이와 같이 행한다. 집례관이 "읍"이라고 말하면 추밀관 이상은 왕의 좌석을 향하여 읍하고 마시는데 그때 주악이 시작되고 마신 다음 주악이 멎는다. 근시관들이 각각 빈 잔을 받고 다시 추밀관 이상은 읍하고 전에서 내려가 절하는 자리

인바, 포구락에는 제자가 13인이요, 구장기에는 제자가 10인입니다."라고 하였다(『高麗史』 권71 志25 樂2). 포구락은 『高麗史』 권71 志25 樂2 唐樂에 가무의 내용이 전해지고 있다. 포구락의 등장인원은 공연의 서두와 말미에 죽간자를 들고 등장하여 구호와 치어를 올리고 춤추는 2인과 본 내용을 연기하는 12인을 합하여 총 14인이다. 내용을 살펴보면 노래를 부르며 춤을 추다가 12인이 두 편으로 나뉘어 한사람씩 나와 장대에 매단 망주머니에 공을 던져 넣는 시합을 여섯 차례 벌인다. 이때 내기에 진 사람은 얼굴에 먹칠을 당하는 벌을 받기 때문에 유희적 성격이 강한 가무이다. 따라서 문종 때는 죽간자를 들고 등장하는 사람이 2인이 아니라 1인이었을 것이다. 구장기별기는 아홉 개의 기구를 가지고 묘기를 부리는 기악으로 추측되며 죽간자를 들고 인도하는 1인과 묘기연기자 9인을 합하여 10인이 출연하였던 것으로 생각된다.

로 가서 재배한 후 각자 자리로 돌아간다.

③ 가운데 층계의 시신들과 좌우 동락정에 있는 재신들과 문무 3품관들에게 특별잔을 하사한다. 승제가 재신들의 장막으로 갈 때 주전자에 특별히 하사하는 술을 받쳐 든 다방원들과 교방악관들이 뒤를 따른다. 승제가 동락정 층계 아래 명령을 전하는 자리에 이르러 동쪽으로 향하여 서면 악관들도 동쪽으로 향하여 정렬한다. 재신들은 모두 층계에서 내려와 절하는 자리에 나아가 재배하고 층계를 올라와 조금 앞으로 나와 서쪽으로 향하여 선다. 잔에 술을 부을 때 주악이 시작되고 술을 다 마시면 주악이 멎는다. 재신들은 절하는 자리로 가 재배한 후 원래 자리로 돌아간다. 가운데 층계의 시신들이나 문무 3품관들에 대한 절차도 대동소이하나 악관을 동반치 않는 점이 다르다. 또한 문무 4품관 이하의 절차도 3품관들의 절차와 같다.

④ 좌우시신들에게 특별잔을 하사하고, 시립원장 · 양부악관 · 시봉군인들에게 술과 과실을 하사한다. 좌우승제와 천우상대장군, 내시, 다방원, 참상원, 좌우집례관들도 차례로 전상에 올라와 재배하고 술을 받아 마신 후 재배하고 각자 자리에 가 선다.

⑤ 무대가 세 가지 안주와 석 잔의 술을 진상하고 춤추고 물러가면, 왕에게 술과 음식을 올리고 태자 이하 시신들에게도 주식을 차린다. 이때 주악이 시작되고 멎는 것은 의례예법에 준한다.

⑥ 특별잔 하사와 시신들의 헌수 차례가 되면 집례관은 위 층계 시신들을 인도하여 절하는 자리로 나아가 선다. 시신들은 재배하였다가 꿇어앉아 "저희들의 천만세의 축배를 올리려고 합니다."라고 아뢰고 세수하는 곳으로 나와 손을 씻는다.

〈둘째 단계〉에는 연회가 베풀어지는데, 먼저 왕에게 잔을 올리고 왕도 이에 답하여 직접 술잔을 하사하거나 집례관을 통하여 술을 하사하는 의식이 위계에 따라 복잡한 절차로 엄격하게 진행된다. 그리고 다시 주식이 베풀어지면서 군신간의 결속을 돈독히 하고 있다.

〈셋째 단계〉

① 왕이 편차에 들어갔다가 다시 나와 앉으면, 시신들이 전상에 올라 차례로 헌수하고 배위로 가 재배하고 원래의 자리로 돌아간다. 집례관이 특별잔을 하사한다고 전하면 시신들은 재배하고 전에 올라 차례로 예법대로 하사하는 특별잔을 받는다. 만약 태자 이하 공 · 후 · 백작과 가운데 층계의 시신들에게 특별히 술을 하사한다는 분부가 있을 때에도 의례예법에 준한다.

② 시립원장들과 양부악관들, 시봉군인들에게 술과 과실을 하사한다.

③ 왕이 편차로 들어간 후 조금 지나 협률랑이 휘를 들면 고취악이 시작되었다가 휘를 눕히면 멈춘다.

④ 합문관이 태자 이하 공 · 후 · 백작, 추밀관과 시신들을 인도하여 구정으로 내려가 재신 및 문무백관들과 함께 각자의 자리에 가 선다. 감사를 표하는 교지가 내려지면 집례관의 인도로 태자 이하 공 · 후 · 백작, 추밀관과 시신, 백관들은 읍하고 물러간다.

〈셋째 단계〉도 〈둘째 단계〉와 거의 유사하나 주식이 베풀어지는 규모가 간소해진다. 이것으로 〈2부〉 좌전조하의식이 끝나고 동시에 팔관회 소회일 행사가 막을 내리게 된다.

팔관회 소회일 행사에서 가장 중요한 부분은 조하행사이다. 태자 이하 중앙의 관리들이 위계에 따라 조하를 드린 후, 지방으로부터 올라온 봉표원들이 팔관회를 경축하는 하표를 올리고 조하를 드린다. 그후 연회가 개최되는데 술잔을 올리고 하사하는 절차를 위계에 따라 엄격히 준행하여 연회에서도 국왕을 정점으로 한 국가의 일원적 질서체계를 분명하게 구현하고 있다.

소회일 행사가 끝나면 국왕은 법왕사로 행차하였다. 중동팔관회의의 절차에는 들어 있지 않지만 팔관회 때는 연등회의 봉은사 행향과 대응되는 법왕사 행향이 이루어졌다. 팔관회 법왕사 행향은 성종 즉위년(981)부터 시작되었다. 이는 팔관회 축소와 관련된 것으로, 성종은 팔관회의 잡기가 불경하고 번쇄하다고 하여 모두 폐지하고 법왕사로 가 분향하고 돌아와 구정에서 군신들의 조하를 받는 것으로 행사내용을 대폭 축소 변경하였다. 그리고 6년 후에는 팔관회를 완전히 폐지하였다. 그런데 현종 원년(1010) 20여 년 만에 팔관회를 부활하였을 때 현종은 위봉루로 나가서 음악 감상인 간악看樂만 하였을 뿐 법왕사로는 행차하지 않았다. 법왕사 행향이 다시 나타나는 것은 정종 대부터이다.

> 정종 즉위년(1034) 11월 경자일에 왕이 신봉루로 나가 팔관회를 열고 백관들에게 주연을 베풀고 저녁에는 법왕사로 행차하였다. 이튿날 대회에서 다시 연회를 열어 음악을 감상하였고 동서2경, 동북양로병마사, 4도호, 8목에서는 각각 表文을 올려 축하하였다. 또한 송나라 상인들과 동서번과 탐라국에서도 토산물을 바쳤는데 그들에게 좌석을 배정하여 의례에 참가할 수 있도록 하였는데 이후부터 이것이 상례가 되었다.[156]

위의 내용은 법왕사 행향만을 제외하고는 『고려사』 예지 가례 잡의 가운데 중동팔관회의에 기록된 팔관회 설행절차와 거의 일치하고 있다. 비록 법왕사 행향이 중동팔관회의에는 수록되지 않았다고 할지라도 정종 5년(1039)의 팔관회 때에도 이루어졌고 정종을 이은 문종 대는 상례적으로 반드시 하는 일로 된 것으로 미루어 법왕사 행향이 팔관회 행사를 구성하고 있는 공식의례였음을 부정할 수 없다.

법왕사는 태조가 창건한 십찰 가운데 하나로 고려의 건국과 역사를 같이 하는 중요사찰이었다. 태조는 건국한 이듬해(919) 정월 송악 남쪽을 수도로 정하고 개경을 명실상부한 새 왕조의 수도로서 건설하기 위해 도시계획사업을 본격적으로 추진하기 시작하였다. 3월에 법왕사, 자운사, 왕륜사, 내세석원, 사나사, 대선원보제사, 신흥사, 문수사, 원통사, 지장사 등 십찰을 창건하였는데, 이 또한 이러한 사업의 일환이었다.[157] 법왕사가 고려 왕실에서 중시되고 있었던 것은 고종 19년(1232) 강화도 천도 이후 개경에 있던

156) 『高麗史』 권6 世家6 靖宗 즉위년 11월 庚子.

주요 사찰들을 강화에 다시 세울 때 법왕사가 최우선으로 조성된 사실에서도 확인된다.[158]

법왕사는 궁궐의 동북쪽, 태자궁인 춘궁으로부터 멀지 않은 곳에 있었다.[159] 소속 종파는 화엄종 승려 균여가 광종 13년(962)에 이곳에서 화엄경을 강론하였고,[160] 고려 말 권근이 남긴 「법왕사조사당기」에 의하면 절 서쪽에 위치한 조사당에 비로자나불 삼존 화상과 화엄존사들의 진영이 걸려 있었던 점으로 미루어[161] 고려 말까지 화엄종 소속이었을 것이다.

법왕사의 본존상 역시 비로자나불이었는지 확실하지 않으나 법신인 비로자나불이 아니었다면, 응신인 석가모니불이었을 것으로 추측된다. '법왕'은 '불법의 왕'을 뜻하기도 하고 '정법으로 통치하는 국왕'을 뜻하기도 한다. 따라서 팔관회의 법왕사 행향은 불법의 왕인 부처님을 상징하고 있는 법왕사로 국왕이 행차하여, 법왕과 국왕을 동일시하려고 했던 태조의 왕즉불王卽佛 사상을 재확인하는 의식으로 이해될 수 있다. 그리고 이것은 국가적 불교의례로서의 팔관회의 성격을 뚜렷이 하는 것이라 하겠다.

이규보가 지은 「법왕사팔관설경문」은 이를 뒷받침해 주는 자료이다.

> 三舟一月이라 함은 모든 법이 하나로 돌아가는 것을 비유한 것이고 五水千瓶을 쓰는 것은 '팔관'의 청정한 계율이기 때문입니다, 선조로부터 깊이 믿어서 으뜸의 칙령으로 끊이지 말 것을 밝혀 놓으시어 이에 어리석은 후손은 선

---

157) 현종 15년(1024)에 개편된 개경 5부의 坊里 명칭 가운데 법왕방, 흥국방, 자운방, 왕륜방, 사내방, 내천왕방 등이 보인다(『新增東國輿地勝覽』 권4 開城府 上 部坊). 이러한 명칭은 절 이름에서 비롯된 것으로 해당 절이 그 지역의 중심 건물로 계획된 것을 알 수 있다.

158) 고종 22년(1235) 11월 팔관회를 개최하고 법왕사로 행향하였다(『高麗史』 권23 世家23 高宗 22년 11월 癸酉).

159) 『高麗圖經』 권17 祠宇 王城內外諸寺.

160) 『釋華嚴分記圓通抄』 권1(『高麗大藏經』補遺版 涵函), "峻豊三年壬戌於京都法王寺均如太大德夏講"

161) 權近, 「法王寺祖師堂記」『陽村集』 권14 記類.

> 대의 규범을 준수하여 중동의 좋은 날에 넓은 궁정의 앞마당에서 성대한 예식을 베푸나이다. 돌아보건대 종과 북 등의 모든 악기를 갖춘 것은 스스로만이 즐기려는 것이 아니라, 사람과 하늘이 다함께 기뻐하여 태평을 누리려는 것이옵니다. 그리고 바로 법왕사로 나아가 엄숙히 불사를 행하여, 영취산의 고승들을 초빙하여 龍柱의 靈文을 부연하오니, 원컨대 불력의 보호를 입어 온 민심이 편안하여지이다. 나라의 운수가 크게 형통하여서 먼 곳까지 다 감화를 받게 되고 경사스런 기반이 만세까지 보전하여 자손에게 전함이 끝이 없게 하소서.[162)]

윗글은 팔관회 소회일 행사 직후 국왕이 법왕사로 행차할 때 쓴 발원문이다. 이날 법왕사에서는 고승들을 초빙하여 경전에 대한 법문을 듣는 불사가 엄숙히 거행되었고, 부처님의 가피로 민심이 편안하고 대외관계가 안정되어 고려의 국기가 오래오래 보전될 것이 기원되었다. 따라서 팔관회 소회일 행사는 국왕이 법왕사 행향을 마칠 때까지로 보는 것이 타당하다.

한편, 팔관회 때 법왕사 이외에 신중원으로도 행차한 사례가 있어 주목된다. 선종 3년(1086) 11월 팔관회를 열고 법왕사와 신중원을 차례로 행차하였고,[163)] 예종 원년(1106) 11월에도 팔관회를 열고 왕이 법왕사와 신중원에 행차하였다가 돌아와서 궁궐 마당에서 백신, 즉 모든 토속신에게 배례하였다고 한다.[164)] 신중원은 외제석원, 구요당과 더불어 태조 7년(924)에 창건된 사찰로서[165)] 명칭 그대로 신중을 모시는 곳이었다. 신중은 불경 속에서 부처와 중생을 보호하는 임무를 지닌 신격들로 등장한다.[166)] 고려 왕실

---

162) 『東國李相國集』 권38 道場齋醮疏祭文; 『東文選』 권114 道場文.

163) 『高麗史』 권10 世家10 宣宗 3년 11월 戊辰.

164) 『高麗史』 권12 世家12 睿宗 원년 11월 辛丑.

165) 『고려사』에서는 외제석원, 구요당, 신중원을, 『삼국유사』에서는 외제석원, 신중원, 흥국사를 창건한 것으로 전하고 있다(『高麗史』 권1 世家1 太祖 7년; 『三國遺事』 권1 王曆 太祖).

166) 불교의 신중에는 華嚴神衆, 天兵神衆 등이 있다. 『고려사』의 기록을 검토하면 고종 36년(1249)부터 43년까지 화엄신중도량과 천병신중도량이 별도로 개설되고

에서 신중도량을 개설한 것은 고종 4년(1217)으로 후대이나, 이전부터 신중 신앙은 성행하고 있었다.

신중원이 창건된 시기는 고려가 견훤 공격을 받아 장군 애선哀宣이 전사할 만큼 위기에 처하여,[167] 후백제에 맞서 호족들을 연합하기 위해 태조가 혼신의 노력을 기울이던 시기였다. 이러한 시대적 상황을 고려한다면 신중원의 성격은 분명히 드러난다. 즉, 신중원은 외제석원 · 구요당과 마찬가지로 불교의 호법신들을 모시는 사찰로서, 이 세 사찰은 태조에 의해 후삼국 통일전쟁기의 위기상황에서 호국을 강조하면서 내적 결속력을 강화하기 위해 창건되었다.[168]

예종은 즉위 직후 윤관을 중용하여 여진 정벌을 추진하고 있었다. 따라서 예종의 팔관회의 신중원 행차는 태조가 신중원을 창건한 역사적 배경과도 상통하며, 법왕사 행차와 마찬가지로 불력의 가피를 기원하기 위한 것으로 생각된다. 또한 궁궐 마당에서 백신, 즉 신앙대상이 되고 있는 모든 신들에게 제사를 지낸 사실은 팔관회가 불교를 위시하여 천령, 오악, 명산, 대천 등 모든 토속신앙의 신격들도 아울러 모시는 의례였다는 것을 다시금 확인시켜 준다.

있어 두 가지 모두가 구별되어 신앙되었던 것 같다. 신중원에 모신 신중이 화엄신중인지 천병신중인지는 정확히 알 수 없다. 그러나 후삼국 통일전쟁기에 화엄신중신앙이 유행하여 공동체 구성원의 정신적 결속력을 다지는 데 효과적이었다고 하며(남동신, 1993, 「나말여초 화엄종단의 대응과 (화엄)신중경의 성립」 『外大史學』 5) 왕건이 화엄신중삼매에 능한 希朗의 도움으로 후백제의 월광태자를 항복케 한 사실(이지관 편저, 1992, 「가야산해인사고적」 『가야산해인사지』, 562~563쪽)이 있었던 점, 태조 23년(940) 12월 開泰寺 낙성화엄법회 때 태조가 직접 찬술한 법회의 疏에서 화엄신중에 귀의함을 밝히고 있는 점(「神聖王親制開泰寺華嚴法會疏」 『東人之文四六』 권8 詞疏下(『高麗名賢集』 권5, 89쪽 下)) 등을 고려한다면, 신중원에 모신 신중이 화엄신중일 가능성이 크다.

167) 『高麗史』 권1 世家1 太祖 7년 7월.

168) 안지원, 1997, 「고려시대 제석신앙의 양상과 그 변화」 『國史館論叢』 78, 240~241쪽.

(3) 대회일 행사

이튿날 15일에 열리는 대회일 행사는 연회가 중심이 되었다. 의례절차는 3부로 구성되며 〈2부〉에 외국인 조하의식이 포함되어 있어 주목된다. 3부는 〈1부〉 난가출궁의식, 〈2부〉 외국인 조하의식 및 연회, 〈3부〉 연회의 순서로 진행된다.[169)]

〈1부〉 난가출궁의식

소회일의 난가출궁의식 절차와 같다. 단, 소회일 난가출궁의식은 국왕이 의봉루로 행차하여 태조진영을 배알하고 작헌하는 것으로 끝나지만, 대회일 행사에는 소회일 좌전수하의식의 첫머리인 태자 이하 공·후·백작, 재신·추밀·시신·문무백관들의 조하와 유사한 의식이 이어진다. 국왕에게 헌수하는 절차는 마찬가지지만 '조하'란 용어를 쓰지 않고 '기거'를 사용하며, 지방의 지표원들이 별도의 조하 없이 백관들을 따라 입장하였다가 퇴장한다는 것이 다르다.

〈2부〉 외국인 조하의식 및 연회

① 곡직화개를 위 층계 양편으로 갈라 세우고, 여·연·부·보 등을 모두 의봉문 안에 진열한다.

② 합문관이 송의 강수綱首 등을 인도하여 문사위에 가 선다. 합문관은 왕에게 "송나라 도강 아무개 등이 삼가 조하하고자 왔습니다."라고 아뢰고 배위로 인도하면 무릎을 꿇고 예물목록을 진상한다. 합문관이 이것을 받아 왕에게 올리면 만세를 부르고 재배한다. 그들에게 풍악을 즐길 수 있는 좌석과 주식을 그들에게 하사한다는 분부를 전하면 다시 만세를 부르고 재배한 후 서편 막차(임시천막)로 나간다.

③ 이어서 동서번자와 탐라인들이 차례대로 들어와 조하하는데 의례절차

169) 연등회 대회일 의식도 절차에 있어 세목의 차이는 보이지만 전체적으로는 총 3부로 진행된다.

는 모두 송나라 강수 때와 같다.

④ 다음에는 그들이 바친 공물들이 동편 인덕문으로부터 들어와 급히 뜰을 지나서 서편 의창문으로 나간다.

⑤ 참가자들 모두 예법에 따라 소회일 행사에서 주식이 나올 때 앉았던 위치로 가서 좌정한다.

⑥ 근시관들이 왕에게 다식을 올리고, 태자 이하 시신들에게도 다식이 차려지는데 재배하고 나서 먹은 다음 일어나 읍한다. 차와 주식이 왕에게 올려지고 이어서 태자 이하 시신들에게도 차려진다. 이때 소회의 절차대로 주악이 시작되고 멎는다. 왕에게 주식을 올리는 절차가 두 번 더 반복된다.

⑦ 집례관의 인도로 태자 이하 공 · 후 · 백작은 전에서 내려와 추밀관 및 양계 시신들과 함께 재배한 다음 추밀관 이상은 세수하는 곳으로 가서 손을 씻고, 양계 시신들은 배위에서 꿇어앉아 기다린다.

이것으로 〈2부〉 행사가 끝나는데 진설 → 외국인 조하 → 좌정 → 차와 주식을 나누는 순서로 진행되었던 것을 알 수 있다.

〈3부〉 연회

편차로 들어가 휴식을 취하던 왕이 다시 나와 앉으면 의식이 다시 시작된다. 〈3부〉 연회행사는 세 단계로 진행되는데, 이는 연등회 대회일 행사의 〈3부〉 연회가 세 단계로 진행되고 있는 것과 유사하다. 연등회에서와 마찬가지로 왕이 편차로 퇴장하여 휴식을 취하고 다시 전으로 나오는 의식이 각 단계를 구분하는 기준이 된다.

〈첫째 단계〉

① 근시관들이 꽃이 담긴 함과 잔과 주전자를 준비해 놓으면 태자 이하 추밀관 이상은 전 위로 올라가 엎드렸다가 일어난다. 태자가 승제원으로부터 건네받은 꽃가지 하나를 왕에게 올릴 때 주악이 시작된다. 태자가 또다

시 꽃가지를 바친다. 왕이 꽃을 꽂으면 태자는 조금 물러나 머리를 숙이고 엎드렸다가 꿇어앉는다. 이어서 공 · 후 · 백작 및 추밀관들도 두서너 가지씩 드리고 나면 주악이 멎는다.

② 태자 이하 공 · 후 · 백작 및 추밀관들이 차례로 왕에게 잔을 올린다. 왕이 잔을 들면 주악이 시작되고 술을 다 마시면 주악이 멎는다. 태자 이하는 모두 전에서 내려와 재배한다. 꽃과 술을 올리는 절차는 모두 이에 준한다.

③ 집례관이 다시 왕께서 특별히 술잔을 하사한다고 전한다. 먼저 근시관들이 하사할 꽃이 담겨진 함과 주전자와 잔을 가지고 오른다. 왕이 태자에게 손수 꽃을 하사할 때 주악이 시작되며 태자가 꽃을 꽂고 재배하고 물러나면 공 · 후 · 백작 및 추밀관들도 차례대로 나아가 꽃을 받으며 이를 다 마치면 주악이 멎는다.

왕은 다시 태자에게 술잔을 하사하고 태자는 재배하고 일어나 마시는 자리로 가 선다. 공 · 후 · 백작 및 추밀관들도 차례대로 이와 같이 행한다. 이때 주악이 시작되고 술을 마신 다음 주악이 멎는다. 태자 이하는 읍하고 전에서 내려와 재배한 후 자기 자리로 돌아간다.

④ 재신들과 문무백관들에게 꽃, 술과 과실을 하사하고, 좌우시신들에게도 꽃, 술과 과실을 하사하고, 시립원장들과 양부악관들에게도 꽃, 술을 하사하고, 시봉군인들에게도 술과 과실을 하사한다.

⑤ 무대가 세 가지 안주와 석 잔의 술을 진상하고 춤을 추고 물러가면, 왕에게 주식을 올리고 태자 이하 시신들에게도 주식을 차린다. 이때 주악이 시작되고 멎는 것은 의례예법에 준한다.

⑥ 특별잔 하사와 시신들의 헌수 차례가 되면 집례관은 위층계 시신들을 인도하여 세수하는 곳으로 나가 손을 씻는다.

이것으로 연희의 〈첫째 단계〉가 끝난다. 여기에서는 꽃과 술, 과실이 나눔의 주제가 되고 있다. 그래서 태자 이하 시봉군인에 이르기까지 대회 참석자 모두에게 꽃과 술, 과실을 하사하고 있다.

〈둘째 단계〉

① 왕이 편차로 들어갔다가 다시 나와 앉으면, 시신들이 전상에 올라 차례로 헌수한다. 왕이 잔을 들면 주악이 시작되고 술을 다 마시면 주악이 멎는다. 시신들이 전에서 내려와 배위로 가 재배한다.

② 집례관이 특별잔을 하사한다고 전한다. 먼저 근시관이 함에다 봉약과 과실, 잔과 주전자를 담아 가지고 오른다. 왕이 시신들에게 손수 약봉지를 하사하고 술잔을 내린다. 차례대로 하사하는 약과 과실을 받은 후 마시는 자리로 가서 읍하고 술잔을 들 때 주악이 시작되고 술을 다 마시면 주악이 멎는다. 태자와 공 · 후 · 백작, 가운데 층계의 시신들에게 특별잔을 하사한다는 분부가 있을 때에도 마찬가지이다.

③ 시립원장 · 양부악관 · 시봉군인들에게도 술과 과실을 하사한다.

〈둘째 단계〉는 〈첫째 단계〉와 거의 유사하지만, 하사품에 꽃 대신 봉약이 들어가고, 주식이 베풀어지지 않아 가장 진행절차가 간단하다. 〈첫째 단계〉 하사대상자들 가운데 추밀 · 문무백관들은 제외되고 시신들과 시립원장 · 양부악관 · 시봉군인들을 중심으로 진행되고 있는 점에서 차이가 있다.

〈셋째 단계〉

① 왕이 편차로 들어갔다가 다시 나와 앉으면 집례관의 인도로 재신들과 추밀관들이 전상으로 올라온다. 태자 이하 공 · 후 · 백작은 왕좌의 동북쪽으로 가서 서쪽을 위로 하고 남쪽을 향하여 서고, 서편에 있는 공 · 후 · 백작들은 병풍 뒤를 돌아서 동쪽의 재신 및 추밀관들 쪽으로 가 왕좌의 동쪽에서 북쪽을 위로 하고 서쪽을 향하여 선다.

② 근시관들이 왕에게 차를 올릴 때, 악관이 팔관구호를 아뢴 후 태자 이하 공 · 후 · 백작, 재신 및 추밀관들을 인도하여 전에서 내려와 위 층계 시신들과 함께 배위에 가 서고 가운데 층계 시신들은 자기 자리에서 역시 이와 같이 한다. 태자 이하 재신들과 추밀관들은 세수하는 곳으로 가서 손을

씻고 전상으로 다시 올라와 차례대로 꿇어앉아 꽃과 술을 올린다. 왕이 잔을 들 때 주악이 시작되고 술을 다 마시면 주악이 멎는다.

③ 집례관이 왕께서 특별잔을 하사한다는 분부를 전하면 태자 이하 재신들과 추밀관들은 재배하고 전상에 올라 차례대로 꽃 · 술과 봉약 · 과실 등을 전해 받는데 주악이 시작되고 멎는 것은 보통 때와 같다. 모두 전에서 내려와 재배한 후 원래 자리로 돌아간다.

④ 좌우시신들에게 특별잔을 하사하고, 시립원장 · 양부악관 · 시봉군인들에게도 술과 과실을 하사한다.

⑤ 문무 3품관에게 전에 오를 것을 명한다. 그들이 합반하여 헌수하고 술잔을 받는 예법은 모두 앞의 절차와 같다. 잔을 하사할 때 과실도 돌린다.

⑥ 집례관이 다시 시립원장 · 양부악관 · 시봉군인들에게 술과 과실을 돌린다.

〈셋째 단계〉도 앞의 단계와 거의 유사하게 태자 이하 재신 및 추밀관, 문무관리들이 헌수하고 왕은 연회 참석자 전원에게 꽃 · 술과 봉약 · 과실 등을 하사하는 의식이 반복되고 있으나, 팔관회를 경축하는 구호와 치어가 올리며 팔관회 행사의 대미를 장식하고 있는 것이 특징이라 하겠다.

이로써 〈3부〉 연회가 끝나고 종회의식이 이어진다. 태자 이하 추밀관 및 좌우시신들이 모두 내려와 재신 이하 문무백관과 함께 구정에 열을 지어 선다. 사인의 구호에 따라 재배하고 무도한다. 태자가 앞에 나와 감사의 치사를 올린다. 모두 다시 재배하고 무도를 계속한다. 왕이 군신들의 사은하는 마음을 충분히 알겠으니 그만하라는 교지를 내린다.

왕이 내려와 수레에 오른다. 황문시랑이 떠날 것을 주청하고 시신들이 앞서서 인도하면 양부악관들이 음악을 연주하며 뒤따른다. 수레가 태정문을 통해 대관전으로 들어가면 왕은 수레에서 내려 전 위로 오른다. 합문의 구호에 따라 추밀 이하 시신들이 읍하고 물러나면, 구정에 남았던 사람들도 모두 해산한다. 팔관회 대회일 행사가 막을 내린다.

이상을 분석한 결과 대회일 행사는 3부로 구성되며, 행사의 중심은 〈2부〉와 〈3부〉의 〈첫째 단계〉이다. 〈1부〉 난가출궁의식은 행사장소인 의봉루까지 행차하는 의식이고 본격적인 의식은 〈2부〉부터 시작되는데 먼저 외국인 조하의식이 있은 후 연회가 베풀어진다.

연회는 〈3부〉에서도 계속되어 〈3부〉 연회의 〈첫째 단계〉는 국왕에게 군신들이 술·꽃을 올리고 이에 대한 답례로 국왕이 술·꽃·약·과실을 하사하고 주식이 베풀어지면서 군신간의 친목을 도모하는 형식으로 진행된다. 이후 단계부터는 주식은 베풀어지지 않고 헌수와 하사만이 반복된다.

그런데 조하와 연회에서의 좌석 배치가 상하관계에 따른 위계질서를 철저히 준수하고 있다. 연등회의 연회도 군신들 사이의 상하관계를 엄격히 하면서 그에 따라 술과 꽃을 헌상하고 예물을 하사하는 형식으로 진행되고 있지만, 팔관회는 범위를 더욱 확대시키고 고도로 의전화하였다.

의봉루서부터 시작하여 구정을 지나 승평문까지를 의례공간으로 하여 관등별로 문사위와 배위를 배치하여 국왕을 정점으로 하는 권력구조를 시각화하고, 행사에 참석한 사람들에게 공연을 관람하고 연회를 즐길 수 있는 좌석을 배정하는 등 의식절차를 세분화하였다.

이는 팔관회가 왕실만의 행사가 아닌 공적인 국가의례임을 천명하는 것이었다. 행사에 참석한 모든 사람들이 — 종실과 중앙의 문무백관, 지방관을 대신한 봉표원, 외국으로부터 온 조하사절 등등 — 위계에 따라 질서있게 자리잡고 있는 모습을 내려다볼 수 있는 의봉문루 위에 마련된 왕좌는 국왕의 정치적 위상을 상징하고 있었다. 고도로 세련되고 의전화된 행사는 참석한 관리들로 하여금 국가를 이끌어 나가는 지배집단으로서의 자부심과 국가의식을 고취시켰을 뿐 아니라, 외국인들에게 고려의 국가적 면모와 위상을 과시하였다. 국왕은 이를 통해 정치적 권위를 더욱 강화할 수 있었다.

한편, 팔관회 행사에는 당대 최고의 문장가들이 쓴 팔관치어구호가 올려졌다. 팔관치어구호는 팔관회 행사 중 두 차례 올리는데 첫 번째는 소회일 음악감상 때이며, 두 번째는 대회일 연회가 막바지에 이르렀을 때다. 예종은 김부일이 지은 팔관치어구호를 보고 너무 좋은 나머지 앞으로 이것만 사용하라고 하명하였다. 김부일은 김부식의 형으로 김부일 · 김부식 · 김부철 3형제는 모두 당대의 문장가로 문필을 날렸던 인물들이다. 송나라 사람 기중립이 고려에 악관으로 와 있다가 귀국한 후 황제 앞에서 그 가사를 낭송한 일이 있었다. 후일 이자량이 송의 사신으로 갔을 때 송나라 황제가 그 팔관치어구호를 누가 썼는지 묻고, 비록 내용에서 참월한 어구가 있지만 참으로 잘된 글이라고 칭찬하였다고 한다.[170)]

중국 황제가 참월한 어구가 있다고 한 것으로 보아 하례문이 제후의 격이 아닌 황제의 격에 준하는 용어들로 표현된 것을 알 수 있는데, 현재 전해지지 않아 그 내용은 알 수 없다. 그러나 의종 때의 문장가 임종비가[171)] 올린 「팔관치어」를 통해 그 면모를 엿볼 수 있다.

> 「팔관치어」
> 넓은 뜰에 새벽부터 미리 문 · 무반을 재촉하여 정렬시켰고,
> 왕께서는 옥련을 타시고 구중궁궐에서 천천히 내려오셨사옵니다.
> 일월은 바로 황도 위에 임하옵고 성신은 높이 자미 사이를 향하옵니다.
> 하늘을 울리는 아악은 삼청의 곡조요, 땅을 뒤흔드는 환성은
> 만세의 태산이옵니다.[172)]

여기에서 다시금 팔관회가 군신이 한자리에 모여 함께 즐기고 기뻐하는 의례였던 것을 확인할 수 있다. 이상에서 살펴본 것처럼 팔관회는 의례절차를 세세하게 규정하는 의전을 만들고, 11월 보름날을 전후하여 3일간을 휴

---

170) 『高麗史』 권97 列傳10 金富佾.

171) 임종비의 개인 행장은 전하지 않으나, 무신란 때 가족이 모두 몰사하고 유일하게 살아남았다는 그의 조카 임춘의 기록으로 의종 대 활약한 인물로 추측된다. 그런데 이규보는 옛사람들의 글 중에서 길고 산만한 것을 인용하여 댓구를 맞추는 풍습이 임종비로부터 비롯되었다고 비판하고 있다(제2장 주) 162 참고).

172) 『東文選』 권104 致語 「八關致語」.

173) 『高麗史』 권84 志38 刑法1 公式 官吏給暇.

무일로 하여,[173] 14일에는 소회일 행사, 15일에는 대회일 행사를 거행하고, 16일 하루 동안은 쉬도록 하는 대대적인 국가 행사로 거행하고 있었다.

팔관회는 고려가 멸망할 때까지 지속되었는데, 이는 태조의 유훈이기도 하였다.[174] 태조의 당부대로 연등회와 팔관회의 기일 엄수는 중요한 문제였다. 참지정사 문극겸은 태후의 기일인 동짓달을 피해 팔관회를 10월에 거행하자는 예관의 요청에 대하여 명종이 의견을 물어오자 태조의 유조를 들어 반대하였다.[175] 결국 문극겸의 주장이 받아들여져 팔관회는 변함없이 11월 보름에 설행되었다.

이처럼 팔관회는 국상이 있어도 기일을 변경하지 않고 시행하였다. 성종이 6년(987)에 양경의 팔관회를 정지한 후 현종이 이를 즉위년(1009)에 부활할 때까지의 22년간을 제외하고 『고려사』에 나타난 공식적 정지 기사는 단 네 차례뿐이다.[176] 이것은 연등회가 국상 등의 이유로 정지되거나 연기되었던 사례가 많았던 것과 비교된다. 팔관회는 고려의 국가의례 가운데 가장 비중이 큰 의례였다.

---

174) 태조는 「훈요십조」의 제6조에서 팔관회와 연등회를 양대 국가적 의례로 규정하고 이를 후대 간신들의 건의로 증감하는 것을 절대로 금지함과 아울러 반드시 설행일자를 준수할 것을 당부하고 있다(『高麗史』 권2 世家2 太祖 26년 4월).

175) 팔관회는 태조께서 시작한 것으로서 천지의 신명을 위한 것이니 후대의 왕이 무슨 일이 있다고 하여 그 기일을 변경하지는 못합니다. 하물며 태조께서 신명 앞에서 "바라건대 대대로 동짓달에는 국상이 나지 않도록 하여 주십시오. 만일 불행하게 국상이 있을 경우, 이것은 국운이 장차 쇠망하여 가는 징조라고 의심하게 될 것입니다."라고 비셨습니다. 그런 까닭에 우리나라가 통일된 이래 동짓달에는 국기가 없었는데 이제 이런 일이 있는 것은 나라의 불행입니다. 또한 10월에 팔관회를 차린다는 것은 태조의 본의가 아니니, 예관의 요청을 허락하여서는 안 됩니다(『高麗史』 권99 列傳12 文克謙; 『高麗史』 권64 志18 禮6 凶禮 國喪 明宗 11년 己亥).

176) ① 충선왕 즉위년(1308) 11월 왕이 팔관회를 정지시켰다(『高麗史』 권33 世家33 忠宣王 즉위년 11월 甲子); ② 충선왕 3년(1311) 11월 팔관회를 정지하였다(『高麗史』 권34 世家34 忠宣王 3년 11월 辛亥); ③ 충숙왕 6년(1319) 11월 팔관회를 정지하였다(『高麗史』 권34 世家34 忠肅王 6년 11월 乙未); ④ 우왕 3년(1376) 11월 월식으로 팔관회를 정지하였다(『高麗史』 권133 列傳46 辛禑 3년 11월 己丑).

팔관회가 공식적으로 정지되었던 네 경우는 시기상으로 모두 원 간섭기 이후에 해당된다. 충선왕 즉위년(1308)의 경우는 순전히 충선왕의 국사 태만 때문이었고,[177] 충선왕 3년(1311)의 경우는 충선왕이 원나라에 체류 중이었기 때문이다. 충숙왕 6년(1319)의 경우는 9월에 충숙왕비 정화공주靖和公主의 국상이 이유였던 것으로 추측되는데, 이것은 명종 대 국상이 있어도 기일을 엄수한 것과는 대조되는 것으로 몽골 간섭기에 들면서 팔관회의 위상이 하락하고 있음을 반증하는 것이다.

우왕 3년(1376)의 경우는 월식으로 팔관회 행사가 중지되었다고 한다. 옛날 야간행사에서는 달, 특히 환하게 비추는 보름달이 아주 중요하였으므로 월식이 되면 행사에 지장이 많았을 것이다. 문종 대에도 월식이 있었던 전례가 있으나, 13일로 초회를 당겨 개최하여 팔관회를 정지하지는 않았다.[178] 공민왕 대 역시 6년(1357)에 사천대의 건의로 대회를 하루 앞당기거나 7년(1358) 13일이 동지여서 날짜를 변경하기는 하였지만 정지하지는 않았다.[179] 따라서 우왕 대에 월식으로 팔관회가 정지되었다는 사실은 고려 말기가 되면 팔관회가 명목상으로만 국가의례일 뿐 퇴색되어 가고 있음을 느끼게 한다.

> 우왕 12년(1386) 11월 정묘일에 팔관회를 설행하였는데, 우왕이 기녀들과 궁녀들을 데리고 헌부 북쪽으로 올라가 이를 구경하였다. 그런데 팔관회에서 순군과 근시가 길을 다투다가 큰 싸움이 되었는데 근시 편에서 창에 찔려 부상한 자가 많았다.[180]

---

177) 충선왕은 부왕 충렬왕의 후궁이었던 淑昌院妃에게 미혹되어 숙비로 봉한 후 그 교태에 빠져서 정사를 돌보지 않고 팔관회까지 정지시킬 정도였다고 한다(『高麗史』 권89 列傳2 后妃2 淑昌院妃金氏).

178) 『高麗史』 권69 志23 家禮雜儀 仲冬八關會儀.

179) 『高麗史』 권69 志23 禮11 嘉禮雜儀 仲冬八關會儀.

180) 『高麗史』 권136 列傳49 辛禑 12년 11월 丁卯.

우왕 대에 이르면 팔관회가 국왕을 정점으로 하는 대표적인 국가의례로서 고려라는 국가적 공동체의 복지와 번영을 기원하는 축제라는 의미는 상실되고, 단지 난장적인 요소만이 남아 국왕도 기녀와 궁녀들을 데리고 구경꾼의 입장으로 참가할 정도로 변해 버렸다. 건국과 동시에 개설되어 고려 문화의 구심점을 이루고 있었던 팔관회는 고려왕조의 쇠퇴와 함께 조락해 갔다.

3. 고려 팔관회의 사회적 성격

1) 팔관회의 운영 상황

팔관회는 고려의 국가의례로 10월 보름에는 서경에서, 11월 보름에는 개경에서 보름을 전후하여 3일간 개최되었으며, 서경에서는 궁궐 → 영봉문 → 흥국사를 잇는 의례공간을 중심으로, 개경에서는 궁궐 → 의봉문 → 법왕사를 잇는 의례공간을 중심으로 설행되었다. 중동팔관회의에 나타난 팔관회 의례의 설행 양상으로만 본다면 중앙의 왕실행사로 한정되고, 서경과 개경을 중심으로 거행되기 때문에 팔관회에 직접 참여할 수 있는 사람들은 해당 주민들로 제한되지만, 이것은 팔관회가 지니는 사회적 성격의 부분적인 면모일 뿐이다.

비록 팔관회는 연등회처럼 같은 날 고려 전역에서 설행되지는 않았지만, 3경유수, 동서병마사, 8목, 4도호부의 하표를 가지고 상경한 봉표원들이 지방을 대표하여 참가하고 있다. 고려의 지방제도에서 주목인 3경, 8목, 4도호부[181]는 계수관으로 중앙과 지방사회를 이어주는 중간기구의 역할을 수행하였다. 경 · 목 · 도호부에는 장관인 유수(경)와 사(도호부, 목)가 파견되었고, 군사지대라는 특수성을 지닌 동 · 서 양계에는 동서병마사가 파견되었다. 이들은 군현을 거느리고 행정을 전담하고, 조세를 수취하고, 재판권을 행사하면서 지방사회를 지배 · 통제하였다.[182]

지방장관들은 팔관회가 가까워 오면 하표를 작성하고 진상할 공물들을

181) 3경: 남경(양주), 동경(경주), 서경(평양); 8목: 광주, 충주, 청주, 진주, 상주, 전주, 나주, 황주; 4도호부: 안남(수주), 안서(해주), 안변(등주), 안북(영주).

182) 박종기, 2002, 『고려의 지방사회』, 푸른역사, 50~56쪽, 163~171쪽.

준비하여 봉표원을 파견하였다. 파견된 봉표원들은 중앙의 문무백관과 함께 팔관회 조하의식에 참가하였는데, 이들은 개경을 중심으로 하여 전국적인 연계망을 형성하고 있는 고려의 군현제도를 상징하는 것이었으며 그 정점에는 국왕이 위치하였다. 이것은 또한 팔관회가 전국의 천령 · 오악 · 명산 · 대천 · 용신 등의 제사를 모아서 중앙에서 합동으로 제사한다는 의미도 지니게 하였다. 따라서 팔관회는 중앙의 국가기관으로부터 지방의 일반백성들에 이르기까지 전 계층이 그 준비에 참여해서 전국적인 행사가 되었다.

국가에서는 가장 큰 비중의 국가의례인 팔관회를 위해 팔관보八關寶라는 기관을 두고 있었다. 팔관보는 '보'의 일반적인 기능에 따라 팔관회를 위한 경비를 염출하고 관리하는 경제적 기능이 중요했을 것이다.[183] 『고려도경』에 의하면 팔관보의 위치는 승평문 밖 동편에 있었고 제재의 업무를 관장하였으며 팔관사로도 불렀다 한다.[184] 팔관보에는 이자겸이 반란을 일으킨 직후 척준경에게 잡혀서 처자들과 함께 감금된 적도 있었다.[185]

팔관보의 설치연대는 명확하지 않으나 문종 때 소속관원을 규정한 기록이 있어 최소한 문종 대까지 올라갈 수 있다. 이에 의하면 개경 팔관보에는 4품 이상의 관원으로 사 1인, 5품 이상의 관원으로 부사 2인, 갑과권무로 판관 4인이 임명되었고, 이속들로는 기사 2인, 기관 1인, 산사 1인이 소속되었다.[186] 팔관보에 소속된 관원들은 문종 30년(1076)에 정해진 규정에 의해 팔관보사는 60석, 팔관보부사는 40석, 팔관보판관은 13석 5두의 녹봉을 받고 있었다.[187]

그런데 팔관보에 소속된 관원들은 모두 권무직이다. 권무직은 글자 그대로 임시적인 업무를 맡은 관직이다. 고려에서는 수시로 발생하는 정직正職

183) 한기문, 1998, 『고려사원의 구조와 기능』, 민족사, 397～408쪽.
184) 『高麗圖經』 권16 省監.
185) 『高麗史』 권127 列傳40 李資謙.
186) 『高麗史』 권77 志31 百官2 諸司都監各色八關寶.
187) 『高麗史』 권80 志34 食貨3 祿俸 權務官祿.

소관 이외의 사무를 처리하기 위하여 권무관을 따로 두고 있었다. 이들은 주로 제사도감각색에 배치되었다.[188] 권무관은 품관권무, 갑과·을과·병과권무, 잡권무로 구별되는데,[189] 처음 설치될 때의 취지와는 달리 고정직화하여 품관과 이속 사이에 개제하는 직제가 되어 갑과와 을과 권무는 9품보다 상위에, 병과와 잡권무는 그보다 하위의 직위가 되었다.[190] 따라서 권무직이 배치된 팔관보는 상설기관이라기보다는 1년에 한번 팔관회를 전후로 하여 행사준비와 마무리를 위해 운영되는 임시기관적 성격이 강하였다.

그럼에도 불구하고 팔관보사가 권무관록 중 가장 많은 60석을 받고 있는 것은 권무관 가운데 가장 중요한 자리였음을 시사한다. 권무관 가운데 60석을 받는 관원은 팔관보사 이외에 오부사와 내장택사뿐이다.[191] 문무관록을 받는 정직 가운데 60석을 받는 관원은 제릉령·태묘령·시사관정으로 모두 종5품직에 해당하므로[192] 4품 이상의 품관권무였던 팔관보사의 위상도 이에 준하였을 것이다.

의종 대 성주 수령으로 부임한 박인석은 백성을 잘 다스려 치적이 인사고과에서 일등이어서 팔관보판관에 제수되었다고 한다. 이후 종8품직인 도교서령에 임명되고 있는데,[193] 이로 미루어 팔관보판관은 외관에서 경관의 실직으로 승진하기 위한 가장 좋은 자리로 여겨졌으며 종8품직에 준하는 위상이었다. 이는 팔관보가 기능상으로 중요한 관부는 아니었지만 팔관회가 중시된 것처럼 팔관보 역시 중시되고 있었음을 보여준다.

한편, 서경에도 역시 팔관보가 설치되어 있었다. 문종 30년(1076)에 정해진 서경관록을 보면 녹봉으로 권무직 팔관보부사가 13석 5두, 팔관보판관이 8석 10두를 받고 있다. 이를 통해 개경에서와 마찬가지로 적어도 문종

188) 박용운, 1997, 『고려시대 관계·관직 연구』, 고려대출판부, 28쪽.
189) 최정환, 1991, 「권무관록을 통해본 고려시대의 권무직」 『國史館論叢』 26.
190) 김광수, 1980, 「고려시대의 권무관」 『韓國史研究』 30.
191) 『高麗史』 권80 志34 食貨3 祿俸 權務官祿.
192) 『高麗史』 권80 志34 食貨3 祿俸 文武班祿.
193) 「朴仁碩墓誌銘」 『고려묘지명집성』, 한림대출판부, 308~310쪽.

대부터는 서경에 팔관보가 있었던 것을 알 수 있다. 이후 인종 16년(1138) 묘청의 난 이후 서경의 관제를 재정비할 때 의 · 병 · 호 · 창 · 보 · 공조를 설치하고 팔관도감에 부사 1인, 판관 2인을 두었으며, 명종 8년(1178)에는 팔관보를 예의사 · 정설원 · 영송 등과 함께 의조에 귀속시켰다.[194)]

따라서 서경의 팔관보는 팔관도감으로도 불렀고, 개경 팔관보와는 달리 팔관보사가 배정되어 있지 않았다는 알 수 있다. 개경에서 팔관보를 팔관사로도 부른 것은 비록 팔관보가 임시기관적 성격이 강하였지만 업무처리를 위해 직원이 상주하였기 때문일 것이다. 이에 비해 서경 팔관회는 규모가 개경에 비해 작았으므로 직원이 상주할 필요 없이 10월 팔관회를 전후하여서만 업무를 보았을 것이다. 그런 연유로 임시로 설치하는 비정규 관부에 붙이는 '도감'이란 명칭[195)]으로 부르기도 하였다. 그러므로 서경 팔관보에는 팔관보사가 배정되지 않았으며 팔관보부사의 녹봉도 개경의 팔관보판관 정도였다.

이처럼 전담 관부까지 설치하여 대대적으로 준비하였던 양경의 팔관회는 얼마만큼의 비용이 소요되었을까? 이에 대한 자료로는 『고려사』 식화지 녹봉 서경관록에 언급된 내용이 유일하다고 할 수 있다.

> 명종 8년(1178) 4월 서경관록을 개정하였다. 식록미로 1년에 납부되는 13,136석은 모두 경창에 이납하고, 전미와 세조 합계 13,136석 13두 3승 가운데 육조의 영승과 별장 · 교위 · 대정에게 해마다 지급하는 녹봉으로 620석, 연등, 팔관, 재제, 객사 등 연간 용도로 총계 4,321석 2두, 연간 별재제 등 예측하지 못한 비용으로 1,500석을 제외한 나머지 모두를 경창에 이납하였다.[196)]

이를 보면 서경에서는 연등회와 팔관회, 재제, 객사 등을 위한 연간 경비

194) 『高麗史』 권77 志31 百官2 外職 西京留守官.
195) 변태섭, 1993, 「중앙의 통치기구」 『한국사』 13, 국사편찬위원회, 99~107쪽.
196) 제2장 주) 196 참고.

로 4,321석 2두가 책정되고 있다. 이 가운데 연등회와 팔관회의 소요 경비가 정확히 얼마였는지는 알 수 없으나, 서경 관아에서 연간 집행되는 예산 가운데 가장 큰 액수를 차지하는 항목에서 연등회와 팔관회를 제일 먼저 거론하고 있기 때문에 집행 예산 중 이들이 차지하는 부분이 분명히 가장 컸을 것이다.

『고려사』 식화지 녹봉서를 보면 문종 30년(1076) 서경관록이 정해질 때 그 재원은 서해도 세량으로 17,722석 13두였고 서경 대창에서 관할하였다고 한다.[197] 그런데 명종 8년(1178)에는 620석인 1/30 가까이로 감소한 것을 알 수 있다. 이에 대하여 고종과 원종 이후 국가의 변고가 많아 창고가 텅 비게 되어 녹봉이 제대로 지급되지 않았다고 하므로 감소된 원인을 추측할 수 있다. 그럼에도 불구하고 연등회와 팔관회를 중심으로 하여 예산이 4,321석 2두나 책정된 사실은 이 두 의례가 국가적으로 얼마나 중요시되었는가를 반증하고 있다.

그런데 용도의 항목으로 객사가 거론되고 있어 주목된다. 보통 객사는 외국인 사절을 칭하는 것이다. 팔관회에는 의례절차 속에는 외국인 조하의식이 있고, 연등회에도 외국인 사절들이 참여한 가능성이 컸을 것으로 확인한 바 있다. 따라서 서경에서의 객사비용에는 개경의 연등회와 팔관회에 참가하기 위해 온 사절들의 체재비용이 포함되었을 것으로 생각한다.

물론 서경의 팔관회의 규모는 개경보다는 소규모였을 것이니 개경 팔관회 비용은 이보다 월등히 많았을 것이다. 개경의 팔관회는 전국적인 행사일 뿐 아니라 외국인들까지도 참가하는 국제적인 행사였으므로 소요되는 비용이 재제를 중심으로 한 서경 팔관회와는 비교될 수 없을 정도로 엄청났을 것이다. 외국인 조하에 수반된 경비만도 적지 않았을 것으로 추측되는데 바

---

197) 『高麗史』 권80 志34 食貨3 祿俸 "高麗祿俸之制 至文宗大備 以左倉歲入米粟麥摠十三萬九千七百三十六石三斗 隨科准給 … 西京官祿 以西京大倉 歲輸西海道稅糧一萬七千百二十二石十三斗 給之 外官祿 半給左倉 半給於外邑 高元以後 國家多故 倉廩虛竭 祿秩不如元科"

쳐진 공물에 대하여 두 배 정도 되는 액수의 회사가 되는 것이 상례였기 때문이다.[198] 이런 이유로 팔관보가 설치된 주요한 원인이 외국인 조하에 따른 경비 증가에 있었다고 보는 견해도 있다.[199]

또한, 고려시기의 묘지명에는 서경재제사나 서경재제부사로 나간 경력을 가진 인물들이 여러 명 보인다. 판예빈성사 장충의는 명종 10년(1180) 서경재제부사로 파견되었다가 병으로 서경에서 죽었고,[200] 희종 대 중대부 호부상서령으로 치사한 박인석은 치사하기 직전 서경재제사로 파견되었으며,[201] 추밀원부사판합문사 유광식은 고종 2년(1215)에 서경팔관재제사로 나갔다.[202] 고종 10년(1223) 서도팔관재제부사로 파견된 좌군지병마사 최의는 합문판사로 있으면서 조정의 예의지사에 있어 한 치의 오차도 없었고 예모와 격식이 당시의 귀감이어서 서경으로 행차할 때 이르는 곳마다 모든 이들이 그를 보고 경탄하였다고 한다. 서경은 아름답고 근저가 되는 곳이므로 파견된 관리들은 보통 잔치를 차리고 절기를 즐기며 종종 뇌물까지 챙기는데, 그는 그런 것에는 눈도 돌리지 않았다고 한다.[203]

이들이 서경재제사로 갈 때의 연령분포를 살펴보면 50대 초반에서 60대 후반이다. 나라에서는 나이가 지긋하고 경륜이 있는 관리들을 선발하여 서경재제사로 파견하고 있었다. 이들이 국왕의 특사로 서경까지 여러 지역을 지나 행차하는 모습은 국왕의 서경순행을 연상시킨다. 국왕의 서경순행은 산천을 시찰하고 두루 백성들의 형편을 살펴본다는 의의도 지니고 있었다. 더구나 서경순행은 보통 9월이나 10월에 이루어지므로 바야흐로 추수 후

---

198) 『高麗圖經』 권6 宮殿2 長齡殿에 의하면 상인이 국경에 이르면 관원을 보내 마중하며 노고를 위로하고, 숙소가 정해진 뒤 장령전에서 봉물을 받고서 그 값을 계산하여 토산물로 두 배 정도 보상한다고 한다.

199) 奧村周司, 앞의 논문, 82쪽.

200) 「張忠義墓誌銘」 『고려묘지명집성』, 한림대출판부, 232~234쪽.

201) 「朴仁碩墓誌銘」 『고려묘지명집성』, 한림대출판부, 308~310쪽.

202) 「柳光植墓誌銘」 『고려묘지명집성』, 한림대출판부, 337~339쪽.

203) 「崔義墓誌銘」 『고려묘지명집성』, 한림대출판부, 340~341쪽.

풍요로운 계절이기도 하였다.

성종이 9년(990) 10월 서경으로 순행할 때 지나는 곳마다 주 · 현 관리들로부터 농부들에 이르기까지 모든 사람들이 길가로 나와 환호하며 수레 앞에서 절하고 춤추며 다투어 선물을 바치면서 반갑게 맞이하였다고 한다.[204] 이와 마찬가지로 서경재제사에게도 선물을 바치는 전통이 있었다. 서경 팔관회 때 국왕의 특사로 파견된 서경재제사가 많은 선물을 받고 귀경하였던 사실에서 이를 유추할 수 있다. 명종 때 서경에 파견되어 팔관회 재제를 봉행한 최충렬은 선물로 받은 짐을 실은 수레를 무려 30여량 대동하고 개경으로 돌아왔다. 그는 본인이 서경재제사로 가기 위해 왕에게 특사파견을 부활한 것을 건의하였는데 특사로 가면 소득이 많기 때문이었다.[205] 이로부터 개경 팔관회때도 각지로부터 올라온 지표원들은 국왕에게 축하표문과 함께 하례봉물을 바쳤을 것으로 유추된다.

팔관회를 위해 국가의 예산 이외에도 상당한 비용이 개인적으로 염출되었다. 관리들과 군부대는 각각 부서별로 과실상을 차리고 의례복장과 기물들을 갖추어야 했는데 경쟁적으로 화려함을 다투게 되어 폐해가 컸다고 한다. 이는 결과적으로 관리들이 개인적으로 부담하는 팔관회의 연회비용을 백성들에게 전가시키는 폐해를 낳기도 하였다. 그 예로 원종 때 김준이 광정연례도감을 두고 각 주 · 군에 공문을 보내 팔관회 연회에 필요한 물자를 바치게 하여 문제가 되었다.

---

204) 『高麗史』 권3 世家3 成宗 9년 10월 甲子.

205) 예로부터 연등이나 팔관의식에는 반드시 재상을 서경에 파견해 왕을 대행하여 재제를 거행토록 하는 것이 상례였으나, 명종 4년(1174) 9월 서경유수 조위총의 반란 후부터 특사파견을 정지하고 3품관만을 보내었다. 최충렬이 특사로 가면 소득이 많으므로 욕심이 나서 왕에게 선왕께서 서경에 재상을 특파한 것은 서경을 소중히 여긴 것이니 전례대로 대신을 파견하시기를 바란다고 건의하였다. 왕이 그의 의중을 짐작하고 최충렬을 서경으로 보냈는데, 그가 팔관회를 마치고 돌아올 때 뇌물짐이 수레로 30여량에 이르렀다(『高麗史』 권100 列傳13 崔忠烈; 『高麗史節要』 권12 明宗 11년).

> 옛 제도에 팔관회의 연회일에 당후관과 문하녹사 두 사람이 성대하게 연회를 차리는 관습이 있었으나 지금은 병란으로 인하여 폐지된 지 오래이다. 그런데 김준이 팔관회 연회가 없을 수 없다고 생각하여 광정연례도감을 두고 각 주 · 군에 공문을 보내 연회에 필요한 물자를 바치게 하였다. 이로 인해 백성들이 몹시 고통스러웠기 때문에 그후 중지되었다.[206]

이처럼 팔관회의 연회를 위한 공출 물자의 규모는 백성들이 몹시 괴로워할 만큼 큰 부담이 되었다. 명종 대에도 팔관회를 위해 젖소가 징발되어 백성들이 고통을 받기도 하였다.

> 근래 팔관회에는 궁중에서 약을 달이는 데 쓰기 위해 의관들이 해마다 개경 근처 농민들의 소들을 가져다가 젖을 짜서 끓여 초를 만듭니다. 원래 그것은 구급약도 아닐 뿐 아니라, 이로 인하여 암소와 송아지가 다 상하여 밭갈이하는 소도 줄어드니 폐지하시기 바랍니다. 왕이 그 건의를 받아들여 백성들이 대단히 기뻐하였다.[207]

우유를 얻기 위해 개경 근처의 소들을 징발하는 폐단을 중지하여 달라는 이순우의 건의에서 백성들의 고통이 심하였던 것을 알 수 있지만, 한편으로는 팔관회가 부서별로 얼마만큼 치밀하고 적극적으로 준비되고 있었는지를 유추케 한다. 이러한 팔관회의 준비는 다양한 생산활동을 유발시키는 동기가 되었을 것이다. 팔관회를 성대하고 화려하게 준비하기 위해 서로 경쟁하면서 고려의 귀족문화는 고려불화처럼 화려하게 고려청자처럼 세련되게 더욱 고급화되어 갔다.

그런데 이처럼 해마다 팔관회를 성대하게 치르기 위해 막대한 경비가 들었을 것이다. 이를 위하여 국가든 개인이든 안정적인 재정의 확보가 중요하였을 것이다. 이에 고정기금을 만들어 이식을 통해 재원을 확보하는 보寶가 가장 효과적인 방법이므로 팔관보가 설치되었다. 팔관보는 무엇보다도 팔

---

206) 『高麗史』 권130 列傳43 金俊.

207) 『高麗史』 권99 列傳12 李純佑.

관회를 위한 재원을 총괄적으로 관리하였을 것으로 추측되며 행사를 총지휘하는 사령탑과 같은 업무도 담당하였을 것이다.

그러나 앞서도 지적하였듯이 팔관회의 과도한 지출은 성종 대 최승로의 「시무28조」에서도 언급되었던 것처럼 폐정의 원인이 되기도 하였다. 신종 때 기거사인 장윤문이 올린 제안서는 이러한 폐단의 또 다른 일면을 엿보게 한다.

> 문하녹사와 당후관이 매일 숙직하는 낭사와 승선들의 식사를 제공하는 데 서로 다투어 풍부하고 사치스럽게 한다. 이에 드는 비용은 전부 차용하여 쓰다가 참직이 되거나 지방관으로 나가게 되면 백성들을 수탈하여서 묵은 빚을 갚는 것을 예사로 알고 부끄럽게 생각하지 않는다. 또 야심을 가지고 낭관으로 들어온 자는 참직으로 있거나 지방관으로 나가서 미리 백성들로부터 재물을 긁어모아 두었다가 이럴 때 쓸 계획까지 하는 자들도 있다. 그런 까닭에 관리들이 모두 탐오하게 되어 청렴근신한 자가 드물다. 만약 숙직 관리의 식사 제공은 중지하고 연등 · 팔관 때의 연회비용만 내도록 한다면 비용이 많이 줄어들 것이다. 그렇게 하여야 관리에게 청렴하고 절조를 지키라고 말할 수 있다.[208)]

이를 보면 팔관회의 연회비용을 상례적으로 문하녹사와 당후관이 지출하고 있었다. 문하녹사는 중서문하성 소속의 종7품직이며, 당후관도 역시 종7품직이었다.[209)] 당후관은 중서문하성 소속의 주서를 가리키는데 거처하는 곳이 당후이므로 당후관이라고도 불렀다. 이 두 사람은 모두 중서문하성 소속이었으므로 팔관회에서 중서문하성의 관리들의 연회를 담당하였을 것이다. 아울러 중추원 소속 승선들의 숙직 식비도 부담하고 있었으므로 중추원의 연회비용도 부담하였을 것이다. 이들은 팔관회의 연회비용을 부담하기 위하여 빚을 지고, 이를 갚기 위해 참상직이 되거나 지방관으로 부임하면, 백성들을 수탈하여 폐정의 원인이 되기도 하였다.

208) 『高麗史』 권101 列傳14 閔令謨.

209) 『高麗史』 권76 志30 百官1.

2) 팔관회의 사회 · 문화적 기능

고려가 팔관회를 많은 경비와 대규모 인원을 동원하여 국가의례로 설행한 것은 목적한 바가 있었기 때문이었다. 이것이 바로 팔관회가 지니는 사회적 기능이라 할 수 있다. 팔관회의 사회적 기능은 대내적인 면과 대외적인 면으로 나누어 볼 수 있다. 먼저 대내적인 면을 살펴보면 고려의 팔관회는 추수감사제의 형식으로 지역적인 성격을 강하게 띤 각 지방의 토착신앙을 수도인 개경에서 일원적 구조로 통합하는 기능을 하였다. 이것은 국왕의 지방에 대한 완전한 지배와 지방제도의 완성을 상징하는 것이며, 봉표원들의 조하의식으로 의례절차 속에서 구현되고 있었다. 물론 중앙의 관리들도 조하를 올리고 있지만, 전국 각지로부터 하례 표문을 가지고 상경한 봉표원들의 참여는 팔관회의 전국적인 성격을 지닌 국가의례로서의 위상을 뚜렷이 보여주고 있는 셈이다.

현종은 즉위년(1009)에 팔관회를 부활하고 국가의례의 기본틀을 정착시켰다. 현종의 뒤를 이은 덕종이 3년 만에 죽은 후 즉위한 정종은 팔관회와 연등회의 세부적인 의례구조를 정비하여 현종 정책을 실질적으로 계승하였다. 그리고 이에 더하여 선종은 선종 3년(1086)에 내외관원들에게 하표를 올리도록 제도화하였다.[210] 선종은 태후의 생일에 내외관원들이 하표를 올리도록 하명하고 아울러 원정 · 동지 · 팔관회에도 올릴 것을 법규로 하였다. 이때부터 원정 · 동지 · 팔관회에 중앙과 지방의 관원들이 하표를 올리기 시작하였다. 왕태후의 생일에 하표를 올리듯 왕의 생일에도 당연히 하표를 올렸을 것이다. 따라서 정기적으로 원정 · 동지 · 팔관 · 임금과 태후의 생일인 절일에는 하표가 올려졌다. 이렇게 올린 하표들을 중서성에서 심사하여 잘된 순서로 등수를 매겨 방을 붙이기도 하였다.[211]

---

210) 선종 3년(1086) 10월 내외의 관원에게 명하여 표를 올려 태후의 생신을 축하하도록 하였다. 또한 원정 · 동지 · 팔관회 때도 이처럼 할 것을 영구한 제도로 정하였다(『高麗史節要』 권6 宣宗 3년 10월).

그러나 팔관회의 하표는, 단순히 한 해를 시작하고 마무리한다는 의미를 담은 원정과 동지의 하표와는 달리, 국왕의 권위, 나아가 고려 왕실의 권위를 확인한다는 의미를 내포하고 있었다. 봉표원들의 의례 참여는 국왕에 대한 복종을 강화하는 계기가 되었으며, 의례에 참석하고 귀향한 봉표원 일행은 팔관회에서의 자신들의 경험을 지방사회에 알려 국가의식을 고취시켰을 것이다.

따라서 무인집권기 최씨정권 때 하표를 보내지 않는 지방관들이 생기고 있는 사실은 그만큼 국왕의 권위가 약화되었음을 보여주는 것이다.

> 팔관회 때 외방 수령들 가운데 팔관하표를 보내지 않은 자가 있어 이규보가 규탄하려 하였는데 금의가 굳이 말려서 중지하였다. 최충헌이 이를 조사하여 이규보를 탄핵하고 외직인 계양부사로 강직시켰다.[212]

이 사건은 고종 6년(1219)에 있었던 일로 이규보의 나이 52세 때의 일이었다. 그 전해에도 이규보는 팔관회 연회에서 왕을 시종할 때, 재상이 예법절차에 따른 의식이 반도 채 끝나지 않았는데 파하기를 재촉하자 왕께서 내리신 것이라 급하게 해서는 안 된다고 주장하였다가 유배되었던 바 있었다.[213] 이러한 사례는 왕권이 얼마나 약화되었는지 극명하게 보여주고 있다.

이 당시 권력의 실세는 최충헌이었다. 고종 23년(1236) 11월 팔관회 날 고종은 소회일과 대회일 양일 모두 최충헌에게 술과 과실을 보내고 있다. 이는 최충헌이 팔관회 의식에 참여하고 있지 않았던 것을 의미한다. 실질적으로 국왕 위에 군림하고 있는 최충헌은 국왕을 정점으로 하여 진행되는 의식절차 속에 참여할 수 없었고 그럴 필요도 없었던 것이다.

한편, 공민왕 때 신돈은 팔관회에서 왕을 대리하여 의봉루에서 군신들의

---

211) 崔滋, 『補閑集』 卷下.

212) 『高麗史』 권102 列傳15 李奎報; 『東國李相國集』 後集 年譜 己卯年(1219).

213) 「李奎報墓誌銘」 『고려묘지명집성』, 한림대출판부, 374쪽.

조하를 받았다고 한다.[214] 신돈은 공민왕으로부터 국권을 위임받아 실질적으로는 국왕과 다름없는 존재였다. 따라서 팔관회 조하의식은 국왕의 권위를 축으로 하여 이를 확인하고 강화하는 의례였음이 다시금 확인된다.

병란으로 혼란한 시기에도 하표가 제대로 시행되지 않았다. 고종 40년(1253) 11월 팔관회에는 병란으로 인해 전국에서 하표를 올린 곳이 남경과 광주, 수주뿐이었으며,[215] 홍건적의 침입으로 공민왕이 청주로 내려가 있었던 11년(1362) 10월에는 팔관과 동지의 조하를 정지하였다.[216] 이처럼 팔관회를 통하여 중앙의 지방 지배력이 가늠될 수 있었던 것이다. 조위총趙位寵의 서경반란이 진압된 직후인 명종 8년(1178)의 팔관회에는 동서 양계로부터 온 사람들에게 포섭 차원의 시상을 하기도 하였다.[217]

한편, 팔관회는 지방으로부터 올라온 참가자들이 중앙의 정치 분위기를 파악하는 좋은 기회이기도 하였다.

> 명종 26년(1196) 11월 팔관회를 열었다. 왕이 북계의 여러 도령들에게 풍류를 구경하도록 조칙을 내렸다. 이때 인주도령 자충이 판합문사 왕규를 보고 읍만 하고 절을 하지 않았다. 유사가 그의 무례함을 탄핵하였다. 국왕은 "藩民들과 함께 즐기는 것은 그들에게 은혜를 베푸는 것인데 죄를 주어서야 되겠느냐"라고 하였으나 재차 청하므로 왕이 이를 수락하였다. 이에 앞서 자충이 본주를 떠나면서 여러 도령들에 말하기를 "나라에서 우리들을 부르는 것은 필경 무슨 까닭이 있을 것이다. 내가 들어가 사소한 일로 시험해 보고자 하는데, 만약 나에게 죄를 주면 조정에 인재가 있는 것이요, 그렇지 못하면 나를 두려워하는 것이다"라고 하였다.[218]

---

214) 『高麗史節要』 권28 恭愍王 18년 11월; 『高麗史』 권132 列傳45 辛旽.

215) 『高麗史』 권24 世家24 高宗 40년 11월 己丑.

216) 『高麗史』 권40 世家40 恭愍王 11년 10월 庚寅.

217) 왕이 편전에서 동서 양계의 여러 성들의 상장과 도령들을 접견하고 상장에게는 피륙을, 도령에게는 비단옷과 금띠와 말 1필씩을, 아래 사람들에게는 포 10필씩을 주었다. 이때 서경 반란이 평정된 후에도 도적이 빈번히 일어났기 때문에 그들이 다시 동요할까 염려하여 이러한 시상이 있었는데, 식자들은 이것은 장구한 대책이 아니라고 탄식하였다(『高麗史』 권19 世家19 明宗 8년 11월 戊子).

팔관회는 의식절차에서 왕의 권위를 과시하고 확인하는 것이 중요하다. 그러나 권위를 과시하고 이를 받아들이는 것은 쌍방적인 일이다. 권위를 받아들이는 피지배자들은 항상 왕권의 물리적인 강약, 통치력의 수준 등 여러 가지 요소들을 잣대로 하여 자신들의 지배계층을 평가하고 있다. 그들에게 있어서 팔관회는 오히려 국왕에 대한 평가를 하고 나아가 중앙정세를 살필 수 있는 기회가 되었던 것이다.

당시 국왕은 국가의 상징이었다. 전근대 왕조에서는 왕권이 모든 국권을 장악하고 국가를 지배한다고 간주하기 때문에 왕권과 국권이 등치적인 것으로 보기도 한다. 그러나 고려는 고려 초기의 정치과정을 경험하면서 국왕의 독주나 권신들의 권력 남용과 같이 어느 한쪽이 일반적으로 정치를 독주해서는 안 된다는 인식이 지배층에서 공유되고 있었다. 따라서 국왕의 정치 주도권을 인정하면서 국왕과 신료가 권력의 조화를 이룰 수 있는 정치제도를 수립하고자 하였다.[219]

그러므로 고려에서 국왕의 권위를 보장한다는 것을 단순하게 국왕 개인의 권력 강화 차원으로만 받아들여서는 안 될 것이다. 고려라는 국가의 상징적 존재인 국왕의 권위에 복종한다는 것은 고려의 소속원으로서 국가의 권위에 복종하고 국가의식을 고양하고 있다는 말과 다름없었던 것이다. 즉, 팔관회를 통하여 왕의 권위를 확인한다는 의미는 국왕을 정점으로 하여 참여자들로 대표되고 있는 고려백성 모두가 고려인으로서의 소속감을 재확인하는 것이었다.

나아가 고려 왕실은 팔관회 속에 고려 사람들에게 가장 영향력 있는 불교 및 불교 속에 포섭된 토속신앙을 군신관계를 상징하는 조하의식과 연결시켜서 사회적 통합 기능의 극대화를 꾀하였다. 팔관회 참여자들로 하여금 유교의례의 계서적 관념과 아울러 같은 불교도로서 함께 의례에 참여한다는 동질감을 가지게 하여 고려인으로서의 결속력을 강하시키고 있었던 것이다.

---

218) 『高麗史』 권20 世家20 明宗 26년 11월 己丑; 『高麗史節要』 권13 明宗 26년 11월.
219) 박재우, 1997, 「고려전기 재추의 운영원리와 권력구조」 『역사와 현실』 26.

따라서 행사가 화려하면 화려할수록 고려인이라는 문화적 자부심은 커졌을 것이고 격식이 엄격하면 엄격할수록 왕권의 신성성은 높아졌을 것이다. 국가는 이를 위해 팔관회를 왕실 행사로 한정하지 않고 다양한 프로그램을 구성하여 종합적이고 대대적인 축제로 확대하여 보다 많은 대중들이 참여하도록 유도하였다.

당대 사람들이 남긴 팔관회 관계 기록들을 살펴본다면 팔관회에 대한 그들의 인식과 팔관회의 사회적 의미를 좀더 구체적으로 파악할 수 있을 것이다. 『동문선』에 전하는 박호의 「하팔관표」와 김부식의 「하팔관표」는 이에 대한 좋은 예라 할 수 있다. 두 글 모두 그들이 외관으로 나갔을 때 올린 하표들이다.

> 「하팔관표」
>
> 신 아무개 등은 아뢰나이다. 엎드려 살피오니, 성상폐하께서, 이 달 14일에 팔관회를 여시옵고 의장을 갖추어 구정에 납시여 주악을 들으시며 내외의 제신들의 조하를 받으신 후, 바퀴의 빛을 굴려 사찰로 나아가 재를 올리고, 어가에 상서로움을 모아 대궐 뜰을 열어 잔치를 벌이시니, 이는 만세에 전할만한 아름다운 모임이요, 실로 사방이 기뻐하며 흐뭇해 하는 시간입니다.
>
> (中賀) 엎드려 생각하건대, 성상께옵서 성통을 계승 · 확충하시고 국운을 보전 · 선양하시어, 선기를 가지고 칠정을 다스리시니 널리 순임금의 마음을 돈독히 이으셨고, 북두를 좇아 백성을 살피시니 두루 탕임금의 바람을 흡족히 하셨나이다. 더구나 묘리를 거듭 닦아 숭상하고 선왕의 유훈을 받들어서 천축의 도량을 장엄하게 배설하고 한대의 주연을 본받아 큰 잔치를 벌이시니, 어룡백희가 다투어 광장에서 연출되고, 귀현들이 높은 자리에서 즐거움을 함께 하매, 관민이 모두 즐거움에 흐뭇하여 온 누리에 인자하신 은택이 흐릅니다. 신이 변방을 충실히 지키느라 성회를 함께 보지 못하고 감천궁에서 함께 노니는 영광을 갖지 못하였으나 태산 같은 만세 소리로 깊이 축하를 올리옵니다.[220]

박호는 숙종 대 활동한 인물로서[221] 그의 하표에는 앞 절에서 살펴본 팔

220) 朴浩, 「賀八關表」『東文選』 권31 表 · 箋.

관회의 의례절차가 일목요연하게 정리되어 있다. 14일에 팔관회를 시작하는데 소회일에는 의장을 갖추어 구정, 즉 의봉문으로 행차하여 주악과 더불어 중앙과 지방의 관리들의 조하를 받은 후, 법왕사로 행차하여 도량을 개최하고, 다음날 대회일에는 대궐 뜰을 개방하여 잔치를 벌인다고 의례절차를 나열하고, 팔관회가 태조의 유훈임을 재차 언급하고 있다.

한편, "천축의 도량을 장엄하게 배설하고 한대의 주연을 본받아 큰 잔치를 벌이시니"라는 구절은 팔관회가 불교의례이면서도 유교 오례 가운데 가례의 연회적 성격을 포함하고 있음을 시사하고 있다. 또한 궁문을 활짝 열고 구정을 개방하여 공연되는 갖가지 가면극과 백희들을 왕에서부터 일반 백성에 이르기까지 군민 모두가 한껏 즐길 수 있도록 하였기 때문에 팔관회가 흐뭇한 것임을 강조하고 있다. 이것은 특히 고려 팔관회의 목적이 계층 간의 결속력 강화에 있음을 확인시켜 준다.

김부식의 하표 역시 팔관회가 후삼국 통일전쟁의 갈등을 극복하고 민심을 위무하기 위해 태조가 벌인 잔치로 태조 대부터 내려오는 전통임을 명백히 하고 있다. 김부식은 고려의 정통성을 강조하는 보수적인 인물로서 인종 13년(1135) 묘청 일파의 서경 반란을 진압하였다.

> 「하팔관표」
>
> 경건한 의식을 갖추어 성대한 예전을 거행하오니, 지성이 하늘을 감동시켜 백신이 다 흐뭇해하고 화기가 널리 퍼져 만물이 모두 번창하옵나이다. 삼가 듣자옵건대, 태조 신성대왕께서 홍기하실 때 풍진이 들끓고 창검이 종횡하였사오나, 천명에 응하고 민심에 따라 삼한에 쌓인 어려움을 바로잡으시고 왕업을 창건하여 황통을 드리우사 천년의 국조를 여셨습니다. 숙살이 행하여진 뒤에는 양화가 오고, 뇌정이 내린 뒤에 은택이 흡족하다고 이르시고 이에 잔치를 준비하여 신들과 사람들을 기쁘게 하시었고, 후손에게 명백히 보이시고 전하여 고사로 삼으셨나이다.
>
> 엎드려 생각건대 (중략) 이 좋은 때를 당하여 아름다운 모임을 차리오니, 9

221) 박호는 숙종 5년(1100) 10월 天安節 사절로 요에 파견되었다(『高麗史』 권11 世家 11 肅宗 5년 10월 辛酉).

> 빈의 엄숙한 서열과 6락의 양양한 소리에 기쁨이 천지를 움직이고, 봄이 초목에 돌아온 듯하나이다. 신 등은 멀리 海邑에 있사와 궁궐의 뜰과 거리가 멀어, 조하의 대열에 나아가 참례하여 뜰 앞에서 춤추지 못하나이다.[222]

"경건한 의식을 갖추어 성대한 예전을 거행하오니, 지성이 하늘을 감동시켜 백신이 다 흐뭇해하고 화기가 널리 퍼져 만물이 모두 번창하옵나이다."라는 구절은 태조가 팔관회를 부처를 공양하고 귀신을 즐겁게 하는 모임(공불락신지회)으로 언급하였던 사실과 상통한다. 그리고 '신들과 사람을 모두 기쁘게 하는 잔치' 라는 표현은 팔관회의 사회통합적인 축제로서의 기능을 다시 한번 부연하고 있다고 하겠다.

또한, 곽동순의 「팔관회선랑하표」도 팔관회의 역사적 계승성과 사회적 의의를 살펴볼 수 있는 중요한 기록이다. 곽동순은 인종 대 대학박사와 원외랑, 비서감을 역임했으며 인종 13년(1135) 11월 금에 하정사로 파견되었다.[223]

> 「팔관회선랑하표」
>
> 복희씨가 천하의 왕이 된 뒤로 태조가 삼한을 통일한 것보다 높은 것이 없고, 막고사산에 신선이 있다고 하니 바로 우리 月城四子임이 분명합니다. 역대로 전해오던 풍류가 본조에 와서 그 모습이 갱신되었으니 비로소 조상들이 즐긴 바를 상하가 회복한 것입니다. 신이 듣건대, 신라의 고읍은 바다의 동쪽에 있어, 태고의 풍이 있었고 군자국의 이름이 있었나이다. (중략) 500년 동안 화랑들이 배출되니 原郞 · 鸞郞 같은 신선과 같은 이들이 명승지를 두루 소요하며 노닐었고, 이들 따른 자들이 천만에 이르렀습니다.
>
> (중략) 복사꽃은 흐르는 물에 묘연히 흘러가 버려 참된 자취는 찾기 어렵다지만, 古家의 유풍이 아직도 남아 있으니 전통은 끊이지 않았음을 믿겠습니다. 그러므로 우리 태조께서 수덕 말년에 의용을 분발하시어 동명 옛터에 큰 터를 창업하실 때, 소하 · 장량 · 한신 삼걸처럼 뛰어난 여섯 공신[224]을 얻으셨

222) 金富軾, 「賀八關表」 『東文選』 권31 表 · 箋.

223) 『高麗史』 권16 世家16 仁宗 10년 3월 癸卯; 『高麗史』 권16 世家16 仁宗 13년 11월 甲申; 『高麗史』 권17 世家17 仁宗 22년 12월 癸未.

고 진 · 변 · 마한을 하나로 통일하여 만세왕업을 기약하셨나이다. 이에 천지가 아울러 내리신 아름다운 선물에 보답코자 군신이 서로 기뻐하는 음악을 만드실 때 龍柱에서 靈文을 얻어 八正을 열고 八邪를 막았으며, 계림의 仙籍을 상고하여 동월은 위로 하고 서월은 아래로 하였습니다. "나는 옛것을 본받아 이 법을 만들었으니 해마다 한 번씩 상례로 삼거라." 하고 자손에게 물려주시니 이는 방책에 뚜렷이 실려 있나이다.

(중략) 악기를 가지고 스스로 즐기셔도 한갓 술에 취하고 음악에 빠지는 것이 아니라 백성들과 함께 즐기시려는 것으로 예법에 따라 철을 가리어 의식을 거행하시나이다. 이제 중동의 가절을 택하여서 나라의 옛 제도를 시행하니, 좌정하신 보좌 아래로 천관들이 늘어섰고, 우뚝 솟은 오산에는 만세소리 우렁찬데, 동정호같이 넓은 뜰엔 음양이 조화된 음악이 연주되니 신선궁에서 노니는 듯, 운우 위를 훨훨 날아오르는 듯, 산천이 비상한 상서를 보이고 다투어 옥과 비단으로 조공을 드리옵나이다.[225]

위 인용문 가운데 "용주에서 영문을 얻어 팔정을 열고 팔사를 막았으며, 계림의 선적을 상고하여 동월은 위로 하고 서월은 아래로 하였습니다."라는 구절은 태조가 삼한을 통일하고 만세왕업을 기약하면서 개최한 팔관회가 불교적인 팔관의 정신과 신라의 선랑, 즉 화랑의 전통을 계승한 것임을 명백히 하고 있다. 또한 팔관회의 중요한 구성요소로 조하와 음악감상, 즉 연회를 들고, 여러 가지 귀중한 물품들이 조공으로 바쳐지고 있었으며, 이러한 팔관회가 태조의 유훈으로 서책을 통하여 전해지고 있음을 밝히고 있다.

이와 더불어 팔관회가 군왕만을 위한 잔치가 아니라 백성들과 함께 즐기는 의식임을 강조하여 왕실만을 위한 행사가 아니라 고려인이라는 문화공동체적 의식을 고양하는 데 중요한 역할을 하는 국가의례였음이 드러나 있다. 이런 결과 팔관회는 고려의 고유성이 총체적으로 결집된 국가적 행사가 되었으며 고려사회가 정치적 · 문화적 · 사회적으로 일원적인 체계를 갖추

224) 태묘 태조실에 배향된 여섯 공신인 배현경 · 홍유 · 복지겸 · 신숭겸 · 유금필 · 최응을 말한다.

225) 郭東珣, 「八關會仙郎賀表」 『東文選』 권31 表 · 箋.

어 나가는 데 중요한 기능을 수행하고 있었던 것이다.

팔관회는 대내적으로 중요한 기능을 수행했을 뿐만 아니라 대외적으로도 중요한 의의를 지니고 있었다. 그것을 확인할 수 있는 의례절차가 바로 외국인 조하의식이다. 고려는 팔관회에서 외국인 조하의식을 거행함으로써 국제관계에 대한 고려 나름대로의 입장을 대외적으로 천명하고 있었다. 팔관회에서 외국인 조하의식이 상례가 된 것은 정종 즉위년(1034) 11월 팔관회부터이다. 이때 송의 상객과 동서번, 탐라에서 방물을 헌납하였고, 정종이 그들에게 특별히 음악을 관람할 수 있는 좌석을 배정하였는데 그후부터 이것이 전례가 되었다.[226]

여기에서 동 · 서번은 여진을 가리킨다.[227] 『고려사』에는 태조 이후 덕종 대까지 송나라 상인과 여진, 탐라 등에서 토산물을 헌상하는 사례가 빈번히 나타나고 있다. 탐라와 여진은 태조 대부터 고려에 조공을 바치고 있었다. 고려는 현종 대 거란의 침입을 성공적으로 막아낸 후 외교적으로 국제관계에 있어 자신감이 고양되어, 거란과 송에 대하여 조공관계를 유지하기는 하였으나 형식적인 것이었고, 도리어 동 · 서 여진과 탐라, 철리국,[228] 불나국[229] 등으로부터 조공을 받고 있었으며, 송과 아라비아의 대식국[230] 상인들도 토

---

226) 『高麗史』 권6 世家6 靖宗 즉위년 11월 庚子; 『高麗史』 권69 志23 禮11 嘉禮雜儀 仲冬八關會儀.

227) 고려에서는 '蕃'을 조공국의 개념으로 쓰고 있었다. 현종 11년(1020) 2월 李作仁으로 하여금 하표를 가지고 거란(요)에 가 藩을 칭하고 조공하기를 종전대로 할 것을 청하게 하였다는 기사가 이를 뒷받침한다(『高麗史』 권4 世家4 顯宗 11년 2월).

228) 철리국은 발해의 지배를 받던 말갈의 한 부족이다. 현종 5년(1014) 국주인 나사가 여진인 만두를 통해 봉물을 바친 것을 시작으로 고려에게 조공하였다. 12년(1021)에는 귀부를 청하는 표문을 바치기도 하였다. 고려와 내왕할 때 여진과 흑수 등을 통해 간접적으로 통교한 것으로 미루어, 고려와 직접 접해 있던 지역은 아니었던 것 같다(최규성, 1995, 「II. 대외관계」 『한국사』 15, 국사편찬위원회, 266~ 267쪽).

229) 현종 9년(1018) 6월 불나국 추장 사가문이 여진인 울달을 보내 토산물을 진상하였다고 한다(『高麗史』 권4 世家4 顯宗 9년 6월 乙亥).

230) 『고려사』에 나오는 대식국 상인들에 관한 최초의 기록은 현종 15년(1024) 대식국

산물들을 바치고 있었다.

일반적으로 조하라는 것은 신하가 천자를 배알하고 하례를 올리는 것을 말한다. 팔관회에서 외국인 사절들도 조하를 하고 공물을 헌상한 후 좌석을 배정받고 음악을 감상하고 주식을 하사받았다. 이러한 사실에서 고려 국왕과 외국인 조하객 사이에는 고려의 중앙관리들이나 지방관의 봉표원들과 마찬가지로 일정한 정치적 관계가 형성되어 있음을 유추할 수 있다. 즉, 팔관회에 조하하는 외국인은, 비록 그들이 귀속된 민족이나 국가가 고려에 신하로서 복종하고 있는 것은 아니지만, 고려에 래조하면서 고려의 덕화를 받는 조공국의 사자로서 예우되고 있었다.[231)]

민족 고유의 성격이 강한 팔관회에 외국인 조하의식이 제정된 사실은 11세기 초 귀주대첩으로 거란과의 전쟁을 끝맺은 후 고려의 국제적 위상이 크게 상승하면서 나타난 대외적인 정치력 표출로도 이해될 수 있다. 정종은 고려가 나름대로 자신감을 가지고 이끌어 나가기 시작한 대외관계를 팔관회에 투영시켜 국제성을 띠는 의례절차로서 구현하였던 것이다.

한편 팔관회에 나타난 대외인식은 고려인들의 천하관과도 밀접한 관련이 있다. 고려시기의 각종 문헌들을 통해서 유추해볼 수 있는 고려인들의 천하관은 크게 세 가지로 나누어 볼 수 있는데, 화이론적 천하관, 국수주의적 천하관, 다원적 천하관이 그것이다. 이 가운데 다원적 천하관은 화이론적 천하관에 입각한 중국 중심의 천하와는 달리 고려도 또 다른 천하의 중심일 수 있다는 자주적이고 개방적인 천하관이다. 이러한 천하관은 고려, 송, 요, 금으로 이어진 북방왕조가 삼각구도로 공존하며 대립한 고려의 전기와 중기에 대체로 주류를 이룬 천하관이었다.[232)]

이러한 천하관은 국력이 신장되면 조공국도 확대된다는 인식을 기반으로

으로부터 열라자 등 100명이 와서 토산물을 바친 일이다(『高麗史』 권5 世家5 顯宗 15년 9월).

231) 奧村周司, 앞의 논문, 84쪽.

232) 노명호, 1997, 「동명왕편과 이규보의 다원적 천하관」 『震檀學報』 83.

하고 있다. 숙종 원년(1096) 술사 김위제가 남경천도를 청하며 올린 상소문에는 이러한 고려인들의 인식이 잘 나타나 있다.

> 『삼각산명당기』에 이르기를 "임자년에 첫 삽을 뜨면 정사년에 성군이 될 왕자가 탄생할 것이다. 삼각산을 의지하여 도읍을 정하면 9년 후에는 사방에서 조공을 바칠 것이라." 하였으니, 이곳은 현명한 임금이 태평성대를 이룩할 터입니다. 또 『신지비사』에 이르기를 "이곳에서 70개 나라들의 조공을 받고 땅의 덕과 신령의 보호를 입을 것이다."라고 하였습니다.[233)]

남경천도가 조공국이 70개나 될 정도로 국력을 신장시킬 것이라는 김위제의 예언은 고려도 천하의 중심이 될 수 있다고 자부하면서 자신감이 넘치던 고려인들의 천하관이 반영된 것이었으며, 팔관회는 이러한 인식을 뒷받침하여 주는 국가의례였던 것이다.

『삼국유사』에 전하는 황룡사 9층탑에 관한 설화는 팔관회가 조공과 관련이 있음을 시사한다.

> 자장법사가 태화지를 지나갈 때 갑자기 신인이 나와 물었다. "어떻게 이곳에 왔소?" 자장법사가 "보리를 구하기 위해서입니다."라고 답했다. 신인은 그에게 절하고 또 물었다. "그대 나라에 어떠한 어려운 일이 있소?" "우리나라는 북쪽으로는 말갈에 이어지고 남쪽으로는 왜국에 인접되었으며, 고구려와 백제가 번갈아 변경을 침범하여 적들이 횡행하니, 이것이 백성들의 걱정입니다." "지금 그대 나라는 여자를 왕으로 삼았으므로 덕은 있어도 위엄이 없소. 그 때문에 이웃나라가 침략을 도모하니 그대는 빨리 본국으로 돌아가야 하오." 자장법사가 물었다. "고향에 돌아가서 장차 무슨 이익되는 일을 해야 합니까?" 신인은 말했다. "황룡사의 호법룡이 나의 맏아들이오. 범천왕의 명령을 받고 그 절을 보호하고 있으니, 그대가 본국에 돌아가서 절 안에 9층탑을 이룩하면 이웃나라는 항복해 오고 구한은 조공하여 국조가 길이 태평할 것이며, 탑을 세운 뒤에는 '팔관회'를 베풀고, 죄인을 놓아주면 외적이 침해하지 못할 것이오."[234)]

---

233) 『高麗史』 권122 列傳35 金謂磾.

위의 내용은 자장법사와 관련된 황룡사 9층탑의 연기설화인데, 황룡사 9층탑은 신라삼보 가운데 하나로 호국적인 성격을 지니고 있었던 탑으로 널리 알려져 있다. 당시 신라의 정치적 상황은 삼국 간의 전쟁에서 불리한 입장에 처해 있었고 자장은 이를 몹시 염려하고 있었다. 선덕여왕 12년(643) 여왕의 요청에 의해 당으로부터 귀국하여 대국통에 취임한 자장은 즉시 황룡사 9층탑을 조성하기 시작하여 2년 후에 완공하였다.

그러나 9층탑을 완공한 후 자장이 팔관회를 개최하였는지는 기록에서 확인되지 않으며, 신라에서 개최되던 팔관회는 탑의 낙성식과는 그다지 연관이 없던 의례이므로 구한의 조공과 팔관회를 관련시킨 것은 고려시기의 가탁으로 유추된다. 더욱이 안홍이 『동도성립기』를 전거로 하여 『삼국유사』에 열거되고 있는 구한[235] 가운데 정작 전쟁의 상대국인 백제와 고구려는 들어 있지 않고, 탐라, 거란, 여진은 고려시기 국제관계 속에서 부각된 족속들인 사실이 이를 뒷받침하여 준다.

이를 통해 일연이 『삼국유사』를 저술한 충렬왕 대인 원 간섭기에도 고려가 조공을 받는 중심에 위치할 수 있다는 다원론적 천하관이 여전히 존재하였고, 그것을 표현하는 국가의례가 팔관회임이 고려인들의 의식 속에는 계속 자리잡고 있었던 사실을 확인할 수 있다.

정종 때 시작된 팔관회에서의 외국인 조하의식은 실제상으로는 금이 요를 멸망시키는 인종 3년(1126)까지 약 90년간 유지되었던 것으로 추측된다.

> 정종 2년(1036) 11월 팔관회를 개최하였다. 송나라 상인들과 동여진 및 탐라에서 각각 자기 지방의 토산물을 바쳤다.
>
> 문종 27년(1073) 11월 팔관회를 열고 왕이 신봉루로 나가 풍악을 구경하였

234) 『三國遺事』 권3 塔像 제4 皇龍寺九層塔.

235) 『三國遺事』 권3 塔像 제4 皇龍寺九層塔, "又海東名賢安弘撰東都成立記云 新羅第二十七代 女王爲主 雖有道無威 九韓侵勞 若龍宮南皇龍寺 建九層塔 則隣國之災可鎭 第一層日本 第二層中華 第三層吳越 第四層托羅 第五層鷹遊 第六層靺鞨 第七層丹國 第八層女狄 第九層穢貊"

다. 이튿날 대회에서 송, 흑수, 탐라, 일본 등 여러 나라 사람들이 제각기 예물과 명마를 바쳤다.

숙종 5년(1100) 11월 팔관회를 열고 왕이 법왕사로 행차하였다. 무인 송나라 상인들과 탐라, 여진들에서 토산물을 바쳤다.

숙종 6년(1101) 11월 팔관회를 열고 왕이 법왕사로 행차하였다. 송나라 상인과 탐라 및 동북번 추장들이 와서 토산물을 바쳤다.

인종 즉위년(1122) 11월 팔관회를 열고 왕이 정전에 나가서 축하를 받은 다음 법왕사로 갔다. 동여진 추장 실현이 말을 바쳤다.[236)]

팔관회에서 외국인 조하의식 참여자는 중동팔관회의에는 송나라 상인, 동서번자와 탐라국으로 기술되어 있으나, 문종 27년(1073) 기사를 보면 이외에도 일본이 참례하고 있다. 이로 미루어 송나라 상인, 동서번자와 탐라국에 한정된 것은 아니었음이 분명하다. 이미 정종 6년(1040)에 11월 대식국 상인들이 와서 각종 봉물들을 진상한 기록이 있다.[237)] 봉물들이 팔관회 때 진상되었는지는 명백하지 않으나, 이전 대식국 상인들은 9월에 고려에 왔는 데 반하여 방문 일시가 11월로 변한 것은 팔관회 때문이었을 것이다. 이 밖에 철리국이나 불나국 같은 소국들도 팔관회에 입조하여 참례했을 가능성이 높다.

그 동안 고려는 송과의 관계에서 비교적 자주적 입장을 고수하여 천자와 같은 격으로 원구단을 설치하여 제사를 지냈다. 그러나 송과는 형식적이라 하여도 공식적인 절차상에서는 사대관계를 맺고 있었으므로, 고려의 원구단은 당의 환구단이 4단인 데 비해 1단이고 크기도 1/6 정도였다. 또한 중국의 원구사는 국내 군신들을 비롯하여 주변국가의 객사들을 참석시키고 있으나 고려에서는 중앙의 문무 관인들만이 참석하였다.[238)] 다시 말하여 중

---

236) 〈표 3〉『高麗史』 世家 수록 팔관회 관계 기사표 참고.

237) 정종 6년(1040) 11월에는 대식국의 상인 보나합 등이 와서 수은 · 용치 · 점성향 · 몰약 · 대소목 등 각종 물자를 바쳤다. 왕은 해당 관원에게 명하여 객관에서 후하게 대접하도록 하였고, 그들이 돌아갈 때 많은 금과 비단을 주었다(『高麗史』 권6 世家6 靖宗 6년 11월 丙寅).

국의 원구사는 중국을 중심으로 한 중화제국의 국제질서를 축약하고 있는 것이라 할 수 있고, 고려의 원구단과 원구사도 중국 중심의 동아시아 세계질서를 전제로 하였던 것으로 보인다.

그렇지만 고려는 이와는 별개로 규모는 작으나 나름대로 고려를 중심으로 하는 국제질서를 형성하고자 모색하였고, 이것이 팔관회의 외국인 조하의식을 통하여 나타났다. 팔관회에서의 외국인 조하의식의 주요 대상국은 여진과 탐라였다. 여진과 탐라는 고려를 중심으로 하는 국제질서를 인정하는 객사를 파견하였고, 고려는 이들을 팔관회 의식에 참석시켜 이를 확인했던 것이다.

그리고 송나라를 대표해서는 실리적인 외교정책에 따라 조공무역보다 훨씬 활발하게 이루어지고 있던 민간무역 부문에 종사하는 상인들을[239] 오늘날의 경제사절단처럼 참석시켰다. 이처럼 고려가 나름대로 모색한 국제질서의 체계를 불교의례인 팔관회 속에서 구현한 것은 함께 불교를 신앙한다는 보편성을 기저로 문화공동체적인 연대감을 고양할 수 있었기 때문이었다.

그러나 고려는 조공을 바치던 여진 지역에서 건국한 금이 요와 송을 굴복시키자 국제관계를 재편할 수밖에 없게 되었다. 그 동안 '부모의 나라'로 우위에 있던 고려 왕조로서는 '신하의 나라'가 된다는 것을 쉽게 받아들일 수 없었겠지만, 부상하는 강대국인 금에 대하여 사대라는 현실적인 선택을 할 수밖에 없었다. 인종 4년(1126) 백관회의의 결정에 따라 4월에 금의 황제에게 신하를 칭하는 표문을 전달함으로써 새로운 국제관계가 시작되었다.[240]

이러한 상황은 당연히 팔관회의 의례절차에 있어서 변화를 초래하였을 것이다. 인종 즉위년(1122) 팔관회 때 동여진의 추장 실현이 말을 바쳤다는

238) 奧村周司, 1997, 앞의 논문, 312~315쪽.
239) 나종우, 1995, 「5대 및 송과의 관계」『한국사』 15, 국사편찬위원회.
240) 박한남, 1995, 「거란 및 금과의 통교」『한국사』 15, 국사편찬위원회.

기사를 마지막으로 『고려사』에서 팔관회 관련 외국인 조하 기사는 사라지게 된다. 더욱이 금이 일으킨 '정강의 변'(1127)으로 송나라 왕실이 남송으로 쫓겨 내려가면서 활발하던 송과의 민간무역도 점차 쇠퇴하였고, 13세기 초에는 몽골족의 원을 중심으로 한 국제질서가 새롭게 형성되었다. 이에 따라 팔관회에서의 외국인 조하의식은 사실상 무의미해졌고 의례집 속의 기록으로서만 존재하게 되었다.

그러나 팔관회의 외국인 조하의식에 반영된 고려인들의 다원적 천하관은 고려의 대외적인 정책의 기본입장으로 유지되고 있었다. 이규보는 금과 원의 군주를 황제와 천자로 칭하면서 사대의 예에 준하여 외교문서를 32건 작성하였는데, 이러한 서 · 장 · 표들을 『동국이상국전집』 권28의 서두에서 '인국교통소제隣國交通所製'라 칭하여 사대 문서가 아닌 교린 문서의 글임을 명백히 하였다. 북방왕조에 대한 이 같은 인식은 고려사회의 주류를 이루는 것으로 대체로 강온 양면책으로 실리를 취하는 고려 조정의 북방정책과 그 궤를 같이 하였다.[241] 이러한 고려인들의 인식은 화이론적 세계관이 정통이 된 조선시기에서도 교린정책으로 존속되었다고 하겠다.

3) 팔관회의 성격 변화

팔관회는 정종 즉위년(1034)에 의전의 원형이 성립된 후 고려의 정치적 · 문화적 황금기인 문종 대를 거치면서 의례절차가 점차 세밀하게 정형화되어 의종 대 최윤의崔允儀의 『상정고금예문』에 『고려사』 예지 가례잡의에 전하는 형태로 수록되기에 이르렀다. 최윤의가 『상정고금예문』을 저술할 당시는 이미 고려가 여진에 대한 정치적 우위를 상실하여 팔관회에서의 외국인 조하의식이 사실상 무의미해진 상태였다. 그럼에도 불구하고 그에 대한 의전절차를 상세히 기술한 것은 팔관회의 의례절차가 공식적인 의전으로

241) 노명호, 앞의 논문, 308~311쪽.

전해지고 있었기 때문이다.

팔관회는 의전에 따른 절차 하나하나가 고려 왕조의 국가이념을 상징하고 있었기 때문에 어떠한 국가행사들보다 중시되었고, 국가적 위기상황일수록 고려의 공동체의식을 결집하는 데 꼭 필요하므로 변함없이 개설되었다. 따라서 강화도 천도라는 어려운 상황에서도 팔관회는 종전 방식대로 설행되었다. 강화 천도시 팔관회의 설행기록은 천도 후 3년 뒤인 고종 22년(1235) 11월에 처음 나타나고 있으나,[242] 연등회를 그 전해인 21년(1234) 2월 전 참정 차척의 집을 봉은사로 만들고 다시 설행하면서 당시 도읍을 옮긴 초창기였으나 구장, 궁전, 사원 등 일체 시설을 다 송도에 있던 것과 이름을 똑같이 하고, 팔관·연등회의 분향과 도량은 모두 종전의 방식대로 하였다고 기록하고 있어[243] 팔관회는 연등회와 함께 왕실이 천도 직후 어떤 국가의례보다 먼저 복구한 의례였음이 확실하다.

『보한집』에는 고종 28년(1241)에 개최된 팔관회 때 올린 팔관하표가 전해지고 있다. "의관衣冠이 잘 되어서 새 서울이 옛 서울보다 낫고, 소관簫管이 울려 퍼지니 오늘의 음악이 옛 음악과 다름없습니다."라는 내용은[244] 강화천도시기에도 팔관회가 의례절차에 맞추어 설행되었음을 알려준다.

그러나 고려왕조가 대내외적으로 가지고 있던 자부심이 국가의례로 표현되어 국왕의 권위와 국왕 아래 계서적으로 배치된 지배질서를 상징하던 팔관회의 위상은 왕권의 약화와 대외관계의 변화로 점차 하락하여서 무인집권기와 원 간섭기를 거치면서 절기행사로 유락화되어 갔음을 이미 앞 절에서 살펴본 바 있다.

그럼에도 불구하고 팔관회는 연등회와 함께 태조신앙을 축으로 하는 고려 고유의 국가의례로 계속 고려인들의 관념 속에서 중시되었으며[245] 고려가 멸망할 때까지 유지되었다. 우왕은 팔관회를 기회삼아 이성계를 제거하

242) 『高麗史』 권23 世家23 高宗 22년 11월 癸酉.
243) 『高麗史』 권23 世家23 高宗 21년 2월 癸未.
244) 崔滋, 『補閑集』 卷下.

려는 계획을 세우기도 하였는데, 이는 팔관회가 고려 왕실을 중심으로 결속력을 강화한다는 정치적 성격을 지녔음에 힘입었을 것이다.

> 창왕 원년(1389) 11월 전 대호군 김저와 전 부령 정득후가 가만히 황려부로 가서 우왕을 알현하였다. 김저는 최영의 생질이어서 최영을 오랫동안 따라 다니며 크게 권세를 부렸고, 정득후 역시 최영의 족당이었다. 우왕이 울면서 그들에게 이르기를 "내가 억울해서 견디지 못하겠다. 이대로 죽기를 손꼽아 기다릴 수가 있느냐? 오로지 한명만이라도 역사를 얻어 이시중(이성계)을 죽이면 내 뜻대로 되겠다. 내가 평소부터 예의판서 곽충보와 친하니 네가 가서 그를 만나서 의논하라." 하면서 검 한 자루를 충보에게 보내면서 "이번 팔관회 날에 거사하라. 성사하면 왕비의 동생을 처로 주고 부귀를 같이 나누겠다."라고 하였다. 그래서 김저가 곽충보에게 와서 그 말을 전하였다. 곽충보는 그 자리에서 승낙하는 체하고, 곧 태조에게로 가 고발하였다.[246)]

그러나 우왕의 이성계 제거계획은 사전에 누설되어 사흘 뒤에 열린 팔관소회에 이성계가 불참하여 실패로 돌아가고, 이로 말미암아 창왕도 평민으로 격하되어 강화로 추방되었다.

창왕 뒤를 이어 즉위한 공양왕은 2년(1390) 9월 한양으로 천도한 후,[247)] 11월에 변함없이 팔관회를 개설하고 개경에도 각 기관의 관리를 파견하여 팔관회를 행하도록 하였다.[248)] 공양왕은 고려가 멸망하기 전 해인 3년(1391) 11월에도 팔관회를 개최하고 법왕사로 행차하였다.[249)] 이처럼 팔관회는 태조 원년(918)부터 공양왕 3년(1391)까지 고려의 전 시기를 고려와 함께 한 국가의례였다.

---

245) 고려 후기 이숭인(1347~1392)의 『陶隱集』과 이색(1328~1396)의 『牧隱集』에도 팔관회 관계 표문과 시부가 다수 전하고 있다.

246) 『高麗史』 권137 列傳50 辛禑 辛昌 원년 11월 乙亥.

247) 『高麗史』 권45 世家45 恭讓王 2년 9월 丙午.

248) 『高麗史』 권45 世家45 恭讓王 2년 11월 癸卯.

249) 『高麗史』 권46 世家46 恭讓王 3년 11월 丙申.

이와 같이 가장 '고려적' 성격을 지닌 국가의례였던 팔관회를 조선은 절대로 존속시킬 수 없었을 것이다. 건국 직후 팔관회는 고려문화의 청산이라는 차원에서 우선적인 철폐대상으로 지목되었고 그 혁파가 주청되었다.[250]

그런데 상원연등회는 조선시기에도 4월 8일 불탄일 연등행사라는 절기행사로 연결되어 민간에 계속 존속하였음에 비해, 팔관회는 점차 사람들의 기억에서 사라져 갔고 사찰 안에서의 행사로만 한정되었다. 팔관회가 포섭하고 있던 토속적 산천신앙이 유신들에 의해 음사로 간주되어 타파 대상이 되면서 재지적 민간행사로 존재할 수 있는 기반이 위축되었기 때문에 재가신자의 수행방법인 팔관재계의 형태로만 지속되게 되었다. 다시 말해 불교행사에서 시작하여 고려문화의 총체적 행사가 되었던 팔관회가 다시 순수한 불교의 지계행사로 회귀하게 된 것이라 할 수 있다.

팔관회가 토속적이고 지역적인 산천신앙을 중앙에서 일원화하여 합사하는 성격이 있었음을 앞에서 살펴본 바 있다. 고려시기에도 성종 대부터 유교이념의 도입에 따라 전통적 산신신앙을 음사로 간주하고 점차 유교제례로서 산제山祭를 제도화하고자 하는 경향은 있었다. 문종 대에는 중앙에서 파견된 관리들에 의하여 유교제례적 성격의 산제가 봄 · 가을로 열리고 있었다.

> 옛 제도에 의하여 봄 · 가을로 外山祭告使를 10여 도에 파견하여 왔는데, 사명이 번다하여 역로가 피폐해졌다. 지금부터는 동북양계 감창사와 패서도 안찰사가 모두 제고사를 겸하도록 하고, 山南의 각 도는 종전대로 사신을 파견하되 이것을 항식으로 삼으라.[251]

여기에서 문종이 말하고 있는 옛 제도란 성종 9년(990) 9월에 산정된 산

250) 태조 원년(1392) 8월 도평의사사에 의하여 폐지가 주청된 후 중동팔관에 대한 기사를 찾을 수 없다. 팔관회는 건국 직후부터 철폐된 것으로 생각된다(『太祖實錄』 권1 太祖 元年 8月 甲寅, "都堂請罷八關燃燈").

천제를 가리키는 것으로 생각된다.[252] 그렇다면 10세기 말 이후 11세기 중반까지 왕실에서는 외산제고사를 파견하여 산천제를 매년 봄가을로 정기적으로 지내왔음을 알 수 있다. 그러나 제관들의 빈번한 사행으로 이에 따른 폐단이 많아 문종은 동북 양계 및 패서도에서는 해당 지방관이 제관을 겸임하고 그 이외의 도는 종전대로 하도록 하여 성종의 산천제를 일부 개정하고 있다.

한편, 『고려도경』과 『송사』에도 이와 유사한 내용이 전해지고 있다.

> ① 神祠 중 도성으로부터 100리 안에 있는 것에는 봄 · 여름 · 가을 · 겨울에 관리를 사당으로 파견하여 태뢰로 제사지내게 한다. 또 3년에 한 번씩 치르는 大祭는 고려 전체에서 이루어진다. 그러나 때가 되어 신에게 제사지낸다는 명목으로 제수비용을 분담시켜 백성들에게 재물을 거두어들이는데 은 천 냥을 거두고 나머지 물건들도 이와 같은 명목으로 징발하여 대신들과 관리들이 나누어 갖는다. 이것은 비웃을 만한 일이다.[253]
> ② 3년마다 大祭를 지내는데 전국을 두루 돌아다녔다. 이를 기회로 백성들에게 재물을 거두어서 왕과 군신들이 나누어 가졌다. [254]

위의 내용을 보면 유교이념이 반영된 산제는 성종 이후 역대 군주들에 의해 유지되어서 인종 대에 이르면 도성 100리 이내 신사에서는 매년 네 차례 전국적으로는 3년에 한 차례씩 지냈음을 알 수 있다. 그러나 유교이념이 반영된 산제는 신앙적인 목적에서라기보다는 군주의 덕치와 교화를 드러내는 수단으로 행하는 것이다. 그러나 전통적 토속신앙을 유교이념과 상치하는 반사회적 행위로 규정하여 근절하고자 하는 움직임은 없었다.

---

251) 『高麗史』 권8 世家8 文宗 18년 2월 癸酉, "准舊例發遣春秋外山祭告使一 十餘道使命煩多 驛路凋弊 自今東北兩界監倉使 浿西道按察使 皆兼祭告使 其山南諸道依舊遣史 以爲恒式"

252) 성종 9년(990)의 산천제 개정 이후 문종 18년(1064)의 산제 규정까지 산제와 관련된 내용은 찾을 수 없다. 따라서 문종이 말한 옛 제도란 곧 성종 9년(990)에 산정된 산천제를 가리키는 것으로 보인다.

253) 『高麗圖經』 권17 祠宇.

254) 『宋史』 권487 列傳246 外國3 高麗.

고려사회에서는 여전히 유신들의 산신신앙, 즉 유교제례로서의 산제와는 별도로 제재초복除災招福의 성격을 지닌 종래의 전통적인 산신신앙이 공존하고 있었다. 왕실에서도 유교이념과 별도로 전통적 산천신앙을 유지하고 있었으며, 이러한 토착신앙들이 지닌 기능적 측면들은 지역공동체에서 여전히 효험을 발휘하여 재지세력들의 위상 강화에 활용되고 있었다.[255)]

그러나 이러한 토착신앙과 유교와의 공존관계는 성리학으로 무장한 유신들의 등장으로 이전과는 다른 새로운 국면으로 접어들게 되었다. 이미 12세기 중기부터 토속신앙을 타파하려는 유신들의 움직임은 있어 왔지만,[256)] 고려문화의 다양성은 이를 병존시키면서 고려 문화공동체의 한 부분으로 포섭하고 있었다. 하지만 성리학자들에게는 이러한 토속적 산천신앙은 언급되어야 할 음사로서 타파의 대상이었다. 유교적 명분론에 의하면 제후의 경내 산천에 대한 제사는 군주의 권리인 중요한 유교제례이므로 이러한 군주의 제사는 일반 백성들은 지낼 수 없기 때문이다.

유신들의 이러한 태도는 유교의 사전에 등재되지 않은 제사는 모두 음사로 간주하게 하여 조선 건국 직후 전통적 토속신앙에 대한 제도적 통제를 위한 사전의 정비로 나타나게 된다. 그 결과 산천신앙은 오례의 길례 가운데 중·소사로 편제되었다.[257)] 이제 산천신앙은 일원적인 유교제례로 편제되어 국행제로만 존재하며 민간에서의 산신제는 음사로 규정되어 금지되었다.

이는 고려가 토속신앙의 지역적 성격을 인정하면서 이를 종합하여 팔관회라는 거국적 축제로 일원화하여 매년 모든 백성이 참여하도록 한 것과는 완전히 다른 방식이었다. 조선사회에서 고려와 같은 팔관회는 더 이상 존속할 수 없게 되었다. 토속신앙은 이제 국가에 의해 유교제례로 국행되거나, 민간의 무격신앙으로 복류하게 되었다.

---

255) 박호원, 「한국 공동체 신앙의 역사적 연구–동제의 형성 및 전승과 관련하여–」, 한국정신문화연구원 박사학위논문, 129~131쪽.

256) 의종 때 함유일이 대표적인 인물이었다(『高麗史』 권99 列傳12 咸有一).

257) 『世宗實錄』 권128 五禮 辨祀.

제4장

제석도량의 설행 실태와 사회적 성격

1. 제석도량의 사상적 배경과 기원
2. 고려 제석도량의 설행 실태
3. 고려 제석신앙의 사회적 성격

1. 제석도량의 사상적 배경과 기원

1) 불교경전 속의 제석

고려시기 제석도량은 제석을 신앙하는 의례인데 그 양상과 성격을 검토하기 위해 먼저 불교경전 속에 나타난 제석의 성격과 역할을 살펴볼 필요가 있다. 그런데 석가가 활동하던 기원전 6세기경에 인도의 문화를 이끌고 있던 종교는 브라만교였으므로 불교의 사상과 세계관에 브라만교의 영향은 필연적이었다.

브라만교의 근본성전이라 할 수 있는 베다는 '브라만교의 종교의식에 관한 신성한 지식의 보고인 종교문헌의 총칭' 이라고 정의되며,[1] 아리아인들이 서북인도에 정착하기 시작한 기원전 1200년경부터 철학적 성과물인 우파니샤드가 완성되는 기원전 300년경까지 오랜 세월에 걸쳐 이룩되었다.[2]

4종의 베다 가운데 가장 오래되고 중요시되는 『리그베다』는 1,028개의 찬가로 구성되어 있다.[3] 당시 인도 사람들은 신들에게 찬가를 바쳐 그들을 기쁘게 함으로써 풍성한 수확, 자손의 번영, 건강, 장수 등을 얻을 수 있다고 생각하였다. 『리그베다』에 등장하는 신은 보통 33신으로 일컬어지는데 주로 천공, 비, 바람, 우뢰 및 기타 자연계의 현상을 신격화한 것들이다.

---

1) 鈴木一郎 저, 권기종 역, 1980, 『불교와 힌두교』, 동화문화사, 40~41쪽.

2) 라다 크리슈난 저, 이거룡 역, 1996, 『인도철학사』 I, 한길사, 95~99쪽, 197~204쪽.

3) 베다는 ① 리그베다(讚歌), ② 사마베다(歌詠), ③ 야주르베다(祭詞), ④ 아타르바베다(呪文)의 4종이 있다. 그리고 각 베다는 ① 상히타(本集), ② 브라흐마나(祭儀書), ③ 아란야카(森林書), ④ 우파니샤드(奧義書)의 4부분으로 구성되어 있다.

이 가운데 『리그베다』 찬가의 1/4을 차지할 정도로[4] 가장 찬양받고 있는 신이 바로 뇌정신 인드라이다. 경외심과 두려움을 불러일으키기에 모든 자연현상들 가운데 뇌우에 비견할만한 것은 없을 것이다. 인드라는 천둥 · 번개를 휘두르며 어둠을 몰아내고 인간에게 빛과 생명을 가져다주는 선신이자 전쟁신 · 무용신으로 숭배되었고, 우파니샤드에 이르러서는 금강저와 쇠갈고리, 인드라 망을 무기로 하여 천계와 지계를 장악하고 악신인 아수라에게 승리하여 베다 신들 가운데 최고 지위를 차지하게 되었다.[5]

아리아적 색채가 강했던 브라만교는 점차 비아리아적 요소인 토착민들의 신앙과 혼합되어 전인도적 힌두교로 발전하였는데,[6] 힌두교 역시 불교에 많은 영향을 끼쳐 힌두교의 신들이 불교의 신들로 대거 유입되었다. 이 가운데 대표적인 것이 인드라였다.

인드라의 산스크리트어 정식 명칭인 Śakradevanamīndra는 한자로 석가제환인다라라 음역되며 흔히 제석천帝釋天으로 불린다.[7] 그런데 『아함경』은[8] 인도 고유의 신으로 불교에 편입된 제석에 대하여 여러 가지 내용을 풍부하게 전하고 있다. 그러면 『아함경』은 언제 성립된 경전이며 중국으로는 언제 전해졌을까? 『아함경』의 원형은 석가 입멸 직후 제1차 결집시기에 이루어졌고, 부파불교 시기 경 · 율 · 론 삼장이 정립될 때 각 부파들이 전승되어진 것들을 아함경군으로 정비함에 따라 경장으로 성립되기에 이르렀다

4) 정승석 편역, 1983, 『리그베다』, 김영사.

5) ひろさちや編, 1984, 『佛教とインドの 神』, 東京 世界聖典刊行協會, 28쪽.

6) 보통 불교 성립 이전을 브라만교로, 성립 이후를 힌두교로 구분한다.

7) Śakra는 釋迦로, devanam은 提桓으로, īndra는 因陀羅로 음역되어 釋迦提桓因陀羅가 되며 간략히 釋帝桓因이라 일컫는다. 이를 뜻으로 풀어 번역하여 석가는 能으로, 제환은 天으로, 인다라는 帝로 하여 能天帝라 하기도 한다. 흔히 帝釋天으로 쓴다.

8) 阿含은 āgama라는 산스크리트어의 음역으로 전래되어진 것이란 의미이다. 『아함경』은 소승경전으로 중국과 한국에서는 『반야경』이나 『화엄경』과 같은 대승경전에 비해 경시되었지만, 석가의 근본 교설이 결집되어 있는 초기 경전으로 이후 발전된 대승불교 여러 경전들의 원천이라는 점에서 중요한 의미를 가진다.

한다.

현재 애석하게도 산스크리트어 아함경전은 전하지 않으나, 남전 팔리어본인 4종 『nikāya』와 한역본인 4종 『아함경』이 전해지고 있다. 4종의 아함이 존재하는 것은 전승한 내용을 편집할 때 각 부파마다 차이가 있었기 때문이다.[9] 4종의 『아함경』은 한역 시기에 있어서도 차이가 나는데 『중아함경』과 『증일아함경』은 도거륵국 출신 담마난제에 의해 전진 부견의 건원 21년부터 후진 요장의 건초 6년 사이(384~391)에 되었고,[10] 『장아함경』은 계빈국 출신 불타야사에 의해 후진 요흥의 홍시 15년(413)에 되었으며, 『잡아함경』은 중인도 출신 구나발다라에 의해 유송 문제의 원가 12년에서 20년 사이(435~443)에 되었다. 따라서 『아함경』은 4세기 말에서 5세기 중엽에 이르는 기간 동안 4종이 모두 중국에 전해져 번역되었음을 알 수 있다.

아함경에서 제석과 특히 관련이 깊은 곳은 『불설제석소문경』[11]이라는 이름으로 독립되어 유포된 『장아함경』 제2분 제14의 「석제환인문경」과 이와 거의 유사한 『중아함경』 대품 제18의 「석문경釋問經」,[12] 그리고 『기세경起世經』[13]이라는 단독 경전으로 유포된 『장아함경』 제4분 제30 「세기경世記經」 부분이다. 『불설제석소문경』은 법현法賢에 의해 상당히 후대인 1001년 송대에 한역되었으나 이미 위오대에 『석제환인소문경』이라는 경전이 한역된 바가 있어 주목된다. 지금은 실역되어 내용이 전하지는 않으나 『장아함경』 「석제환인문경」과 같은 내용일 것이며 『불설제석소문경』과는 동본이역일

9) 三枝充悳 外, 1993, 『阿含經』 I, 大藏出版社.

10) 『중아함경』은 계빈국 출신 구담승가제바에 의해 륭안 원년부터 2년 사이(397~398)에 2차로 역경되었다.

11) 『佛說帝釋所聞經』(『한글대장경』 1 아함부1, 678쪽).

12) 『雜寶藏經』 권6의 帝釋問事緣도 동본이역이다. 『雜寶藏經』은 아함장교의 사상을 담고 있는 경전으로 인연 비유담을 설명하면서 선인선과 악인악과의 도리를 깨닫게 만든다. 성립연대는 확실치 않으나 불멸 400년 이후로 추정되며 북위 효문제 연흥 2년(472)에 길가야와 담요가 한역하였다.

13) 『起世因本經』 또는 『大樓炭經』과 동본이역.

것으로 추측된다.

이로 미루어 제석에 관한 독립경전이 불교 전래 후 얼마 되지 않던 200년대부터 이미 유포되었을 가능성이 크다.

『기세경』은 수 개황 5년에서 20년 사이(585~600)에 사나굴다에 의해 한역되었으며 이 밖에 『잡아함경』에서 초출된 『제석예삼보공양경帝釋禮三寶供養經』,[14] 『제석자심전승경帝釋慈心戰勝經』,[15] 『석제환인예목련방광경釋提桓因詣木連放光經』도[16] 있었으나 현재 전해지지는 않는다. 또한 송 태종 태평흥국 5년(980)에 잡밀경 계통인 『제석암비밀성취의궤帝釋巖秘密成就儀軌』와 옹희 원년(984)에 반야부 계통인 『제석반야바라밀다경帝釋般若波羅密多經』이 시호施護에 의해 한역되었다.

즉, 제석과 관련되어 근본경전이라 할 수 있는 『아함경』은 5세기 중반까지 4종이 한역되었고, 그 가운데 제석과 관련된 부분들이 독립경전으로 한역되기도 하였다. 그러나 『아함경』이 한역되기 훨씬 전 『석제환인소문경』이 한역되었기 때문에 중국인들이 일찍부터 제석에 대해 알았을 것이다.

그러면 『아함경』에 나타난 제석의 모습과 역할이 무엇이었는지 검토해 보기로 하자. 『장아함경』 제2분 제14 「석제환인문경」에 의하면, 석가가 마가다국 왕사성 동쪽 암바라 동산에 있는 큰 바라문 촌락 북쪽의 비제혜산 제석암에 대중들과 함께 계실 때, 제석이 도리천의 권속들을 이끌고 와서 석가에게 법을 묻고는 해탈을 얻어 죽을 때까지 불 · 법 · 승 삼보에 귀의하여 우바새의 계를 지킬 것을 서원하였다고 한다.

『잡보장경』에서는 제석이 하루 세 번 범천[17]을 공양하다가 지금부터는 하루 세 번 부처님을 공양하겠다고 하면서 권속천중들을 이끌고 부처님을

---

14) 제40권 초출.

15) 제46권 초출.

16) 제19권 초출.

17) 범천은 본래 브라만교의 신으로 브라흐마로 불리는 대우주의 창조신인 최고의 신격이다. 이러한 범천이 석가가 해탈한 후 깨달은 바를 설법하지 않기로 결심하였을

세 번 돌고 나서 모두 부처님께 귀의하겠다고 세 번 외치고 천상으로 돌아갔다고 한다.[18] 이처럼 제석은 석가에 귀의한 후 불교 최고의 호법신이 되었으며, 부처님이 설법하실 때면 항상 권속을 이끌고 와 호위를 한다.

이러한 제석은 불교의 세계관에서 중요한 위치를 차지한다. 『장아함경』 「세기경」에 설명되어 있는 세계관은 소승불교의 세계관으로서 불교의 다양한 세계관 가운데 하나지만 석가의 우주관을 보여주는 근본교설로서 의미가 크다. 여기에서는 세계를 38종 중생으로 나누고 33개의 천을 차례로 자세히 설명하고 있다.[19] 이 가운데 제석은 욕계의 두 번째 천으로 지상에 위치한 하늘로 지상 가장 꼭대기 수미산須彌山에 위치하며 사방 여덟 천씩 삼십이천을 이끌고 있어 삼십삼천이라 하며 도리천으로도 불린다.[20]

불교 전체의 세계관에서 도리천은 무색계·색계보다 하위에 있는 욕계에 위치하지만, 인간에게는 천상과 연결되어지면서 지상 맨 꼭대기인 수미산 봉우리의 지고·지극한 장엄세계에 위치하고 있다. 도리천은 관념적인 다른 어떤 제천들보다 사람들이 머리 속에 구체적으로 그려볼 수 있는 가장 높고 경이로운 세계이므로 쉽게 받아들일 수 있었을 것이다. 제석은 바로 그러한 곳에서 강력한 힘을 발휘하면서 권속들을 이끌고 불법을 수호하고

때 범중천에서 세 번이나 내려와 중생들로 하여금 악한 세계에 떨어지지 않도록 그 깊고 미묘한 법을 설법하시길 간청하며 불교의 호법신이 되었다(『長阿含經』 제1분 제1 「大本經」; 『한글대장경』 1 아함부1, 32~33쪽).

18) 『잡보장경』 권6 「제석문사연」(『한글대장경』 15 본연부7, 473쪽).

19) 욕계중생: 1. 지옥 2. 축생 3. 아귀 4. 사람 5. 아수라 6. 四天王天 7. 忉利天 8. 焰摩天 9. 兜率天 10. 化自在天 11. 他化自在天 12. 魔天, 색계중생: 1. 梵身天 2. 梵輔天 3. 梵衆天 4. 大梵天 5. 光天 6. 少光天 7. 無量光天 8. 光音天 9. 淨天 10. 少淨天 11. 無量淨天 12. 遍淨天 13. 嚴飾天 14. 少嚴飾天 15. 無量嚴飾天 16. 嚴飾果實天 17. 無想天 18. 無造天 19. 無熱天 20. 善見天 21. 大善見天 22. 阿迦尼天, 무색계중생: 1. 空智天 2. 識智天 3. 無所有智天 4. 有想無想智天.

20) 앞서 『리그베다』에 등장하는 신은 보통 33신으로 통칭된다고 언급한 바 있다. 이 33신이 불교로 편입되어 수미산 정상의 도리천계에 살고 있는 제석천을 수위로 한 33천으로 윤색되었다.

있는 신으로 받들어졌다.

따라서 제석은 적극적으로 정법의 유통과 수호를 위해 다른 제천들과는 달리 인간세계와 밀접한 관련을 맺고 있었다. 제석은 사천왕과 그 권속들을[21] 매월 8일 · 14일 · 15일 · 23일 · 29일 · 30일에 인간세계에 파견하여 얼마나 많은 사람들이 선행을 하며, 누가 악행을 하는가를 관찰하여 보고하도록 하고,[22] 자신이 직접 백룡상을 타고 인간세계를 돌아다니며 누가 육바라밀을 행하고, 누가 부모에 효행하며 사문을 공양하는지 살피기도 한다고 전하고 있다.[23]

이상으로 살펴본 제석의 모습과 역할에 대한 인식은 경전의 전래를 통해 우리나라에도 자연스럽게 전해졌을 것이다. 『삼국유사』의 「원광서학」을 보면 『아함경』에 관한 기사가 들어 있다.

> 미묘한 말을 받아 적으며 세월을 헛되이 보내지 않았으므로 『성실론』과 『열반경』을 마음속에 다 간직하고 삼장과 『대지도론』(혹은 아비담)을 두루 펼쳐 보았다. 나중에는 오지방의 호구산에 들어가 염정에 힘쓰고 각관도 잊지 않았다. 이에 승려들이 산에 구름같이 모여들었다. 아울러 4종의 『아함경』을 두루 섭렵하고 팔정을 얻으니 선을 밝혀 남의 모범이 되고 곧은 절개를 손상하지 않았다.[24]

불교 공인 후 중국불교학의 수입에 공헌하였던 신라 승려 원광은 중국 유

---

21) 제석의 권속으로는 사천왕과 팔부신중이 있다. 사천왕은 수미산 중턱 사방에서 각기 제석을 수호한다. 동방은 지국천왕(提頭賴吒天王), 서방은 광목천왕(毘留羅天王), 남방은 증장천왕(毘留勒叉天王), 북방은 다문천왕(毘沙門天王)이 수호한다. 사천왕들은 각기 2부중씩 8부중을 휘하에 거느린다. 동방의 지국천왕은 건달파와 비사도를, 서방의 광목천왕은 용과 부단나를, 남방의 증장천왕은 구반다와 설여다를, 북방의 다문천왕은 야차와 나찰을 거느리고 있다.

22) 『불설사천왕경』(『한글대장경』 2 아함부 2-1).

23) 『마하승기율』 권1(신판 『한글대장경』 191).

24) 『三國遺事』 권4 義解5 圓光西學.

학 중 호구산에서 4종의 아함을 두루 섭렵하여 팔정을[25] 얻었다 하였다. 그는 아함을 통하여 불교의 세계관을 알게 되면서 기존에 가지고 있었던 하늘, 곧 천天에 대한 인식을 새롭게 하였을 것이다. 그리고 제천들 가운데 특히 호법신으로 가장 적극적으로 활동하고 있는 제석천에 대해서 관심이 컸을 것으로 생각된다. 귀국한 후 가슬갑사에 머물 때 찾아온 귀산과 추항에게 내려준 세속오계의 가르침 가운데 네 번째 '임전무퇴'는 신라의 현실적인 위기 상황을 반영하는 것이기도 하지만 정법을 수호하는 전투신인 제석과 그를 호위하는 권속들을 연상시키기 때문이다.

물론 세속오계에 대한 전반적인 검토 작업이 선행되어야 하겠지만 귀산과 추항이 진평왕 24년(602) 백제와의 아막성 전투에서 목숨을 바쳐 큰 공을 세우고 전사한[26] 사실과 이후 삼국간의 전쟁에서 보여준 화랑들의 용맹스런 활약상은[27] 『아함경』에 나타난 부처와 불법을 수호하는 제석과 그 권속들의 역할이 원광의 영향을 받은 화랑들에 의해 불국토 신라를 수호한다는 애국심으로 실천되고 있는 사례들로 해석될 수 있을 것이다.

이러한 해석이 논리적 비약이 아니라는 것을 신라 최고 화랑이었던 김유신이 제석천의 아들 가운데 하나로 인간세계에 내려와 대신이 되었다는 설화로부터도[28] 확인할 수 있다. 원광이 활약하던 시기는 다음 절에서 구체적으로 다룰 진평왕 대로 진평왕의 지배이데올로기로 내세워진 제석신앙은 원광에 의해 뒷받침된 것이었다고 하겠다.

---

25) 색계의 4선정(초선정, 제2선정, 제3선정, 제4선정)과 무색계의 4처정(공무변처정, 식무변처정, 무소유처정, 비상비비상처정)을 말함. 아함의 33천 중 가장 상위의 8개 천이다.

26) 『三國史記』 권4 新羅本紀4 眞平王 24년.

27) 『삼국사기』 열전에는 이러한 화랑들에 대한 사례들이 다수 수록되어 있다. 진평왕 때는 찬덕, 해론, 눌최, 김흠순, 선덕여왕 때는 죽죽, 용석, 침나, 진덕여왕 때는 비녕자, 거진, 합절, 무열왕 때는 취도, 필부, 상간, 본숙, 모지, 미제, 관창, 김흠운, 예파, 적득, 보용나, 반굴, 문무왕 때는 소나, 미과, 핍실, 열기 등이 활약하였다.

28) 『三國遺事』 권1 紀異2 太宗春秋公; 紀異2 萬波息笛.

원광 이전부터 이미 신라 왕실은 제석과 수미산 세계관에 대하여 인식하고 있었다. 진흥왕 26년(565) 진에서 유사를 사신으로 파견할 때 함께 명관을 귀국시키면서 불교경론을 1,700여 권 보내와 이때 이르러 신라에 경전과 불상이 다 갖추어지게 되었다 한다.[29] 그런데 진흥왕이 아들들의 이름을 동륜과 사륜으로 하고 만년에 출가한 것은 『장아함경』 제2분 제6 「전륜성왕수행경轉輪聖王修行經」에 따라 전륜성왕의 행위를 모방한 것이다.[30] 이를 통해 이미 진흥왕 대부터 왕실을 중심으로 『아함경』에 대한 이해가 이루어지고 있었음이 확인된다. 아마 원광이 유학 당시 4종의 아함을 두루 섭렵했던 것이 이것과 무관하지 않을 것이다. 『아함경』에 대한 이해가 곧 제석신앙의 수용을 뜻하고 있다는 것은 논리적 비약일 수도 있으나, 다른 어떤 경전도 수미산 세계와 제석에 대한 내용을 『아함경』보다 상세하고 극적으로 다룬 것은 없기 때문에 『아함경』에 대한 이해가 제석신앙의 기반 조성에 결정적인 역할을 하였음은 의심의 여지가 없다.

2) 고대적 천신 관념과 제석

고대의 건국신화를 보면 건국의 시조를 천신의 자손으로 설정함으로써 지배 권력에게 신성한 정통성을 부여하고 있다. 이러한 신화는 동북아시아, 시베리아의 샤먼기원신화에 토대를 두고 있다. 샤먼은 인간을 구제하기 위해 지상에 파견된 천신의 자손, 혹은 천신의 대리자이므로 그 사회의 지도자로서 막강한 권위와 권력을 가진다는 것이다. 시조 왕들의 계보를 천신에게 연결시키는 이 같은 시도는 만주와 한반도 지역 건국신화의 주된 형태이기도 하다. 일반적으로 천신은 많은 사회에서 지고신으로 관념된다.

그런데 지고신으로서의 천신은 인간과는 거리가 너무나 먼 존재여서 그의 화신인 자식으로 하여금 중요성을 부여해주고 그들로 하여금 인간과 깊

29) 『三國史記』 권4 新羅本紀4 眞興王 26년.
30) 전륜성왕은 輪寶가 떠나면 죽음이 임박했음을 예지하고 출가한다.

은 관계를 맺도록 한다. 따라서 건국신화에 나타난 시조 왕들은 모두 천신의 자손이거나 하늘에서 내려온 신성한 존재였던 것이다. 고대국가 발생시 국가 성립을 주도한 지배집단은 건국의 정당성과 지배의 합리성을 이러한 신화로 뒷받침하였으며, 고대국가의 왕은 천손으로서 천신과의 교통이 가능하고 농사의 풍흉을 책임지는 신이한 능력이 많은 존재로 믿어져 신라시기 이후까지 천신들이 왕과 관계를 맺으며 자주 등장하고 있다.[31]

그러면 『삼국유사』 권1 「기이」의 고대 건국신화에서 천신 관계 사료를 검토하여 지고신인 천신이 어떻게 지칭되고 있는지 정리해 보자.

> ① 『고기』에 전하기를 옛날에 환인(제석을 이른다)의 서자 환웅이 있어 자주 천하에 뜻을 두고 인간세상을 탐내어 구했다. 그 아버지가 아들의 뜻을 알고 아래로 三危太伯을 내려다보니 인간들을 널리 이롭게 할만 했다. 이에 天符印 3개를 주어 내려보내어 다스리게 하였다. 환웅이 무리 3천 명을 거느리고 태백산 꼭대기(곧 태백은 지금의 묘향산이다) 신단수 아래에 내려와 이곳을 신시라고 이르렀으며 이분을 환웅천왕이라고 하였다.(고조선)[32]
>
> ② 『고기』에 전하기를 전한서 선제 신작 3년 임술 4월 8일에 천제가 흘승골성에 내려왔는데 오룡거를 탔다. 도읍을 정하여 왕이라 일컫고 국호를 북부여라 하고, 스스로 해모수라 칭하였다. 아들을 낳아 이름을 부루라 하고 해로서 성씨를 삼았다. 후에 상제의 명령으로 동부여로 도읍을 옮겼다.(북부여)
>
> ③ 북부여왕 해부루의 대신 아란불의 꿈에 천제가 내려와서 "장차 내 자손으로 하여금 이곳에 나라를 세우려 하니 너는 피해 가라."고 말했다. 아란불은 왕에게 권고하여 도읍을 옮기고 국호를 동부여라 했다.(동부여)[33]
>
> ④ 『국사』 고구려본기에 이런 사실이 있다.금와가 태백산 남쪽 우발수에서 한 여자를 얻었는데 그녀는 "나는 하백의 딸로 유화라 합니다. 동생들과 놀고 있을 때 한 남자가 천제의 아들 해모수라 하면서 저를 웅신산 아래 압록강 가에 있는 집으로 유인해 가서 사통하고 되돌아오지 않았습니다. 부모는 내가 중매

31) 나희라, 1995, 「고대국가의 지배이데올로기」 『역사비평』 30.

32) 이승휴가 지은 『帝王韻紀』 卷下 東國君王開國年代에서도 환웅을 상제 환인의 서자라 하였다.

33) 『三國史記』 권13 高句麗本紀 제1 始祖東明聖王에서는 아란불에게 하늘이 말하였다고 하였다.

없이 혼인한 것을 꾸짖어 이곳으로 귀양을 보내셨습니다."라고 하였다. … 주몽은 오이 등 세 사람과 함께 길을 떠나 엄수에 이르러 강물을 향해 말하였다. "나는 천제의 아들이고 하백의 손자이다. 뒤쫓는 자가 거의 닥치게 되었으니 어째야 하겠는가?"(고구려)

⑤ 그 당시 사람들은 서로 다투어 치하하였다. "이제 천자가 하늘에서 내려왔으니 마땅히 덕이 있는 왕후를 찾아서 배필을 삼아야 할 것이오."(신라시조 혁거세왕)

⑥ 저는 아유타국의 공주입니다. 성은 '허'라 하고 이름은 '황옥'이며 나이는 16세입니다. 올 5월 부왕과 모후께서 제게 말씀하시기를 "어젯밤 꿈에 황천상제가 이르시기를 "가락국왕 수로는 하늘이 내려보내 왕위에 오르게 했는데 아직 배필을 정하지 못하였으니 공주를 보내어 배필로 삼게 하라."고 하며 하늘로 올라가셨는데 깨고 난 후 상제의 말씀이 오히려 귀에 쟁쟁하니 너는 곧 가락국을 향해 떠나라고 말씀하셨습니다.(가락국기)

위 사료들에 보이는 건국시조와 천신과의 관계, 그리고 천신을 지칭하는 표현들을 정리하면 다음과 같다.

고조선: 하늘에서 내려온 환인-제석의 서자 환웅과 웅녀 사이에 난 단군이 건국
북부여: 천제인 해모수가 건국
동부여: 해모수의 아들인 해부루가 북부여에서 도읍을 옮김
고구려: 천제의 아들인 해모수와 하백의 딸인 유화 사이에 난 주몽이 건국
신 라: 천자인 박혁거세가 시조
가 야: 하늘이 내려보낸 김수로가 건국

한편, 해부루가 동부여로 도읍을 옮긴 이유를 「동부여」조에서는 아란불의 꿈에 천제가 내려와 권고하였기 때문이라 하였는데, 같은 사실을 「북부여」조에서는 상제가 명령한 것으로 이야기하고 있다. 「가락국기」조에서 허황옥도 하늘에서 내려온 황천상제의 명으로 김수로의 배필이 되기 위해 아유타국에서 왔다. 따라서 『삼국유사』 속의 건국신화에서 지고신인 천신은

환인-제석 · 천 · 천제 · 황천상제 · 상제로 혼용되어 지칭되고 있다. 그런데 흥미로운 사실은 천신을 환인-제석으로 지칭한 「고조선」조의 기사이다.

'환인-제석' 은 앞 절에서도 언급하였듯이 불교 용어이다. 환인은 산스크리트어 Śakradevanamīndra라는 말을 한자로 음역한 제석으로 통칭되는 석가제환인다라에서 말미암은 것이다. 일연이 '환인은 제석을 이른다.' 고 주석한 것은 사실 같은 의미의 단어를 중첩한 것이다. 일연이 환웅을 환인의 서자로 이야기한 것은 『고기』를 인용한 것으로 그 당시 제석이 천제를 일컫는 말로 환인보다 더 널리 쓰였기 때문에 일연이 주로 부기한 것이 아닐까 추측된다.

『삼국유사』와 『제왕운기』가 저술된 시기는 비록 고려후기지만 이미 이전부터 고대적 천신과 불교의 제석은 동일한 개념으로 널리 사용되고 있었다. 신라 진평왕 대 국왕과 제석을 직접 연결시켜 국왕의 권위를 신성시하는 지배이데올로기로서 제석신앙이 성립된 사실이 이를 뒷받침한다.[34)]

그렇다면 왜 우리 고유의 천신이 불교의 제석천으로 표현되어졌을까? 불교 도입 후 불교 세계관에서의 '천' 의 관념은 고유의 '하늘' 관념을 매개로 하여 우리 사회에 수용되었다. 위에서도 언급했듯이 제석천이 거주하는 도리천은 관념적인 다른 불교의 제천들보다 지상에서 가장 높은 곳인 수미산 꼭대기에 자리잡고 있는 모습으로 구체적으로 그려질 수 있기 때문에 현실적으로 수용하기가 쉬웠을 것이다. 제석천은 능천제, 즉 전능한 천제로 번역되기도 한다.

본래 하늘님, 즉 천신을 뜻하는 우리 고유어가 있었을 것이나 문자로 정착되는 과정에서 천 · 천제 · 황천상제 · 상제라는 한자 용어로 표현되는 한편, 당시 유행되던 환인 또는 제석이란 불교관념의 용어로도 씌여진 것으로 생각된다. 환인이라는 말 이외에도 환웅 '천왕' 의 천왕이라는 용어도 제석과 관련이 깊은 불교 용어이다. 즉 천왕은 사천왕을 가리키는 것으로 제석

34) 안지원, 1997, 「신라 진평왕대 제석신앙과 왕권」 『歷史教育』 63, 77~94쪽.

의 부하권속이다. 환인의 서자로 지상에 내려와 반신반인의 모습으로 인간 세계를 지배하는 환웅을 천왕으로 칭하고 있는 것은 불교적 세계관과도 부합되는 것이다.35)

결과적으로 우리 고유의 하늘 관념에 입각해 불교의 도리천을 수용함으로써 고대적 천신과 제석이 동일시되어 제왕이 천손이라는 고대 지배이데올로기가 자연스럽게 불교의 제석신앙과 결합될 수 있게 하여 제석신앙이 지배이데올로기로 기능하는 것을 가능케 하였다. 『삼국유사』에서 단군을 제석의 손자로 표현하고 있는 것은 이러한 과정이 그대로 투영된 것이다.

한편, 역으로 불교 관련 내용에서 제석을 언급할 때 천제나 상제로 표현하는 현상도 나타난다. 『삼국유사』 권3 탑상4 「전후소장사리」조의 내용이 대표적인 사례이다. 그 가운데 중요 부분을 인용하면 다음과 같다.

> 옛날에 의상 법사가 당나라에 가서 종남산 지상사의 지엄 존자가 있는 곳에 이르렀는데 인근에 도선 율사가 있어 항상 하늘로부터 공양을 받아 매번 재를 올릴 때마다 하늘의 부엌에서 음식을 날라왔다. 하루는 도선율사가 의상을 초청하여 재를 올리려 하였다. 의상이 가서 자리를 잡은 지 오래되었으나 하늘의 공양이 때가 지났는데도 오지 않아서 빈 바라 채로 돌아간 다음에야 天使가 이르렀다. 도선율사가 "오늘은 무슨 일로 늦었는가?"라고 묻자 천사는 '골짜기에 신병이 가득 막아 지키고 있어 들어올 수 없었습니다."라고 하였다. 이에 율사는 의상이 신중의 호위를 받고 있음을 알고 그 도력이 뛰어남에 승복하고는 그 공양구를 남겨두었다. 다음날 다시 지엄과 의상 두 사람을 재에 초청하여 어제의 연유를 말해 주었다. 그러자 의상은 차분히 도선에게 말하기를, "율사께서는 이미 天帝의 공경을 받고 있습니다. 일찍이 듣자 하니 帝釋宮에는 부처의 40개 치아 중에 어금니 하나가 있다 하는데, 우리들을 위해 빌려와서 사람들에게 내려서 복되게 함이 어떻습니까?"라고 하였다. 율사는 뒤에 천사로 하여금 그 뜻을 상제에게 전하게 하니 7일 기한으로 보내주었다. 의상은 경례를 드리고 나서 이를 궁 안에 모셨다.

35) 최병헌, 1995, 「단군인식의 역사적 변천」 『단군』, 서울대출판부.

위의 내용에서 불교의 제석천이 보편적 천신관념의 천제 · 상제 · 제로 불리고 있음을 확인할 수 있으며, 또한 지상과 천제석 사이를 오가면서 둘 사이를 연결하고 있는 천사가 존재하고 있었던 것을 알 수 있다.

3) 신라 왕실의 제석신앙 수용

(1) 내제석궁의 설치

삼국시기 중국으로부터 전래된 불교는 왕권과 결합되어 국가불교적 색채가 농후하였으며 특히 신라 불교는 이러한 성격이 두드러졌다. 이차돈의 순교 후 보수적인 귀족들의 맹렬한 반대를 이겨내고 불교를 공인한 법흥왕은 21년(534) 흥륜사를 짓기 시작하여 공사를 끝마치자 양위하고 출가하여 법공이란 법명을 받았으며,[36] 진흥왕은 불교교리로써 왕권을 신성화하기 시작하였다. 법흥왕과 진흥왕대는 영토가 크게 확장되고 율령체제가 정비되면서 신라가 비약적으로 발전한 시기였다.

그러나 중앙집권체제를 정비해 가는 과정에서 국왕과 여타 귀족들 사이에는 갈등이 생길 수밖에 없었을 것이고 국왕은 집권력 강화의 필요성을 절감하였을 것이다. 극심한 반대에도 불구하고 왕실이 불교를 적극적으로 수용한 이면에는 여타의 귀족들보다 우월한 지위를 보장해 주는 새로운 이데올로기를 모색하여야만 했던 왕실의 절박한 입장이 강하게 작용하고 있었다고 하겠다.

『삼국유사』를[37] 보면 신라 6부의 조상들은 모두 하늘에서 내려왔다고 한다. 따라서 신라 귀족들은 모두 천강족이라는 의식이 있었다. 그러므로 왕실이 귀족세력을 누르고 왕권을 강화하려 할 때 기존의 지배이데올로기인 고대적 천신 관념으로는 한계에 부딪힐 수밖에 없었다. 중앙집권체제를 구축해 나가기 위해서는 이를 뒷받침할 제도적 장치들과 아울러 다른 귀족세

36) 『海東高僧傳』 권1 法空.

37) 『三國遺事』 권1 紀異2 新羅始祖 赫居世王.

력들보다 우월함을 내세울 수 있는 관념체계가 요구되었다. 이러한 때 고구려에서 불교가 전래되었고, 신라 왕실은 불교에서 새로운 돌파구의 가능성을 찾았던 것이다.

불교는 천(하늘)까지도 다양한 단계로 세분하고 그 위에 지고한 불(부처)이 존재하는 세계관을 상정하고, 하늘을 포함한 모든 중생은 윤회를 되풀이하면서 미혹의 세계를 헤매고 있는 데 반해 부처만이 윤회의 굴레를 벗어난 초월적 존재로 설명하고 있다. 이러한 점은 천신의 후예임을 자처하던 귀족들의 정신적 토대를 약화시키고 국왕의 지위가 귀족들보다 우월함을 내세울 수 있는 이론적 근거가 될 수 있었다.

물론 불교 수용이 왕실과 귀족간의 대립 구도적 측면에서만 설명될 수는 없다. 왕실이 자신의 존립기반을 위해 불교 수용에 적극적이었더라도 이것이 국가의 전체 구성원들에게 이익이 된다는 명분이 없다면 지배이데올로기로 표방될 수 없었을 것이다. 그러므로 이에 불교의 통합기능이 고려되지 않으면 안 된다. 불교를 수용하여 신라가 불국토가 되면 그 안의 구성원들은 차별 없이 불법을 숭봉하며 부처의 구제를 바라는 중생들이라는 통합이념이 구축되며, 그러한 통합과정에서 정점에 위치한 국왕은 자연히 결속의 중심을 이루게 된다.

진흥왕은 자신의 두 아들의 이름을 불교의 전륜성왕 설화에서 따온 동륜과 사륜(진지왕)[38]으로 하였다. 전륜성왕은 전 세계를 통일하여 정법正法으로 세상을 통치한다는 속세의 이상적인 제왕이다. 소유한 윤보에 따라 금륜왕·은륜왕·동륜왕·철륜왕의 구별이 있는데, 진흥왕이 왕자들의 이름을

---

38) 『三國遺事』 권1 王曆과 『三國史記』 권4 眞智王을 보면 "舍輪 혹은 金輪이라고도 한다"고 기록되어 있다. 사륜이 금륜으로도 불렸을 가능성도 있지만, '舍'는 '쇠'의 음역으로 사륜은 철륜일 가능성이 크다. 진지왕은 차자였으나 태자였던 동륜이 일찍 죽었기 때문에 즉위하였다. 따라서 진지왕을 동륜 아래인 철륜으로 보면 부왕인 진흥왕이 금륜이나 은륜으로 자연스럽게 연결되므로 설득력이 있다. 남동신은 김춘추가 왕위에 오른 후 조부 진지왕의 명예회복을 위해 금륜으로 격상시킨 것으로 추측하였다(남동신, 1992, 「자장의 불교사상과 불교치국책」 『韓國史研究』 76).

동륜과 사륜으로 한 것은 전륜성왕을 자처한 것이다. 진흥왕을 이어 즉위한 진지왕은 4년 만에 세상을 떠났는데, 그 이유가 주색에 빠져 정사를 어지럽혀 국인國人들에 의해 폐위를 당했기 때문으로 『삼국유사』에 기록되어 있다.[39] 국인들에 의해 폐위당한 사실은 진지왕의 폐위가 화백회의의 결정에 의한 것이었음을 시사하고 있다. 화백회의가 신라 6부의 부족회의를 전통으로 하고 있는 주지의 사실이다. 불교공인 후 국왕측은 불교의 권위를 빌어 왕권강화를 도모하는 데 적극적이었겠지만 귀족들은 자신들의 지위를 상대화하는 불교의 수용에 호의적이지 않았을 것이다. 진지왕의 폐위를 이러한 두 입장의 마찰로 해석할 수도 있지 않을까? 진지왕의 급진적인 왕권강화로 인해 부족 전체의 공동이익이 위협받게 되었다고 생각한 귀족들과 갈등이 초래되어 아직은 불안정했던 진지왕 세력이 실각당한 것으로 볼 수도 있다.

진지왕의 형인 동륜태자의 아들로 진지왕의 뒤를 이은 진평왕은 이에 보다 합리적으로 대처할 필요성을 느꼈을 것이다. 따라서 통합 기능의 관점에서 불교의 수용이 신라국가 전체 구성원들에게 이득이 됨을 강조하였고, 이는 충분히 설득력을 가지고 받아들여졌던 것 같다. 당시의 대외적 상황도 진평왕에게 유리하게 전개되었다. 진흥왕 말기부터 소강상태로 접어들었던 삼국간의 전쟁이 진지왕 2년(577)의 백제의 반격으로 재개되어 정국이 집권층의 결속력의 강화와 민심의 규합이 요구되는 위기 상황이었기 때문이다.

한편, 진종설을 표방하여 이를 근거로 국왕의 지위가 귀족들보다 우월함을 내세울 수 있는 이론적 근거를 확립하였다. 진평왕은 자신의 이름을 석

---

39) 『三國遺事』 권1 紀異2 桃花女 鼻荊郎. 그러나 『三國史記』 권4 新羅本紀4 眞智王을 보면 폐위 관계 기사는 없고 백제와의 전쟁기사와 이를 막기 위한 축성기사만이 보인다.

40) 『승만경』은 기원전 3~4세기경에 성립된 초기 대승경전으로, 주제는 일승사상과 여래장사상이며 여래장사상을 체계화하는 데 기초가 되었다. 재가 여인인 아유사

가 아버지의 이름을 따서 백정白淨(일명 정반)으로, 왕비도 석가 어머니의 이름을 따서 마야라 하였다. 진평왕 후비의 이름도 승만 부인이었는데 이는 『승만경』[40]과도 관련되는 불교식 이름이다. 진평왕 아우들의 이름인 백반과 국반도 정반왕의 아우인 백반과 국반에서 비롯된 것이다. 말하자면 진평왕 대 신라 왕실은 인도 카빌라국 석가 왕실을 그대로 재현하여 놓은 것이었다.

진흥왕은 경전 속 전륜성왕의 이미지를 빌어 자신이 지향하는 바를 상징하였던 것에 비하여 진평왕은 동륜계 신라 왕실을 실재했던 석가족에 대응시켜 부처의 가문임을 자처하였다. 중국의 오대산에서 자장에게 감응한 문수보살이 "신라 왕실은 찰제리종(진종)으로 일찍이 불기를 받아서 동쪽 오랑캐나 기타 족속과는 다르다."고 하였다는 『삼국유사』의 기사는 이와 관련되어 흔히 인용되는 사료이다.[41] 찰제리종은 석가족이 속한 크샤트리아족의 한자음역어이다. 진평왕은 왕실을 진흥왕–동륜태자–진평왕으로 이어지는 왕의 직계 및 제한된 근친자들로 한정하여 이들을 성골로 칭하여 진골인 일반 귀족들과 구별하고, 불경에 나타나는 찰제리종의 진종설을 차용하여 이들을 신성화하여서 왕권강화를 정당화하는 지배이데올로기로 내세웠다.

그리고 이를 현실적으로 설득력 있게 실천하는 방법으로 제석신앙을 선택하고 내제석궁을 설치하였다. 신앙과 그것의 표현 형태인 의례는 단순히 종교행위로 그치지 않고 그 시대 사람들을 이끌어 가는 효과적인 정책 수단이 되기도 하며, 또한 그 시대 사람들의 의식세계가 반영되고 상징적이고 절실하게 표현되기도 한다. 이러한 관점에서 신라 제석신앙의

국 왕비 승만의 입을 통해 진리가 설해지는 것이 특징이며, 승만의 열 가지 서원은 정법을 향한 일상생활의 실천행인데 세간에 살면서 보리심을 발하여 대승의 진리를 체득할 것을 강조한다. 436년에 구나발타라가 한역한 것이 가장 널리 유통되었고, 신라에는 진흥왕 37년(576) 안홍에 의해 전래되어 상당한 영향을 끼쳤다. 진덕여왕의 이름이 승만이었으며, 원효와 도륜 등이 이 경에 대한 주석서를 남기기도 하였다.

41) 『三國遺事』 권3 塔像4 皇龍寺九層塔.

면모를 『삼국유사』의 진평왕 대 기사를 통하여 검토해 보도록 하자.

> 제26대 백정왕의 시호는 진평대왕이요 성은 김씨이다. 대건 11년(579) 8월에 즉위하였는데 키가 열한 자였다. 그가 내제석궁(天柱寺라고도 하는데 그가 세운 절이다)에 행차하였을 때, 돌계단을 밟으니 디딤돌 세 개가 한꺼번에 부러졌다. 왕은 측근들에게 이 돌을 그대로 두어 뒷사람들에게 보여주라고 일렀다. 이 돌은 성 가운데 움직일 수 없는 5개의 부동석 중 하나이다.[42]

일명 천주사라고도 한 내제석궁은 월성의 서북쪽 안압지 남쪽에 위치하고 있었다.[43] 이는 안압지와 그 주변 발굴 조사에서도 확인된 사실인데,[44] 안압지 일대는 궁궐터로서 동궁전을 비롯한 부속 건물들이 위치하고 있었으므로 내제석궁의 '내'는 궐내를 뜻하는 것이다. 따라서 궐내 있었던 제석을 모신 불당을 내제석궁이라 하였던 것으로 생각된다. 『동경잡기』 불우 천주사에서는 『삼국유사』「사금갑」조의 소지마립간 때 있었던 내전 분수승[45]

---

42) 『三國遺事』 권1 紀異2 天賜玉帶.

43) 『東京雜記』 권2 佛宇 天柱寺.

44) 안압지 발굴조사 중 근방에서 '天柱寺'란 명문이 새겨진 와편이 출토됨(조유전, 1996, 『발굴이야기』, 대원사, 161쪽).

45) 『三國遺事』 권1 紀異2 射琴匣.

46) 이 부분을 「동경잡기간오」에 다음과 같이 다시 상세하게 부기하고 있다. 최유청의 「도선국사비명」에 "스님이 내불당 천주사에서 돌아가셨다."라고 하였다. 김동봉의 천주사 시제에 '신라내불당'이라고 하였다. 『삼국유사』에도 역시 "천주사는 곧 내불당으로, 금갑에 숨었던 승려가 바로 이 절의 중이며 지금의 제석원이다."라고 하였다. 고려시기 내제석원은 궁궐 안에 있었으며 아침저녁으로 향을 올리고 수도하는 곳이었다. 『삼국유사』는 바로 고려 때 지은 것이다(『東京雜記』 권3 東京雜記刊誤). 그런데 「도선국사비명」의 정식 명칭은 「옥룡사 선각국사증성혜등탑비명으로 의종의 명을 받고 최유청이 의종 4년(1150)에 지은 것이다. 『조선금석총람』 上과 『동문선』 권117에 그 내용이 수록되어 전하고 있으나 그 속에는 도선국사가 경주 천주사에서 입적한 사실이 없다. 헌강왕의 청으로 경주로 와 머문 적은 있지만 얼마 후 다시 옥룡사로 돌아갔고 그 곳에서 입적한 것으로 되어 있다. 그렇다고 해서 『동경잡기』가 사료적 가치가 없다고 단정할 수 없다. 도선이 경주에 왔을 때 궐내 천주사에 주석하였을 가능성이 있으며, 또한 이것과 천주사를 내불당으로 불렀

이 천주사, 즉 내제석궁의 승려라고 설명하고, 이곳이 바로 신라 왕의 내불당이며 지금의 제석원이라고 덧붙이고 있다.[46] 따라서 『삼국유사』는 내제석궁의 창건연대를 진평왕 대로 말하고 있으나 이전부터 존재하던 내전에서 발전된 것으로 보는 것이 타당하다.[47] 소지마립간 이전에 설치되어 부처를 치성하던 곳인 내전이 진평왕 대 들어 제석신앙이 왕권강화의 이데올로기로 이용되면서부터 제석을 주존으로 모시고 내제석궁으로 불리며 궐내 내불당으로서의 위치를 확고히 하게 되었다.

내제석궁이 비록 진평왕 대 창건된 것이 아닐지라도 국왕이 행차하여 예불을 드리고 내제석궁의 돌계단을 부동석으로 만들어 신성시함으로써 왕의 권위를 과시한 것은 진평왕 이전의 불교와는 다른 양상을 보이는 것이다.

내제석궁의 돌계단을 오를 때 디딤돌 3개가 한꺼번에 부러졌다는 설화는 왕의 힘은 워낙 강력해서 대지를 직접 밟으면 대지가 붕괴되기 때문에 카펫을 깔거나 무엇을 타고 가야 된다는 관념[48]과 관련지어 생각하면 진평왕이 왕으로서 강력한 힘의 소유자임을 과시하고 있는 것으로 해석할 수 있다. 이것은 진평왕의 왕권강화정책과도 연결되어 신라 중고기 전제왕권 성립과정 속에서 내제석궁이 주요한 역할을 하고 있음을 시사하고 있다.

그러면 이러한 내제석궁에서는 어떠한 행사가 베풀어졌을까? 이에 관하

던 사실은 별개의 문제이므로 『동경잡기』의 사료적 가치는 충분하다고 생각된다. 한편, 『삼국유사』에서도 위와 같은 기록을 찾을 수 없다. 『동경잡기』는 작자와 연대가 미상으로 전해 내려오던 『東京誌』를 1669년 경주부사 민주면 등이 증수 간행한 것이다. 따라서 현재는 전해지지 않는 『삼국유사』의 이판본을 근거하였을 수도 있다. 또한 『新增東國輿地勝覽』 권21 慶州府 佛宇 天柱寺의 '俗傳炤智王射琴匣而倒乃是寺僧也' 라고 기록에서 『삼국유사』 이외 다른 자료도 있었음이 유추된다.

47) 신종원, 1977, 「신라의 불교 전래와 그 수용과정에 대한 재검토」 『白山學報』 22, 160~167쪽.

48) Mircea Eliade, 1972, *Patterns in Comparative Religion*, New York, Sheed & Ward, pp.16~17.

여 국인이 매년 이름난 꽃을 천주사의 뜰에 심고 복을 빌었다[49]는 기록이 『동경잡기』에 전한다. 내제석궁은 천주사라고도 칭하여졌는데, '천주'는 불교보다는 전통적 무속신앙의 세계관과 밀접한 관련을 지니는 용어이다. 샤머니즘의 세계관에서는 우주는 천상계 · 지상계 · 지하계의 3층 구조로 이루어진다. 각 층은 우주축으로 연결되고 있으며 중심은 구멍으로 통해 있다. 우주의 중심기둥인 우주축은 우주산 · 우주수로 상징되는데 신들이 지상에 내려오고 죽은 이들이 지하로 내려가는 통로가 된다. 우주축의 정점에 천신이 좌정하고 있으며 이러한 성스러운 우주의 중심은 천신과 천신의 권능을 부여받은 자들 — 샤만이나 천사, 왕 — 만이 드나들 수 있다고 한다.[50]

그렇다고 보면 천주, 즉 하늘기둥이란 천상과의 의사소통을 가능하게 하는 우주수를 뜻한다고 볼 수 있다. 따라서 불교 수용 이후 왕궁 내 토착종교의 신성지역이 불교적으로 변용되어 내전 또는 내불당으로 불리다가,[51] 제석신앙이 고대적 천신관념과 결합되어 지배이데올로기로 표방되면서 내제석궁이라 명명되었고 천상과의 교통이 가능한 우주축을 상징하는 천주사로도 불리게 되었던 것으로 생각된다.[52] 『동경잡기』에 전하는 습속은 우주수를 세우고 의례를 거행하던 전통이 지속되고 있음을 보여준다.

그런데 왜 진평왕은 제석신앙을 지배이데올로기로 이용하였을까? 우선 그 배경이 되는 진평왕 대 정치적 상황을 살펴보기로 하자. 숙부인 진지왕이 폐위된 후 그 뒤를 이어 즉위한 진평왕은 진흥왕-동륜태자-자신으로 연

49) 『東京雜記』 권2 佛宇 天柱寺.

50) 엘리아데 저, 이윤기 역, 1992, 『샤마니즘』, 까치, 106~108쪽, 243~252쪽.

51) 서영대, 1991, 「한국 고대 신관념의 사회적 의미」, 서울대 박사학위논문, 287쪽.

52) 고구려에는 천상과 교통하는 데 이용되었던 靈石이 있었다. 보장왕의 후원을 받아 도사들이 국내의 유명한 산천을 다니며 진호할 때 평양성에 있었던 것으로 추측되는 영석을 들어내어 깨뜨려 버렸다 한다. 이 돌을 민간에서는 도제암 또는 조천석으로 불렀는데 옛날 성제가 이 돌을 타고 상제를 배알했기 때문이라 하였다(『三國遺事』 권3 興法3 寶藏奉老 普德移庵).

결되는 계보를 확립하고 조부 진흥왕의 왕권강화정책을 계승 · 발전시킬 필요성을 절실히 느꼈을 것이다. 진평왕 9년(587)에 왕족 대세大世와 구칠仇柒 등이 국외로 탈출하였다는 『삼국사기』의 기사는 즉위하고 상당한 시간이 흐른 후까지도 불만을 품은 귀족세력들이 있었음을 추측케 한다. 이러한 상황에서 진평왕에게 명실상부한 통치권의 확보는 절실한 과제였을 것이다.

이미 진흥왕 대부터 대대적으로 추진된 영토 확장사업으로 국왕의 근시 신료 세력이 성장하고 있었고,[53] 군사를 담당하는 병부령, 관리의 규찰을 담당하는 사정부경, 행정을 담당하는 사신(사대등), 재정을 담당하는 전대등 같은 관직의 설치로 최소한의 통치조직이 갖추어져 왕권 성장에 뒷받침이 되고 있었다. 이를 기반으로 진평왕은 중앙행정조직의 확대에 박차를 기하여 신라 관제사상 획기적인 발전을 이룩하였다. 이는 확대된 영토의 지배와 왕권강화를 위한 직능분화의 필요에 대응한 것이었다.[54]

이 같은 행정조직의 정비 과정에서 진평왕은 절대적인 권위가 필요함을 느꼈을 것이다. 신라의 역대 왕들은 시조묘와 신궁에 제사함으로써 자신들의 권력이 시조 왕을 매개로 하여 최고 권위의 원천인 하늘로부터 나온 것임을 정당화하였다.[55] 그러나 진평왕이 동륜태자 직계만을 성골이라 칭하며 다른 귀족들과 차별을 두게 되었을 때, 다른 세력들과 공유하고 있는 이전 천으로는 그들의 우월성을 주장할 수 없었을 것이다. 그 결과 내제석궁을 설치하여 새로운 천의 관념으로 제석을 등장시키게 된 것은 아닐까?

진평왕은 불교를 신앙하면서 불교교리에 대하여 많이 알고 있었을 것이다. 그 가운데 하늘과 맞닿은 지상의 맨 꼭대기인 수미산 정상에서 부처의 최고 호법신으로 불법을 수호하면서 인간세계를 감시하고 있는 제석천은

53) 이문기, 1983, 「신라 중고의 국왕근시집단」 『歷史敎育論集』 5, 77~78쪽.

54) 이정숙, 1986, 「신라 진평왕대의 정치적 성격-소위 전제왕권의 성립과 관련하여」 『韓國史研究』 52, 13~15쪽.

55) 나희라, 1996, 「한국 고대의 신관념과 왕권」 『國史館論叢』 69, 120쪽.

고대적 천신관념을 대신할 수 있는 새로운 천天으로 진평왕의 관심을 끌었을 것으로 추측된다. 왜냐하면 동륜계 왕실은 석가왕실과 다름없으므로 제석의 강력한 보호를 받고 있고, 나아가 자신을 제석의 호위를 받는 부처와 같은 존재로 자연스럽게 부각시킬 수 있기 때문이었다.

(2) 왕권 강화와 「천사옥대」 설화

진평왕이 제석으로부터 옥대를 받았다는 설화는 위와 같은 주장을 뒷받침해 주는 의미가 큰 자료이다. 이 설화는 진평왕이 제석으로부터 부처와 마찬가지로 절대적 권위를 부여받고, 절대적 수호를 받고 있음을 시사하고 있다. 이를 좀더 자세히 검토하기 위해 관련기록을 인용하면 다음과 같다.

> 진평왕 즉위 첫해 天使가 전정에 내려와 왕에게 "상황이 나에게 옥대를 전하라 하셨다."고 말하니 왕은 친히 무릎을 꿇고 이를 받았다. 그런 후 천사는 하늘로 올라갔고 이후 교묘 대사 때는 이 옥대를 꼭 착용하였다. 찬미하기를 "구름 밖 하늘에서 보내주신 옥대, 임금의 곤룡포에 훌륭히 어울리네, 우리 임금 이로부터 몸 더욱 무거우니, 다음부턴 쇠로써 섬돌을 만들까 하네."[56]

그런데 이와 관련하여 『동경잡기』에도 유사한 기록이 있다.

> 진평왕 원년 神人이 전정에 내려와서 왕에게 상제가 나에게 옥대를 전하라 하셨다고 말하니 왕이 꿇어앉아 받았다. 이후 교묘 대사 때는 이 옥대를 꼭 착용하였다. 그 당시 사람들이 찬미하기를 구름 밖 하늘에서 보내주신 옥대, 임금의 곤룡포에 훌륭히 어울리네, 우리 임금 이로부터 몸 더욱 무거우니, 다음부턴 쇠로써 섬돌을 만들까 하네라고 하였다.[57]

위의 두 자료를 비교하여 보면 상황이 상제로, 천사가 신인으로 표현된 이외에는 차이가 없다. 특히 부기된 찬이 완전히 일치하므로 『동경잡기』의

56) 『三國遺事』 권1 紀異2 天賜玉帶.

57) 『東京雜記』 권2 古蹟 玉帶.

기사는 『삼국유사』를 전거로 하였음이 확실하다. 『삼국유사』에서 지고신인 천신은 환인-제석·천·천제·황천상제·상제로 혼용되고 있음을 앞 절에서 검토한 바 있다. 당시 신라 사람들이 옥대를 진평왕이 성골 출신 왕이라는 연유로 성제대라고도 일컬었다는 기록[58]은 옥대가 성골왕실의 지배이데올로기로서 표방된 진종설과 밀접한 관련이 있으며 제석신앙과도 연결됨을 시사한다. 따라서 상황은 황천상제의 약어로 상제와 마찬가지이며 진평왕대 정치 상황과 관련하여 제석으로 해석해도 무방할 것이다. 진평왕이 제석으로부터 신성성을 인정받는 상징적인 절차가 무릎을 꿇고 옥대를 받는 의전형식으로 행해진 것으로 생각된다.

이 옥대는 대대로 전해져 경주의 남고南庫에 보관되었다가 358년 후인 고려 태조 20년(937)에 경순왕 김부에 의해 태조 왕건에게 바쳐졌다.[59] 『고려사』의 기록에 의하면 옥대는 금으로 조각한 네모난 판형에 푸른 옥을 박아 만든 아름다운 조각편을 62개 연결한 화려한 과대로서 길이가 10위였다고[60] 한다.

과대는 원래 실용적인 목적으로 사용되던 허리띠에 착용자의 신분이나 계급 등의 상징적인 의미가 더해지면서 가죽이나 천으로 만든 띠의 표면을 문양이 투조된 금속제 과銙들로 장식하고, 그 아래로 대형 요패 장신구들을 내려뜨리는 형식으로 발전된 것이다. 한대 이전 스텝 지역 유목민들 사이에서 실제로 필요한 물건들을 허리에 매달던 풍속이 중국으로 들어왔고, 이것이 진대 우리나라에 전해져 독창적 양식으로 발전·유행되었다.[61] 금속제 과대를 착용할 수 있는 사람들은 신분이 높았던 인물들로 특히 절대적 권력을 상징하는 왕들은 누구보다도 화려한 과대를 착용하였을 것이다.

---

58) 『東京雜記』 권2 古蹟 玉帶에 수록된 이 같은 내용은 『高麗史』 권2 世家2 太祖 20년 5월 癸丑의 기사를 전거로 한 것이다.

59) 『高麗史』 권2 世家2 太祖 20년 5월 癸丑.

60) 1圍는 다섯 치의 둘레를 말함. 한 尺의 반으로 약 15cm이다. 10위는 약 150cm에 해당된다.

61) 윤선희, 1987, 「삼국시대 과대의 기원과 변천에 관한 연구」, 서울대 석사학위논문.

그렇다면 진평왕은 왜 제석이 천사를 시켜 옥대를 보내주었다는 설화로 자신을 미화하고 교묘대사에 반드시 그 옥대를 착용하였던 것일까? 우선 교묘대사는 어떠한 제례인지 살펴보기로 하자. 중국에서 교사郊祀는 제천의식으로 천지신 제사를 의미하며, 묘사廟祀는 종묘 제사를 말하는데 이들은 왕이 친히 지내므로 대사大祀라 칭한다. 한편, 신라에서는 묘사는 있으나 교사에 대한 언급은 없으며 이와는 별도로 명산대천을 대·중·소사로 나누어 그 중 가장 중요한 삼산에서 대사를 지냈다. 그러나 묘제와 대·중·소사 제도가 정립되는 것은 하대이므로 진평왕 대까지는 시조묘와 신궁 제사만이 기록에 보이고 있다.

따라서 진평왕 대의 교묘대사는 시조묘 제사와 신궁 제사를 가리키는 것이며 왕이 직접 지냈기 때문에 대사라고 했을 것이다. 시조묘 제사는 조선를 모시는 묘사 성격의 제사이고, 신궁 제사는 시조의 지고천신적 성격을 부각하여 왕과 천을 보다 직접적으로 연결시키는 교사 성격의 제사라고 생각된다. 이러한 신궁 제사의 성격은 신궁이 설치될 당시의 상황과 밀접한 관련이 있다.

신궁이 설치되었던 소지마립간 9년(487)은[62] 대내적으로는 왕위 계승의 안정으로 왕권 강화의 토대가 구축되어 연맹과 복속제족에 대한 통제력이 강화되고 지배체제가 정비되기 시작하였고, 대외적으로는 중국과 교류를 시작하여 고구려의 영향에서 벗어나 독자적인 발전이 모색되었던 시기였다. 이 같은 상황에서 강화되는 집권력과 확대되는 영토를 위한 좀더 강력한 사상적 통합의 필요성이 대두하였고, 그 결과 시조묘와는 별개로 국가제사의 최고정점으로 시조가 지니는 천신적 요소를 더욱 부각하여 '천'의 지고성에 보다 직접적인 접근을 하는 신궁을 설치하여 제사하게 되었던 것이다.[63]

---

62) 『三國史記』 권3 新羅本紀3 炤知麻立干 9년. 그런데 같은 책 권32 雜志1 祭祀에는 지증왕 대 설치되었다고 하여 차이가 있다.

63) 나희라, 1996, 앞의 논문, 136쪽.

그런데 신궁이 설치되었던 소지마립간 대와 진평왕 대는 정국에 있어서 유사점이 많다. 소지마립간은 왕권 강화의 단초를 열었고, 진평왕은 전제왕권의 토대를 구축하였다. 이러한 과정에서 절대적인 우월성의 과시가 이들에게 요구되었을 것이며 이를 위해 소지마립간이 신궁을 설치한 것처럼 진평왕은 내제석궁을 설치하고 신궁의 하늘과는 다른 제석천을 내세움으로써 절대적 권위를 과시하려 하였던 것이다.

요컨대 진평왕이 즉위 직후 상황, 즉 제석으로부터 옥대를 받고 이를 교묘대사에 착용하였다고 하는 설화는 자신을 다른 귀족들과 차별화하여 부처와 다름없는 초월적인 존재로서 상징화하면서 제석천, 즉 하늘의 호위를 받는 통치자로 미화한 진평왕의 일련의 왕권신성화 작업을 담아내고 있는 것이라 하겠다.

이러한 신성화 정책에 힘입어 진평왕은 재위 3년부터 13년까지 10년 동안 일련의 정치개혁을 단행하였고, 그 결과 강력한 왕권의 토대가 구축되어 53년이라는 장기간의 집권이 가능했던 것이다. 즉, 진평왕 대 진종설과 제석신앙은 외래사상인 불교를 부족적 전통의 고대적 천신관념과 결합하여 주체적이며 능동적으로 수용하여 성립시킨 지배이데올로기였다.

이러한 성격의 제석신앙이 백제에도 존재하였다. 『삼국유사』에는 진평왕의 셋째공주인 선화가 후일 백제 무왕으로 즉위한 서동과 결혼하였다는 기사가 있다.[64] 기사 내용의 진위 여부에 대하여 논란이 많으나 여하튼 제석신앙과 관련하여 백제 무왕이 지모밀(현 익산 왕궁면)에 제석정사를 창건한 기록이 전해지고 있어 주목된다. 그것은 바로 일본 경도 청련사에 소장되어 있는 겸창시대 필사본 『관세음응험기』이다.[65]

이 책에 실려 있는 중국 육조시대 『관세음응험기』 세 편 가운데 마지막 편인 제나라 육고가 저술한 「계관세음응험기」의 끝부분에 본문과는 별개로

---

64) 『三國遺事』 권2 紀異2 武王.

65) 牧田諦亮, 1973, 『觀世音應驗記の硏究』, 平樂寺書店.

두 편의 백제인 응험기가 부기되어 있다. 그런데 그 중 하나가 바로 제석정사에 관한 것이다. 응험기에 따르면 모지밀은 무왕이 별도를 두었던 중심지역으로 이곳에 궁궐을 지은 후 제석정사도 창건했다 한다. 이는 궁지로 추정되는 곳에서 '제석사'로 명기된 와편이 출토됨으로써 고고학적으로도 입증이 되었다.[66)]

제석정사, 즉 제석사는 무왕 대 별도 경영의 일환으로 모지밀에 궁궐이 세워지고 미륵사의 조영이 이루어지던 무렵 창건되었고,[67)] 무왕 40년(639) 11월 뇌우를 만나 불당과 7층탑, 회랑과 승방이 전소되었을 때 탑의 초석에 있었던 불사리병과 동판 금강반야바라밀다경을 넣었던 칠함만은 그대로 남아 있었다고 전하고 있어 화재 당시는 완전한 가람 형태를 이루고 있었음이 확인된다.

그러면 백제의 제석사는 어떠한 기능을 하였을까? 제석사의 위치는 궁궐 안으로 추정되고 있는데 이는 신라의 내제석궁이 궁궐 내 세워진 것과 유사하다. 백제 제석신앙이 신라 중고기 왕실에서처럼 왕권신성화와 관련된 통치이데올로기의 성격이 있었는지는 확실치 않으나 내불당과 같은 기능을 하면서 왕실과 밀접한 관련이 있었음은 명확하다 하겠다.

---

66) 황수영, 1973, 「백제 제석사지의 연구」『百濟硏究』 4.

67) 『三國史記』 권27 百濟本紀에 무왕 35년(634) 王興寺가 낙성되었다는 기사가 나오는데, 왕흥사는 이미 법왕 2년(600) 기사에 이룩된 것으로 기록되어 있다. 그러므로 무왕 35년 왕흥사 관련 기사는 익산 미륵사 낙성 기사의 오기로 보아야 한다는 주장이 설득력이 있다. 이를 받아들인다면 제석사도 이 무렵 창건되었을 것이다.

2. 고려 제석도량의 설행 실태

1) 내 · 외 제석원의 설치

(1) 내제석원의 설치

태조 왕건은 건국한 이듬해 정월에 송악 남쪽을 수도로 정하고 개경을 명실상부한 새 왕조의 수도로서 건설하기 위해 도성계획 사업을 본격적으로 추진하기 시작하였다. 3월에는 법왕사, 자운사, 왕륜사, 내제석원, 사나사, 대선원보제사, 신흥사, 문수사, 원통사, 지장사 등 십찰을 창건하였는데, 이 역시 이러한 계획의 일환이었다.[68)]

특히 왕건은 사찰건립 문제를 「훈요십조」에 두 번째 조항으로 남기고 있을 만큼 중요시하여,[69)] 도선의 비보사탑설을 강조하면서 사찰을 정한 곳 이외에 함부로 개창하여 지덕을 쇠하게 만들지 말도록 경계하고 있다. 이것은 왕건이 풍수지리설에 입각하여 사찰을 건립하고자 했음을 확인시켜 준다.[70)]

무분별한 사찰 창건을 경계하였음에도 불구하고 왕건이 개경에 십찰 이외에도 계속 사찰을 건립한 것은 자신을 불법의 수호자임을 널리 알려 민심

---

68) 현종 15년(1024)에 개편된 개경 5부의 방리 명칭에 북부 10방으로 법왕방, 흥국방, 자운방, 왕륜방, 사내방, 내천왕방 등이 보인다(『新增東國輿地勝覽』 권4 開城府 上 部坊). 이 명칭들은 사찰 이름에서 비롯된 것으로 사찰이 그 지역의 중심 건물로 도시계획되었음을 알 수 있다.

69) 『高麗史』 권2 世家2 太祖 26년 4월, "二曰 諸寺院皆道詵推占山水順逆而開創 道詵云 吾所占定外 妄加創造則 損薄地德祚業不永 朕念後世國公候后妃朝臣各稱願堂或增創造則大可憂也 新羅之末 競造浮屠衰損地德以底於亡 可不戒哉"

70) 최병헌, 1975, 「도선의 생애와 나말여초의 풍수지리설」『韓國史研究』 11.

을 모아서 정치적 통일과 더불어 불교를 통한 사상적 통일을 이루는 데 그 목적이 있었다. 새로운 국가의 기반을 조성하는 데 있어 민심과 밀착되어 있는 불교를 중시할 수밖에 없었으며 호족세력을 통합하는 데도 불교계의 협조가 필요하였기 때문이다.[71)]

그러나 왕건이 개경에 많은 사찰을 건립한 것은 단순히 불교를 후원하기 위한 차원이 아니었다. 여기에는 지방세력의 할거와 더불어 분열되어 있는 종단을 정리하고 효과적으로 중앙에서 관리하려는 왕건의 의도가 강하게 반영되어 있었다. 십찰의 건립은 종파 정리라는 정책적 의미를 가지고 있었으며 뒤를 이은 사찰 창건도 종파와 결부된 불교신앙을 총체적으로 재구성하려는 불교정책의 연장선상에서 이해되어야 할 것이다. "각기 종파에 충실할 것이며 뒷날 간신이 집정하여 승려의 말에 따라 각 종파의 사찰을 서로 빼앗고 바꾸는 것을 금한다."고 하는 「훈요십조」 첫 번째 조항의 내용이[72)] 이를 뒷받침한다.

따라서 고려 건국 후 후삼국을 통일할 때까지 왕건이 개경에 창건한 사찰들은 대부분 표방 신앙에 있어서 그 차이가 뚜렷하며 종파도 구별이 가능하다.[73)] 이 가운데 내제석원과 외제석원이 바로 제석신앙과 관련된 사찰이다. 십찰 가운데 하나로 내제석원이 창건된 후 얼마 지나지 않아 외제석원이 창건된 사실은 고려 왕실에서 제석신앙을 중요하게 여기고 있었음을 알려준다.

내제석원의 위치는 『한국사찰전서』에는 궁성 밖에 있었다고 설명하고 있

---

71) 태조는 참모 최응과의 문답에서 "전해 오는 말에 혼란한 때에는 문치에 힘써 민심을 얻는다고 하였으니, 불교와 음양설에 의지하여서야 되겠는가?"라는 최응의 말에 "그 말을 어찌 모르겠는가? 그러나 우리나라 산수의 영험하고 기이함이 궁벽한 벽촌까지도 미치고 있고 백성들이 부처와 신령을 좋아하니 그것을 이용하려 하는 것이오."라고 대답하였다(崔滋, 『補閑集』 卷上).

72) 『高麗史』 권2 世家2 太祖 26년 4월, "一日我國家大業必資諸佛護衛之力 故創禪敎寺院 差遣住持焚修 使各治其業 後世姦臣執政 徇僧請謁 各業寺社 爭相換奪 切宜禁之"

73) 한기문, 1983, 「고려 태조의 불교정책」 『대구사학』 22.

으나,[74] 궁궐 내에 자리하고 있었음이 확실하다. 십찰 건립 5년 후 외제석원을 창건할 때 이미 존재하고 있는 내제석원과 구별할 목적으로 '외' 자를 붙인 것으로 보이며,[75] 이는 궁궐의 안과 밖이라는 위치상의 차이에서 비롯된 것이었다.[76]

인종 4년(1126) 이자겸의 난 때 반란군들이 왕궁에 불을 지르자 인종은 역대 왕들의 영정이 있는 경령전으로 가 백사청을 시켜 영정들을 내제석원에 있는 마른 우물에 넣게 한 후 피신하였다고 한다. 이날 화재로 궁궐이 전부 불타고 산호정, 상춘정, 상화정, 내제석원의 행랑 수십 간만 겨우 남았었다.[77] 그런데 산호정은 연경궁 후원에 있었으니[78] 내제석원 역시 경령전에서 멀지 않은 궁궐 후원에 자리잡고 있었던 것으로 추측된다. 또한 「적연국사자광탑비문」에도 내제석원을 주변 환경이 홍루에 비길 만하고 어소, 즉 왕의 내전과 연이어 있어 승려가 마음을 닦을만한 청정한 곳이라 전하고 있어 이를 뒷받침해 주고 있다.[79]

그러면 내제석원에서 거행된 행사들의 면모와 그 성격을 알아보기 위해 관련 기록들을 검토하여 보자.[80] 태조는 신라 승려 홍경이 당나라 민부 지방으로부터 대장경 1부를 가지고 예성강에 도착하였을 때 친히 이를 영접하고 대장경을 제석원에 보관시켰고,[81] 료오화상 순지가 입적했을 때 자대덕이란 시호를 추증하고, 결락 부분이 많아 정확한 내용을 알 수 없지만 무

74) 권상로, 『韓國寺刹全書』 卷上, 동국대출판부, 255쪽.

75) 『고려사』와 금석문에 내 · 외가 붙지 않은 '제석원'에 관한 기록들이 있다. 외제석원이 창건되기 전에는 구태여 내 · 외를 붙여 구별할 필요가 없었기 때문에 내제석원을 통칭 제석원으로 불렀던 관례가 계속 남은 것으로 생각된다.

76) 궐내 사찰로 내제석원 이외에도 法雲寺가 있었다(『高麗史』 권6 世家6 靖宗 12년).

77) 『高麗史』 권127 列傳40 李資謙.

78) 『新增東國輿地勝覽』 권4, 開城府 下.

79) 「寂然國師慈光塔碑」, "後乃請住於內帝釋院 此寺也 境比紅樓 地連丹禁 是梵侶洗心之淨界 實人君植福之良田"(『한국금석전문』 중세 상, 456쪽).

80) 〈표 4〉 『高麗史』 수록 내제석원 관계 기사표 참고.

81) 『高麗史』 권1 世家1 太祖 11년 8월.

엇인가를 제석원에 봉안케 하였다고 한다.[82] 순지는 왕건의 부친인 용건 때부터 왕건 집안과 관계가 깊었던 선사였다. 정종은 병이 들자 제석원으로 옮겨가 그곳에서 죽음을 맞았다고 한다.

적연국사 영준은 현종의 청을 받고 내제석원으로 와 주석하면서 하루도 빠짐없이 조석으로 부처님의 십신을 생각하며 현종의 만수무강을 기원하는 예불을 드렸기 때문에 그 힘 덕분으로 종묘사직을 보호하고 그 위엄으로 나라를 다스렸다 하며,[83] 문종은 내제석원에서 예배를 갖추고 지광국사 해린을 왕사로 추대하였다.[84] 원응국사 학일도 예종 8년(1113) 내제석원에 주석한 적이 있으며,[85] 대감국사 탄연도 인종 14년(1136) 제석원에 머무른 적이 있다.[86] 이밖에 문종 18년(1064) 8월 내제석원 기둥에 벼락이 친 적이 있고, 의종 원년(1147) 5월 내제석원에서 사람이 벼락에 맞았다는 기사를[87] 마지막으로 『고려사』에서 내제석원 관련 기사는 사라진다.

이상의 내용에서 내제석원은 왕사 임명 같은 공식적인 행사가 거행되거나 왕이 경사로 불러들인 고승들이 머물렀다 간 곳임을 알 수 있다. 그렇지만 어떠한 행사가 베풀어졌는지는 자세히 알 수 없는데, 이것은 거행된 도량들의 이름이 구체적으로 밝혀져 있는 다른 사찰의 기록들과는 대조적이다.

궐내에 같이 있었던 법운사도 왕이 행차하여 비를 빌었다던가,[88] 인왕도량을 개설했다던가[89] 하여 어떤 불교행사가 개최되었는지를 구체적으로 알

82) 「了悟和尙眞原塔碑」 "(결락) 引駕賜紫大德 帝釋院 釋 (결락)"(『한국금석전문』 중세 상, 286쪽).

83) 「寂然國師慈光塔碑」, "迄奉綸宣 移安寶刹 朝鍾夕磬 念螺髮之十身 日往月來 龍顏之萬壽 力扶宗社 咸鎭邦家"(『한국금석전문』 중세 상, 456쪽).

84) 『高麗史』 권7 世家7 文宗 10년 11월; 「智光國師玄妙塔碑」 『한국금석전문』 중세 상, 517쪽.

85) 「圓應國師碑」 『한국금석전문』 중세 상, 659쪽.

86) 「大鑒國師碑」 『한국금석전문』 중세 상, 820쪽.

87) 『高麗史』 권53 志7 五行1 文宗 18년; 毅宗 원년.

88) 『高麗史』 권54 志8 五行2 睿宗 원년; 睿宗 16년.

89) 『高麗史』 권21 世家21 熙宗 6년 8월; 권22 世家22 高宗 10년 11월.

수 있는 데 반해 내제석원에 대해서는 이러한 기록이 전혀 없다. 다만 적연국사 영준의 비문 내용을 통해 왕의 만수무강과 왕실의 안녕을 비는 예불이 조석으로 이루어졌음을 알 수 있다.

그런데 숙종 7년(1102) 6월 입적한 경렴의 석관에 흥미로운 금석문이 전하고 있다.[90] 석관에 새겨 있는 경렴의 승직은 '내제석원 주도감판관 우가승록 동정행□승정'이었다. 주도감은 왕이 거국적인 법회를 주최할 때 음식을 만드는 것을 총감독하는 관청이며, 판관은 신라 경덕왕 때 성전사원에 설치되었던 승직인데 고려 초기에도 왕실사원의 업무를 관장하는 역할을 담당하였다. 내제석원 승려가 주도감의 판관으로 있었던 사실에서 내제석원의 기능을 유추해 볼 수 있지 않을까?

고려시기 궐내 각 전각에서는 수시로 도량이 개설되었고 구정에서도 반승 행사가 빈번히 있었다. 이럴 때 공양을 위시한 제반 관리를 내제석원이 담당했을 가능성이 크다. 따라서 내제석원은 궁궐에서 거행되는 불교행사의 실무를 담당하고, 왕의 부름을 받고 지방에서 올라온 고승들의 일시적인 주석처의 기능을 한 궁궐 내 사찰이었다.

그러므로 태조 대 순지를 위시하여 선승들의 비문에 내제석원 관련 기록이 보인다고 해서 내제석원을 선종계 사찰로 분류하는 것은[91] 왕실과 밀접한 제석신앙의 본질을 고려하지 않은 것이다. 제석신앙은 천신사상과 결부되어 왕실의 위상을 높이고 왕권을 강화하는 데 기반이 된 사상이었다. 고려시기 내제석원도 왕실과 밀접한 관계를 지닌 이러한 제석신앙을 상징적으로 표방하는 사찰로서 궐내 세워졌으며, 따라서 초교파적인 성격을 띠고 있었다. 법상종 승려인 해린이 내제석원에서 왕사 임명식을 가졌던 사실이 이를 뒷받침한다.

---

90) 「開城內帝釋院僧正景廉石棺銘」『한국금석전문』 중세 상, 533~534쪽.

91) 허흥식, 1986, 「개경 사원의 기능과 소속종파」『고려불교사연구』, 일조각, 304쪽.

(2) 외제석원의 설치

내제석원이 창건된 5년 후 송악산 동쪽 기슭에[92] 외제석원이 건립되었다. 내제석원이 존재하는데도 다시 외제석원을 세운 것은 단지 궐내와 궐외라는 위치상의 이유에서였을까? 외제석원은 궁궐 밖에 있어 내제석원보다는 귀족들과 일반민들이 접근하기가 아무래도 용이하였을 터이므로 제석신앙의 확산이라는 의미를 지닌다 할 수 있다. 그러나 외제석원의 성격을 단순히 제석신앙의 확산으로만 파악하기에는 문제가 있다. 관계 사료들이 내제석원 관계 사료들보다 양적으로 월등히 많으며 전하는 내용도 구체적이고 다양하기 때문이다. 우선 외제석원에 대한 기록을 자세히 검토해 보기로 하자.

신중원, 구요당과 더불어 외제석원이 창건된 해인 태조 7년(924)은[93] 고려가 견훤의 공격을 받아 장군 애선이 전사할 만큼[94] 위기에 처하여, 후백제에 맞서 호족들을 연합하기 위해 태조가 혼신의 노력을 기울이던 시기였다. 이러한 시대적 상황이 고려될 때 외제석원, 신중원, 구요당 창건은 그 의미가 분명히 드러난다.

신중원은 신중을 모시는 사찰이다. 신중은 불경 속에서 부처와 중생을 보호하는 임무를 지닌 신격들로 등장한다. 신중도량의 개설 기록은 후대인 고종 4년(1217)에 나타나지만 이전부터 신중신앙이 성행하고 있었다. 후삼국 통일전쟁 시기 화엄신중 신앙이 널리 유행하였는데 공동체 구성원의 정신적 결속을 다지는 데 효과적이었다고 하며,[95] 왕건도 화엄신중삼매에 능한

---

92) 『韓國寺刹全書』 卷下, 862쪽.

93) 『高麗史』 권1 世家1 太祖 7년에는 외제석원, 구요당, 신중원을 창건한 것으로, 『三國遺事』 권1 王曆 太祖에는 외제석원, 신중원, 흥국사를 창건한 것으로 전하고 있어 차이가 난다.

94) 『高麗史』 권1 世家1 太祖 7년 7월.

95) 나말여초 선종의 득세에 직면한 화엄종단은 『화엄경』 중심으로 화엄의 교리와 조직 및 신앙을 강화함으로써 정체성을 확립하려 하였다. 이러한 운동의 일환으로 해인사를 중심으로 한 화엄종 北岳派는 화엄신중신앙을 유포하고 『(화엄)신중경』을

희랑의 도움으로 후백제의 월광태자를 항복케 한 사실이 있다.[96]

신중에는 화엄신중만이 아니라 천병신중도 있으므로[97] 신중원에 모신 신중을 꼭 화엄신중으로 한정할 수는 없지만 『신중경』이[98] 나말여초에 성립되었고, 태조 23년(940) 12월 개태사의 낙성화엄법회 때 태조가 화엄신중에 귀의함을 밝히는 소疏를 직접 찬술하고 있어[99] 화엄신중이었을 것이다.

구요당은 구요를 신앙하던 곳이다. 구요는 천체가 신격화된 것이며 불보살은 아니지만 불교 세계관에서 빠뜨릴 수 없는 구성원이다. 이들은 불보살을 둘러싸고 수호하는 있는 신들로 인간들은 이들과 인간세계의 길흉화복이 함께 짜여 있다고 믿고 있었다.[100] 구요신앙을 도교신앙으로 보는 견해도 있으나,[101] 도교의례는 십일요초제이고[102] 도교가 본격적으로 수입되어 체계화된 것은 복원궁이 건립된 예종 대부터로 고려 초 구요신앙은 불교적인 것으로 보아야 할 것이다.[103]

성립시켰다. 그리고 북악파의 영수인 희랑이 왕건을 지지하였기 때문에 개성 불교계로 전승되어 고려 왕실이 화엄신중신앙을 받들었던 것이다(남동신, 1993, 「나말여초 화엄종단의 대응과 (화엄)신중경의 성립」『外大史學』 5).

96) 이지관 편저, 1992, 「가야산해인사고적」『가야산해인사지』, 562～563쪽.

97) 『고려사』의 기록에 따르면 고종 36년(1249)부터 43년까지 화엄신중도량과 천병신중도량이 각각 개설되고 있다.

98) 『신중경』 본문 내용의 핵심을 이루는 40류 신중의 명호는 80권본 『화엄경』 권1 세주묘엄품에 나오는 40류 신중의 명호와 일치한다.

99) 「神聖王親制開泰寺華嚴法會疏」『東人之文四六』 권8 詞疏 下(『高麗名賢集』 권5 89쪽 下).

100) 구요는 (1) 日曜, (2) 月曜, (3) 火曜, (4) 水曜, (5) 木曜, (6) 金曜, (7) 土曜, (8) 羅睺, (9) 計都로 구성되며 만다라에서 사람의 형상으로 가장 바깥쪽 누각에서 안쪽의 불보살들을 수호하듯 시 있다(立川武藏 저, 김구산 역, 1991, 『만다라의 신들』, 동문선, 168～174쪽).

101) 양은용, 1994, 「도교사상」『한국사』 16, 국사편찬위원회, 280～282쪽.

102) 도교의 십일요 가운데 羅睺와 計覩는 원래 중국에 없었던 것으로 밀교의 구요신앙의 영향을 받아 성립된 것이다(서윤길, 1994, 「구요신앙과 그 사상원류」『고려밀교사상사연구』, 불광출판사).

103) 구요당에서 초제가 베풀어진 기록은 문종 36년(1082) 5월에 처음으로 나타나고

이상과 같이 신중과 구요는 불법을 수호하기 위해 적극적으로 활약하고 있는 무장의 이미지를 지니는 불교의 호법신이다. 이는 제석도 마찬가지로 사천왕을 비롯한 권속을 이끌고 불법을 수호하고 있는 호법신이다. 이제 통일전쟁기의 위기상황에서 왕건이 무슨 이유로 위의 세 사찰들을 창건하였는지 분명해진다. 호법신을 모시는 절을 세워 호국을 강조함으로써 내적 결속력을 강화하기 위한 목적에서였다. 이런 점을 고려하지 않고 외제석원의 성격을 단순히 내제석원의 연장선상에서 파악해서는 안 될 것이다.

이와 관련하여 외제석원의 명칭에 대한 주목되는 사료가 있다. 「원공국사승묘탑비」를 보면 목종이 원공국사 지종에게 호국외제석원의 주지 소임을 맡겼다는 기록이 있다.[104] 여기에서 호국외제석원은 호국사와 외제석원이라는 별개의 두 사찰일 수도 있으나, 정진대사 긍양이 광종의 부름을 받고 개경에 와 호국제석원에 머물렀다는[105] 기록에서 한 사찰로 보아야 할 것이다. 호국제석원은 내제석원이 제석원으로 불리던 것처럼 호국외제석원을 부르던 약칭으로 생각된다.

이 밖에도 사찰 이름 앞에 호국이나 정국 같은 용어를 붙였던 예를 『고려사』에서 찾을 수 있는데, 정국안화지사나[106] 호국인왕사, 진동보제사[107] 등이 그것이다. 호국인왕사와 진동보제사는 윤관의 동계지역 여진정벌시 창건된 사찰로 '호국'과 '진동'은 두 사찰의 창건 목적을 분명히 드러내주고 있다. 마찬가지로 외제석원 앞에 붙은 '호국' 역시 외제석원의 창건 목적을 드러내고 있는 것이다.

그러면 외제석원은 구체적으로 어떠한 기능을 하였을까? 『고려사』에 수

충렬왕 14년(1288) 12월에는 십일요에 제사하였다고 하여 제사 대상이 구체적으로 밝혀져 있다. 불교의 구요신앙과 도교의 십일요신앙이 결합되면서 구요당도 불교적인 것에서 도교적인 것으로 변화한 것으로 추측된다.

104) 「圓空國師勝妙塔碑」『한국금석전문』 중세 상, 461쪽.

105) 「靜眞大師圓悟塔碑」『한국금석전문』 중세 상, 377쪽.

106) 『高麗史』 권14 世家14 睿宗 13년 4월.

107) 『高麗史』 권96 列傳9 尹瓘, "創護國仁王鎭東普濟二寺於英州城中"

록된 외제석원 관계 기사는 모두 54회로, 덕종이 즉위년(1031) 9월 외제석원으로 행차한 것을 시작으로 무신란 이전까지 거의 매년 국왕들이 외제석원으로 행차하였던 사실을 전하고 있다. 그런데 단순히 왕의 행차 사실만을 전하는 것이 대부분이어서 외제석원에서 어떠한 불교행사가 있었는지 전모를 밝히기는 쉽지 않다.[108] 그러나 불사의 내용을 구체적으로 전하고 있는 기록이 없지 않으니 이를 추적하여 보자.

우선 문종 즉위년(1046) 12월 기사를 보면 왕의 생일인 성평절을 맞이하여 매년 나라에서는 7일간 기상영복도량을 외제석원에 설치하고 문무백관들은 흥국사에서, 동·서경 및 4도호, 8목은 각기 소재지의 절에서 축원행사를 진행하도록 하였는데 이것이 상례가 되었다고 한다.[109] 즉 외제석원에서는 매년 왕의 생일을 맞아 축원법회가 열리고 있었다.

또한 2년(1048) 4월에는 문종이 외제석원에 가서 헌란설경을 행하였는데 이는 임금이 산림에 행차했다가 돌아올 때 이 절에 들러서 승려를 봉련에 태우고 헌란강법을 한 옛 일을 따른 것으로 이후 상례가 되었다 한다.[110] 헌란을 직역하면 '대부 이상이 타는 수레의 난간'이므로 헌란강법이란 것은 왕이 탄 수레에 승려가 올라가 설법하는 형식이었을 것이다.

따라서 헌란강법을 행한 승려는 높은 승직의 인물이었을 것이고 그런 만큼 외제석원의 위상도 높았을 것이다. 이 같은 외제석원의 전통은 계속 이어져 「증지수좌관오묘지명」를 보면 인종 3년(1125) 증지수좌 관오가 외제석원에서 헌란설경을 하였는데 크게 감동한 인종은 자색비단으로 만든 가사 한 벌을 하사하였다고 한다.[111]

---

108) 〈표 5〉『高麗史』 수록 외제석원 관계 기사표 참고.

109) 『高麗史』 권7 世家7 文宗 즉위년 12월, "成平節王生日也 每遇節日 國家設祈祥迎福道場於外帝釋院七日 文武白寮於興國寺 東西兩京四都護八牧 各於所在佛寺行之以爲恒式"

110) 『高麗史』 권7 世家7 文宗 2년 4월, "幸外帝釋院 廳軒欄說經 故事幸山林將駕還必駐是院 命僧乘鳳輦軒欄講法 以爲常式"

111) 「證智首座觀奧墓誌銘」 "乙巳年 外帝釋院對御軒欄說經講演 稱旨 宣賜紫貼袈裟

한편, 예종 대 외제석원에는 불아와 두골이 모셔져 있었다. 이 불골은 왕자지가 송나라에 사신으로 갔다 돌아올 때 황제로부터 하사받은 것이었다.[112] 왕자지는 예종 대 윤관과 함께 여진토벌에 앞장섰던 인물로 예종 10년(1115) 7월 송나라에 갔다가 이듬해 6월 귀국할 때 가져온 것으로 추측된다.[113]

예종 15년(1120) 5월에 이 불골을 궐내 산호정으로 들여왔는데 이 해는 가뭄으로 오곡이 여물지 않고 전염병이 크게 돌았었다. 외제석원에 있었던 불골을 대궐로 옮겨온 것은 불골을 궁궐 안에 모셔 부처의 가호가 한층 더 있기를 기원하는 왕실의 바람에서였다.[114]

부처의 두정은 부처님의 지혜를 상징하며 불정존승佛頂尊勝으로 신격화된다. 불교의례 중 불정존승도량은 불골을 숭배의 대상으로 하는 도량으로 『불정존승다라니경』을 외우면서 재액을 물리치고 복을 비는 의식이었다. 따라서 불골이 봉안되어 있었던 외제석원에 불정도량이 개설되었을 가능성도 있다.

그리고 숙종 3년(1098) 정월과 의종 6년(1152) 9월에는 외제석원에서 나한재가 설행되었다. 나한은 진리에 상응하였다 하여 응진이라고도 하며, 모든 번뇌를 끊고 덕을 갖추어 인간의 소원을 속히 성취시켜 주는 복전으로 일찍부터 신앙되어 왔다. 나한재는 나한에게 공양을 올리고 소원을 비는 의식인데 기우제로 지내기도 하고[115] 국가적 위기상황에도 빈번히 개설되어

領"(『한국금석전문』 중세 상, 829쪽).

112) 『高麗史』 권14 世家14 睿宗 15년 5월.

113) 『高麗史』 권14 世家14 睿宗 10년 4월; 睿宗 11년 6월; 권92 列傳5 王儒.

114) 현종 12년(1021) 5월에도 가뭄이 들었을 때 경주 고선사의 금란가사와 두골, 창림사의 불아를 내전으로 모셔와 비를 빌었다고 한다(『高麗史』 권4 世家4 顯宗 12년 5월 戊子).

115) 『高麗史』 권54 志8 五行2에 수록된 가뭄과 관련된 기우제 기사에 나한재를 올리고 비를 빌었다는 기록이 여러 차례 보인다.

116) 『고려사』의 나한재 관계 기사들을 분석해 보면 내우외란의 혼란기에 빈번하게 개

져 호국적 성격을 띠는 법회였다.[116] 인종 18년(1140) 윤6월 외제석원에서 비 내리기를 빌었을 때에도 역시 나한재가 개설되었을 것으로 추측된다.[117]

특히 예종 2년(1107)은 외제석원으로의 행차가 5회나 되었다. 행차 횟수가 연간 2회가 넘지 않는 다른 해와는 사뭇 대조가 되는 일이다. 예종은 즉위 직후 숙종의 정책을 계승한다는 의지를 확고히 하고 윤관을 중용한 후 여진정벌을 추진하여 2년(1107) 12월 제2차 여진정벌을 단행하였다.[118] 그런데 당시 정국운영을 둘러싸고 윤관을 중심으로 한 국왕 측근세력과 예종의 정책에 회의적인 일반관료와 그들을 대표하는 재추그룹이 미묘한 대립 양상을 보이고 있었다.[119]

이 같은 예사롭지 않은 상황 속에서 이루어지고 있는 외제석원으로의 행차는 '호국'을 표방하는 외제석원의 성격을 재확인시키는 것이다. 여진정벌이라는 대사를 앞두고 집권층의 내적 결속력을 강화하고 민심을 규합하기 위한 다분히 의도적인 행차였을 것이다.

또한 예종 15년(1120) 8월에는 외제석원에 행차하여 3일 동안 『반야경』을 읽어 전염병을 물리치도록 5부에 명하였다고 한다. 이때 반야경의 독경과 더불어 반야도량이 개설되었을 가능성이 크다.

이상으로 구체적으로 행사 내용이 추적되는 여덟 건의 외제석원 관계 기사들을 검토하였다. 이들은 외제석원에서 이루어진 많은 행사의 편린에 불과할지 모른다. 하지만 『고려사』의 편찬범례에서도 밝히고 있듯이 상례로 있는 일은 처음 나왔을 때만 기록하여 실례를 보이는 데 그친다 하였으므로, 위에 나타난 도량들이 계속 개설되었을 것이며 목적이 밝혀 있지 않은 행차들도 이러한 도량들과 관련되었을 개연성이 크다. 물론 제석을 주존으로 하는 제석도량이나 제석재도 개최되었을 것이다.

설되었다.

117) 『高麗史』 권12 世家17 仁宗 18년 윤6월 戊戌.

118) 『高麗史』 권12 世家12 睿宗 2년 12월 丙申.

119) 박종기, 1993, 「예종대 정치개혁과 정치세력의 변동」 『역사와 현실』 9.

따라서 외제석원에서 개설된 법회는 두 종류로 정리될 수 있다. 첫째, 기상영복도량이나 헌란강법과 같은 국왕과 사적으로 관련된 법회들과 둘째, 나한재, 반야도량, 불정도량 같은 호국적 성격의 법회들이었다.

결론적으로 궁궐 밖 외제석원의 창건은 호왕과 호국을 적극적으로 유도하기 위해 왕실에 한정되었던 제석신앙을 공간적으로 확대시킨 것이었다.

그렇다면 외제석원도 내제석원처럼 초종파적인 성격을 지니지 않았을까? 우선 금석문 자료를 통해 외제석원과 관련이 있는 승려들을 알아보면, 정진국사 긍양이 광종 2년(951) 외제석원에 머무른 적이 있었고, 원공국사 지종은 목종의 청을 받고 외제석원 주지를 맡았다. 묘응대선사 교웅도 인종 때 외제석원에 잠시 주석하였으며,[120] 증지수좌 관오는 인종 3년(1125) 외제석원에서 헌란설경을 하였다. 긍양과 지종은 선종 승려이고, 교웅은 천태종 승려이며, 관오는 법상종 승려이다.

이렇듯 연결되는 종파가 다양한 까닭에 외제석원이 선종에서 천태종으로 소속종파가 바뀌었다고 보는 견해도 있다.[121] 그러나 외제석원은 인종 대 천태종 승려와 법상종 승려와 동시에 관계를 맺고 있었다. 내제석원과 마찬가지로 외제석원 역시 종파적 성격이 규명되지 않는다. 그렇다면 고려 왕실이 모든 종파를 포섭한 것처럼 왕실과 밀접한 제석신앙을 표방하던 내제석원과 외제석원도 초종파적 성격을 지녔다고 볼 수 있다.

2) 제석도량의 개설

국초부터 내·외제석원을 창건하고 호왕·호국을 표방하며 제석신앙을 중요시하던 고려 왕실은 문종 대 이르러 제석도량을 개설하였다. 그런데 제석도량은 반드시 궁궐 내전에서 개최되었다. 그렇다면 내전에서 개최된 제석

---

120) 「妙應大禪師教雄墓誌銘」『한국금석전문』 중세 상, 634~635쪽, "上卽位 賜紫繡貼袈裟一領 仍轉月峰寺 又轉外帝釋院"

121) 허흥식, 1986, 앞의 논문, 303쪽.

도량의 성격은 어떤 것이었을까? 이를 밝히기 위하여 우선 『고려사』의 관계 기록들을 찾아보도록 하자.

『고려사』는 문종 14년(1060) 정월 문덕전에서 7일간 열린 것을 시작으로 의종 대까지 총 11회의 천제석도량이[122] 개설되었음을 전하고 있다. 이를 보면 천제석도량은 선종 2년(1085)의 2월을 제외하고는 모두 정월에 개최되었고, 내전에서 보통 7일 동안 거행되었다.[123]

제석도량은 국내 천변이 있거나 혹은 외적의 침입이 있을 때 열린 호국을 목적으로 한 도량으로 이미 설명한 바 있는데,[124] 예종 2년(1107) 정월 기사가 개설 목적이 밝혀져 있는 유일한 기록이다. 이를 보면 제석도량을 열어 천변을 막았다고 하였는데, 앞 전에서 언급된 예종 당시의 정치 상황과 관련하여 본다면 천변은 예종의 정책에 장애가 되는 제반 요소로 해석될 수 있다.

따라서 이때 개설된 제석도량은 국가의 안정을 비는 호국적 성격을 지니는 것임이 명백하다. 제석 자체가 적군을 항복시키고 아군의 용기를 북돋우는 전투신이므로 호국적 성격을 가짐은 당연하다고 할 수 있다. 그러나 이러한 성격은 다른 도량들도 보편적으로 가졌던 것이었다.

그런데 특이하게도 제석도량은 개최 시기가 모두 정월 또는 2월로 한정되었다는 것이다. 호국도량은 국가가 위기 상황에 처했을 때 집중적으로 개설되기 마련인데 제석도량은 연초에만 개설되었고 고려 후기까지 이것에는 변함이 없었다.

이런 점에 착안하여 제석천의 천신사상이 민족 전통의 제천행사와 습합되어 나타난 연중행사 성격을 지닌 도량으로 언급되기도 하였다.[125] 이것은 제석도량이 단순한 호국도량의 차원에 그치지 않고 천신사상을 매개로 하

122) 제석이라 약칭되는 제석천은 흔히 천제석으로 불리기도 하였다.

123) 〈표 6〉『高麗史』 수록 제석도량 관계 기사표.

124) 홍윤식, 1994, 「불교행사의 성행」『한국사』 16, 국사편찬위원회, 177쪽.

125) 김형우, 1992, 앞의 논문, 140쪽.

여 왕실과 밀접하게 관련됨을 시사하는 것이다.

이에 따라 제석도량의 개설 시기를 검토하여야 할 필요성을 느끼게 되었고 그 개설 시기가 대부분 즉위 초기의 연초라는 점이 주목되었다. 이것은 신라 왕들이 즉위한 이듬해 정월이나 2월에 즉위의례로서 신궁에 제사를 드리는 것과 유사하였다. 신궁은 신라의 대외팽창과 지배체제의 정비과정에서 필수적이었던 왕권 강화와 맞물려 시조묘와는 별개로 시조가 지니는 천신적 요소를 더욱 부각하고 '천'의 지고성을 통치이데올로기로 내세우면서 설치되었고, 신궁 제사는 신라의 최고위 제사로 제천의례이면서 신왕의 즉위의례로 신라 멸망 때까지 지속되었다.

신궁 제사의 목적은 천신에게 제사하여 천신으로부터 신력을 보증받고 국가의 존립과 왕권의 안정을 보장받으려는 데 있었다. 신궁 제사는 주로 정월이나 2월에 지냈는데, 국왕을 비롯한 씨족집단의 대표자들이 모여 정치적 문제들을 논의했던 정월 시조묘 제사의 전통에서 비롯된 것이었다.[126]

그런데 고대적 천신관념과 제석신앙은 밀접한 관련이 있었다. 『삼국유사』의 건국신화들 속에서 지고신인 천신은 환인-제석 · 천 · 천제 · 황천상제 · 상제 등으로 혼용되어 지칭되고 있는데, 그 가운데 「고조선」 기사 속의 천신에 대한 지칭인 환인과 제석은[127] 불교의 석가제환인다라, 즉 제석천에서 말미암은 것이다.

그렇다면 왜 우리 고유의 천신이 불교의 제석천으로 표현되었을까? 불교 도입 후 불교세계관 속의 '천'의 관념은 우리 고유의 '하늘' 관념으로 재해석되어 수용되었을 터인데, 제천 중 제석천이 거주하는 도리천은 비록 불교의 세계관에서는 무색계와 색계보다 하위에 있는 욕계에 있지만 욕계에 살고 있는 인간에게는 지상의 맨 꼭대기인 수미산 정상의 지고 · 지극한 장엄세계에 자리잡고 있는 도리천이 나머지 관념적인 제천보다 구체적으로 머리 속에 그릴 수 있어 가장 받아들이기 쉬웠을 것이다.

---

126) 나희라, 1996, 앞의 논문, 136쪽.

127) 『三國遺事』 권1 紀異2 古朝鮮.

우리 고유의 '천'의 관점에서 수용된 도리천의 제석은 고유신앙에서의 천신과 동일시되었고 제왕이 천손이라는 고대 지배이데올로기는 불교의 제석신앙과 자연스럽게 결합되어졌다. 『삼국유사』에서 단군을 제석의 손자로 표현하고 있는 것은 이러한 과정을 그대로 반영하고 있는 것이다. 『삼국유사』의 저술연대가 비록 고려 후기지만 이전부터 고대적 천신과 불교의 제석은 동일한 개념으로 널리 수용되고 있었다. 제석신앙이 신라 진평왕 대부터 국왕의 권위를 신성화하는 지배이데올로기로 기능하였던 사실을 앞 절에서 살펴본 바 있다.

제석신앙의 이러한 성격과 관련하여 문종 14년(1060) 제석도량이 처음 개설되었던 때의 상황을 알아보면, 그 당시는 대내적으로 '흥왕'을 내세운 문종이 강력한 리더십으로 정국을 주도하여 정치가 안정되고 대외적으로 고려, 송, 거란이 세력의 균형을 이루어 고려 전기를 통해 가장 안정된 시기였다. 문종 13년(1059)은 특히 재해도 없고 거란, 동여진, 송 등에서 사람들이 다투어 와 토산물을 바쳤는데 그해 8월 계유일의 기사는 태평성대의 당시 모습을 잘 전해주고 있다.[128] 이전 어떤 시기보다 국왕의 권위가 상승되고 있는 분위기 속에서 14년(1060) 정월에 제석도량이 개최되었던 것이다.

문종은 기복적 종교행사를 자주 거행하였는데 이는 군주의 반성을 촉구하는 유학의 천명론에 대응하여 신불에 의지하여 소재를 도모하면서 행사 주재자로서 왕의 위상을 높이려 한 것이라고 볼 수 있다. 또한 상서와 같은 상징을 동원하여[129] 왕의 위상을 높이려고도 하였는데 이러한 문종의 정책

128) 편전에서 80세 이상의 공부상서 홍해와 상장군 하홍휴를 위하여 연회를 베풀고 친히 술을 권하며 해가 지도록 즐겼다. 또한 구정 낭하에서는 병빈 연로자들과 승환자, 효자 등 1,280명에게 주연이 베풀어졌고 서경을 비롯한 주·군에서도 그러하였다(『高麗史』 권8 世家8 文宗 13년 8월).

129) 문종 16년(1062) 세상에 성인의 덕이 있으면 나타난다는 朱草가 중광전 뜰에 무리지어 자라자 시부를 짓도록 명하였으며, 23년(1069) 장원정에 행차하였을 때 정자 연못 가운데에서 瑞文石을 얻고 시가를 올리도록 명하였다(『高麗史節要』 권5 文宗 16년 5월; 『高麗史』 권8 世家8 文宗 23년 5월 庚辰).

방향은 그에 의해 최초로 개설된 제석도량의 성격을 암시해 주고 있다. 즉, 제석도량은 국왕이 하늘로부터 신력을 보증받고 있음을 강조하면서 왕권을 신성화하는 즉위의례 형태인 것이다. 제석도량의 이러한 성격은 이후 왕들에게 계승되어 신궁 제사처럼 즉위 초기 연초에 개최되었던 것이다. 물론 개설 당시 정국이 불안하였다면 안정을 위하여 더욱더 제석의 신통력이 기원되었을 것이다.

선종은 즉위 2년(1085) 2월에 제석도량을 개설하였고, 숙종은 4년(1099) 정월에 개설하였다. 숙종 즉위 직후 제석도량이 개설되지 않은 것은 조카인 헌종을 1년 만에 몰아내고 집권한 배경과 무관하지는 않을 것이다. 즉위 직후 숙종 측근 공신들과 기존의 재추관료 사이에는 미묘한 간극이 있었으므로[130] 숙종은 이를 해소하면서 폭넓은 정치기반을 마련할 필요가 있었다. 숙종 3년(1098) 첨사부의 확충도 이러한 맥락에서 이루어진 것으로서 이를 통하여 숙종의 정치적 기반이 안정되어갔다.[131] 재위 4년(1099) 정월에 이르러서야 제석도량이 개설된 배경에는 이러한 정치적 상황이 고려되어야 할 것이다.

한편, 숙종은 정국운영의 어려운 고비마다 국왕 중심의 결속 강화를 위하여 제석도량을 열기도 하였다. 즉위 초부터 계획하였던 남경 건설이[132] 본격적으로 추진되기 시작한 6년(1101)에 열렸던 제석도량이 이러한 예라고 생각된다.

예종 5년(1110) 정월에 개설되었던 제석도량도 이와 같은 것이었다. 예종 2년(1107) 12월에 단행된 2차 여진정벌이 4년(1109) 7월 9성을 여진에

130) 중서성은 3월 이후 계속되는 기상이변에 대하여 이 같은 '天戒'의 원인이 위에 있는 자가 어느 한쪽 말만 듣는 일과 이자의 난 때의 과도한 살육과 억울한 옥사에 있다고 상주하고 있다(『高麗史』 권11 世家11 肅宗 원년 3월 癸酉).

131) 서성호, 1994, 「숙종대 정국의 추이와 정치세력」 『역사와 현실』 9, 20~23쪽.

132) 숙종은 기상재해가 즉위과정의 무리함과 연결되고 있는 위기상황을 벗어남과 동시에 민심 악화로 인한 동요를 막고 나아가 왕실의 권위를 높이기 위해 도참사상에 의거한 남경 건설을 추진하였다.

게 되돌려주면서 마무리되자 이를 계기로 윤관 등에 대해 정벌 실패에 따른 책임을 물어 패군지죄를 둘러싸고 상당한 논란이 있었다. 이는 예종에게도 상당히 부담스런 일이었고 정국에서도 위기감이 고조되었다. 이때 열렸던 제석도량은 3년 전 2년(1107) 정월에 열렸던 즉위의례 성격의 제석도량과는 달리 국왕 중심의 결속 강화를 위한 것이었다.

인종 대는 8년(1130)에 제석도량이 개설되었다. 인종이 실권을 쥐게 된 시기는 이자겸의 난이 진압되고 척준경 세력까지도 제거된 재위 5년(1127) 3월 이후부터이다. 이때부터 측근 관료와 서경세력이 결합되면서 인종의 정치적 주도권이 강화되었는데,[133] 이러한 분위기 속에서 비로소 제석도량이 개설된 듯하다.

그러나 묘청의 난은 정국을 급변시켜 서경세력을 몰락시키고 김부식을 중심으로 하는 관료세력을 부상시켰다. 그후 인종은 그 동안의 정치운영에 대한 자성의 조서를 13년(1135) 1월과 2월 두 차례에 걸쳐 내렸는데,[134] 이와 더불어 14년(1136) 2월 제석도량이 개설되고 있어 주목된다.

의종은 순조롭게 왕위를 계승하지 못하고 동생과 경쟁해야 했으며 원년과 이듬해 각각 서경과 개경에서 모반 사건이 일어나는 등 즉위 초부터 왕권을 위협하는 일들이 연이어 발생하였다. 이러한 이유로 의종 2년(1148)과 3년(1149)에 연이어 제석도량이 개설되었던 것은 아니었을까?

의종은 즉위 초기 불안정한 정국에 대한 불안감으로 환관을 포함한 측근세력을 적극 육성하여 측근세력이 독주하게 되었다. 이에 대항하여 대간들이 간쟁을 계속하였으나 결국 처벌됨으로써 측근세력의 입지는 더욱 공고해졌다.[135] 그러나 권력의 정당성에 대하여 동의를 얻지 못한 측근세력들은 관념적인 방법으로 민심을 얻고자 하였으며 이러한 연유에서 11년(1157) 무렵부터 연기와 기복을 위해 이궁이 많이 건설되고 종교행사가 자주 열리

133) 오영선, 1993, 「인종대 정치세력의 변동과 정책의 성격」『역사와 현실』9, 80쪽.
134) 『高麗史』권16 世家16 仁宗 13년 1월; 2월.
135) 채웅석, 1993, 「의종대 정국의 추이와 정치운영」『역사와 현실』9, 102~113쪽.

기 시작하여 왕의 행차가 여러 절로 끊임없이 이어지며 불사를 벌이고 시회를 벌이는 일이 상사가 되었다.[136)]

의종은 22년(1168)에 묘청의 난 이후 중지되었던 서경 순행을 다시금 시작하면서 서경에서 개혁교서를 발표하였다. 이는 고려 왕실의 전통을 강조하고 도참사상과 불교를 받들고 후원하는 존재로서 왕의 위상을 높이려 한 것이었다. 다른 한편으로는 왕의 초월적인 신성성을 강조하여 의종을 성인이나 '태평호문지주太平好文之主'로 칭하고 이를 뒷받침하기 위해 상서와 노인성의 출현을 강조하고, 하늘에서 금거북을 내려주었다는 등의 상징조작이 빈번하게 행하여졌다.[137)]

이러한 분위기 속에서 의종 23년(1169) 제석도량이 또 한 차례 개설되었다. 이 같은 경향은 제석도량이 처음 개설되던 문종 대와 유사하다. 물론 문종 대는 현실적인 자신감에서부터 비롯된 것이고 이때는 현실과는 유리된 채 관념적으로만 태평성대를 내세우는 도피적인 것으로 그 성격은 다르지만, 양쪽 모두 제석의 권위를 강조하여 하늘로부터 절대적인 호위를 보장받고 신력을 보증받았음을 암시하면서 왕권 신성화를 목적으로 제석도량을 개설하고 있어 도량의 성격을 분명하게 드러내고 있다.

---

136) 의종이 불공과 기도를 일삼았기 때문에 승려가 궁궐에 차고 넘쳤는데 위로는 왕의 은총만 믿고 아래로는 환관들과 결탁하여 백성들의 재물을 탈취하여 절을 세우고 탑을 쌓아서 폐해가 날이 갈수록 극심하였다(『高麗史』 권18 世家18 毅宗 12년 2월 己未).

137) 채웅석, 1993, 앞의 논문, 115쪽.

3. 고려 제석신앙의 사회적 성격

1) 제석신앙의 사회적 기능

(1) 제석도량의 대중화

왕실이 정치적 목적에서 계승 발전시킨 제석신앙이 차츰 백성들 사이에서도 만수무강을 기원하는 신앙으로 유포되기 시작하였다. 만수무강은 누구에게나 소원의 첫머리에 놓이는 것이므로 제석신앙이 일반민들에게도 쉽게 파고들 수 있는 대중성을 지니게 하였다. 의종은 수명을 늘리고 싶으면 천제석과 관음보살을 모셔야 한다는 내시사령 영의의 말에 따라 제석상과 관음상을 많이 그리도록 하여 전국 각지 사찰로 나누어 보내는 축성법회라는 불사를 대대적으로 행하였다.[138] 이를 계기로 전국적으로 장수를 기원하는 제석신앙이 성행하게 되었다.

제석에게 수명 연장을 기원하고 있는 사례는 이미 인종 대 원응국사 학일의 비문 내용에서도 찾아진다.[139] 학일이 입적하려 할 때 그날이 기일임을 걱정하는 문도들의 이야기를 듣고 『섬자경』에 있는 일절묘보살의 본생담[140]에 의거하여 수명연장을 제석천에게 청하리라 하고 미륵상품을 염송한

138) 『高麗史』 권123 列傳36 榮儀.

139) 「圓應國師碑」 『한국금석전문』 중세 상, 659쪽.

140) 『불설보살섬자경』에 따르면 오랜 옛날 만행을 닦는 일체묘라는 보살이 있었다. 그때 가이국이라는 나라에 한 장자가 있었는데, 자식이 없었을 뿐 아니라 부부 모두가 앞을 보지 못하는 소경이었다. 그리하여 그들은 세상을 등지고 깊은 산중에 들어가 수도하기를 원하였다. 바로 그때 일절묘보살이 원을 세우고 죽어 소경 부부의 아들로 태어나게 되었는데 그 이름이 섬이었다. 지극히 효성스럽고 인자했

결과 그 날을 피해 입적하게 되었다고 한다. 또한 무인집권기 활약한 정각국사 지겸의 비명에도 지겸이 어머니가 돌아가시자 제석에게 어머니의 타고난 수명이 다 되었다면 자식인 나의 수명으로 대신해 달라고 간절히 빈 결과 어머니가 다시 살아났다고 하는 이야기가 전한다.[141)]

이러한 일화들은 제석이 고려사회에서 인간의 수명을 좌우하는 절대적인 신으로 신앙되고 있음을 뒷받침해 주고 있다. 국왕의 장수를 기원하는 제석 신앙이 점차 일반민들에게 퍼져나가 대중들도 법회를 열고 제석불화 앞에서 장수를 빌게 되었다.

그런데 원응국사 학일이 임종시 제석에게 수명 연장을 기원하면서 『제석경』이 아닌 미륵상품을 염송한 사실은 제석을 미륵의 화신으로 설하고 있는 『섬자경』을 근거로 하여 미륵신앙이 제석신앙에 포섭되고 있음을 보여준다. 이때 미륵상품은 『미륵상생경』으로 추측된다.

이 경은 십선을 닦으며 장차 도솔천에 왕생하여 미륵보살의 제자가 되기

던 섬은 열 살이 되던 해 재산을 모두 어려운 사람에게 나누어 주고 깊은 산중으로 들어가 수도하자고 부모를 졸랐다. 부모는 아들의 뜻을 좇아 산중으로 가 살게 되었다. 효성이 지극한 아들은 맛있는 과일을 따다가 봉양하고 편안한 마음으로 수도를 하며 지냈다. 어느 날 섬이 사슴가죽 옷을 입고 시냇가에서 병에 물을 담으려는 순간 사냥을 나왔던 가이국 국왕이 사슴인 줄 알고 섬을 쏘았다. 화살이 가슴에 적중하여 죽어가면서 그는 이것은 나의 숙세의 업이므로 원망하지 않으며 죽은 후 소경인 부모를 보살펴 줄 것을 왕에게 부탁하였다. 소식을 전해들은 부모는 아들의 시체를 부둥켜안고 울면서 어쩔 줄 몰랐다. 어머니는 화살이 꽂힌 가슴을·입으로 빨면서 독기가 내게 와서 이 늙은 어미가 대신 죽고 아들을 살려 달라고 하늘에 간절히 빌었다. 이때 제석천왕이 신약을 가지고 내려와 섬의 입에 넣었더니 곧 화살이 스르르 뽑히고 섬이 되살아났다. 이에 소경 부모는 너무 놀라고 기뻐서 두 눈을 동시에 뜨게 되었다. 부처님께서는 그때의 맹인 아버지가 지금 나의 부왕인 열두단이시고, 맹인 어머니는 나의 어머니 마야부인이며, 가이국왕은 아난이고, 제석천왕은 미륵보살의 화현이었다고 하는 본생담을 설하셨다(『新修大藏經』 권3 『佛說菩薩睒子經』, 436~438쪽).

141) 『東國李相國集』 권35 碑銘墓誌 「故華藏寺住持王師定印大禪師追封靜覺國師碑銘」.

를 발원하면 임종시에 미륵보살이 빛을 밝히고 맞이하러 오며, 참회 발원하거나 미륵의 명호를 부르면 죄업이 소멸되어 도솔왕생은 못할지라도 삼악도에 떨어지지 않는다는 도솔왕생 사상이 그 중심을 이룬다.

따라서 제석신앙에서 장수를 기원하는 측면이 아무리 현세기복적 성격을 지닌다 하여도 그 배경에는 도솔왕생사상과 관련된 불교 교리의 실천이 자리잡고 있음을 간과해서는 안 될 것이다. 이런 점에서 고려 후기 무속화된 제석신앙과는 명백히 구분되어야 한다.

한편, 영의는 제석과 관음불화를 전국 사찰에 봉안하고 축성법회를 열었을 뿐 아니라 안화사에 제석 · 관음 · 수보리의 소상을 만들어 놓고[142] 보살들의 이름을 주야로 염불하는 연성법석을 개최하고서 자신도 정성을 다하는 듯 밤새도록 예배하니 의종이 때때로 와보고 특별히 표창했다고 한다.[143] 이러한 사실들은 제석과 관음이 불화 또는 소상으로 많이 제작되었음을 알려주고 있다.

그럼에도 불구하고 제석불화는 현재 고려시기 불화집에 단 한 점도 전해지지 않는다. 이것은 참으로 불가사의한 일이다. 제석이 신장도나 변상도 속에 구성원으로서 그려진 것은 있어도 관음도나 지장도처럼 단독으로 그려져 전해오는 불화는 한 점도 없는 것이다.

그런데 일본에 마리지천도로 전해지는 두 점의 고려불화가 있다.[144] 마리지천은 밀교의 천신으로 항상 태양을 앞서서 가면서 자재한 신통력을 발휘한다. 『마리지천보살다라니경』에 의하면 이를 염송하면 일체의 재액이

142) 안화사의 신호문 동쪽 별채에 제석상이 있었다고 한다(徐兢, 『宣和奉使高麗圖經』 권17 祠宇 靖國安和寺).

143) 『高麗史』 권123 列傳36 榮儀.

144) 경도 妙心寺 聖澤院에 있는 국보 지정 마리지천도와 동경 靜嘉堂文庫美術館 소장 마리지천도가 그것이다. 정가당문고미술관의 마리지천도는 성택원의 그림의 모사본으로 추정된다(중앙일보사, 1981,『高麗佛畵』; 시공사, 1996, 『고려시대의 불화』; 山口縣立美術館, 1997, 『高麗 · 李朝の佛教美術』 참고).

소멸된다고 한다. 특히 일본에서는 무사의 수호신으로 중시되었다.[145)]

『마리지경』에 의하면 마리지천의 모습은 천녀와 같이 보관과 영락으로 화려하게 장식을 하고 왼팔을 구부려서 손을 젖가슴 위로 올려 살짝 주먹을 쥐어 중앙에 만자卍字가 쓰여진 부채를 들고, 오른팔은 쭉 펴서 다섯 손가락을 나란히 아래를 향한다고 한다. 또한 만자형 부채의 네 귀퉁이에는 태양 모양의 문양이 하나씩 그려져 있으며 부채의 상단에는 태양을 상징하는 불꽃의 모습이 나타난다고 한다.[146)]

한편, 『대마리지보살경』에는 얼굴이 셋이며 팔이 여섯 개 또는 여덟 개의 모양으로 설명되기도 한다.[147)] 이러한 경전들에 전거하여 일본의 『도상초圖像抄』에는 세 종류의 마리지천 모습이 전하고 있다. 그런데 이들 도상 모두가 일본에서 마리지천도로 전해지고 있는 고려불화들과는 큰 차이를 보이고 있다.

성택원의 마리지천도를 보면 첫째, 서 있는 모습의 천녀상이 아니라 좌상이고, 둘째, 들고 있는 부채도 만자형이 아니며 특히 해를 상징하는 부채 위의 불꽃이 없다. 셋째, 오른손바닥이 위를 향하여 부채의 끝부분을 받치고 있다. 이에 비하여 조선시기 신중화 가운데 하나인 제석천도에 그려진 제석의 모습은 지물로 부채 대신 연꽃을 들고 있다는 점 말고는 놀라울 정도로 성택원 마리지천도와 너무나 흡사하다.[148)] 다시 말해 지물에서만 차이가 날 뿐이다.

일반적으로 변상도 같은 고려불화 속에서 보이는 제석은 합장을 하고 있거나 지물로 금강저를 들고 있다.[149)] 금강저는 제석에게 가장 중요한 무기이므로 흔히 제석의 지물로서 그려진다. 그러나 제석의 지물은 금강저로만

---

145) ひろさちや 편저, 1984, 앞의 책, 130~131쪽.

146) 『高麗大藏經』 12 『佛說摩利支天經』 권1, 1184~1185쪽.

147) 『望月佛教大事典』 권5 「摩里支天」조에는 『大摩里支菩薩經』 제1에 의거한 자세한 설명이 있다.

148) 홍윤식, 1989, 『불화』, 대원사, 105쪽.

149) 홍윤식, 1989, 앞의 책, 118~119쪽.

한정되지는 않는다. 일본에서도 밀교가 유입되기 전에는 금강저뿐 아니라 부채도 제석의 지물로 그려졌다.[150] 따라서 고려에서도 부채가 제석의 지물로 그려졌을 가능성이 충분히 있다. 연꽃을 부채로 바꾸어 놓으면 성택원 마리지천도의 모습은 조선시기 제석천도의 제석과 거의 일치하므로 고려불화와 조선불화의 계기적인 연속성을 생각할 때 성택원의 마리지천도는 제석천도로 보아야 할 것이라 생각된다.[151]

제석은 동아시아 삼국 가운데 우리나라에서 특히 중시되었다. 일본에서는 호법 십이신장 가운데 하나일 뿐으로[152] 단독 신앙 대상이 아니었다. 가마쿠라 막부 성립 후 무사정권에서는 마리지천을 무사들의 수호신으로 받들며 마리지천 신앙이 성행하였다. 이런 연유로 제석불화를 가져간 일본인들은 제석이 들고 있는 부채를 보고 이를 마리지천의 지물인 부채와 연결시켜 마리지천으로 받아들여 지금까지 신앙하여 왔을 가능성이 크다.

그러므로 성택원 마리지천도를 고려불화 마리지천도로 당연하게 받아들이는 것은 재고되어야 한다. 더욱이 성택원 마리지천도의 제작 시기는 14세기 초반으로 추정되는데 마리지천도량의 개설기록은 고종 4년(1217) 이후로는 보이지 않는다.[153] 따라서 시기적으로도 마리지천으로 보기에는 무리가 있다. 지금까지 남아 있는 고려불화는 몽골 침입 이후에 제작된 것들이다. 그 이전에 제작된 것들은 유실되어 전승되지 않는다.

그렇지만 관음도나 지장도 등은 그 이후 다시 제작되어 여러 점 전하고

---

150) ひろさちや 편저, 1984, 앞의 책, 152~153쪽.

151) 고려불화 마리지천도의 미술사적인 해석에 있어서 University of London School of Oriental and African Studies에 재직하셨던 박영숙 교수님의 조언에 힘입은 바 크다.

152) 일본에서는 왜 제석신앙이 활발치 않았는가는 우리나라와 비교하여 연구되어야 할 문제이다.

153) 마리지천도량은 『고려사』에 의하면 문종 대부터 고종 대까지 아홉 차례 妙通寺에서만 설행되고 있어 특정 사찰과 관련된 밀교의례로 추측된다. 역병을 물리치거나 거란군사를 물리칠 목적으로 개설되었다. 그밖에 마리지천신앙에 대한 기록은 아직 찾을 수 없다.

있는 데 반해 제석도는 전하지 않는다. 이는 앞으로 살펴볼 고려후기 제석신앙의 무속화 현상과 관련되어 제석신앙이 불교에서는 상대적으로 비중이 줄어들었기 때문으로 생각된다. 일본에서 마리지천도로 전해지고 있는 두 점의 고려불화는 미술사적으로나 시기적으로나 고려 제석신앙의 대상이었던 제석의 세련된 모습을 그대로 보여주면서 조선불화와도 계기적으로 연결되는 고려 후기 제석불화로 보아야 할 것이다.

(2) 제석도량과 제석재의 성행

제석도량은 명종 대에도 여전히 즉위 초에 개설되었다. 무인정변 후 정치운영 방식이 변화하였음에도 불구하고 왕권을 정점으로 한 기존의 정치체제는 여전히 유지되었다. 명종과 집권세력은 타협하면서 나름대로의 기반을 확보하려 하였는데, 우선의 현안은 쿠데타에 의한 정권교체라는 약점을 무마할 수 있는 집권의 정당화였고 이에 중요한 변수는 금나라와의 외교관계에서 정통성을 인정받는 일이었다. 의종 퇴위를 문제로 삼아 왕위 양여에 동의를 하지 않던 금나라가 마침내 2년(1172) 5월 책명 사신을 보냄으로써 명종 즉위는 정당화되었고, 3년 정월의 제석도량은 이러한 배경에서 거행되었다.

그런데 명종 초기는 전국적으로 반란이 연이어 발생하였는데 이러한 불안한 정국 때문인지 명종은 절에 자주 행차를 하고 각종 도량도 빈번히 개설하였다. 또한 제석도량도 다른 왕 때보다 많이 개설되었다. 이전까지는 재위 24년 동안 세 차례 개설된 의종 대가 가장 많은 경우였다. 이에 비하여 명종대는 11년(1181)까지 다섯 차례나 개설되었는데 이것은 정국이 위기에 처했을 때 제석도량이 개설되던 전례에 미루어 당시의 혼란함을 짐작할 수 있다.

명종은 제석도량뿐 아니라 6년(1176) 5월 현성사에서 친히 제석재를 올렸는데,[154] 이것은 그해 정월 발생한 망이 · 망소이의 난의 조속한 타결을 제석에게 기원하는 재였을 것이다. 현성사는 고종 4년(1217) 4월과 12월 거란족의 침입을 막기 위해 문두루도량이 개설되는 호국적 성격이 강한 밀교계 사찰이다. 이 점으로 미루어 그 곳에서 설행되었던 제석재의 성격이 더욱 확실히 드러난다고 하겠다.[155)]

최충헌에 의한 명종의 퇴위와 신종의 즉위는 최충헌을 중심으로 하는 새로운 정권이 성립됨을 의미한다. 신종은 '나무 인형(목우인)'과 같았다는 사관의 논평처럼 재위기간 내내 최충헌의 조종을 받았고 왕위 유지에 대한 불안감에 시달렸다고 한다. 제석도량이 신종 대는 6년(1203)에 이르러서야 개설되었고 희종 대와 강종 대에는 개설조차 안 된 사실은 최씨정권하에서의 국왕의 위상을 짐작케 한다.

고종 대에 접어들면서 안정되었던 정국이 디시금 혼란스러워지기 시작하는데 그 원인은 거란의 침입 때문이었다. 금의 세력이 약화되고 몽골족이 부상함에 따라 고려 · 송 · 금이 균형을 이루었던 삼국정립의 판도가 깨지면서 금의 지배하에 있던 거란족들이 세력을 다시 일으켜 마침내 고종 3년(1216) 8월 강동 6주 지역을 침입하였다.[156)] 침입이 있기 전 해부터 북계 지역에서는 병란으로 말미암아 양식이 고갈된 금나라 사람들이 의주와 정주 지역으로 몰려와 긴장이 고조되고 있었다.[157)]

고종 3년(1216) 정월에 수문전에서 개최된 제석도량은 즉위 초 개설되는 제석도량의 전통을 부활함과 동시에 위와 같이 대외적으로 고조되는 위기 속에서 안정을 기원하는 왕실 의지의 표현이라 할 수 있다. 또 3월에는 건성사로 행차하여 제석재를 올렸다. 이때 처음으로 『고려사』에 나오는 건성사는 이후 공민왕 대까지 역대 왕들이 수시로 행차하는 주요 사찰이 되었다.

건성사에는 제석전이 있었는데[158)] 그곳에 봉안된 제석상이나 제석불화

---

154) 왕이 10월에 현성사에서 친히 올렸다는 재도 제석재로 추측된다(『高麗史』 권19 世家19 明宗 6년 10월 壬午).

155) 『高麗史』 권22 世家22, 高宗 4년 4월 癸酉; 12월 壬戌.

156) 『高麗史』 권22 世家22 高宗 3년 8월.

157) 『高麗史』 권22 世家22 高宗 3년 7월 丙戌.

158) 『東國李相國集』 권12 古律詩 「乾聖寺帝釋殿主謙師所居樓架蒲桃遮陽賦者多矣

앞에서 제석재가 열렸을 것이다. 제석재는 왕들이 건성사로 행차하는 주된 목적이었을 것으로 불교의 최고 호법신중인 제석과 그 권속들이 호법적 성격은 제석신앙으로 하여금 자연스럽게 호국적 성격을 가지게 하였다. 제석신앙의 이 같은 측면은 거란과 몽골이 침입해 오는 고종 대 최고조에 달하였다.

그런데 『동국이상국집』에 수록된 「동전양단병천제석재소」와[159] 「우단병기양제석도량문」을[160] 통하여 당시 행해진 제석재와 제석도량의 모습과 성격을 추적해 볼 수 있다. 위의 제석재소와 제석도량문은 거란족이 침입한 고종 3년(1216) 8월 이후 열린 제석재와 제석도량에서 발원된 것으로 추정되므로,[161] 정월과 3월에 개설된 『고려사』에서의 제석도량과 제석재와는 직접적인 관련은 없다. 그러나 '동전', '량' 라는 말이 붙어 있는 것으로 미루어 이러한 제석도량과 제석재가 계속되고 있었으므로 정월과 3월의 제석도량과 제석재에서도 이와 유사한 양식의 글이 발원되었을 것으로 유추된다.

「우단병기양천제석도량문」과 「동전양단병천제석재소」의 일부분을 인용하여 정리하면 다음과 같다.

> 「우단병기양천제석도량문」
> 제석께서는 악마를 항복시키는 힘이 있어 완악한 되놈들을 물리침은
> 어려운 것이 아닐 터 이 애절한 절규를 소리높이 외쳐 호소합니다.
> (생략) 저희들은 三司의 신하로서 가만히 앉아 있을 수가 없는데
> 우리 六天의 주인 이외에 누구에게 이 딱한 심정을 아뢰겠습니까?
> 이에 신령님의 음덕을 입고자 법회를 베풀어 화상을 우러러

師請予次韻」.

159) 『東國李相國集』 권41 釋道疏 「同前攘丹兵天帝釋齋疏」.

160) 『東國李相國集』 권41 釋道疏 「又丹兵祈禳天帝釋道場文」.

161) 완악한 되놈들이 생물을 잔인하게 해친 일이 오늘보다 더한 적이 없습니다(『東國李相國集』 권41 釋道疏 「又丹兵祈禳天帝釋道場文」). 이렇게 흉악한 자들이라면 잠시도 목숨이 보전될 수 없을 것 같은데 어찌된 일인지 해가 지나도 관군에 저항하기를 그치지 않습니다(『東國李相國集』 권41 釋道疏 「同前攘丹兵天帝釋齋疏」).

성스러운 명호를 부르고 불경을 펼쳐 신비로운 글을 읽노니
7일 동안의 정성들인 공이 신령한 거울에 감응되어
저 수많은 되놈의 무리들이 우리의 포로가 되어지이다.
(생략)
엎드려 원하건대 큰 신통으로 새로운 힘을 더하사
여러 고을이 힘을 합해 되놈들의 비린내를 쓸어버리고
지친 백성들이 어깨를 쉬고 나라 안이 모두 안정을 이루게 하여 주소서.

「동전양단병천제석재소」
제석왕께서는 상계에서 6천을 통솔하시니 나쁜 자에게 화를 주고
착한 자에게 복을 주심이 틀림없으시겠지만 우리나라는 부처님을
공경하고 승려에게 귀의하는 것이 유래가 있으므로
위급한 사정을 하소연한다면 가엾이 여기시는 마음을 더욱 기울이지
않을 수 없을 것입니다. (생략) 허물을 고치기를 꺼리지 않고 진실로
마음의 반성을 부지런히 하면 재앙을 면할 길이 있겠지만
아무래도 그윽하신 신의 도움에 힘입어야 하겠으므로
이에 문무관리가 월급을 거두어서 조석의 재를 준비하여 화상을 우러러
호소합니다. 엎드려 원하건대 신위의 도움으로 사기의 앙양이 더하사
왕의 군사들이 땅을 진동하는 빠른 우뢰처럼 가는 곳마다 떨쳐
되놈무리가 강물에 던져지는 횃불처럼 저절로 끝내지이다.

위의 내용을 통하여 당시 제석에 대한 고려 사람들의 인식을 알 수 있다. 그들은 제석이 상계 육천의 주인으로서 악마를 항복시키는 힘을 가지고 있으며 나쁜 자에게 화를 주고 착한 자에게 복을 준다고 인식하고 있었으며, 또한 신통력을 부려서 전쟁에 이길 수 있도록 도와준다고 굳게 믿고 있었다.

그렇기 때문에 삼사의 관리들이 7일 동안 제석상 앞에서 불경을 읽는 제석도량을 주최하거나, 문무 관리들이 조석으로 제석을 공양하는 제석재를 설행하여 거란병들이 물러나기를 간절히 기원한 것이었다. 이때 읽혀진 경전은 『불설제석소문경』이었을 것으로 생각된다.[162] 이 경이 세상에 널리 유

162) 『불설제석소문경』은 제석에 대한 내용을 전하고 있는 『장아함경』 권10 제2분 「석제환인문경」과 『중아함경』 대품 제18 「석문경」의 이역본이다(『한글대장경』 1 아

포된 사실은 신품사현 가운데 한 사람인 김생을 신필이라 칭하게 된 연유를 전하고 있는 『동국이상국집』의 설화로도 확인된다. 어느 날 김생 앞에 한 사람이 나타나 『제석경』을 써달라고 청하였다고 한다. 그가 다 쓰고 나서 어디서 왔느냐고 물으니 자신은 제석의 사자로 제석천으로부터 김생의 글씨를 받아 오라는 명을 받고 왔다고 한 후 사라졌다 한다.163)

이처럼 제석의 권위를 빌어 김생이 신필임을 보증하는 설화의 구성법은 진평왕이 제석천의 사자로부터 전해 받은 옥대로 왕권의 신성성을 보증받는 『삼국유사』 속의 「천사옥대」 설화의 구성법과 유사하다. 『제석경』이 김생이 활동하던 신라 성덕왕 때인 8세기 초엽부터 널리 알려졌는지는 확인되지 않지만 이규보가 활동하던 12세기 말에는 사람들에게 잘 알려진 경전이었던 것이다.

위의 자료들이 비록 관리들이 주체가 된 제석도량과 제석재와 관련된 것이지만 내전에서 개최된 제석도량도 주최자가 왕실이나 국왕일 뿐 형식이나 내용은 유사했을 것이다. 국왕이 주체가 되어 쓴 제석도량문이나 제석재소는 전하지 않으나, 「대장각판군신기고문」을164) 통해 간접적으로나마 국왕의 주최로 설행되고 있는 도량의 모습을 생생하게 알 수 있다.

> 「대장각판군신기고문」
> 국왕 瞰은 태자, 공 · 후 · 백, 재추 문무백관 등과 함께 목욕재계를 하고 끝없는 허공계, 시방의 한량없는 제불보살들과 천제석을 수반으로 하는 삼십삼천의 일체 호법영관에게 기고합니다.

위의 내용에서 국왕을 위시한 왕실 귀족들과 모든 문무백관들은 재를 지

함부1, 678쪽). 아함경에는 제석과 그 권속들에 관한 내용이 포함되어 있는데 그 부분들이 각각 별개의 단독경전으로 편집되어 유포되었다. 『불설제석소문경』도 그러한 것 중 하나이다.

163) 『東國李相國集』 後集 권11 贊 · 書 · 記 · 雜議 · 問答 「東國諸賢書體評書」.

164) 『東國李相國集』 권25 雜著 「大藏刻板君臣祈告文」.

내기 전에 목욕재계를 하고 경건하게 준비하였던 것을 알 수 있다. 아울러 고려 사람들의 세계관이 무한한 허공계와 시방의 제불보살, 그리고 천제석을 수반으로 한 33천의 호법영관들로 구분되는 세 단계의 불교적 관념으로 구성되어 있었음을 알려준다. 한편, 제석의 권속들인 사천왕과 팔부신중이 독립적으로 신앙되기도 하였다. 고종 4년(1217) 12월 내전인 선경전에서 사천왕도량이[165] 개최된 바 있고, 5월에는 왕륜사에서는 신중법석이[166] 열린 적이 있었다.

그후 왕실의 내전에서 제석도량이 열린 것은 몽골이 압박을 가하여 오기 시작한 10년(1223) 정월과 강화도 천도 시기인 38년(1251) 정월 두 번뿐이나, 거듭되는 국가의 위난으로 국왕 및 관리들은 계속 제석이 모셔진 사찰에서 계속 제석도량과 제석재를 열었다.[167] 이상으로 살펴본 바와 같이 무인집권기에 이르면 제석도량은 국왕의 신성성을 강조하는 지배이데올로기로서의 성격은 약화되고 국가 안위를 위협하는 세력으로부터 나라를 지킨다는 호국적인 성격이 강조되었다.

한편, 창건될 때부터 호왕과 호국을 표방하였던 외제석원은 명종 즉위 후 3년(1173)부터 재개되어 거의 매년 행차가 이루어졌다. 1년 1회가 상례였던 듯하나 2회 행차했던 해도 두 번 있었다. 외제석원 행차는 의종 11년(1157) 이후 끊어졌는데, 이 무렵은 앞 절에서도 언급했듯이 연기와 기복을 위해 별궁을 많이 건설하고 여러 절로 끊임없이 행차를 하기 시작한 시기이다.

중단되었던 외제석원 행차가 명종 대 다시 재개된 것은 상대적으로 약화되었던 외제석원의 위상이 회복되었기 때문으로 추측된다. 거행된 행사의

---

165) 『高麗史』 권22 世家22 高宗 4년 12월 庚申.

166) 『高麗史』 권22 世家22 高宗 4년 5월 乙酉; 李奎報, 『東國李相國集』 권41 釋道疏 「王輪寺神衆法席齋疏」.

167) 국왕이 건성사로 자주 행차하였던 것도 그 곳에서 계속 제석재가 열렸기 때문이다. 『고려사』에 의하면 고종 3년(1216) 3월 처음 제석재를 개최한 이래 국왕이 건성사로 행차한 횟수는 공민왕 2년(1353) 2월까지 총 45회에 이른다.

내용은 자세히 알 수 없지만 의종 대와 마찬가지로 나한재가 개설되었다는 기록이 두 차례 있어 여전히 외제석원의 호국적인 기능이 중시되었던 것을 알 수 있다. 외제석원의 행차기록은 신종, 희종 대에도 계속 이어지고 있으며, 고종 대에도 강화로 천도하기 전인 17년(1230)까지는 꾸준히 계속되고 있다.[168)]

강화도 천도 이후에는 고종 44년(1257) 4월의 외제석원 행차 기사가 외제석원에 관한 기록으로 유일하다고 할 수 있다. 고종 19년(1232) 강화도 천도 이후 수도이주공사가 어느 정도 진척됨에 따라 개경에 있던 주요 사찰들도 강화로 이전되기 시작하였다.[169)] 이후 『고려사』에는 봉은사, 법왕사, 현성사, 왕륜사, 흥국사, 묘통사, 선원사, 건성사, 복령사, 외원, 구요당, 창복사에 관한 기사들이 등장하고 있는데, 최우의 원찰로 강화에서 창건된 선원사를 제외하고는 모두 개경의 것을 옮겨온 것들이다.

그런데 관련 기록들을 검토하는 과정에서 흥미로운 사실이 주목되었다. 외제석원과 외원 기사가 함께 나타난 해는 없다는 점이다. 즉, 같은 해에 외제석원도 행차하고 외원도 행차한 적은 없었다. 외원外院은 고종 37년(1250) 4월 외원과 구요당으로 행차했다는 기록을 시작으로 하여 고종 43년(1256)까지 해마다 구요당과 짝을 지어 등장하고 있다. 외원은 개경으로부터 이전된 사찰이었다. 강화도 천도 전인 고종 9년(1222) 4월 외원으로 왕이 행차하였다고 하는 기사가 『고려사』에 등장하고 있기 때문이다.

하지만 강화도 천도 이전의 외원에 대한 기록은 이것이 유일한 것이다. 이를 전후로 한 8년(1221)과 10년(1223)부터 17년(1230)까지는 모두 외제석원 행차 기사만이 나타나고 있다. 다시 말하여 9년(1222)에만 외제석원

---

168) 〈표 5〉 『高麗史』 수록 외제석원 관계 기사표 참고.

169) 『고려사』에서 강화도 천도 후 사찰에 관련된 첫 번째 기사는 고종 21년(1234) 2월 개인의 저택을 봉은사로 삼고 연등회를 옛날대로 치렀다고 하는 기사이다. 봉은사는 태조의 원당으로 왕실에서 가장 중시되는 사찰이었다(『高麗史』 권23 世家23 高宗 21년 2월 癸未 참조).

대신 외원 행차 기록이 나타나고 있다. 그후 고종 37년(1250)부터 43년(1256)까지는 외원으로의 행차만이 등장하다가 44년(1257)에 다시 외제석원 행차 기록이 나타나는데 그해에는 외원 행차 기록은 없다. 그리고 원종대는 외원만이 기록에 보이며 충렬왕과 충선왕 대에도 외원 관계 기사만 나타난다. 이후 충목왕 대 이르러 외제석원 행차 기록이 두 차례 나타나는데 외원에 대한 기사는 보이지 않는다.[170]

한편, 외제석원 행차 시기는 대체로 3 · 4월이나 10 · 11월이었다. 앞에서도 언급하였듯이 강화천도 후 한동안 보이지 않았던 외원에 관한 기록은 고종 37년(1250) 4월 외원과 구요당에 행차하였다는 기사로 재등장하기 시작한다. 이후 43년(1256) 5월까지 거의 매해 4월과 10월 두 차례 행차하는데 흥미롭게도 이것은 이전의 외제석원 행차 시기와 일치하고 있다. 그러므로 외제석원과 외원은 『한국사찰전서』에서는 다른 절로 분류해 놓았으나[171] 동일한 사찰로 보아야 할 것이다.

그런데 외원과 구요당을 함께 행차하고 있는 사실이 주목된다. 고종 37년(1250) 이후 원종과 충렬왕대까지 같은 날 외원과 구요당을 행차하였다고 있는데, 이 둘은 창건 당시부터 같은 목적에서 세워졌던 절들이다. 이와 관련하여 이미 명종 5년(1175)에 외제석원과 구요당을 함께 행차한 전례가 있었다.

앞에서 언급하였듯이 구요당은 불교의 구요신앙을 기반으로 한 불교적인 것이었다가 점차 도교의 천天 · 성星 관념과 결합되어 도교적인 것으로 변질되어 갔다.[172] 비록 구요당이 도교 사원이 되었을지라도 천의 관념이 기본을 이루는 신앙이어서 제석신앙과는 사상적으로 공통분모를 가지고 있었기 때문에 외제석원과 구요당은 계속 관련을 맺고 있었던 것 같다. 고종 14년(1227) 10월 외제석원에 행차하여 대신들에게 전쟁에 승리하도록 천황당에

170) 〈표 5〉『高麗史』 수록 외제석원 관계 기사표 참고.

171) 『韓國寺刹全書』 卷下, 862~864쪽.

172) 서윤길, 1994, 앞의 책, 271~280쪽.

초재를 드리라고 명한 사실은[173] 외제석원이 도교적인 행사와 관련이 있음을 시사하고 있다.

그렇지만 이 같은 현상은 역으로 외제석원의 성격에 변화를 초래하였다. 이제 외제석원은 다른 사찰들과 비교하여 위상에서도 기능에서도 하등의 차이가 없게 되었던 것이다. 외제석원에서 '제석'이 사라지고 외원이라 불리게 된 것이 이를 반증하고 있다.

2) 제석신앙의 성격 변화

(1) 왕실 제석신앙의 소멸

몽골과의 강화가 성립된 후 강화도로부터 개경으로의 환도가 준비되면서 마침내 무인정권이 종식되고 국왕권이 회복되었다. 환도 후 원종은 황폐해진 개경을 재정비하기 위하여 태조대 수도 건설 때처럼 궁궐을 신축하고 사찰도 수리하기 시작하였다. 원종 14년(1273) 개경의 사찰 중흥을 위하여 사원조성별감이 설치되었고[174] 충렬왕 원년(1275)에는 제상궁을 철거하고 5대사를 깨끗이 손질하였다.[175] 이렇게 사찰들이 새롭게 정비되면서 법회들도 개최되기 시작하였다.

그러나 원 간섭기의 법회는 정국의 변화에 따라 이전과는 성격이 달라질 수밖에 없었는데 우선 통계적으로 보아도 전대에 비하여 횟수가 감소했을 뿐만 아니라 그 개설도량의 종류도 대폭 줄어들었다.[176] 그리고 항몽전쟁을 위한 호국적 성격의 불교행사는 사라지고 오랜 병란 후의 피폐해진 민심을 위무하고 재앙이 다시는 오지 않기를 비는 소재도량이 그 주류를 이루게 되었다.[177] 이러한 상황에서 제석신앙도 변화하지 않을 수 없었는데 왕실에서

---

173) 『高麗史』 권22 世家22 高宗 14년 10월 庚戌.

174) 『高麗史』 권27 世家27 元宗 14년 2월 丁亥.

175) 『高麗史』 권28 世家28 忠烈王 원년 8월 乙巳.

176) 김형우, 1992, 앞의 논문, 69~72쪽.

는 제석도량을 중지하였으며 제석이란 명칭이 들어간 사찰 이름이 사라지고 있었다.

그러면 제석신앙이 가지는 다양한 성격 가운데 왕권 신성화와 밀접하게 관련된 내제석원은 제석신앙의 변화를 어떻게 반영하고 있는지 알아보도록 하자. 내제석원에 대한 기사는 『고려사』에서 의종 원년(1147) 내제석원에서 사람에게 벼락이 쳤다[178]는 기록 이후로는 보이지 않는다. 그런데 고종 15년 내원당 괴화나무에 벼락이 쳤다는 기사가 등장하고 있어 주목된다. 이는 내원당에 관한 최초의 기록이다.[179]

내원당은 낱말 뜻 그대로 궁궐 내 원당으로서 궁내 사찰의 기능을 담당하는 곳이다. 아마도 왕실의 권위와 밀접한 상관관계를 갖는 내제석원이 무인정변 이후 궐내 원당의 역할 정도로 그 위상이 떨어져 내원당으로도 일컬어진 듯하다. 아울러 내제석원과 함께 궐내 있었던 법운사에 대한 기사도 고종 16년(1229) 이후에는 보이지 않는다.[180] 내원당 기사는 원종 10년(1269) 12월에 이르러 재등장하는데, 강화천도 후 유명무실해진 내제석원과 법운사는 사라지고 환도 후 이들의 기능을 부분적으로 계승한 내원당이 궁궐 안에 존재하게 된 것은 아니었을까?

『고려사』에는 내원당뿐 아니라 내원과 내불당이란 명칭도 보이고 있다. 충목왕 즉위년(1344) 10월 내원에서 영보도량이 개설되었다고 하는데, 앞서 충숙왕 5년(1318) 10월 내원당에서 영보도량이 열렸던 사실에서 내원과 내원당은 같은 장소로 보아도 무방할 것이다. 또한 공민왕 5년(1356)에 내불당이 처음 기록에 등장한다. 공민왕 대는 내원당과 내불당 기사가 공존하

177) 원 간섭기 원종 11년(1270)부터 충정왕 3년(1351) 사이에 실행된 불교행사의 횟수는 178회이다. 반승행사를 제외하고는 소재도량이 35회로 가장 큰 비중을 차지하고 있다. 두 번째는 장경도량으로 10회 개설되었다.

178) 『高麗史』 권53 志7 五行1 毅宗 원년.

179) 『高麗史』 권53 志7 五行1 高宗 15년.

180) 법운사에는 인왕도량과 기우도량이 빈번히 개설되어 왕이 자주 행차하였다(『高麗史』 권54 志8 五行2).

고 있는데,[181] 내원당과 내불당은 명칭은 달라도 내원으로 포괄할 수 있으며 내원당의 불전이 내불당이었을 것이다. 그러므로 내원당, 내원, 내불당이 모두 같은 곳을 의미하는 말이었다.

그런데 내원당, 다시 말하여 내불당이 내제석원과 계기적으로 연결되는 사실이 다른 자료들에서도 확인된다. 『삼국유사』에는 신라 진평왕이 내제석궁을 세웠는데 이를 천주사라고도 칭했다는 기록이 있다.[182] 내제석궁은 월성의 서북쪽 안압지 바로 남쪽에 있었는데[183] 안압지 일대는 궁궐터로서 동궁전과 그 부속 건물들이 위치하고 있었다. 그러므로 위치로 보아서 내제석궁의 '내'는 궐내를 뜻하는 것이다.

그런데 『동경잡기』에서 『삼국유사』 「사금갑」조에 나오는 소지왕대 내전 분수승[184]이 천주사, 즉 내제석궁의 승려라고 설명하면서, 이곳이 바로 신라 왕의 내불당으로 지금의 제석원이라고 덧붙이고 있다. 따라서 소지왕 이전부터 궐내 있었던 부처에게 치성을 드리던 곳이 진평왕 대 와서 제석신앙이 왕권 강화의 이데올로기로 이용되면서 내제석궁으로 불리게 되고 내불당으로서 위치를 확고히 하게 되었던 것이다.

또한 조선 초 성삼문 등은 "옛날 신라, 고려에 모두 내불당이 있었는데 후세 폐해가 이루 말할 수 없는 지경에 이른 것은 처음부터 삼가지 못하였기 때문이니 내불당을 철거해야 한다."는 상소문을 올리기도 하였다.[185] 상소문의 내용에 의하면 신라 시기부터 내불당으로 통칭되는 궁궐 내 사찰이 있었음을 알 수 있다. 신라 때 왕권 신성화의 직접적인 표상으로 궐내 내제석궁 일명 천주사가 창건된 후 고려시기 내제석원으로 계승되었으나 제석신앙이 변화하면서 단순히 궐내 위치하는 불당이라는 의미의 내원당, 즉 내

---

181) 〈표 4〉 『高麗史』 수록 내제석원 관계 기사표 참고.

182) 『三國遺事』 권1 紀異2 天賜玉帶.

183) 『東京雜記』 권2 佛宇 天柱寺.

184) 『三國遺事』 권1 紀異2 射琴匣.

185) 『端宗實錄』 권10 2년 1월 辛酉, "左司諫成三問等上疏曰 … 昔新羅高麗 皆有內佛堂 致有後世口不可道之事 以其不謹於初也"

불당으로 불리게 되었던 것이다.

그러면 고려 후기 내원당의 역할은 구체적으로 무엇이었을까? 고려 말까지의 『고려사』 내원당 관계 기록을 살펴보면,[186] 공민왕은 내불당에서 보우에게 반승을 하고 있는데, 이는 왕의 부름을 받고 올라온 고승들이 임시로 머무르던 고려 전기 내제석원의 기능과 유사하다고 할 수 있다.

충숙왕은 내원당에서 시회를 열기도 하였고 6년(1319) 9월에는 처소를 내원당으로 옮기기도 하였는데, 고려 초 정종 역시 죽기 전에 내제석원으로 처소를 옮긴 적이 있다. 공민왕이 헌부에서 취조 중인 내원당 승려를 석방시켰던 일 역시 내제석원처럼 내원당이 국왕의 강력한 후원하에 있음을 뒷받침하고 있다.

내원당은 내제석원과는 다르게 개설된 행사를 구체적으로 추적할 수 있다. 관정도량과 영보도량이 그것이다. 이러한 점은 궐내 다른 사찰인 법운사와 상통되는 측면이기도 하지만 이전의 내제석원과는 달라진 내원당의 성격 변화를 시사하는 것이다.

관정도량은 『관정경』과 그 다라니를 외면서 재난이 사라지기를 비는 의식이다. 원종은 재위 10년(1269)에 폐위되었다가 5개월 만에 복위한 바 있는데 복위 직후 내원당에서 관정도량을 개설하였다. 그는 왕위에 오를 때 즉위식 직후 바로 내전에서 관정을 하고 보살계를 받은 바 있다.[187] 따라서 관정도량은 불교에 귀의하는 신앙을 표시하는 한편, 재위기간이 평화롭기를 기원하며 전법수계를 하는 대관식의 의의를 지니는 의례로도 볼 수 있다.[188] 그리고 이것은 고려 전기 왕들의 즉위 직후 연초에 개설되어 즉위의례와 같은 성격을 지녔던 제석도량과도 유사하다.

내원당에서 열린 또 다른 행사인 영보도량은 종래에는 불교의례로 인식되었으나 도교의례로 보아야 한다는 견해가 주장되고 있다.[189] 이규보가 쓴

---

186) 〈표 4〉『高麗史』 수록 내제석원 관계 기사표 참고.

187) 『高麗史』 권25 世家25 元宗 원년 4월 戊午.

188) 홍윤식, 1994, 앞의 논문, 182쪽.

『복원궁행천변기양영보도량겸설초례문』을 보아도 영보도량이 도교기관인 복원궁에서 설행되고 있다.

> 「복원궁행천변기양영보도량겸설초례문」
> … 그러나 하늘을 섬기고 백성을 거느림에 부족함이 많아서 천문에 재앙이 나타나게 되어 화성의 궤도가 태미원의 상장을 침범하여 천정으로 들어가고 (생략) 더구나 수신이 위력을 떨쳐 우뢰 소리가 매우 심하여 마치 상제께서 아주 먼 곳에 계시지만 깨우쳐 알려주시는 것 같습니다. 그래서 신은 마음이 불안하여 기도하는 것이 가장 급한 일이라고 생각하여 이에 도관에 의탁하여 도량을 열고 기를 닦는 무리를 두루 영접하여 정성을 다하여 우러러 공중에 배회하시는 행차를 기다리면서 믿음의 제물을 올리나이다…[190]

위의 내용에 의하면 영보도량은 성변의 이상으로 암시되는 재액을 소멸하기 위한 것이었다. 전근대 사회에서 성변의 재액은 대체로 반란사건을 의미하는 경우로 해석된다.[191] 충숙왕 5년(1318) 10월에 내원당에서 개최된 영보도량도 6월에 일어난 제주도의 반란을 평정하고 개설된 것이었다.[192] 그런데 이규보가 쓴 제문의 제목을 유의하여 살펴보면 영보도량과 도교제사인 초제를 함께 열며 지은 것이다. 따라서 영보도량을 꼭 도교의례로 볼 필요는 없을 것으로 생각한다. 도관인 복원궁에서 불교의례인 영보도량과 도교의례인 초제가 함께 개최하였다고도 볼 수 있다.

영보도량과 초제는 같이 개최되는 것이 관례였던 듯한데,[193] 이것은 구요당이 불교 구요신앙을 기반으로 한 불교적인 것이었다가 도교의 하늘과 별자리 관념과 결합되어 점차 도교적인 것으로 변질되었던 경우에서처럼

---

189) 양은용, 1994, 앞의 책, 287~289쪽.

190) 『東國李相國集』 권39 醮疏 『福源宮行天變祈禳靈寶道場兼設醮禮文』.

191) 강성원, 1995, 「원종대의 권력구조와 정국의 변화」『역사와 현실』 17, 99쪽.

192) 『高麗史』 권34 世家34 忠肅王 5년 6월; 10월 壬寅.

193) 신격전에서도 영보도량과 초제가 함께 열렸다(『東國李相國集』 권39 醮疏 「神格殿行天變祈禳靈寶道場兼醮禮文」).

도교와 불교가 결합되고 있는 현상으로 받아들여도 될 것이다.

내제석원은 무신정변 이후 고려왕실의 권위가 약화됨에 따라 점차 경시되다가 강화 천도 이후에는 '제석'이라는 말이 아예 이름에서도 사라져 버리고 내원당으로 불리면서 궁궐 안에 위치하는 불당 정도의 위상으로 변하게 되었다. 이 같은 현상은 고려 후기 불교에서 유교로 전환되고 있던 사상계의 변화와도 밀접하게 관련이 있다. 천신사상과 결합되어 왕실의 권위를 상징하던 제석신앙이 쇠퇴하고 그 자리를 유교적 제왕 관념이 차지하기 시작한 것이다.[194)]

이러한 상황은 외제석원과 제석도량에서도 마찬가지였다. 원 간섭기에 외제석원, 즉 외원에 대한 기사가 다시 등장하는 것은 충렬왕 대 중반부터이다. 충렬왕 15년(1289) 8월 외원에서 친히 소재도량을 개설했다는 기사를 시작으로 후반에는 매년 외원으로 행차하여 소재도량, 장경도량, 성변기양법회 등을 열었다. 충렬왕 대 중반은 환도 후 안정기로 들어섰기 때문에 다시 외원 행차가 시작되었다고 보이는데 항몽적인 호국도량에서 재앙을 막는 소재도량으로 개설도량의 성격이 바뀌고 있다.

그런데 충목왕 대 들어서는 외원 기사는 보이지 않고 다시 외제석원이 나타나고 있어 충목왕 대까지는 외제석원과 외원이 절 이름으로 함께 사용되고 있었음을 알 수 있다. 한편, 우왕 원년(1375)과 2년(1376)에 외원사에서 소재도량을 설행하였다는 기록이 있다.[195)] 이것은 외원에서 소재도량이 개설되었다는 이전의 외원 관련 기사들과 연결되면서 외원이 외원사로 불렸던 사실을 알려준다. 외제석원 역시 고려 후기 제석이라는 말을 생략하고 외원으로도 부르다가 우왕 대 이르러 외원사로 그 명칭이 바뀌었던 것이다.

외원사는 명칭만이 아니라 이전의 외제석원과는 성격이나 위상에서 전혀 관련성을 찾을 수 없다. 외제석원에서 '제석'이란 말이 사라지고 있는 것은 외제석원이 제석신앙과 멀어지고 있음을 나타내는데, 이는 이제석원이 왕

194) 최병헌, 1995, 앞의 논문, 147쪽.

195) 〈표 5〉『高麗史』수록 외제석원 관계 기사표 참고.

실과 밀접한 관련을 맺으면서 수행하고 있었던 호국적인 기능이 사회적으로 의미가 없게 되었기 때문이었다.

원 간섭기 이후 제석신앙의 호국적인 성격은 쇠퇴하고 이제 제석은 범천과 나란히 부처를 호위하는 불교의 호법신중만으로 불화 속에서 남게 되었다. 그런데 조선시기 신중화 중 제석을 중심으로 하는 제석탱화가 있다는 사실이다.[196] 제석과 범천은 조선시기 불화 속에서 통상 부처님 좌우에 나란히 모셔지는 부처의 양대 호법신중인데 범천을 중심으로 한 범천탱화는 존재하지 않는다. 이와는 달리 제석탱화가 단독불화로 성립된 배경에는 고려시기 중시되었던 제석신앙의 영향이 있었기 때문으로 생각된다.

제석도량도 제석신앙의 쇠퇴를 반영하듯 원 간섭기에는 한 차례도 열리지 않았다가 유일하게 공양왕 3년(1391) 정월 보평청에서 마지막으로 개설되었다. 이성계 일파가 우왕과 창왕을 처형한 후 추대한 공양왕은 명목상의 왕일 뿐이었다. 공양왕은 즉위 직후부터 초하루와 보름에는 반드시 승려를 궁중으로 불러서 네 시간마다 경을 읽게 하였고,[197] 회암사로 행차하여 왕비와 세자와 함께 밤새도록 불상 앞에서 절을 올렸다고 한다.[198] 이는 공양왕이 얼마나 불안해하고 있었는지를 짐작케 하는 사례들이다.

그가 사대부들의 맹렬한 반대에도 불구하고 연복사의 중창을 고집한 이유는 연복사의 탑전을 다시 짓고 연못 세 개와 우물 아홉 군데를 다시 파면 나라와 백성이 편안할 것이라는 승려 법예의 권고 때문이기도 하였지만,[199] 쇠퇴하는 고려 왕실의 권위를 되찾기 위한 마지막 안간힘이었다고 생각된다.

이러한 배경에서 고종 38년(1251) 이후 실로 140년 만에 다시 제석도량이 개설된 것은 아니었을까? 왜구 침략 때문에 개설된 호국도량으로도 볼 수 있으나 고려 왕실의 지배이데올로기로서 기능하였던 제석신앙의 최후

196) 홍윤식, 1989, 앞의 책, 105쪽.
197) 『高麗史』 권45 世家45 恭讓王 2년 9월.
198) 『高麗史』 권45 世家45 恭讓王 3년 2월 己未.
199) 『高麗史』 권45 世家45 恭讓王 2년 정월 乙酉.

모습일 수도 있을 것이다.

조선시기에 접어들어 왕실과 관련된 제석신앙의 흔적은 태종 대까지 추적된다. 태종 원년(1401) 정월 건성사에서 제석예참을 베풀었고,[200] 3년(1403) 12월 건성사에서 부왕의 장수를 위하여 제석재를 올렸다.[201] 이 절은 고려시기 제석전이 있어 왕이 행차하여 제석재를 베풀곤 하였던 개경의 바로 그 건성사이다. 조선 왕실도 건국 초에는 고려 왕실에서 제석재를 올리곤 했던 사찰에서 그대로 제석재를 올리고 있었다. 그러나 조선 초기 제석신앙은 장수를 기원하는 기복의 차원에 한정된다.

이제 국왕의 권위를 신성화하거나 호국에 적극적으로 앞장섰던 제석신앙의 다양한 성격은 사라지고, 제석신앙은 불교 내에서 장수를 비는 기복적인 성격으로만 존재하거나 무속과 결합하여 무속화되는 이원적 흐름을 보이게 된다. 기복적 성격으로 단순화된 제석신앙은 조선시기 불교가 억압받는 상황 속에서 더욱 무속과의 결합이 촉진되어 불교의 제석신앙이 도리어 무속의 한 부분으로 정착되었다.

(2) 제석신앙의 무속화

고려시기 무격에 대한 최초의 기록은 현종 12년(1021) 5월에 남성 마당에 토룡을 만들어 놓고 무당들을 모아 비를 빌었다고 하는 기사이다.[202] 그러나 무속은 우리 역사와 분리하여 생각할 수 없을 정도로 오랜 연원을 지니고 있다. 불교는 처음 전파될 때부터 무속과 밀접한 관계가 있었다. 『삼국유사』에는 불교가 신라에 전래될 당시 토속적인 무와 대결하면서 이를 제압하고 정착해가는 과정이 나타나 있다.[203]

---

200) 『太宗實錄』 권1 원년 정월 丁卯, "設帝釋禮懺于乾聖寺 水陸齋于津關寺"

201) 『太宗實錄』 권6 3년 12월 乙亥, "設帝釋齋於乾聖寺乞命也"

202) 『高麗史』 권4 世家4 顯宗 12년 5월, "造土龍於南省庭中集巫覡禱雨"

203) 고구려인 아도가 어머니 고도령의 가르침을 받아 미추왕 2년(263)에 신라로 와 지금 엄장사가 있는 서쪽에 살면서 대궐로 들어가 불교를 전하기를 청하였는데 세상

원시시대부터 기층사회 안에 뿌리깊게 자리잡고 있던 무속은 불교전래 이후 기능의 많은 부분을 불교에게 넘기게 되었다. 재앙을 막아 달라고 빈다든지 병을 낫게 해달라고 빈다든지, 또는 비를 오게 해달라고 빈다든지 하는 것이 무의 주요한 기능이었는데, 불교도량의 목적도 이와 마찬가지일 경우가 많았다. 도리어 고려시기에는 불교가 이러한 기능들을 주도하였고 무는 주변적인 것이 되었다. 나아가 성리학을 교양으로 갖춘 지식인들이 등장하는 무인집권기부터는 무격은 혹세무민하는 부정적인 것으로 비하되었다.

이 같은 추세는 이규보가 쓴 「노무편」[204]에 잘 나타나 있다. 이규보(1168~1241)는 최충헌 부자의 발탁으로 관직에 나아가 고종 28년(1241) 생애를 마감할 때까지 활발하게 활동한 무인집권기의 대표적인 지식인이다.

> 「노무편」
> 내가 살고 있는 동쪽 이웃에 늙은 무당이 있어 날마다 많은 남녀들이 모이는데 늘 음란한 노래와 이상한 말들이 들린다.
> 매우 불쾌하였으나 몰아낼 만한 이유가 없던 차에 마침 나라로부터 무당들로 하여금 서울에 인접하지 못하게 멀리 옮겨가도록 명이 내렸다.
> 나는 이웃의 음란하고 요괴한 것이 없어진 것이 기쁠 뿐 아니라 서울 안에서 이런 무리들이 아주 없어지게 되어 세상이 질박하고 백성들이 순진해져 장차 태고의 풍속이 회복될 것을 기대하며 이런 뜻에서 시를 지어 치하하는 바이다.

그는 「노무편」을 쓴 동기를 나라의 명으로 무당들이 수도인 개경에서 축

에서 일찍이 보지 못했던 것이라 꺼리고 죽이려는 사람까지 있어 모록의 집으로 도망가 숨었다. 그런데 미추왕 3년(264) 성국공주가 병이 나 무당과 의원이 치료를 해도 효험이 없자 칙명으로 사방으로 의원을 구했는데 급히 아도가 대궐로 가 치료하여 병을 낫게 하였다. 왕이 크게 기뻐하여 그의 소원을 물으니 그는 다만 천경림에 절을 세워 불교를 크게 일으켜 국가의 복을 빌 뿐이라고 하였다(『三國遺事』 권3 興法3 阿道基羅).

204) 『東國李相國集』 권2 古律詩 「老巫篇」.

출된 일이 기뻐서이기 때문이라고 밝히고 있다. 그런데 무격을 배척하자는 논의는 고려 전기부터 있어 왔다. 인종 9년(1131) 8월 "근래 무풍이 성행하여 쓸데없는 제사가 늘어나니 해당관리에게 명하여 무당들을 모두 멀리 내쫓으라"라는 조서가 내렸는데, 이에 무당들이 겁이 나서 권력있는 귀족에게 뇌물을 먹이자 그 귀족이 "귀신이란 형체가 없어 그 허실을 완전히 알 수 없으므로 무당들을 일절 금지시키는 일은 타당치 않습니다."라고 아뢰어 왕이 금법을 늦추었다고 한다.[205] 이처럼 무격은 고려시기 사회 기강을 해치는 것으로 여겨졌고 후기로 갈수록 유교적 입장에서 배척되어 무교금압이 계속 논란되었다.[206]

한편, 「노무편」은 당시 무속의 면모를 생생하게 전해주고 있기도 하다. 천제석을 자칭한 무녀가 등장하고 있어 주목되는데 관련 부분을 인용해 보면 아래와 같다.

> 나무를 얽어 다섯 자 남짓한 감실을 만들어
> 입버릇삼아 스스로 제석천이라 말하지만
> 제석천왕은 본래 육천 위에 있거늘
> 어찌 네 집에 들어가 한 구석에 처할 것이며,
> 온 벽에다 붉고 푸른 귀신형상을 그리고
> 칠원구요로 표액했지만
> 성관이란 본래 먼 하늘에 있거늘
> 어찌 너를 따라와 네 벽에 붙어 있겠는가?[207]

---

205) 『高麗史』 권16 世家16 仁宗 9년 8월, "丙子 日官奏近來巫風大行淫祀日盛 請令有司遠黜群巫 詔可 巫患之斂財物貿銀瓶百餘賂權貴 權貴奏曰鬼神無形其虛實恐不可知一切禁之未便 王然之 弛其禁"

206) 서영대, 1996, 「풍수 · 도참사상 및 민속종교」 『한국사』 21, 국사편찬위원회, 189~192쪽.

207) 『東國李相國集』 권2 古律詩 「老巫篇」, "緣木爲龕僅五尺 信口自道天帝釋 釋王本在六天上 肯入汝屋處荒僻 丹靑滿壁畵神像 七元九曜以標額 星官本在九霄中 安能從汝居汝壁"

위의 내용을 보면 이규보 이웃에 살았던 무녀는 다섯 자 남짓한 작은 신당을 짓고 그 벽에 제석신 · 칠원 · 구요를 그린 무신도를 봉안한 후 스스로를 제석천이라고 칭하고 있었다. 제석천을 자칭했다는 것은 굿을 할 때 제석신이 강신하는 강신무임을 알 수 있다. 이를 보면 12세기에는 이미 제석이 무속의 신격으로 자리잡고 있었던 것이다. 그러나 이규보는 불교의 제석신앙과 무격이 내세우는 제석을 엄격히 구분하고 있었고 무당이 제석을 자칭하고 있는 것을 비난하고 있다.

고려 후기 무당이 제석천을 자칭하는 일은 드물지 않았던 듯하다. 공민왕대 좌정승까지 지낸 유탁은 어떤 무당이 천제석을 자칭하고 요망한 말로 군중을 미혹했다고 하여 장형에 처했고,[208] 역시 공민왕대 어떤 요망한 무당이 제주(현 제천)에서 와서 자칭 천제석이라 하며 사람의 길흉화복을 예언하니 원근에서 앞을 다투어 그 여자를 받들고 가는 곳마다 재물이 산더미처럼 쌓였다고 한다.

그 무당이 천수사에 이르러 "내가 서울로 들어가면 풍년이 들고 전쟁이 멈추어서 나라가 태평할 것이다. 만일 임금이 나와서 나를 맞지 않으면 그만 하늘로 올라가 버릴 것이다."라 하니 개경 사람들이 모두 미혹하여 모여들기를 시장터와 같았다고 한다. 이에 전리판서를 지낸 이운목이 기병과 어사대의 관속을 거느리고 가서 잡아다가 머리를 깎고 거리에 옥을 만들어 가둔 후 곤장을 쳐서 내쳤다고 한다.[209]

고려 후기 공민왕 대에 이르면 제석을 자칭하는 무격들이 광범한 계층으로부터 열광적 지지를 받았던 것을 알 수 있다. 이러한 현상은 시대적 상황과 관련이 깊을 것이다. 안으로는 권문세가가 발호하고 밖으로는 외적이 침입하여 위기가 고조되고 민생은 도탄에 빠졌지만 정상적인 방법으로는 이

208) 『高麗史』 권111 列傳24 柳濯, "有巫自稱天帝釋妖言惑衆杖之"

209) 『高麗史』 권114 列傳27 李承老, "有妖巫自提川來 自稱天帝釋妄言人禍福 遠近奉之猶恐不及所至貸財山積 至天壽寺 日吾入京 年豊兵息國家大平 若上不出迎我必昇天 都人皆惑歸之如市 云牧率騎卒與臺吏執巫 斷其髮因街衢獄杖而逐之"

에서 헤어날 길이 없었다.

따라서 현실의 고통으로부터 벗어나기 위해 초월적인 힘에 의지하는 방법이 호소력을 가질 수밖에 없었고, 결국 무속에 대한 광적인 신앙으로 나타난 것이라 생각된다. 그러한 가운데 제석신앙의 무속화가 가속화되어 불교의 천신인 제석이 도리어 불교와 유리되어 무속으로 편입되는 현상이 나타난 것이다.

불교 도입시 제석은 무속의 지고 천신 개념과 상통하는 고대적 천신관념을 매개로 하여 쉽게 수용되었고, 제석신앙을 기반으로 한 국왕의 만수무강을 기원하는 왕실 의식이 점차 확산되어 장수를 비는 기복적인 제석신앙으로 민간에 유행되었다. 제석신앙이 이러한 측면은 무속과의 강한 연결고리가 되어, 역으로 고려후기 불교의 제석신앙이 그 역할이 축소되고 쇠퇴해가자 무속이 불교의 제석을 무속의 지고 천신으로 적극적으로 포섭하게 만들었던 것이다.

고려 후기 사대부가 등장하면서 배불운동이 전개되기 시작하고 이것이 조선의 억불정책으로 이어지자 제석신앙의 현세기복적 측면은 완전히 불교로부터 벗어나 무속화하여 무당 굿거리의 한부분인 제석거리帝釋巨里로 정착되기에 이르렀다.[210] 제석거리는 단군을 무당의 기원으로 하여 단군인 삼신제석을 모시는 굿거리로 제석신의 근본을 이야기하는 '제석본풀이' 가 구연되는 부분이다.[211] 조선시기 무속에서 제석신은 자녀의 출산과 수명을 관장하는 신으로 받들어졌는데 조선시기 무속의 제석신앙은 고려시기 불교의 제석신앙과의 계기적인 관련 속에 접근되어야 할 것이다.

---

210) 조흥윤, 1993, 「천신에 대하여」『東方學志』77 · 78합집.

211) 『巫黨來歷』, 서울대 규장각.

제5장

고려 불교의례와 국가불교

1. 고려 불교의례의 추이

태조가 「훈요십조」의 첫 번째 조항에서 "우리 국가의 왕업은 반드시 제불의 호위지력에 의지해야 한다."라고 밝힌 바처럼 불교는 고려의 중심사상이었고 불교의례 역시 국가의례의 골간을 형성하였다. 태조 원년(918) 11월 중동팔관회가 개최되고 상원연등회도 상례화되면서 태조 대부터 국가적 차원의 정기적 불교의례가 정착되었다. 다시 말해 고려에서의 국가의례 성립은 불교의례로부터 비롯되었다고 할 수 있다.

『고려사』에 기록된 불교행사들을 전체적으로 조망해 보면 고려 초기에는 매우 소략한 편으로 목종 대까지의 불교행사의 설행 횟수는 15회에 불과하다.[1] 그러나 최승로가 성종에게 올린 「시무28조」에 따르면 실제로는 제재와 재회가 성행하고 있었음을 알 수 있다. 이러한 불교행사는 추모와 천도라는 성격과 아울러 불공과 대중공양을 통하여 보시행을 닦는다는 성격도 갖고 있었다. 그러나 이러한 행사들은 경제적 폐단을 초래하였고 최승로에 의해 불교가 비판받는 가장 큰 이유가 되기도 하였다.

성종 대 유교이념에 입각한 중앙집권적 정치체제가 제도적으로 정비되면서 원구사 · 사직제와 같은 유교의례가 적극적으로 도입되었고 불교의례의 지위는 상대적으로 약화되었다. 결국 성종 6년(987)에 팔관회가 폐지됨으로써 태조 대에 정립되었던 불교의례 중심의 국가의례 기조는 유교적 오례 체제를 지향하는 방향으로 전환하였다.

그러나 성종의 이 같은 정책전환에 대한 반발도 적지 않았다. 성종 12년

---

1) 김형우, 1992, 『고려시대 국가적 불교행사에 대한 연구』, 동국대 박사학위논문, 40쪽 〈표 3-1〉 참조. 이하 본 절에서 언급하고 있는 역대 왕들의 불교의례 설행 횟수는 이 표로부터 인용하였다.

(993) 거란 침입시 이지백이 국토를 할양하여 거란과 화친하려는 소극적인 정책을 비판하면서 선대로부터 내려오는 연등 · 팔관 · 선랑의 행사를 다시 거행하고 타국의 풍습을 본받지 말아서 국가를 보전하고 태평을 누리자고 상소한 배경에는 백성들 사이에 성종이 중국 풍습을 모방하려 하는 것을 부정적으로 보는 분위기가 있었기 때문이다.[2] 이러한 사실로부터 연등회와 팔관회의 폐지는 일반서민들로부터도 그다지 호응을 받지 못했다는 것을 알 수 있다.

왕권강화를 위한 제도정비 과정에서 성종이 유교사상을 표방한 것은 당연하다고 할 수 있으나, 문화적인 차원까지도 유교로 포섭하려는 정책은 일반서민들의 정서와는 유리된 방향이었다. 비록 성종 대 연등과 팔관이 부활되지는 않았지만, 이미 백성들의 생활 속에 자리잡은 불교는 고려의 체질이 되었으며 정책도 이를 기반으로 추진되어야 한다는 것이 재확인된 셈이라고 하겠다.

12년간의 목종 치세 후 다시금 현종 원년(1010) 2월 2일 청주행궁에서 연등회의 부활이 선언되었고 이어서 팔관회도 10월에 부활되었다. 이후 연등 · 팔관회는 시기에 따라 변화는 있었으나 고려가 멸망할 때까지 정례적으로 개설되었다. 고려 건국 후 태조가 국가의례로 수립한 불교의례는 성종대 적극적으로 도입되기 시작한 유교의례와 마찰을 빚게 되었고 조정기간을 거쳐서 국가의례 구조의 기본틀이 마련되기에 이르렀다. 이후 고려의 국가의례는 불교의례와 유교의례로 이원화되어 운영되었고, 이와 같은 유교와 불교가 병존하는 문화적 다양성은 고려의 고유한 특징이 되었다.

현종 대는 대외적으로 고려가 건국한 지 100년이 채 안 된 시기에 맞이한 거란의 침입을 성공적으로 막아내면서 고려 · 송 · 거란 3국이 정립하게 되어 국제적으로 고려의 위상이 부상하였으며, 대내적으로 중앙집권적 지배체제가 완성되어 정치 주도세력으로 문벌귀족이 대두하기 시작한 시기였

2) 『高麗史』 권94 列傳7 徐熙; 『高麗史節要』 권2 成宗 12년 10월.

다. 이와 맞물려 연등회와 팔관회 이외에도 각종의 불교행사가 왕실에 의해 본격적으로 개설되기 시작하였다. 이러한 행사들은 거란의 침입이라는 시대상황을 반영하여 호국적인 경향을 강하게 띠었다. 현종 대 개설되기 시작한 불교의례로는 인왕도량, 장경도량, 축수도량, 반승 등이 있었다.

첫째, 인왕도량은 『인왕경』, 즉 『인왕호국반야바라밀다심경』의 강경이 중심이 되는 행사였다. 『인왕경』의 「호국품」은 갖가지 재난과 외적의 침입을 막기 위해서 국왕이 이 경을 하루에 두 번씩 외어야 한다고 설하고 있으며, 이 경을 강경할 때는 불상과 보살상, 나한상을 100구씩 모시고 100명의 법사를 사자좌에 청하여 강경하도록 한다는 의식절차를 밝히고 있다. 『인왕경』에 대한 신앙은 신라시기부터 성행하였다.[3] 현종 대의 기록은 네 차례 '강인왕경講仁王經' 으로 표현되어 있을 뿐 도량이라고 부르지는 않았으나, 정종 9년(1043) '백좌도량' 이라고 칭한 후부터 '백좌인왕경도량', '백고좌인왕도량', 또는 '인왕도량' 등으로 불렀다.

『고려사』의 기록에 의하면 인왕도량은 현종 3년(1012) 5월 내전에 승려들을 모이게 하여 『인왕경』을 강독하게 함으로써[4] 최초로 개설된 이래 공민왕 22년(1373) 4월까지[5] 총 120회가 설행되었다.[6] 이 도량은 정기적으로 3년을[7] 주기로 9월이나 10월에 궁궐에서 반승을 수반하여 열리는 대규모의 백고좌인왕도량과 특정 목적을 가지고 수시로 열린 인왕도량으로 구분되는데, 반승이 수반되는 정기적인 백고좌도량은 명종 대까지 설행되었

3) 『三國史記』에는 진흥왕 12년(551)에 처음으로 백좌강회가 열린 후, 진평왕 35년(613) 7월, 善德女王 5년(636) 3월, 惠恭王 15년(779) 3월, 憲康王 2년(876) 2월과 12년(886) 6월, 정강왕 2년(887) 1월, 진성여왕 즉위년(897) 가을에 백고좌회가 열렸다는 기사들이 전한다. 『三國遺事』도 경애왕 즉위년(924) 백좌강회의 설행을 전하고 있다.

4) 『高麗史』 권4 世家4 顯宗 3년 5월 丙戌.

5) 恭愍王 22년(1373) 4월 강안전에서 천변을 물리치기 위하여 7일 동안 설행되었다고 한다(『高麗史』 권44 世家44 恭愍王 22년 4월 辛卯).

6) 김형우, 1992, 앞의 논문, 135쪽.

7) 『高麗史』 권20 世家20 明宗 9년 11월 辛酉.

다. 백고좌인왕도량 때 개최되는 반승행사는 개경의 구정에서는 1만 명을, 지방의 각 주와 부에서는 2만 명을 공양하는 전국적인 대규모 행사였다.[8] 그러나 이 같은 반승행사는 명종 23년(1193) 10월 백고좌도량 후 승려 3만 명에게 반승했다는[9] 기록 이후로는 등장하지 않으며, 원 간섭기 이후에는 반승이 없는 소규모의 인왕도량만이 간헐적으로 개설되었다.

둘째, 장경도량은 대장경을 받들어 공양하는 의례였다. 이것은 대장경에 담겨 있는 각종 교리에 대한 신앙이라기보다는 대장경 자체를 법보로서 숭배하는 행사이다. 거란의 침입을 부처님의 가호로 물리치려고 거국적으로 발원하여 착수한 대장경 조판사업이 꾸준히 진행되어 상당한 양의 대장경이 판각되자, 현종 20년(1029) 회경전에서 이를 경축하기 위해 장경도량이 대대적으로 개설되었다.[10] 이후 이것이 정례화되어 정종 7년(1041)부터 매년 봄에는 2월이나 3월에 6일 동안, 가을에는 9월이나 10월에 7일 동안 열리게 되었다.[11]

또한 장경도량에는 많은 승려들이 초대되었기 때문에 반승행사도 아울러 개최되었다. 점차 장경도량의 규모는 확대되어 충선왕 3년(1311)에는 행사 일수가 봄과 가을 모두 10일씩으로 늘어나 열리게 되었다.[12] 이는 강화 천도시기에 행해진 재조장경, 즉 팔만대장경의 판각사업으로 인하여 대장경의 중요성이 국가적인 차원에서 다시 한번 부각되었기 때문이었다.[13] 원 간섭기 충목왕 3년(1347) 9월에도 장경도량이 설행되었다.[14]

셋째, 『고려사』에서 현종 9년(1018) 5월에 등장하고 있는 '반승십만'이란 기록은[15] 고려시기 반승행사에 대한 최초의 기록이다. 반승은 공경하여

---

8) 『高麗史』 권7 世家7 文宗 2년 9월 丙辰.
9) 『高麗史』 권20 世家20 明宗 23년 10월 甲寅.
10) 『高麗史』 권5 世家5 顯宗 20년 4월 庚子.
11) 『高麗史』 권6 世家6 靖宗 7년 4월 癸巳.
12) 『高麗史』 권33 世家33 忠宣王 3년 3월 癸卯.
13) 안계현, 1975, 「불교행사의 성행」 『한국사』 6, 국사편찬위원회, 114쪽.
14) 『高麗史』 권37 世家37 忠穆王 3년 9월 丁未.

모신다는 뜻에서 스님에게 식사를 대접하는 행사를 가리킨다. 태조 대 설행된 무차대회와 광종 대 성행하였던 공덕재에서의 보시행과도 유사하다고 할 수 있다. 140여 회에 달하는 『고려사』 세가의 반승기사 가운데 설행 동기를 알 수 있는 것은 90여 회이며, 국가가 주관하여 궁궐이나 지방의 여러 사원에서 베풀어진 대규모의 반승행사는 반승만을 목적으로 하기보다는 인왕백고좌도량 같은 불교행사에 수반되어 베풀어졌다.

고려 초기부터 전국적으로 만 명 단위의 대규모로 실시되던 반승은 강화천도 후에는 중지되었는데 경제적 부담이 큰 행사였으므로 전란 중에 설행하기가 불가능했기 때문이었다. 이후 원 간섭기에 들어와서도 간혹 대규모 반승이 시행되기는 하였으나,[16] 전반적으로 설행 횟수와 규모가 크게 감소되어 수백 명 혹은 천여 명이 참가하는 소규모 행사였으며 궁궐이나 특정 사원으로 한정되었고 국왕의 탄일이나 기일을 위한 국왕 개인적인 축수도량이나 기진도량이 행사의 대부분을 차지하였다.

넷째, 국왕의 탄일행사로 축수도장이 베풀어졌다. 현종의 경우 어릴 적 잃은 부모를 추모하여 양경과 여러 도의 하례를 일절 금하고 다만 축수도량만 설행하는 것을 상례로 하였는데, 이것이 불교적 국왕 탄일행사의 시초가 되었다.

덕종 대에 처음으로 설행된 불교의례로는 휘진도량과 보살계도량이었다. 휘진도량은 진전사원에서 지내는 선왕과 선비의 기재이며, 보살계도량은 국왕의 수보살계 의식을 일컫는 것으로 국왕이 보살계를 받고 스스로 불제자임을 다짐하고 널리 선언하는 의식이다. 보살계는 한차례 받는 것으로 그치지 않고 여러 차례 수계하는데, 덕종 이후 공양왕까지 26명의 국왕 가운데 17명이 한 번 이상 보살계를 받았으며, 인종은 재위 24년간 16회나 보살계를 받기도 하였다.

---

15) 『高麗史』 권4 世家4 顯宗 9년 5월 戊寅.

16) 충숙왕 즉위년(1313) 10월부터 이듬해 3월까지 상왕인 충선왕에 의해 '萬僧會'로 일컬어지는 대규모 반승행사가 다섯 차례 있었다(제2장 주) 250 참고).

원 간섭기 이전 원종 대까지는 순종과 희종만이 수계하지 않았는 데 비하여, 이후에는 충선왕, 충목왕, 공민왕만이 수계하고 있어 점차 보살계도량이 줄어들고 있는 것을 알 수 있다. 보살계도량은 6월 15일을 전후하여 열리는 것이 상례였다.[17] 이것은 보살계도량을 유두일 절기행사와 연계하려는 의도에서 비롯된 것이다. 즉 머리를 감고 몸을 정갈히 하는 유두일에 보살계를 받음으로써 불제자로서 마음을 깨끗이 가다듬고 몸도 아울러 깨끗이 한다는 의미가 강조되고 있다 하겠다.[18]

정종 대는 불교의례들이 의식절차의 기본틀을 확립하는 시기였다. 정종 즉위년(1034) 11월에 개최된 팔관회와[19] 4년(1038) 개최된 연등회[20]의 의식절차는 이후 팔관회와 연등회에서 의전절차의 전범이 되었다. 이때 이르러 현종 대 부활된 연등회와 팔관회가 비로소 『고려사』 예지 가례 잡의에 전하는 소회 · 대회일로 구성된 의식체계를 갖추게 되었다.

또한 앞에서도 언급하였듯이 현종 대에 시작된 장경도량이 정종 대 매년 봄에는 6일 동안, 가을에는 7일 동안으로 상례화되었으며, 그 동안 '인왕경 강경' 으로 불리던 인왕도량이 '백좌도량' 으로 그 성격이 명백해졌고 대규모의 반승을 실시함으로써[21] 이후 개최되는 백고좌도량의 전범이 되었다.

한편, 정종 대에는 금광명경도량[22]과 경행이 처음으로 시작되었다. 금광명경도량은 『금광명경』을 수지 독송하면 보살과 천신의 가호가 있다고 하여 행해진 신앙행사로서, 정종 7년(1041) 5월 문덕전에서 기우를 위한 목적

17) 二宮啓任, 1960, 「高麗朝の恒例法會」 『朝鮮學報』 15.

18) 안계현, 1975, 앞의 책, 112쪽.

19) 『高麗史』 권6 世家6 靖宗 즉위년 11월 庚子.

20) 『高麗史』 권6 世家6 靖宗 4년 2월 癸未.

21) 『高麗史』 권6 世家6 靖宗 9년 3월 己丑.

22) 『고려사』에는 金剛明經道場으로 되어 있으나, 金剛明經道場, 金光明經道場, 金經道場, 金剛經道場, 金剛道場 모두 金光明經道場을 칭하는 것으로 생각된다. 『고려사』 예종 원년(1106) 6월 신사에 건덕전에서 설행한 金剛經道場과 인종 즉위년(1122) 7월 경오에 건덕전에서 설행한 金光經道場이 『고려사절요』에는 모두 金剛明經道場으로 기록되었다.

으로 최초로 설행된 후,[23] 고려 전시기에 걸쳐 26회 설행되었다.

경행은 『인왕경』을 받들고 시가지를 행진하는 행사였다. 정종 12년(1046) 3월 왕명에 의해 시중 최제안이 구정으로 나가 분향한 후 개경 거리를 세 길로 나누어 각각 『인왕경』을 봉안한 오색으로 장식한 화려한 가마를 메고 앞장서서 행진하였는데, 그 뒤를 따라 독송하는 승려들과 관복을 입은 관원들이 시가를 순회하였다고 한다. 이것은 백성들의 복을 비는 축원행사가 되어 이해부터 상례화되었다.[24] 경행은 고승대덕 중심의 엘리트 불교적인 인왕백고좌도량을 거리로 들고 나와 많은 사람들이 참여하도록 확대하여 서민적 성격의 불교행사로 만든 것이다.

이러한 경행은 지방으로까지 확산되었는데 윤경회라는 행사가 이에 해당한다. 문종 원년(1047) 정월에 내려진 교지를 보면 매년 여러 주 · 군 · 현에서는 윤경회가 성대하게 베풀어졌는데 지방 아전들이 이를 빙자하여 백성들로부터 과도하게 금품을 거두어들여 경제적 폐해가 심하였으므로 취포오락을 금지하였다고 한다.[25] 이를 통하여 그 당시에 윤경회가 전국적으로 성행하고 있었고 개경의 행사처럼 많은 백성들이 참여하여 대규모로 진행되었음을 알 수 있다.

문종 대는 사회가 가장 안정적으로 발전한 시기였다. 지배층의 문벌화 추세는 여전하였지만, 문종은 정치적 안정을 바탕으로 하여 역대 어느 왕들보다 국왕의 위상을 강화하고자 노력하였다. 그가 원찰로 세운 흥왕사의 '흥왕' 이란 명칭은 이것을 상징하는 단적인 예이다. 문종은 이를 위해 관료제를 정비하고 아울러 여러 가지 종교행위를 이용하여 국가와 왕실의 안녕을 빌고 행위주재자 · 후원자로서의 왕의 위상을 높이려 하였다. 그의 종교적 행위는 유교적인 면에서도 나타났지만,[26] 주로 불교에 의지한 바가 컸다.

---

23) 『高麗史』 권6 世家6 靖宗 7년 5월 庚午.

24) 『高麗史』 권6 世家6 靖宗 12년 3월 辛丑.

25) 『高麗史』 권7 世家7 文宗 원년 정월 丙戌.

26) 문종 6년(1051) 사직단을 신축한 것은 국가와 왕실의 위상을 새롭게 하려 한 의미

흥왕사를 건축할 때 여러 관료들이 백성을 수고롭게 하면 원성이 일어나고 산천의 기맥을 훼손시키면 반드시 재해가 생긴다는 논리를 가지고 반대하였지만, 문종은 태조 이래의 전례에 따라 절을 짓고 부처의 힘을 빌어 재해가 일어나는 것을 막고 나라를 번영으로 이끌겠다고 하면서 공사를 강행하였다.[27] 이같이 부처의 힘에 의지하여 재앙을 물리치고 복을 빌겠다는 그의 입장은 다양한 도량과 반승, 초제와 같은 행사로 나타났다.

따라서 문종 대에는 재위 36년 동안 21종의 불교행사가 75회나 개설되었다. 이전부터 개최되었던 행사들은 빠짐없이 설행되었고, 그 외 소재도량, 마리지천도량, 문두루도량, 천제석도량, 전경, 반야도량, 나한재, 기상영복도량 등과 같은 많은 새로운 불교행사들이 개최되었다. 또한 특설 연등회도 5차례나 개설되었다. 문종 대 새로이 개최된 도량들을 보면 두 가지 특징을 갖고 있다. 첫째, 국왕의 권위를 신성화하려는 문종의 정책추진방향과 밀접하게 연관되고 있으며, 둘째, 밀교경전에 의거한 밀교도량들이 본격적으로 개설되기 시작한 것이다.

왕권의 위상을 높이기 위한 의례로는 제석도량과 기상영복도량이 개최되었다. 제석도량은 문종 14년(1060) 정월 문덕전에서 처음 개최되었다.[28] 제석은 불교의 세계관에서 지상에서 가장 높은 수미산 꼭대기에 위치하여 지상을 굽어보면서 권속인 사천왕과 팔부신중을 거느리고 불법과 인간세계를 수호하고 있는 불교 최고의 호법신이다. 제석은 호국적인 성격과 더불어 일찍부터 고대적 천신 관념을 매개로 하여 국왕이 하늘로부터 신력을 보증받은 존재임을 강조하여 국왕의 권위를 신성화하는 역할을 수행해 왔다. 신라 중고기 진평왕 대는 제석신앙이 왕권을 신성화하는 지배이데올로기로 기능하기도 했다.[29]

가 크다(『高麗史』 권7 世家7 文宗 6년 2월 癸巳).

27) 『高麗史』 권7 世家7 文宗 9년 10월 丙申; 『高麗史節要』 권4 文宗 10년 2월.

28) 『高麗史』 권8 世家8 文宗 14년 정월 癸丑.

29) 『三國遺事』 권1 紀異1 天賜玉帶.

제석도량은 이러한 제석을 신앙하는 의례였다. 제석도량은 문종 대 개설된 이후 대부분 국왕 즉위 직후 정월이나 2월에 열리고 있어 즉위의례적인 성격도 갖고 있었다. 고종 38년(1251) 1월에 열린 후 고려 멸망 전해인 공양왕 3년(1391) 1월에 다시 개최되기까지 원 간섭기 동안 단 한 차례도 설행되지 않았다. 이는 제석도량의 호국적인 성격과 왕권 신성화와의 관련에서 기인한 것이다.

기상영복도량은 현종 대 설치된 국왕 탄일의 축수도량을 전국적으로 확대시킨 것으로 문종 즉위년(1046) 12월에 시작되었다. 이때부터 매년 왕의 생일인 성평절을 맞아 7일간 왕실에서는 외제석원에서, 문무백관들은 흥국사에서, 동 · 서경 및 4도호 8목은 각각 소재지 절에서 기상영복도량을 설행하는 것이 정례화되었다.[30)]

한편, 소재도량, 마리지천도량, 문두루도량은 밀교 계통의 도량들도 문종 대에 개설되었다. 소재도량은 문종 즉위년(1046) 10월에 처음으로 개설되었다.[31)] 소재도량은 고려시기 가장 빈번하게 개최되었던 도량으로 고려 말까지 무려 150여 회나 설행된 대표적인 행사였다. 이 도량에서는 밀교 계통의 『치성광소재경』과 그 다라니를 외우며 성변과 관련한 재앙을 막고 복을 비는 의식을 거행하였다.

마리지천도량 역시 『마리지천경』과 그 다라니를 독송하며 재난이 소멸되기를 기원하는 도량이다. 마리지천은 재난을 없애주고 복을 가져다주는 승리의 천신이며 군인의 수호신이다. 마리지천도량은 문종 20년(1066) 9월 설행된[32)] 이후 고종 대까지 9회 설행되었다.

문두루도량은 『관정복마봉인대신주경灌頂伏魔封印大神呪經』에 따라 오방신을 모시고 주문을 외면서 각종 재액이 없어지기를 기원하는 의식이다. 문종 28년(1074) 7월 동경, 즉 경주의 사천왕사에서 번병의 격퇴를 기원하여 27

---

30) 『高麗史』 권7 世家7 文宗 즉위년 12월.

31) 『高麗史』 권7 世家7 高宗 즉위년 10월 丙辰.

32) 『高麗史』 권8 世家8 文宗 20년 9월 庚辰.

일간 개최되었다.[33] 이 사천왕사는 이미 통일신라시기 문무왕 때 명랑법사가 당나라 군사를 막아내기 위하여 문두루비법을 행했던 절이었다.[34] 문두루도량은 고종 대까지 6회 설행되었는데, 외적 침입시 개최되는 호국적 성격이 매우 강한 도량이다. 예종 3년(1108) 7월과 4년(1109) 4월에 개최된 문두루도량도 여진과의 전쟁에서 승리하기를 기원하며 설행한 것이었다.[35]

이러한 밀교적 도량은 영험을 중요시하는 도량으로 깨달음을 얻어 중생을 제도한다는 불교 본연의 가르침과는 거리가 먼 것이었지만, 누구나 쉽게 접근할 수 있고 불안감을 해소하고 마음의 평온을 구하는 데 즉효가 있었으므로 상당히 성행한 편이었다.

전경은 경전 자체를 신앙하는 행사로 장경도량과 성격이 유사하나, 선성은 경전 전체를 통독하는 진독에 대하여, 단순히 경전의 제목이나 경전의 초·중·종의 몇 행을 생략하고 띄엄띄엄 읽으면서 경을 전독하는 것이다. 문종 대 두 차례 있었던 전경행사는 모두 불경을 새롭게 조성하는 것을 기념하는 행사였다.[36]

나한재는 나한을 공양하며 신앙하는 행사이다. 나한재는 충렬왕 대까지 29회 개설되었는데 그 목적은 주로 기우나 내우외환이 소멸되기를 기원하는 데 있었다. 나한상이 봉안된 사찰에서 설행되었는데 5백 나한상이 봉안되어 있던 보제사에서 가장 많은 11회가 개최되었다. 그리고 반야도량은 『반야경』을 독송하고 그 가르침을 받들어 공덕을 쌓아 재액이 소멸되기를 기원하는 도량이다. 부처의 교설을 전하는 경전들을 독송하고 이에 대한 법문을 들으면서 받들고 신앙하는 도량은 태조 대부터 개설되고 있었다.[37]

---

33) 『高麗史』 권9 世家9 文宗 28년 7월 庚子.

34) 『三國遺事』 권5 神呪6 明朗神印.

35) 『高麗史』 권13 世家13 睿宗 3년 7월 丙子; 睿宗 4년 4월 乙酉.

36) 문종 5년(1051) 1월 진관사로 행차하여 새로 조성된 『화엄경』과 『반야경』을 전경하였고, 문종 31년(1077) 3월 흥왕사로 행차하여 역시 새로 조성된 『금자화엄경』을 전경하였다(『高麗史』 권7 世家7 文宗 5년 1월 癸亥; 『高麗史』 권9 世家9 文宗 31년 3월 甲寅).

문종 대에 이르면 정종 대부터 종류도 늘어나고 절차도 체계를 갖추기 시작한 기존의 불교의례가 더욱 활성화되고 성행하여 의례체제의 완성을 보게 되었다. 이와 같은 불교의례의 구조적 발전은 고려 전기 문화의 발전과 더불어 전개된 것이었다.

선종은 재위 11년 동안 19종의 각종 행사를 37회 설행하였다. 선종 대에는 불정도량과 능엄도량이 처음으로 개설되었고, 왕태후에 의해 유주 견불사에서 만일천태종예참법萬日天台宗禮懺法이 설행되기도 하였다. 불정도량은 밀교적 도량으로 『불정존승다라니경』을 독송하면서 재액을 없애고 복을 비는 의식이다. 선종 2년(1085)에 처음 개최된 후[38] 원종 10년(1269)까지 모두 40회 설행되었다. 이는 밀교도량 가운데 소재도량 다음으로 많은 횟수이다. 이 도량은 숙종 · 예종 · 인종 대 크게 성행하였고, 무인집권기에도 자주 개최되었다. 능엄도량은 『능엄경』을 신앙하는 도량이며, 만일천태종예참법은 『법화경』을 신앙하는 법화도량의 범주에 포함되는 참회를 강조하는 불교의례이다.

숙종 대부터 의종 대까지는 문종 대 완성된 불교의례체제의 모든 행사들이 빈번하게 개최된 불교의례의 난숙기라고 말할 수 있는 시기였다.[39] 문종 대를 지나면서 문벌귀족세력들 상호간에 정치적 · 경제적 기반을 확대하기 위한 대립과 갈등이 심화되었고, 세력이 비대해진 일부 귀족들과 이들을 누르고 왕권을 강화하려는 국왕 사이의 갈등도 증폭되었다. 이러한 정치적 상황은 정치세력과 밀접하게 관련을 맺고 있던 불교계에도 영향을 미쳐 당시 중심교단인 화엄종과 법상종도 정치적인 소용돌이에 휘말리게 되었다.

이러한 상황에서 불교계를 개혁하려고 한 인물이 의천이었다. 『속장경』

---

37) 태조 23년(940) 개태사에서 낙성화엄법회가 개설된 바 있다(『高麗史』 권2 世家2 太祖 23년 12월).

38) 『高麗史』 권10 世家10 宣宗 2년 3월 戊申.

39) 불교의례뿐 아니라 도교의 초제 횟수도 문종 대부터 많아지기 시작하여 예종과 의종 대 급증하고 있다(이태진, 1997, 「고려 조선중기 천재지변과 천관의 변천」 『한국사상사방법론』, 소화).

간행을 통하여 당시 불교사상을 총정리하고 천태종 개창을 통하여 선교통합을 시도하였던 의천의 개혁은 고려 불교의 수준을 한 단계 끌어올리는 의미가 큰 것이었고, 아울러 고려 불교의 국제적인 위상을 높이는 의의를 가진 것이었다.[40] 그러나 의천의 개혁은 왕자라는 신분의 정치권력을 기반으로 추진되었기 때문에 의천 사후 그가 추진했던 개혁은 한계에 부딪히게 되었다.

한편, 숙종 대와 예종 대는 국왕이 기존의 문벌세력들을 누르고 일반민에 대한 국가의 직접지배를 강화하여 그 동안 축적된 사회적 · 경제적 기반을 국가질서 속에 수렴시키는 방향으로 정치개혁을 추진하면서 국왕 측근의 관료세력이 대두하게 되었다. 이와 같은 숙종 · 예종 대의 정국운영으로 불교의례는 번성기를 맞게 되었는데, 국왕을 정점으로 한 집권층의 내적 결속력을 강화하기 위해서는 정책적으로 국왕의 권위를 과시할 필요가 있었기 때문이다.

그런데 당시 불교의례들은 문종 대와는 다른 양상을 보였다. 문종이 개설한 국왕의 위상을 높이기 위한 많은 의례들은 대내외적인 안정 속에서 고려의 자부심과 문화능력을 바탕으로 하여 권위를 갖고 있었다. 전근대사회에서 국왕의 위상은 국가의 위상과 동일시되었기 때문이다. 그러나 숙종은 쿠데타적인 비상수단에 의해 즉위하였으므로 즉위 직후 측근 공신들과 기존의 재추 관료들 사이에 존재하는 간극을 해소하고 폭넓은 정치기반을 마련할 필요가 있었다. 이를 위해 빈번히 불교의례를 개최하여 의례의 주재자인 국왕의 권위를 부각시킴으로써 집권층의 결속을 강화하고 나아가 백성들의 공동체의식을 고양하고자 하였다.

숙종 대는 재위 10년 동안 75회의 불교행사가 설행되었는데 이는 연평균 횟수로 보면 고려 역대 왕 가운데 가장 빈번한 것이었다. 연등회와 팔관회의 개설기록이 한해도 빠짐없이 나타나 있고, 문종 대부터 설행된 불교의례도 빠짐없이 베풀어졌으며, 용왕도량, 관정도량, 보성도량, 신중도량이 처음으로 개설되었다.

---

40) 최병헌, 1975, 「천태종의 성립」 『한국사』 6, 국사편찬위원회.

용왕도량은 숙종 6년(1101) 4월에 개최되었는데,[41] 이는 불교식 기우행사로 『용왕운우경』을 전거로 한다. 화엄도량, 반야도량, 금강명경도량, 나한재 등의 행사들도 재액을 물리친다는 의미에서 기우를 위해 설행되었다. 유교 · 도교 · 무속에서도 여러 가지 방법의 기우행사가 개최되었지만 규모와 횟수 면에서 불교와는 비교가 되지 않는다.

그리고 같은 해 4월 소나무 충해를 물리치기 위해 관정도량과 보성도량, 문두루도량이 개설되었다.[42] 관정도량과 보성도량 역시 밀교계 도량이다. 관정도량은 『관정경』과 그 다라니를 외우며 재액이 소멸하기를 기원하는 의식으로 숙종 대부터 충선왕 대까지 일곱 차례 설행되었다. 보성도량은 마왕을 항복시키고 국토를 보호하는 것을 설하고 있는 『보성다라니경』에 근거하여 개최된 의례이며, 인종 21년(1143) 왕비의 쾌유를 빌기 위하여 개최되기도 하였다.[43] 신중도량 역시 숙종 6년(1101) 4월 동북 주진에서 발생한 소나무 충해를 물리치기 위해 설행되었다.[44]

이상에서 보면 숙종 6년(1101)은 한재와 충해가 특히 심했던 것을 알 수 있다. 이해의 『고려사』 기록들을 검토해 보면 기양을 위해 불교 뿐 아니라 유교와 도교, 무속에서도 다양한 의식과 행사가 설행되고 있었다.[45] 이러한 양상은 예종 대 들어와 더욱 가속화되었다.

예종은 즉위 직후부터 숙종의 정책을 계승하려는 의지를 가지고 윤관을 중용하고 여진정벌을 단행하였다. 이러한 정국운영을 둘러싸고 윤관을 중심으로 한 국왕 측근 세력과 예종의 정책노선에 회의적인 재추그룹 사이에

---

41) 『高麗史』 권11 世家11 肅宗 6년 4월 乙巳.

42) 『高麗史』 권54 志8 五行2 肅宗 6년 4월 辛丑.

43) 『高麗史』 권17 世家17 仁宗 21년 6월 庚寅.

44) 『高麗史』 권54 志8 五行2 肅宗 6년 4월 丙戌.

45) 4월 계사에 날이 가물어 천지 · 종묘 · 산천에 비를 빌었고, 신축에는 수압산 충해를 막기 위해 老君符法을 설행하였으며, 갑진에는 太一에 비를 빌었고, 을사에 무당이 비를 빌었다. 기유에 또 천지와 종묘에 비를 빌었다(『高麗史』 권11 世家11 肅宗 6년 4월).

대립양상을 보이고 있었다. 이 같은 상황에서 예종은 사회적 통합의 필요성을 절감하였고, 이는 문화정책을 강화하는 방향으로 나타나게 되었다. 그 결과 예종은 불교와 유교, 도교 모두를 적극적으로 후원하였다. 예종은 재위 17년 동안 106회의 불교행사를 설행하였는데 이미 개최된 행사들 외에 약사도량, 자비참도량, 설선, 사천왕도량, 공작명왕도량, 우란분재를 개설하였다.

예종 원년(1106) 6월 장령전에서 개최된 설선은 선승 담진에게 선에 대하여 강설하게 하면서 비가 오기를 빈 행사였다. 그리고 이날 거리에서는 경행이 벌어졌는데, 5부 백성들이 각기 자기가 사는 동네를 다니며 독경을 하다가 궁궐 서쪽 방리에 모였을 때 마침 비가 내리기 시작했다고 한다.[46] 이는 불교의례의 영험을 실증하는 사례라고 하겠다. 이러한 영험을 경험한 백성들은 더욱 불교를 신앙하게 되었을 것이고 국왕 역시 불교가 공동체 결속에 효과적인 수단임을 재확인했을 것이다.

예종은 선종에 깊은 관심을 갖고 상당한 지원을 하기도 하였다.[47] 설선 행사와 유사한 성격의 법회로는 담선법회가 있었다. 『고려사』에서 담선법회에 대한 기록은 원종 대 처음 등장하고 있으나, 이규보는 국초부터 국가에서 담선법회를 3년에 한 번씩 보제사에서 개최하였으며, 법회를 통해 선에 대한 이치를 함께 공부하여 선풍을 떨치고 아울러 국가의 태평을 기원하였다고 전하고 있다.[48] 그러나 담선법회가 반드시 보제사에서만 열린 것은 아니었던 듯하다. 서보통사, 광명사, 창복사와 대안사에서도 국가 주재의 담선법회가 열렸다고 한다.[49]

자비참도량은 예종 원년(1106) 10월에 개설되었다.[50] 참법은 잘못을 뉘

---

46) 『高麗史』 권12 世家12 睿宗 원년 6월 己丑.
47) 김상영, 1988, 「고려 예종대 선종의 부흥과 불교계의 변화」 『清溪史學』 5.
48) 『東國李相國集』 권41 釋道疏 「甲午談禪日齋疏」.
49) 김광식, 1995, 「최우의 사원정책과 담선법회」 『高麗武人政權과 佛教界』, 민족사.
50) 『高麗史』 권12 世家12 睿宗 원년 10월 己未.

우침으로써 해탈을 구하는 수행법으로 넓은 의미에서 경전신앙 행사의 범주에 속하는 것이다. 고려에서는 미타참법, 관음참법, 법화삼매참법, 화엄삼매참법 등이 설행되었는데, 그 가운데 자비참도량은 관음참법을 행하는 도량이다. 공민왕은 12년(1363) 3월에 화엄삼매참도장을 설행한 바 있다.[51]

약사도량은 약사불을 신앙하거나 『약사경』을 독송하면서 재액이 소멸되고 소원이 성취되기를 기원하는 의식이다. 고려시기 약사도량은 주로 외적을 물리치기 위한 목적에서 설행되었다. 『약사경』에는 약사여래의 십이대원이 밝혀져 있는데 그 가운데 하나가 포악한 군주나 병란 등의 고난으로부터 일체 중생을 구제하겠다는 것이다. 또한, 약사여래의 명호를 부르면 외적의 침입과 내란, 일월성변, 가뭄 등의 재난으로부터 구제받을 수 있다고 한다. 예종 3년(1108) 5월과 8월에 문덕전에서 개설되었던 약사도량은 여진을 물리치기 위한 것이었고,[52] 고종 41년(1254) 6월에 개최된 약사도량은 몽골을 물리치기 위한 것이었다.[53]

사천왕도량은 제석의 권속인 사천왕을 신앙하는 도량이다. 사천왕은 수미산 중턱 사방에서 제석이 거주하고 있는 수미산 정상의 선견성을 외호하고 있는 호법신이다. 사람들은 사천왕이 선견성을 사방에서 외호하듯 국토를 사방에서 수호하여 줄 것을 기원하였다. 이 도량에 대하여 두 차례의 설행기록이 전하고 있는데 모두 외적 격퇴를 목적으로 하였다. 예종 3년(1108) 7월에 사신을 동계로 보내어 그곳의 비사문사에서 사천왕도량을 열었는데 여진의 격퇴를 기원하기 위한 것이었고,[54] 고종 4년(1217) 12월에 열린 사천왕도량은 거란을 물리치기 위한 것이었다.[55]

---

51) 『高麗史』 권40 世家40 恭愍王 12년 3월 庚申.

52) 『高麗史』 권10 世家10 睿宗 3년 5월 辛亥; 8월 戊子.

53) 『高麗史』 권24 世家24 高宗 41년 6월 戊午.

54) 『高麗史』 권12 世家12 睿宗 3년 7월 丙子.

55) 『高麗史』 권22 世家22 高宗 4년 12월 庚申.

공작명왕도량은 밀교계 도량으로 예종 5년(1110) 4월 개설되었다.[56] 『공작왕주경孔雀王呪經』과 그 다라니를 독송하며 모든 질병과 공포로부터 벗어나 장수하기를 기원하는 의식으로 기우에도 효험이 컸다고 한다. 『공작왕주경』은 독사를 먹는 공작을 신격화한 공작명왕의 영험함을 이야기하면서 대공작왕주문을 외우면 일체의 병과 공포가 없어지고 장수할 수 있다고 설하고 있다. 명왕은 밀교에서 부처님의 화현으로 나타나 교화하기 어려운 중생을 항복시켜 구제하는 역할을 맡고 있는 그룹으로 대부분 분노한 모습으로 표현된다. 명왕들의 주문, 즉 다라니는 효험이 크다고 한다.

우란분재는 천도의례로서 예종 원년(1106)부터 공민왕 5년(1356)까지 모두 7회 개설되었다. 우란분재는 『목련경』과 『우란분경』에 의거하여 아귀도에서 고통을 받고 있는 망자를 공양을 통하여 구제하는 의례인데 백중날인 7월 15일에 개최되었다.

인종 대(1122~1146)는 흔히 귀족사회 내부의 갈등이 심화되어 고려 전기의 안정된 제반 질서들이 무너지고 여진으로부터의 압력이 가중되어 대외적으로도 불안감이 고조되던 시기로 인식되고 있다. 그리고 그러한 상황은 이자겸의 난과 묘청의 난을 야기하였다. 따라서 이 두 사건과 의종 대의 무신정변을 중심으로 고려사회를 전기와 후기로 나누는 것이 일반적인 시각이다.[57] 그러면 고려시기의 분수령이 되는 인종 대와 의종 대의 불교의례 양상은 어떠했을까?

인종 대 불교행사는 재위 24년 동안 88회가 설행되어 연평균 약 3회 정도로 숙종 대와 예종 대보다는 다소 줄어들었다. 인왕백고좌도량이 15회, 금광명경도량이 4회 개최되었고, 밀교 관련 의례는 처음 개설된 무능승도량과 아탁파구신도량과 아울러 소재도량이 8회, 불정도량이 7회 등 모두 22회의 도량이 베풀어졌다. 그런데 인종 대 호국적인 인왕백고좌도량을 자

---

56) 『高麗史』 권13 世家13 睿宗 5년 4월 乙酉.
57) 오영선, 1993, 「인종대 정치세력의 변동과 정책의 성격」 『역사와 현실』 9.

주 연 것은 당시 불안한 왕실의 입장을 반영한 것이며, 거의 해마다 보살계도량을 열어 재위 24년 동안 16차례나 보살계를 받은 것도 불력에 의지하려는 인종의 불안한 심리를 보여주는 것이라 하겠다.

인종 8년(1130) 묘청의 건의에 의해 처음으로 열린 무능승도량은 『무능승대명다라니경』을 독송하며 악법과 마군들을 무너뜨리고 전쟁에서 승리할 것을 기원하는 것을 목적으로 한다. 무능승명왕은 팔대명왕 가운데 하나로 '무능승'은 그 위덕이 커서 능히 이길 자가 없다는 것을 이르는 말이다. 신종 6년(1203) 6월에는 압병무능승도량이란 이름으로 개최되었고, 고종 4년(1217)에 세 차례, 14년(1227)에 두 차례 설행되었다. 아탁파구신도량[58] 역시 묘청의 건의로 인종 8년(1130) 9월에 개최되었다. 이때 반야도량도 함께 열렸다.

의종은 순조롭게 왕위를 계승하지 못하고 동생과 경쟁해야 했고, 즉위 원년(1147)과 이듬해 각각 서경과 개경에서 모반 사건이 일어나 즉위 초부터 왕권을 위협하였다. 이러한 불안정한 정국으로 인하여 의종은 환관을 포함한 측근세력을 적극 육성하고 태조의 유훈을 강조하였다. 따라서 도참사상과 불교를 적극적으로 후원하여 왕의 위상을 높이려 하였고, 상서를 통한 상징조작으로 왕의 초월적인 신성성을 강조하여 성인이나 '태평호문지주'로 칭해질 정도였다.[59]

특히 11년(1157) 무렵부터는 연기와 기복을 위해 이궁을 많이 건설하고 종교행사를 자주 열어 여러 절로 끊임없이 행차하면서 불사를 벌이고 시회를 벌이는 일이 빈번하였다.[60] 이 같은 경향은 외견상으로는 문종 대와 유

---

58) 아탁파구신은 얼굴이 넷이며 팔이 여덟 개인 천신으로 항상 칼을 들고 수레를 타고 다니며 국토를 수호하고 중생을 옹호한다.

59) 채웅석, 1993, 「의종대 정국의 추이와 정치운영」『역사와 현실』 9, 115쪽.

60) 의종이 불공과 기도를 일삼았기 때문에 승려가 궁궐에 차고 넘쳤는데 위로는 왕의 은총만 믿고 아래로는 환관들과 결탁하여 백성들의 재물을 탈취하여 절을 세우고 탑을 쌓아서 폐해가 날이 갈수록 극심하였다는 기록은 그 당시의 모습을 극명히 전해주고 있다(『高麗史』 권18 世家18 毅宗 12년 2월).

사하나 문종 대는 현실적인 자신감이 뒷받침된 것이고 의종 대는 현실과는 유리된 채 관념으로만 태평성대를 내세우는 현실도피적인 것이었다.

의종 대는 재위 24년 동안 모두 106회의 불교행사가 개최되었다. 전대의 행사들이 망라되어 활발히 열렸으나 새롭게 개설된 의례는 없었으며, 의례의 엄숙성보다는 호화스러운 연회의 성격이 짙어 해이해져 가는 사회기강을 반영하고 있다.

내용을 구체적으로 살펴보면 연등회와 팔관회 및 반승에 대한 기록이 빈번하다. 연등회의 기록은 21회로 거의 해마다 나타나고 있으며, 팔관회는 18회, 반승은 21회의 설행기록을 보이고 있다. 그리고 대승경전 관련 신앙행사로 반야도량 2회, 화엄법회 2회, 나한재 5회 등이 개설되있고, 인왕백고좌도량이 7회, 금광명경도량은 1회 개설되었다. 밀교행사로는 소재도량 7회, 제석도량 3회 등이 개설되었다.

의종 24년(1170)에 발생한 무신정변은 무인집권기라는 새로운 시대를 열었지만 왕씨 왕실을 정점으로 한 기존 정치체제는 그대로 유지되었기 때문에 명종 대에도 불교의례는 전 시기에 비하여 큰 차이가 없었다. 명종은 재위 27년(1171~1197) 동안 20종 113회의 불교행사를 개최하였다. 그 가운데 명종 13년(1183) 4월 무신정변 때 죽은 이들을 천도할 목적으로 홍원사에서 성대히 개최된 화엄법회가 주목되며, 밀교계 도량인 존승도량과 승법문도량이 처음으로 개설되었다.

그러나 최충헌의 집권 후부터는 약화된 왕권을 반영이나 하듯 불교의례의 횟수가 감소하기 시작하고 반승같이 비용이 많이 드는 행사는 열지 않게 되었다. 반면에 최씨정권이 주도하는 담선법회 등이 활발히 열게 되었다.[61] 신종 대는 재위 7년(1198~1204) 동안 10종의 불교행사가 17회 설행되었을 뿐이고, 희종 대는 재위 7년(1205~1211) 동안 8종의 불교행사가 16회, 강종 대는 2년 동안 5종의 불교행사가 7회 개설되었다.

---

61) 김광식, 1995, 앞의 논문.

고종 대에 접어들면서 거란과 몽골의 위협으로 전쟁에 대한 불안감이 고조되기 시작하여 이러한 국가적 위기상황에 대한 종교적 대응으로 또다시 기양적 불교의례가 활발해졌다. 고종이 즉위한 1213년부터 강화로 천도한 1232년까지 19년 동안 18종의 불교행사가 72차례 설행되었다.

강화도로 천도한 이후에는 특히 호국적이고 소재기복적 의례가 중심이 되어 전체 165회의 불교행사 가운데 인왕도량, 소재도량, 신중도량 등이 95회를 차지하고 있다. 특히 몽골의 5차 침입을 전후로 하여 6차 침입 때까지인 고종 36년(1249)부터 43년(1256) 사이는 신중도량과 인왕도량이 한해에도 몇 차례씩 개최되고 있어 절박한 상황을 짐작하게 한다.

신중도량은 화엄신중도량, 천병신중도량, 화엄천병신중도량 등을 총칭하는 것으로 고려 전 시기를 통해 39회의 개최기록이 전하고 있다. 그 중 35회가 강화도읍기에 집중되어 있는데, 이것은 전란시기에 불교의 호법신중들이 국토를 수호해주기를 간절히 바라는 마음에서 신중신앙이 성행하였던 결과라 하겠다.

신중도량 외에 강화 천도 시기에 집중적으로 개설된 불교행사로는 공덕천도량이 있었다. 공덕천도량은 공덕천을 본존으로 모시고 복덕을 비는 의식으로 『금광명경』의 공덕천품에 교리적 근거를 둔다. 공덕천은 길상천, 보장천녀 등 여러 가지로 불리며 공덕천을 공양하고 염송하면 많은 복을 내려준다고 한다. 이 도량은 13회 개최된 기록이 전하고 있는데, 고종 22년(1235)에 처음 열린 후 원종 6년(1265)까지 집중적으로 개설되었다.

원 간섭기에 들어서면서 전반적으로 불교행사의 설행 횟수와 규모는 줄어들게 되었다. 대승경전 신앙행사나 인왕도량과 같은 호국법회는 거의 설행되지 않았으며 밀교행사도 전반적으로 축소되었다. 그 대신 전경과 사경 등의 공덕불사와 원 황제를 위한 축수재가 유행하였으며, 용화회와 수륙회가 개최되었다. 용화회는 미래불인 미륵불을 신앙하는 법회로 미륵하생신앙에 의한 용화삼회의 설법장소를 상징하고 있다. 일찍이 삼국시기부터 우리나라에서는 미륵신앙이 성행하여 미륵불상이 많이 조성되었고, 고려에서는 민간 신앙화하는 양상까지 보이고 있다. 국가가 중심이 되어 용화회를 베푼 것은 기록상으로는 충렬왕 대 두 차례인데, 충렬왕 27년(1301) 9월과 이듬해 2월에 왕이 직접 광명사에 행차하여 설행하였다.

수륙회는 수륙재라고도 하며 물과 땅에서 헤매고 있는 외로운 영혼과 아귀를 위로하기 위하여 불법을 강설하고 음식도 공양하는 의식을 말한다. 광종이 때때로 귀법사에서 무차수륙회를 열어 죄업을 소멸시키고자 하였다는 사실로 미루어 고려 초부터 열렸던 것을 알 수 있다. 충목왕 4년(1348) 11월에 설행된 수륙회는 왕의 몸이 편치 않아 이를 낫게 하기 위해 열렸다고 한다.

공민왕 대는 23년간의 재위기간 중 이전보다 다소 증가한 모두 70회의 불교의례가 설행되었다. 그 가운데 문수회는 신돈이 집권한 후 그에 의해 처음으로 시작된 의례이다. 문수보살은 석가불의 협시불로서 왼편에서 지혜를 상징하며 오른손에 든 칼과 왼손에 든 청련화는 위엄과 용맹함을 나타낸다. 공민왕은 14년(1365) 2월 노국공주가 난산으로 죽은 후 4월에 신돈을 사부로 등용하여 국정을 맡기기 시작했는데, 그는 공민왕에게 문수회를 열면 임금과 신하들과의 관계가 좋아지고, 반드시 태자를 낳을 것이라고 권하였다.

그의 말에 따라 7월 왕이 직접 궁중에서 문수회를 개설한 이래 이듬해에도 다시 열렸고,[62] 16년(1367)부터 20년(1371)까지는 매년 3월 또는 4월에 연복사에서 개최되었다. 16년(1367) 연복사에서 7일간 개최된 문수회는 불전 중앙에 수미산 모양의 장식대를 아름답게 세우고 300명의 선발된 승려들이 이를 돌며 의례를 집전하였는데 범패 소리가 천지를 진동하고 의례 관련 사무를 맡은 사람이 무려 8천 명에 이를 정도로 대단한 규모였다. 왕과 신돈이 문무백관을 거느리고 참가하였는데, 신돈이 왕에게 선남자와 선여인들이 임금님을 따라 문수보살과 좋은 인연을 맺기 원한다고 하면서 모든

62) 『高麗史』 권41 世家41 恭愍王 14년 7월 辛巳; 『高麗史』 권41 世家41 恭愍王 15년 3월 庚子.

부녀자들이 법문을 들을 수 있게 불전으로 올라올 수 있도록 허락해 줄 것을 청하였다고 한다. 이로 인해 모든 남녀들이 절로 몰려들었고 사람들은 기뻐하며 신돈을 문수보살의 후신이라 칭송하였다 한다.[63)]

신돈이 실각하고 죽음을 당한 후에도 문수회를 통해 확산된 문수신앙은 여전히 민간에서 성행하였다. 우왕 2년(1376) 4월에는 나옹국사가 양주 회암사에서 문수회를 열었는데, 조야의 남녀들이 구름처럼 몰려들어 헌부와 도당이 이를 금지시켰으나 소용이 없자 급기야 나옹을 지방으로 보내기까지 하였을 정도였다.[64)] 우왕 3년(1377)에는 왜구 격퇴를 기원하는 문수회가 해주 수미사에서 열리기도 하였다.

이상으로 고려에서는 각종의 불교의례가 성행했던 것을 알 수 있다. 『고려사』와 『고려사절요』에서 전하는 의례 외에도 실제로는 훨씬 다양한 불교의례가 더 빈번하게 개최되었을 것이다. 국가불교의 성격으로부터 기인하여 고려시기 불교의례는 고려의 정국과 밀접한 상관관계를 가지고 전개되었다. 말기로 갈수록 고려의 국권이 쇠퇴하면서 의례의 종류는 줄어들고 규모는 축소되었다. 더욱이 공민왕 대부터 대두하기 시작한 사대부 계층의 배불운동은 불교의례를 더욱 위축시켰다. 사대부들은 이전의 유학자들과는 달리 수신과 의례까지도 철저히 성리학에 입각하여 준행할 것을 주장하였다. 이들이 주역이 되어 건국한 조선에서는 억불정책이 문화정책의 기조를 이루면서 불교의례와 이와 관련되어 융성하였던 불교문화 역시 쇠퇴하여 갔다.

---

63) 『高麗史節要』 권28 恭愍王 16년 3월.

64) 『高麗史節要』 권30 辛禑 2년 4월.

2. 고려 국가불교와 문화

우리 민족사에서 실질적인 최초의 통일왕조는 고려라고 할 수 있다. 고려의 통일은 단순히 정치적 통합만으로 완성된 것은 아니었다. 후삼국 전쟁 과정에서 나타났던 지역 간의 분열상을 치유하고 사회통합을 위한 새로운 문화의식을 창출함으로써 문화적 통일이 뒷받침되었기 때문에 고려는 통일왕조로서 장기적인 지속이 가능하였다.

7세기 말 신라의 삼국통일은 민족통합국가의 출발을 이루었다는 점에서 정치적 의의는 있었으나 백제와 고구려의 다양한 인적 자원과 문화를 흡수하여 새로운 민족통합의 모델을 창출하는 데 실패하였고, 이는 다시 후삼국 분열의 원인으로 작용하였다.

지방 호족세력 가운데 하나로 출발하여 후삼국의 왕으로까지 성장한 태조 왕건은 국가체제를 정비하고 분열된 민심을 수습하는 일이 급선무였다. 따라서 태조는 국가체제의 정비 일환으로 『정계政誡』와 『계백료서誡百寮書』를 지어 조야에 반포하고 때로는 조서도 내리면서 유교정치 사상에 입각한 국가의 건설방향을 제시하고 관리들의 도리를 강조하였다. 그리고 민심을 얻기 위해 조세 감면 조치를 취하고 다른 호족들에게 저자세 외교로 친화의 뜻을 표하고 귀부하는 자들을 특별 대우하여 포섭하였다. 후삼국을 통일하기 위해서는 군사력도 중요하지만 민심을 획득하는 일이 중요하였기 때문이다.

그런데 당시 지역에 관계없이 민심과 밀착되어 있던 것은 불교였다. 태조는 이러한 불교를 문화적인 공통분모로 이용하여 지역적 · 계층적 분열을 극복하고 공동체 결속을 강화하는 문화정책을 구상하였다. 나아가 그 속에 역사적 계승성을 접목시켜 고려 고유의 문화적 자존의식을 뿌리내리게 하였다. 이런 점에서 고려 태조는 탁월한 통치자였다.

건국 초 유신이었던 최응은 태조에게 "난세일수록 유교적 문덕을 닦아 인심을 안정시켜야만 한다. 음양술이나 불교에 의해 천하가 얻어지는 것이 아니다."라고 간언한 바 있었다.

> 그 말을 난들 왜 모르겠는가. 그러나 우리나라의 산천은 신령스럽고 기이하며 편벽된 지역에 있으므로 백성들 성품이 부처나 신을 좋아함으로써 복리를 구하려 한다. 지금 전쟁이 그치지 않아 안위를 결정짓지 못해 아침저녁으로 두려워하면서 어찌할 바를 모른다. 그리하여 부처와 신의 은밀한 도움과 산천의 영험에 혹 잠시 안정시키는 효과가 있을까 생각할 뿐이지 어찌 그것으로 나라를 다스리고 백성을 얻는 큰 법을 삼겠는가. 전란이 평정되어 안정되기를 기다려서 풍속을 바꾸고 교화를 아름답게 할 수 있을 것이다.[65]

윗글은 최응의 간언에 대한 태조의 답변이다. 이를 통해 당시 백성들은 현세복리를 위해 불교나 산천신을 신앙하고 있었던 것을 알 수 있다. 태조는 이러한 신앙이 생업을 안정시키고 특히 전시 상황에서 백성들이 심리적으로 의지할 수 있는 대상이라는 점을 분명하게 인식하였다. 따라서 태조의 답변 이면에는 이와 같은 백성들의 신앙을 무시하는 한 결코 지지를 얻을 수 없을 것이라는 현실인식이 깔려 있다.

나아가 불교나 토속신앙에 대한 중시가 어디까지나 '이국득민理國得民'을 위한 임시방편인 것처럼 말하고 있지만, 태조 자신의 불교나 산천신에 대한 생각도 일반민들과 결코 다르지 않았다. 태조 23년(940) 12월 개태사[66]의 낙성을 경축하면서 개최되었던 화엄법회 때 태조가 직접 찬술한 소문[67]이

---

65) 崔滋, 『補閑集』 卷上, "斯言朕豈不知之 然我國山水靈奇 介在荒僻 土性好佛神 欲資福利 方今兵革未息 安危未決 旦夕惶懼 不知所措 唯思佛神 陰助山水靈應 儻有效於姑息耳 豈以此爲理國得民之大經也 待定亂居安正 可以移風俗 美敎化也"

66) 천호산 개태사는 고려 태조가 936년 후백제 신검으로부터 항복을 받아 마침내 후삼국을 통일하자, 이를 기념하고자 당시 둔영을 설치하였던 연산에 세운 사찰이다. 즉 고려 태조의 후삼국통일기념 사찰인 셈이다.

바로 그 증거이다.

> 「신성왕친제개태사화엄법회소」
> 위로는 부처님의 힘을 믿고, 다음으로 하늘의 위세에 의지할 것입니다. … 거룩한 부처님의 붙들어 주심에 보답하고 산신령의 도움을 갚기 위하여 사국에, 특명을 내려 연궁을 짓게 하였습니다. 산 이름은 '천호' 라 하고 절 이름은 '개태' 라 하였습니다. 부처와 신령의 위엄이 우리를 비호하고, 하늘이 돌보아 주기를 간절히 원하옵나이다.[68]

윗글은 태조가 직접 지은 것이므로 단순한 수사적 표현에 그치지 않는 태조 자신의 견해라 할 수 있다. 여기에서 태조는 후백제와의 마지막 전투에서의 승리가 곧 불력과 산신에 힘입은 것임을 분명히 하였다. 따라서 그 보답으로 산신에게는 천호라는 이름을, 그리고 새로 창건한 사찰에는 개태라는 이름을 붙여준 것이다. 후삼국 전투에서의 승리는 산신의 가호와 불력의 도움에서 기인한 것이며, 이로 인해 이름 그대로 태평한 시대가 열렸다는 의미이다.

태조가 토속적인 산천신을 불교와 함께 언급한 것은 호국적인 측면에서 토속신앙과 불교를 상호동질적인 것으로 인식하고 있었음을 의미한다. 다시 말하면 태조는 불교를 다양한 토속신앙과 동질적으로 인식하여 자연스럽게 습합시키고 있었던 것이다. 이러한 사고방식은 태조뿐 아니라 당대 사람들의 보편적인 조류였을 것이다.

그렇지만 불교와 토속신앙이 완전히 동일시된 것은 아니었고 차별성은 엄연히 존재하였다. 태조는 「낙성화엄법회소」의 첫머리에서 신불들을 일일이 열거하며 귀의하였는데 그 가운데 불교의 신불과 토속신들을 분명히 구

---

67) 「神聖王親制開泰寺華嚴法會疏」는 최해가 찬술한 『東人之文四六』 권8 詞疏 下에 전문이 전해지고 있으며, 『補閑集』 卷上에도 일부분이 발췌되어 전하고 있다.

68) 崔滋, 『補閑集』 卷上, "上憑佛力 次杖玄威 … 答佛聖之維持 酬山靈之贊助 特命司局 刱造蓮宮 乃以天護爲山號 以開泰爲寺名云云 所願佛威庇護 天力扶持"

별하고 있다.

> 제자는 머리를 조아려, 허공이 다하고 법계를 두루하며 시방삼세에 걸쳐 있는 모든 부처님과 여러 보살과 나한의 성스런 무리와 범천왕 · 제석 · 사천왕과 해 · 달 · 별과 하늘 · 용 · 팔부신중, 그리고 악진해독 · 명산대천과 천지의 모든 신 등에게 귀의합니다.[69)]

여기에서 불교의 신불로 부처로부터 팔부신중까지를 지목하였는데 이들은 『화엄신중경』에 의거한 화엄신중이다.[70)] 팔부신중 뒤에 '그리고', 즉 '급及' 이라는 문자를 넣고 나서 부기한 악진해독 · 명산대천과 천지의 모든 신들은 고려사회의 토속신들이다. 이 같은 사실은 고려 왕실이 화엄신중에 토속신들을 합쳐서 신앙의 대상으로 삼고 있었음을 의미한다. 다시 말하여 불교의 신불들과 토속신들은 좁은 의미에서는 구별되어 병존관계를 이루지만, 일상적으로는 불교 속에 토속신들이 포섭되어 신앙되는 형태를 취하고 있었다.

태조는 누구보다도 국가 통치에 있어 유학의 필요성을 잘 알고 있었지만, 당면 과제였던 '효과적인 후삼국민의 결속' 을 달성하기 위하여 문화정책의 기저로서 불교와 토속신앙을 취하였다. 이러한 태조의 구상은 '연등회와 팔관회의 개설' 이라는 구체적인 정책으로 실천되었다. 다음이 바로 「훈요십조」 제6조의 내용이다.

> 나의 지극한 관심은 연등과 팔관에 있다. 연등이란 부처를 섬기는 것이요, 팔관은 천령과 오악 · 명산 · 대천 · 용신을 섬기는 것이다. 함부로 증감하려는 후세 간신들의 건의를 절대 금지할 것이다. 나 또한 당초에 연등과 팔관을 국

---

69) 崔瀣, 「神聖王親制開泰寺華嚴法會疏」『東人之文四六』 권8 詞疏 下, "右弟子 稽首歸依 盡虛空徧法界 十方三世 一切諸佛 諸尊菩薩 羅漢聖衆 梵釋四王 日月星辰 天龍八部 及岳鎭海瀆 名山大川 天地一切靈祇等"(『高麗名賢集』 권5, 89쪽 下).

70) 남동신, 1993, 「나말여초 화엄종단의 대응과 '(화엄)신중경' 의 成立」『外大史學』 5, 172쪽.

가 기일을 범하지 않도록 하여 군신과 함께 즐기기로 맹세하였으니 마땅히 삼가하여 이대로 행할 것이다.[71]

이것은 연등회와 팔관회가 고려 건국 초부터 국가의례로 공식화되었다는 증거 자료로 흔히 인용되는 기록이다. 주지하다시피 '연등'과 '팔관'은 모두 불교용어이기 때문에 이들이 불교적 성격에 기반하고 있는 의례들임은 명백하다.

"연등이란 부처를 섬기는 것이요, 팔관은 천령과 오악 · 명산 · 대천 · 용신을 섬기는 것이다"라고 하여 연등은 불교적인 것, 팔관은 토속신앙적인 것으로 차별화하고 있지만, 앞에서 살펴보았듯이 토속신앙도 넓은 의미에서 불교에 포섭되고 있었기 때문에 연등회와 팔관회는 명백히 불교의례들이다. 그렇기 때문에 팔관회를 '부처님에게 공양을 올리고 신령님을 즐겁게 해드리는 모임 (供佛樂神之會)'으로 부르기도 했다.

팔관회는 『고려사』와 『고려사절요』에 태조 원년(918)부터 해마다 개최되었다고 명기되어 있고, 연등회 역시 태조 대부터 상례화되었다. 연등과 팔관의 개최시기는 전래의 토속 농경의례와 관련이 깊다. 우리나라는 고대부터 제천행사의 전통이 있었는데, 대개 한해 한 번 연말에 개최하거나 한해 두 번 농사를 시작하면서와 추수를 마치고 나서 개최하였다. 그런데 불교를 국교를 내세운 태조는 이러한 전통을 연등회와 팔관회로 발전시켰다. 그리고 「훈요십조」에서 이를 계승하도록 못박아 후대 왕들에게 이 의례들이 왕실의 안정과 민심의 수습을 위한 방안임을 확고히 하였다.

이후 역대 왕들은 「훈요십조」를 '태조신앙'이라고까지 표현할 수 있을 만큼 정책 결정에 중요하게 여겼기 때문에 연등회와 팔관회는 건국부터 멸망할 때까지 고려와 함께 한 고려문화의 상징이 되었다. 이 같은 고려 불교

---

71) 『高麗史』권2 世家2 太祖 26년 4월, "朕所至願 在於燃燈八關 燃燈所以事佛 八關所以事天靈及五嶽名山大川龍神也 後世姦臣建白加減者 切宜禁止 吾亦當初 誓心會日 不犯國忌 君臣同樂 宜當敬依行之"

의 국가불교적 성격은 국가의례 구조에 직접적인 영향을 끼쳤다. 연등회와 팔관회, 제석도량은 대표적인 국가의례로서 국가의례 구조 속에서도 높은 위상을 차지하였다.

성종 대 급진적인 유교의례의 도입으로 불교의례인 연등과 팔관이 일시적으로 정지된 적도 있었으나 다시금 현종 대 부활되어 불교의례와 유교의례로 구성된 이원적인 국가의례의 기본틀이 마련되었다. 예종 8년(1113)에는 송의 선진문물을 수용하여 예의상정소를 설치하고 본격적으로 예제의 정비를 시작하였으며,[72] 예종 11년(1116)에는 신교를 반포하고 전해지는 법식(조종식례)에 의거하여 각종 예제들의 정비를 완료하여[73] 고려 국가의례의 구조가 확립되었다. 이를 바탕으로 의종 대[74] 최윤의가 50권의 『상정고금예문』을 편찬하였는데, 이는 현종 대 이후 체계적으로 정비되어간 국가의례의 기본틀이 성문화되었음을 의미한다.

『고려사』 예지의 편찬자는 서두에서 예지 기사들이 역사상의 기록들과 『상정고금예문』을 기본으로 하고 기타 문헌들을 참조하여 편찬되었다고 밝히고 있다. 『상정고금예문』은 유교적 예제의 정리라는 제도적 의의도 있었지만,[75] 나아가 고려 국가의례의 종합 정리라는 면에서 더 큰 의의를 찾을 수 있다.

『고려사』 찬수고려사범례는 환구 · 적전 · 연등 · 팔관 등과 같이 상례로 있는 일은 처음 있었을 때만 기록하여 그 실례를 보이는 정도에 그치겠지만 왕이 직접 행할 경우에는 빠짐없이 기록한다고 되어 있다. 여기에서 환구와 적전은 유교의례이고, 연등과 팔관은 비유교적인 의례, 즉 불교의례로서 이

72) 『高麗史節要』 권8 睿宗 8년 8월.

73) 『高麗史』 권14 世家14 睿宗 11년 4월 庚申.

74) 이규보는 「新序詳定禮文跋尾」에서 『古今詳定禮』가 인종 때 만들어졌다고 쓰고 있다(『東國李相國集』 後集 권11 「新序詳定禮文跋尾 代晉陽公行」).

75) 이범직, 1991, 『한국중세예사상연구』, 일조각, 47쪽; 김당택, 1992, 「『상정고금예문』의 편찬 시기와 그 의도」 『호남문화연구』 21; 김해영, 1994, 「『상정고금례』와 고려조의 사전」 『國史館論叢』 55.

원적 고려 의례체제의 구성을 상징하고 있다.

이처럼 이원적으로 국가의례의 기본틀을 구성하고 있던 유교의례와 불교의례는 별개의 사전 체제로 운영되었던 것이 특징이었다. 현종 16년(1025) 5월 해양도 정안현에서 두 번이나 산호수를 진상하였으므로 남해신을 승격시켜 '사전'에 올렸다는 기사가 『고려사』 예지 잡사조에 전하고 있는데,[76] 이를 통해 전국의 산천신들을 편제한 별도의 사전이 있었던 것을 알 수 있다. 다시 말하여 고려에서는 의례체제를 불교의례 — 토속적인 신앙까지 포괄하고 있는 — 와 유교의례로 구분하고 별도의 사전에 의해 이를 운영하였던 것으로 유추된다.

그런데 연등회와 팔관회는 『고려사』 예지에서 오례의 구성체계인 길·흉·군·빈·가례 가운데 가례에 편제되어 있고, 가례에서 '잡의'로 분류되어 맨 마지막에 부록처럼 수록되어 있다. 이러한 연등회와 팔관회의 자리매김은 조선의 사대부들이 고려사를 편찬할 때 가졌던 고려문화에 대한 부정적인 인식을 단적으로 보여주고 있다.

실제로 연등회와 팔관회는 사회적으로 영향력이 막대하였고 고려문화를 상징하는 대표적 국가의례였다. 오히려 그렇기 때문에 그들은 고려문화의 청산이라는 차원에서 이것들을 더욱 절대적으로 부정해야만 했을 것이다. 하지만 역사적으로 도저히 이들을 부정할 수 없었기 때문에 사서의 오례 편찬 형식으로는 어디에서도 찾아볼 수 없는 '가례잡의'라는 항목을 설정하여 연등회와 팔관회를 편제하는 고육책을 썼던 것이다.

이와 관련하여, 『고려사』 여복지 관복조를 보면 위의 사실이 더 확실시된다. 왕의 관복은 제복과 시조지복으로 나누어진다. 제복은 원구·사직·태묘·선농단에서 제사지낼 때 입는데 곤룡포를 입고 구류면을 쓴다. 시조지복은 조회를 받을 때 입는데 정월 초하루·동지·절일의 조하, 대관전 대연회, 의봉문 대사, 봉은사 조진배알, 팔관회, 연등대회, 원구제사를 위한

76) 『高麗史』 권63 志17 禮5 吉禮 雜祀 顯宗 16년 5월.

출궁, 왕태자 결혼식, 왕비와 왕태자의 책봉식에는 자황포를 입고, 연등소회 때는 치황포를 입는다.[77] 여로조에서는 교묘 제사 때는 상로를, 상원연등회과 팔관회, 의봉루 대사 때는 초요련을 탄다고 규정되어 있다.

또한, 의위조는 의식을 장엄하게 보이기 위해 호위대를 정렬시키는 방법을 규정한 것인데, 조회의장, 법가위장, 연등위장, 팔관위장, 서 · 남경순행위장, 봉영위장, 선사위장으로 분류되어 있으며, 행차시 호종하는 위장대를 규정하고 있는 로부조는 법가로부, 연등로부, 팔관로부, 순행봉영로부, 선사로부, 소가로부, 왕태자로부, 백관의종, 외관의종으로 분류되어 있다.

위의 규정들은 모두 의종 때 상정된 것으로 『상정고금예문』에 수록된 내용일 것이다. 이로 미루어 의종 대에 집대성된 고려의 국가의례는 원구 · 사직 · 태묘 · 선농단 제사와 정월 초하루 · 동지 · 절일 조하, 대관전 대연회, 의봉문 대사, 봉은사 조진배알, 팔관회, 연등회가 중심을 이루는 의례구조였다. 따라서 연등회와 팔관회는 결코 '잡의'가 아니라, 설행 절차뿐만 아니라 관복과 여로, 의위, 로부까지도 상세히 규정한 국가의 중심의례였다.

이러한 기준은 고려 후기 충렬왕 대까지도 유지되었다. 충렬왕 4년(1278) 3월 원의 금주령을 우리나라에도 적용하여 왕명으로 술을 금지하는 금령을 선포하였는데, 절일과 사신영접의 궁중연회, 연등회와 팔관회, 국행초제는 제외되었다.[78] 그러나 원 간섭기 점점 자주성을 상실하면서 기능면에서 국가적인 통합을 추구하였던 연등회와 팔관회의 위상은 크게 위축되어 갔다.

우선적으로 연등회는 국가의례적인 의미가 점점 퇴색되면서 단순히 화려한 등불을 보고 즐기는 호사스런 잔치 정도로만 여겨지게 되었고, 도리어 민간에서는 상원연등회보다 불탄일의 연등행사를 연등공덕을 위한 불교행사로 더 중시되게 되었다. 이러한 분위기 속에서 상원연등회는 국가의례로서 명맥은 유지되었으나 본래의 의미를 상실하고 행사 경비의 부담을 이유

77) 『高麗史』 권72 志26 輿服.

78) 『高麗史』 권85 志39 刑法2 禁令.

로 때때로 중지되기도 하면서 축소되었다가 조선 건국 후 폐지되었다. 이후 연등회는 의례의 상징이었던 연등행사는 사월 초파일 불탄일의 연등으로 이어졌고, 2월 15일 상원 행사일자는 2월 15일 수륙재라는 불교의례와 입춘절 행사라는 유교의례에 계승되었다.

팔관회의 위상도 무인집권기 이후 왕권이 약화되면서 하락하기 시작하여 원 간섭기에 이르러 크게 위축되어 의례의 정치적 성격은 약화되고 점차 절기행사로 유락화되어 갔다. 결국 조선 건국 후 연등회와 더불어 폐지되었는데 포섭하고 있던 토속적 산천신들에 대한 민간에서의 제사가 유신들에 의해 음사로 간주되어 타파의 대상이 되면서, 팔관회는 재지적 민간행사로 존재할 수 있는 기반을 잃고 단지 재가신자의 수행방법인 팔관재계라는 형태로 사찰 속에서만 존재하게 되었다. 불교행사에서 시작하여 가장 큰 국가적 문화행사가 되었던 팔관회가 다시 불교의 지계행사로 회귀하기에 이른 것이다.

제석도량은 별도의 공식의례집도 남아 있지 않아 구체적인 의례절차는 알 수 없지만 대략적인 면모는 문집을 통해 전해지는 자료들을 통해 파악할 수 있다. 제석도량은 제석신앙이 신라 진평왕 대 고대적 천신 관념과 연결되어 왕권신성화를 위해 수용되었던 것처럼 왕권강화책과 관련되어 개설된 이래 국왕의 즉위의례에 뒤따르는 불교의례로서 즉위 후 행하는 의봉문대사에 준하는 높은 위상을 차지하고 있었다. 그러나 제석도량은 고려 후기 정치적 변화와 함께 왕권이 약화되면서 점차 위축되었으며 원 간섭기에 들어서 다른 불교행사와는 달리 왕실에서는 완전히 자취를 감추었다.

그러나 왕실로부터 민간으로 확산된 제석신앙은 오히려 후기로 갈수록 기복신앙으로서 민간에서 널리 유행하였다. 즉, 제석신앙은 고려 전기에는 왕실에 의해 적극적으로 수용되어 불교의례면에서 위상이 높았으나 후기에는 민간신앙으로 유행되면서 무속화되었다. 조선시기에 들어서면 제석은 불교에서는 부처를 호위하는 호법신중으로만 불화에 남아 있거나, 불교로부터 완전히 벗어나 무당 굿거리의 한부분인 제석거리로 무속화되어 현재까지 전해지고 있다.

이처럼 연등회와 팔관회, 제석도량은 일부 계층의 특정한 목적에 한정되지 않고 전 계층에서 설행된 불교의례로서 고려사회 구성원 전체가 참여하고 있어 고려문화의 제 양상을 반영하고 있었으며 공동체 결속을 강화하는 사회통합의 역할까지도 하였다. 이런 점에서 다른 불교의례들과는 뚜렷하게 차별성을 지니며 고려 불교의 국가불교적 성격을 대표하는 의례들이었다.

그러면 마지막으로 연등회와 팔관회, 제석도량의 의례내용과 사회적 성격을 개관하면서 고려 국가불교의 성격을 구체적으로 확인하여 보도록 하자. 우선 연등회부터 살펴보면 연등회는 인도에서 시작된 불교의례로서 부처님 앞에 불을 밝혀 공덕을 쌓는 연등공양으로부터 기인하였으며 그 전거는 『불설시등공덕경』이다.

연등은 대승불교 운동으로 불탑신앙이 유행하고 불교의례가 중요시되면서 의례의 법식으로 확고히 자리잡게 되었고, 석가탄신일 행사인 행상공양이 점차 규모가 확대되고 기간이 늘어남에 따라 야간행사의 비중이 커지면서 연등은 실용적인 기능이 부가되어 그 중요성이 더욱 부각되었다. 그런데 야간행사에는 기악과 가무 같은 오락예능이 흔히 수반되므로 야간의 연등행사는 오락적 성격을 띠는 축제 형식으로 변모하였다. 이러한 연등행사가 불교의 전래와 더불어 중국으로 전파되었다.

중국에는 이미 재래의 민속으로서 연등풍속이 존재하고 있었다. 이러한 전통으로 인하여 중국인들에게 불교의 연등공덕 신앙이 쉽게 수용될 수 있었다. 그러나 인도에서는 불탄일에 연등행사가 성행하였는데 중국에서는 정월 보름인 상원에 성행하였다. 상원은 도교 행사일인 삼원 가운데 하나이다. 중국의 도교 교단은 불교의 성행에 자극받아 고대부터 내려오던 1월과 7월 농경제례의 풍속을 계승하여 삼원이라는 범 교단적 행사일을 정립하였다. 그런데 1월 농경제례에서의 중요한 의례도구가 연등이었다.

이것이 연결고리가 되어 도교적인 상원행사에 불교적인 외피가 덧씌워져 불교행사인 상원연등회가 남북조시기 성립되었다. 상원연등회는 당대에 이르러 국가적으로 정례화되었고, 송대에는 국왕부터 일반민들까지 모두 참여하는 축제적 성격이 심화되어 민간의 절기 풍속으로 자리를 잡았다. 상원연등회 기간 동안에는 상원을 전후하여 사흘간 성안 전체에 등불들이 밝혀지고 야간통행금지가 해제되어 성문이 개방되었으며 기악과 가무가 공연되고 시장이 열려 인파가 몰려들었다.

우리나라에서는 고려 태조에 의해 신라시기부터 민간에서 열리고 있었던 상원연등회가 국가적 차원에서 법제화되었다. 연등회는 성종 대 중지되었다가 현종 대 부활되면서 개설일자가 중국 상원인 정월 보름에서 2월 15일로 변경되었다. 그 이유는 중국과 우리는 한 달여 정도의 계절적 편차가 있으므로 정월 보름보다는 2월 보름이 우리 절기상 봄철 농사를 시작하는 기곡제에 적합했기 때문이다. 따라서 고려의 상원은 2월 15일이 되었다. 즉, 고려는 중국의 상원연등회를 풍토에 맞게 변용하여 고려적인 연등회로 설행하였던 것이다. 그후 연등회는 의종 대 인종의 기월을 피하여 정월로 변경되었다가 희종 대에 다시 2월 15일로 회복되었다.

연등회 행사는 2월 14일인 소회일, 15일인 대회일 이틀간에 걸쳐 설행되었다. 「상원연등회의」에 따르면 소회일 행사는 강안전에서 열렸던 편전의식과 봉은사조진배알 행사로 구성되었다. 편전의식에는 백희가 공연되었고, 이를 마친 후 국왕은 봉은사 진전으로 행차하여 태조 진영에 작헌하는 배알의식을 행하였다. 소회일 밤 개경은 물론 각 지방의 사찰에서는 관등행사와 오락행사가 열렸고 전국은 잔치 분위기였다. 이와 같이 백희 공연과 음악감상 등 다양한 프로그램으로 구성되었던 연등회는 고려인들로 하여금 문화공동체 의식을 고양시켜주는 축제였던 것이다.

대회일의 행사는 강안전 연회가 중심을 이룬다. 의식은 편전의식, 진설 및 좌정, 연회의 3부 순서로 진행되는데, 연회는 국왕에게 차·술·꽃을 올리면 이에 대한 답례로 왕이 차·술·꽃·봉약·과실을 연회에 참석한 모든 사람들에게 하사하는 절차가 반복되면서 주식이 베풀어지는 형식으로 구성되었다. 연등회의 연회는 군신간의 상하관계를 엄격히 하고 그에 따라 예물을 헌상하고 하사하는 의례절차의 정형화를 특징으로 한다. 군신간의 친목을 도모하면서도 왕의 정치적 권위를 과시하는 성격을 내포하고 있는 것이다. 등석이라고도 불리던 대회일 밤에는 보름달 아래서 등불을 감상하며 등석시부를 짓는 등석연이 베풀어지기도 하였다.

위와 같은 연등회의 의례절차는 경우에 따라 가감되기도 하였으며 연례적인 연등회 외에 특설연등회가 개설되기도 하였다. 특설연등회는 두 가지로 분류할 수 있는데, 첫째, 연례연등회에 특별행사를 결합시켜 연례연등회보다 큰 규모로 개최된 것이거나, 둘째, 연례연등회와는 별도로 개최된 것이다. 특설연등회는 문종 대에 집중되고 있는데 당시의 왕권신성화 정책과 관련된 것으로 여겨진다. 원 간섭기에 들면 원에 의한 의례절차에 대한 제약으로 의례를 행할 때 관복과 위장이 제후의 격으로 격하되었다. 이와 같이 연등회는 국왕을 중심으로 하는 위계질서를 구현하면서 엄격한 의례절차에 따라 설행되는 측면도 있었지만, 이는 연등회가 가지고 있는 사회적 성격의 부분적인 면모였다.

개경과 서경의 연등회는 중앙정부의 주도하에 관리들이 실행의 주체가 되어 조직적으로 준비되었다. 개경에서는 중앙의 관리들과 주변 다섯 주와 두 현의 지방기관이 분담하여서 준비하였고, 서경에서는 조위총의 난 이전에는 재상이, 이후는 3품관이 그 중심이 되어서 준비하였다. 양경에는 연등회에 관한 실무를 담당하기 위해 연등도감이라는 관청이 있었다.

연등회에 소요되었던 경비를 구체적으로 산출할 수 있는 자료는 전하지 않으나, 명종 때 서경의 경우 연등회와 팔관회, 재제, 객사 등을 위한 연간 경비로 4,321석 2두가 책정되고 있었다. 이 부분은 서경 관아에서 연간 집행되는 예산 가운데 가장 큰 액수를 차지하는 항목으로 이 가운데 연등회와 팔관회가 제일 먼저 거론되고 있는 것은 집행 예산 중 이들이 가장 큰 비중을 차지하고 있었기 때문일 것이다.

개경의 연등회는 규모면에서 훨씬 컸을 터이므로 소요 비용이 서경에 비해 월등히 많았을 것이다. 충선왕이 궁전 보수를 위하여 연등회를 중지시킨 사례는 연등회에 상당한 자금과 노동력이 동원되고 있었음을 추측케 한다. 그런데 팔관회의 경비 조달을 위해 '팔관보'가 운영되었던 것과는 달리 연등회를 위해서는 별도의 보가 존재하지 않았다. 이는 연등회가 관리들의 개인적인 희사와 사찰들의 경제적 기반으로 소요 경비가 충당되었던 때문으로 추측된다.

연등회는 양경뿐 아니라 향읍, 즉 일반 주현에서도 성황리에 개최되었다. 다만 양경의 연등회는 중앙정부의 국왕을 정점으로 하는 관료체제를 근간으로 하여 설행되고 있는 반면, 지방의 연등회는 지역 내 지배세력들이 중심이 되어 지역 내 유대를 강화하기 위한 행사로서 실시되었다. 지역 단위로 조직되었던 향도들이 실제적인 준비를 담당하였고 지방관들도 이에 참여하였는데, 연등회가 국가의 사회적 통합을 위한 행사라는 점에서 이는 당연한 것이라 할 수 있다.

이 같은 연등회에는 많은 사람들이 운집하였으므로 이 기회를 이용하여 자연스럽게 상거래가 이루어졌다. 중국의 경우도 연등회 기간 동안 사찰을 중심으로 교역이 활발하게 이루어졌다. 당시 아직 부정기적 시장이 유통의 중심이 되고 있었던 상황에서 많은 사람들이 모이는 연등회는 중요한 교역의 기회가 되었을 것이다.

불교에서 연등 공덕을 쌓는 행위는 본래 시기가 정해져 있는 것이 아니므로 고려의 연등회가 정월 혹은 2월에 이루어진 것은 불교적 의미에 재래의 제천신앙과 농경의례의 성격이 부가된 것임을 알 수 있다. 다양한 백희공연과 등불구경 관등이 중요한 행사였던 연등회는 단순히 공덕을 쌓는다는 불교행사 이상의 의미를 지닌 것으로 집단의 공동체적 일체감을 불러일으키는 축제의 성격은 연등회로 하여금 재래의 제천신앙과 농경축제를 계승한 역사적인 계기성도 가지게 하였다.

특히 양경에서의 연등회는 중앙정부가 중심이 되어 지배층의 통치력을 과시하면서 모든 계층의 사람들을 동원하여 도모되었는데, 거기에는 후삼국의 분열을 극복하고 새롭게 통일왕조를 수립한 고려의 사회통합을 위한 의도가 강하게 개재되어 있었다. 연등회에 배어 있는 태조 숭배사상은 이러한 상황을 반영하고 있는 것으로 고려 왕실은 구심점으로서 건국 시조인 태조를 내세워 사회통합을 추구하였던 것이다.

반면에 지방의 연등회는 지역공동체의 결속을 재확인하는 성격을 가지고 있었다. 성종 대 연등회 폐지는 이 같은 개별적인 지방의 공동체의식을 불식시키기 위한 조치는 아니었을까? 여하튼 거란의 침입을 받는 과정에서 지방사회의 공동체적 결속력이 국가적 규모로 통합되는 방향으로 재조정되었고 이후 연등회는 '국중대회'를 정점으로 한 일원적 체계의 형식을 분명히 하고 고려의 국가적 정체성을 확인하고 동질감을 고양하는 기능이 강화되었다. 지방의 연등회에서도 지연적 공동체의식과 아울러 국가적 공동체의식이 배양되기에 이르렀다.

이러한 연등회가 고려 후기에 이르면 변화하게 되어 상원연등회보다 4월 초파일의 연등회가 오히려 더 성대해지는 경향을 띠게 된다. 본래 불탄일 행사는 불교행사 가운데 중요한 것으로 사찰에서는 일정한 기념행사가 계속 있어 왔을 것이다. 그러다가 무인집권기 최고의 권력가인 최우가 4월 초파일 불탄일에 상원연등회와 같은 대규모의 연등행사를 개최한 이래 불탄일 연등행사의 비중이 점차 커져 무인집권기 말에는 국속으로 자리잡게 되었다.

팔관회 역시 연등회와 마찬가지로 인도로부터 기원하여 중국을 거쳐 고려로 전래되었는데 인도에서는 팔계재란 이름으로 개설되었던 불교의례였다. 팔계재는 불교의 재가신자들이 하루 동안 절에 가서 불교의 가장 기본적인 계율이라고 할 수 있는 팔계를 지킴으로써 선을 쌓고 복을 짓는 의례였다. 이는 인도 고유의 액막이 풍속이 불교에 유입되어 생겨난 것으로 순수한 불교행사라기보다는 인도 재래신앙이 불교와 융합되어져 나타난 현세구복적 성격이 짙은 의례라고 할 수 있다.

이러한 인도의 팔계재가 중국으로 전래된 후 팔관재로 명칭이 바뀌게 되었다. 중국에서는 팔관이라는 관념이 있었는데, 팔이라는 숫자는 팔방, 즉 천하를 상징하고 관이라는 글자는 막아냄을 의미하였다. 따라서 팔관은 외적 및 위험한 것들로부터 중국인들을 보호해주는 방어의 상징으로 인식되고 있었으며 관념상으로만 존재한 것이 아니라 실제로 방어의 요새지에 팔관이 설치되기도 하였다. 그런데 삼간다는 뜻의 계는 금과 통하고 금은 관과 상통하므로 인도의 팔계재를 번역할 때 팔계라는 용어 대신에 자신들에게 익숙한 전통적인 액막이 관념인 팔관을 차용하여 팔관재로 변용하였던 것이다.

중국에서 팔관재가 설행되었던 경우를 살펴보면 목적에 따라 크게 두 가지로 구분된다. 치병이나 구명 등을 목적으로 재액을 막기 위해서였거나 죽은 이가 도솔천에 왕생하기를 기원하는 위령제로서 설행되었다. 이러한 팔관재의 성격은 미륵신앙 및 약사신앙과 결합되면서 강화되어 더욱 성행하였고 당대에 이르면 팔관재회로 불리게 되었다. 이는 팔관재가 팔계를 준수한다는 '재계'적인 성격보다는 참여하는 사람의 수를 더 중요시하는 '재회'적인 면모가 강한 세속적인 경향으로 바뀌었음을 시사하고 있다.

우리나라에서는 고려 태조에 의해 태봉의 전례를 계승하여 건국 원년부터 매년 중동에 팔관회가 개최되었다. 팔관회의 성격은 「훈요십조」의 "팔관은 천령과 오악, 명산, 대천, 용신을 섬기는 것이다."에서 단적으로 드러나 있듯이 토속신앙의 대상들까지를 모두 포괄하고 있는 의례였다.

팔관회의 설행 양상을 보면 신라 팔관회의 전통을 계승하고 있다. 사선악부와 용·봉황·코끼리·말의 형상으로 장식한 배 모양의 수레가 등장하는 행사는 화랑의 전통과 미륵신앙, 전륜성왕 신앙을 계승한 것이었다. 신라의 팔관회는 단순히 팔관재법 공양을 하여 죽은 자들의 명복을 비는 위령제가 아니었다. 죽은 자를 현재로 데리고 와서 산 자와 죽은 자가 구분없이 생사를 초월하여 함께 구원을 받고 이 세상에 용화세계가 구현되어짐을 즐기는 축제였던 것이다. 고려의 팔관회는 그러한 신라 때의 양상을 그대로 계승하고자 한 것이다.

고려 팔관회는 신라뿐만 아니라 고구려의 전통도 계승하고 있었다. 개경 팔관회가 열리기 한 달 전인 10월 15일에 서경에서 먼저 팔관회가 개최되었는데, 이것은 고구려가 10월 보름에 열던 동맹제의 농경의례적인 요소를 계승함과 아울러 고려 왕조의 고구려 계승의식의 표방을 반영하는 것이었다. 한편, 서경에서의 팔관재는 산천에 대한 제사가 중요한 부분을 차지하고 있어 지역적인 토착 산악숭배의식을 일원적 국가질서로 수렴하고자 하였던 팔관회의 성격을 이를 통해 확인할 수 있다.

팔관회는 충분한 준비기간을 거쳐 엄격한 절차를 통하여 설행되었다. 건국한 해부터 설행된 이래 의례의 절차에 있어 상례화된 틀을 갖추게 된 것은 정종靖宗 대 들어서였다. 팔관회 행사는 11월 14일인 소회일, 15일인 대회일 이틀간에 걸쳐 설행되었다. 「중동팔관회의」에 따르면 소회일 행사 가운데 가장 중요한 부분은 의봉문루에서의 조하의식이다. 태자 이하 종실들과 중앙의 문무백관들의 하례가 있은 후 지방의 계수관들이 파견한 지표원들이 표문을 바치며 조하를 올렸는데, 이를 통해 국왕을 정점으로 한 국가의 질서체계를 엄격히 함과 아울러 모두가 고려 공동체의 일원이라는 의식을 공고히 하였다.

조하의식이 끝나면 연회가 베풀어져 군신이 주식을 함께 나누며 음악을 감상하였다. 대회일 행사는 전반적으로 소회일 행사와 유사하지만 외국인들의 조하의식이 있었던 점이 중요하였다. 고려가 국제적으로 동아시아에서 차지하고 있었던 위상을 다시 한번 확인하는 계기가 되었다.

팔관회는 고려에서 가장 중요시되었던 국가의례였던 만큼 소요되는 경비와 동원되는 인원이 막대하였다. 그러므로 개경과 서경에는 팔관보라는 행정관청이 설치되어 팔관회의 경비 조달과 진행을 맡아보았으며 여러 가지 경제적 폐해가 있기도 하였다.

팔관회는 대내적으로도 대외적으로도 다양한 사회적 기능을 가지고 있었다. 팔관회의 대내적인 기능으로 무엇보다 중요한 것은 지역적 성격을 강하게 띠고 있는 전국 각지의 토착신앙을 중앙집권적인 일원적 구조로 국왕이 있는 수도 개경에 통합하는 역할이었다. 그리고 국왕 밑에 계서적으로 배치되는 지배질서를 의례로 구현하는 조하의식을 행하여 국왕의 권위를 확인하고 이를 공고히 하는 정치적 기능을 하였다.

또한, 팔관회는 참여자들로 하여금 같은 불교도로서 함께 의식에 참여한다는 공동체의식을 고양시켜 후삼국에서의 출신지를 초월하고 고려인으로서의 소속감을 함양시키고 나아가 고려의 결속력을 강화시키는 사회적 기능을 하였다.

한편, 대외적인 기능으로는 팔관회가 국제관계에 대한 고려 나름의 입장을 천명하는 기회가 되었다는 점이다. 고려에는 중국 중심의 천하관과는 별도로 고려가 또 다른 천하의 중심일 수 있다는 자주적이고 개방적인 천하관이 존재하고 있었으며 이러한 천하관은 외교정책에도 반영되고 있었다. 이것이 팔관회를 통해서 구현되었다.

제석도량은 인도와 중국에서는 설행되었던 사례를 찾아볼 수 없는 불교의례이기 때문에 설행 양상의 비교를 통해 그 성격을 추적해 볼 수는 없다. 그러나 경전 속에 나타나고 있는 제석의 성격과 역할은 제석도량의 성격을 파악할 수 있는 단초가 된다.

제석도량의 경전적 근거는 『아함경』으로서 경전 가운데 제석에 관한 내용을 가장 많이 전하고 있다. 이 가운데 제석에 관련된 부분만을 따로 뽑아 『제석소문경』이나 『기세경』 같은 단독경전이 편집되기도 하였다. 불교 공인 후 많은 경전들이 신라로 수입되었기 때문에 신라인들은 제석이 권속을 거느리고 지상의 가장 높은 곳인 수미산 최정상에서 이 세상을 내려다보며 감시하고 있는 도리천의 주재자이자 불교의 최고 호법신임을 일찍부터 인식하고 있었다.

이러한 불교의 제석을 점차 신라인들은 고대적 지고천신인 천제와 동일시 여기게 되었고, 이렇게 변용된 제석 관념을 진평왕은 왕권강화를 위한 정치이데올로기로서 표방된 진종설을 구체화하는 수단으로 이용하였다. 이는 일반민들로 하여금 진종설을 쉽게 이해시킬 수 있었기 때문이다. 진평왕은 궁궐 내 토착종교의 신성구역이었던 곳에 내제석궁을 세운 후 이곳으로 행차하여 의식을 행하였다.

이는 고대적 천신 관념에 기초하는 기존의 천신을 제석천에 포섭시켜 진평왕의 동륜계 왕실을 제석천이 호위하게 함으로써 결과적으로 진평왕이 천제보다도 신성한 초월적인 존재가 되도록 만들었다. 즉, 제석신앙은 신라 왕실의 신성성을 상징하는 지배이데올로기가 되었던 것이다. 이와 같이 제석신앙은 왕권신성화와 밀접한 관련을 가지면서 신라 왕실에 의해 적극적으로 수용되었다.

이러한 신라의 제석신앙은 고려 태조에 의해서도 주목되었다. 태조 2년(919) 개경을 수도로 계획 건설하면서 십찰 가운데 하나로 궁궐 안에 내제석원을 창건하였고 7년(924)에는 궁궐 밖에 외제석원을 창건하였다. 이 두 사찰은 그 역할에서 차이가 있었다. 내제석원은 국왕의 만수무강을 기원하는 예불을 조석으로 올리고 내전에서 거행되는 불사들의 업무를 관장하며 국왕에게 초빙되어 올라온 고승들의 임시 주석처가 되었다.

반면에 외제석원은 궐내로 한정된 제석신앙을 공간적으로 확대하면서 호법신으로서의 제석의 기능을 강조하여 호왕과 호국을 적극 유도하였다. 국왕 탄생일을 전후하여 기상영복도량이 설치되고 호국적 성격의 나한재, 반야도량, 장경도량, 인왕도량 등이 개설되었으며, 국왕들이 연중 최소 두 차례는 정기적으로 행차하였고 궁궐 밖으로 행차하였다가 환궁할 때 들러서 설법을 듣기도 하였던 중요 사찰이었다. 이처럼 제석신앙은 고려 왕실에서도 여전히 중요시되었다.

문종 대에 이르러 당시의 왕권신성화 정책과 관련하여 제석신앙이 한층 강조되었고, 그 결과 제석도량이 문종 14년(1060) 최초로 개설되었다. 이후 제석도량은 대부분 국왕의 즉위 초기 정월이나 2월에 내전에서 7일간 설행되었다. 이것은 그 성격에 있어서 신라의 신궁제사와 유사하다. 신궁제사는 신라의 왕들이 즉위한 이듬해 정월이나 2월 신궁에 제사를 드리는 즉위의례의 성격을 지닌 제사였는데, 천신으로부터 신력을 보증받고 국가의 존립과 왕권의 안정을 보장받는 데 그 목적이 있었다.

문종은 왕권신성화를 위한 효과적인 장치로서 제석신앙에 주목하여 즉위의례 성격의 제석도량을 정례화하였던 것이다. 이후 제석도량은 즉위 초뿐만 아니라 정국이 위기에 처했을 때도 개설되어 국왕을 정점으로 하여 결속을 강화하는 기능도 하였다.

한편, 왕실에 한정되었던 제석신앙이 확대되어 의희종 대 무렵부터는 민간에서도 제석에게 장수를 비는 것이 유행하게 되었다. 이는 국왕의 만수무강을 기원하는 왕실의 제석신앙이 일반인들에게까지 확산된 것이다. 또한 무인집권기에 이르면 가장 강력한 호법신으로서의 제석의 면모가 부각되어 반란이 발생하였을 때나 외적이 침입하였을 때 호국적 성격의 제석도량이나 제석재가 범 계층적으로 개최되었다.

그러나 고려 후기 왕권이 약화되는 정치적 변화 속에서 왕권신성화와 밀접하게 관련되었던 제석도량의 높은 위상은 점차 하락하고 다양한 역할들 역시 축소되어 갔다. 반면에 민간으로 확산된 제석신앙은 무속에 포섭되어 도리어 널리 유행하였다.

수용 당시 불교의 제석이 고대적 천신 관념을 매개로 용이하게 받아들여졌던 것처럼 천신으로서의 제석 관념이 강한 연결고리가 되어 불교의 제석이 도리어 불교와 유리되어 완전히 무속화하는 단초가 되었다. 여전히 고대적 천신 관념을 기복의 대상으로 이용하면서 민간신앙으로서의 역할을 꾸준히 담당해 온 무속이 역으로 불교의 제석을 포섭하였던 것이다.

이상으로 연등회와 팔관회, 제석도량의 의례내용과 사회적 성격을 개관하여 보았다. 고려 태조는 통치자로서 유교도 중요시하였지만 의례면에서는 불교의례를 중요시하였다. 국가의례로 처음으로 정례화한 것이 불교의례인 연등회와 팔관회였다. 그런데 이미 민간에서 설행되고 있던 이들 의례를 공식화하면서 기곡제와 추수감사제 같은 농경의례적 측면과 역사성을 지니는 토속적 측면들을 포용하고 프로그램을 당시의 문화활동들로 다양하게 기획하여 불교의례인 연등회와 팔관회를 누구나 즐길 수 있는 축제 형식으로 개최하였다.

이것은 의례에 대한 호응도를 높여 고려 국민이라는 공동체의식을 함양하는 데 크게 역할을 하였다. 이는 일반민의 참여를 배제하는 유교의례에서는 기대할 수 없는 것이다. 따라서 연등회와 팔관회는 당시 문화의 제 양상들을 두루 종합하고 계층의 구별 없이 전대와 단절되지도 않으면서 고려의 문화적 동질성을 확인하고 유지하는 데 크게 기여하였다.

또한 단순한 축제에 그치지 않고 의례절차를 통해 고려 국왕을 정점으로 한 지배질서를 상징적으로 구현함으로써 국왕의 권위를 고양하고 국왕을 정점으로 한 결속력 강화에 공헌하였다. 그런데 연등회와 팔관회에서 구현된 국왕을 정점으로 한 지배질서는 제석을 정점으로 한 불교의 수미산 세계관과 상통한다. 제석도량은 불교 최고의 호법신인 제석으로부터 힘을 보증받고 호위를 보장받는 성격을 지니는 왕실 의례였다. 이 같은 제석도량이 점차 전 계층으로 확대되어 연등회와 팔관회처럼 고려문화의 제 양상들을 반영하며 변화하였다.

이처럼 연등회와 팔관회, 제석도량은 어떤 다른 불교의례들보다도 고려불교의 국가불교적 성격을 명료하게 보여주는 의례들이었다. 이들은 고려의 정치적 · 사회적 변화와 궤도를 같이 하여서 고려의 전성기에는 이들도 번성하였고 고려의 국력이 약해짐에 따라 이들도 쇠퇴하여 갔다. 고려가 멸망하고 조선이 건국된 후 이들 의례들은 고려문화의 청산이라는 차원에서 전면적으로 부정되었다. 바로 이들이 고려문화를 유지해가는 중요한 장치이자 고려문화의 상징이었기 때문이다.

참고문헌

1. 資料

1) 國內

『三國史記』
『三國遺事』
『高麗史』
『高麗史節要』
『宣和奉使高麗圖經』
『朝鮮王朝實錄』
『高麗大藏經』
『韓國佛敎全書』
『한글대장경』
『朝鮮金石總覽』
『韓國金石全文』
『韓國上代古文書資料集成』
『高麗墓誌銘集成』
『元代麗史資料集錄』
『朝鮮寺刹史料』
『韓國寺誌叢書』
『韓國寺刹全書』
『朝鮮佛敎通史』
『高麗名賢集』
『破閑集』
『東國李相國集』
『補閑集』
『帝王韻紀』
『稼亭集』
『牧隱集』

『陽村集』
『東文選』
『慵齋叢話』
『新增東國輿地勝覽』
『樂學軌範』
『朝鮮歲時記』
『東京雜記』
『巫黨來歷』
『開城地圖』(축적: 1/25,000), 1918, 朝鮮總督府

2) 中國
『二十五史』
『欽定古今圖書集成』
『唐會要』
『博物志』
『法顯傳』
『荊楚歲時記』
『淮南子』

3) 日本
『入唐求法巡禮行記』
『大正新脩大藏經』

2. 辭典
『望月佛敎大辭典』, 1974 개정판, 東京 世界聖典刊行協會
小口偉一 · 堀一郎 監修, 1973, 『宗敎學辭典』, 東京大學出版會
中村元, 1975, 『佛敎語大辭典』, 東京書籍
藤井正雄 編, 1977, 『佛敎儀禮辭典』, 東京堂出版

3. 論著
1) 國內
강병희, 1996, 「韓國의 多角多層 石塔」, 한국정신문화연구원 박사학위논문
강성원, 1995, 「원종대의 권력구조와 정국의 변화」 『역사와 현실』 17

鎌田茂雄 著 · 신현숙 譯, 1988, 『한국불교사』, 민족사
高裕燮, 1977, 『松都의 古蹟』, 悅話堂
高翊晉, 1977, 「高麗佛教思想의 護國的 展開 2」 『佛教學報』 14
______, 1988, 『韓國의 佛教思想』, 동국대출판부
______, 1989, 『韓國古代佛教思想史』, 동국대출판부
郭 稹, 1998, 「民族禮俗의 展開와 그 變貌樣態」 『정신문화연구』 제21권 제1호
구산우, 2003, 『고려전기 향촌지배체제연구』, 혜안
權熹耕, 1986, 『高麗寫經의 研究』, 미진사
金岡秀友 著 · 김희오 譯, 1978, 『불교의 국가관』, 總和閣
金光洙, 1980, 「高麗時代의 權務官」 『韓國史研究』 30
______, 1988, 「高麗朝의 高句麗 繼承意識과 古朝鮮 認識」 『歷史教育』 43
金光植, 1995, 『高麗 武人政權과 佛教界』, 민족사
金塘澤, 1992, 「『詳定古今禮文』의 편찬 시기와 그 의도」 『호남문화연구』 21
金東華, 1956, 「佛教의 護國思想」 『李丙燾博士華甲紀念論叢』, 1967; 『佛教의 護國思想』, 불교신문사 재수록
金杜珍, 1982, 「王建의 僧侶結合과 그 意圖」 『韓國學論叢』 4
______, 1988, 「新羅 眞平王代의 釋迦佛信仰」 『韓國學論叢』 10
金文經, 1970, 「儀式을 통한 佛教의 大衆化運動」 『史學志』 4
______, 1976, 「三國 新羅時代의 佛教信仰結社」 『史學志』 10
金三龍, 1983, 『韓國彌勒信仰의 研究』, 동화출판공사
金庠基, 1961, 『高麗時代史』, 東國文化社
金相永, 1988, 「高麗 睿宗代 禪宗의 復興과 佛教界의 變化」 『清溪史學』 5
金相鉉, 1976, 「高麗時代의 護國佛教研究」 『學術論叢』 1, 단국대
______, 1999, 『신라의 사상과 문화』, 一志社
金蓮玉, 1985, 『한국의 기후와 문화-한국 기후의 문화 역사적 연구-』, 이화여대출판부
金煐泰, 1977, 「高麗歷代王의 信佛과 國難打開의 佛事」 『佛教學報』 14
______, 1985, 『百濟佛教思想研究』, 동국대출판부
______, 1987, 『新羅佛教研究』, 민족문화사
______, 1990, 『三國時代 佛教信仰研究』, 불광출판사
金容祚, 1989, 「朝鮮前期의 國行祈禳佛事研究」, 동국대 박사학위논문
김종명, 2001, 『한국 중세의 불교의례: 사상적 배경과 역사적 의미』, 문학과지성사
金昌賢, 2002, 『고려 개경의 구조와 그 이념』, 신서원

金澈雄, 2002, 「고려 國家祭祀의 體制와 그 특징」『韓國史研究』 118

金哲埈, 1965, 「崔承老의 時務28조」『趙明基博士華甲紀念佛教史學論叢』; 1975, 『韓國古代社會研究』, 知識産業社 재수록

______, 1976 『韓國文化史論』, 知識産業社

金海榮, 1994, 「《詳定古今禮》와 高麗朝의 祀典」『國史館論叢』 55

金學主, 1992, 「中國 古代의 假面戲와 韓 · 日 兩國에의 影響」『人文科學研究』 10, 대구대 인문과학연구소

金炯佑, 1992, 「高麗時代 國家的 佛教行事에 대한 研究」, 동국대 박사학위논문

______, 1994, 「高麗時代 燃燈會 研究」『國史館論叢』 55

김혜숙, 1999, 「고려 팔관회의 내용과 기능」『역사민속학』 9

나종우, 1995, 「5대 및 송과의 관계」『한국사』 15, 국사편찬위원회

羅喜羅, 1995, 「고대국가의 지배이데올로기」『역사비평』 30

______, 1996, 「韓國 古代의 神觀念과 王權」『國史館論叢』 69

______, 1996, 「西王母神話에 보이는 古代中國의 生死觀」『宗教學研究』 15

______, 2003, 『신라의 국가제사』, 지식산업사

南東信, 1992, 「慈藏의 佛教思想과 佛教治國策」『韓國史研究』 76

______, 1993, 「羅末麗初 華嚴宗團의 對應과 (華嚴)神衆經의 成立」『外大史學』 5

______, 1995, 「元曉의 大衆教化와 思想體系」, 서울대 박사학위논문

盧明鎬, 1997, 「東明王篇과 李奎報의 多元的 天下觀」『震檀學報』 83

都珖淳, 1995, 「八關會와 風流道」『韓國學報』 79

라다크리슈난 著 · 이거룡 譯, 1996, 『인도철학사』 I, 한길사

鈴木一郎 著 · 권기종 譯, 1980, 『불교와 힌두교』, 동화문화

류경희, 1998, 「祝祭의 宗教的 意味와 社會文化的 機能-인도의 계절축제 홀리를 중심으로-」『宗教學研究』 17

立川武藏 著 · 김구산 譯, 1991, 『曼茶羅의 神들』, 동문선

望月信亨 著 · 김진열 譯, 1995, 『佛教經典 成立의 研究』, 불교시대사

閔賢九, 1968, 「辛旽의 執權과 그 政治的 性格 (上) · (下)」『歷史學報』 38 · 40

閔賢九, 1978, 「高麗의 對蒙抗爭과 大藏經」『韓國學論叢』 1, 국민대

朴龍雲, 1997 『高麗時代 官階 · 官職 研究』, 고려대출판부

______, 1998, 『고려시대 開京 연구』, 일지사

박종기, 1993, 「예종대 정치개혁과 정치세력의 변동」『역사와 현실』 9

______, 2002, 『고려의 지방사회』, 푸른역사

박한남, 1995, 「거란 및 금과의 통교」『한국사』 15, 국사편찬위원회

朴昊遠, 1995, 「高麗의 山神信仰」 『민속학연구』 2
______, 1997, 「韓國 共同體 信仰의 歷史的 研究-洞祭의 形成 및 傳承과 관련하여-」, 한국정신문화연구원 박사학위논문
방창환 · 조흥윤, 1997, 『제석님과 제석굿-전통제석신앙의 성격규명과 자료』, 문덕사
裵象鉉, 1998, 『高麗後期寺院田研究』, 國學資料院,
卞宗鉉, 1997, 「高麗詩歌와 宮中樂」 『加羅文化』 14
변동명, 2001, 「高麗時期의 羅州 錦城山信仰」 『全南史學』 16
邊太燮, 1982, 『高麗史의 研究』, 삼영사
______편, 1986, 『高麗史의 諸問題』, 삼영사
佛教文化研究所, 1982, 『韓國華嚴思想研究』, 동국대출판부
______, 1983, 『韓國天台思想研究』, 동국대출판부
______, 1984, 『韓國禪思想研究』, 동국대출판부
______, 1985, 『韓國淨土思想研究』, 동국대출판부
______, 1986, 『韓國密教思想研究』, 동국대출판부
______, 1987, 『韓國彌勒思想研究』, 동국대출판부
______, 1988, 『韓國觀音信仰研究』, 동국대출판부
三品彰英 저 · 이원호 역, 1995, 『新羅花郎의 研究』, 集文堂
서성호, 1994, 「숙종대 정국의 추이와 정치세력」 『역사와 현실』 9
徐永大, 1991, 「韓國古代 神觀念의 社會的 意味」, 서울대 박사학위논문
______, 1996, 「풍수 · 도참사상 및 민속종교」 『한국사』 21, 국사편찬위원회
徐閏吉, 1970, 「高麗時代의 仁王百高座道場研究」, 동국대 석사학위논문
______, 1977, 「高麗의 護國法會와 道場」 『佛教學報』 14
______, 1978, 「高麗의 帝釋信仰」 『佛教學報』 15
______, 1982, 「高麗密教信仰의 展開와 그 特性」 『佛教學報』 19
______, 1993, 『高麗密教思想史研究』, 불광출판사
宋芳松, 1985, 『韓國古代音樂史研究』, 一志社
______, 1996, 「음악」 『한국사』 21, 국사편찬위원회
宋華燮, 1994, 「《三國志》 魏志 東夷傳의 蘇塗와 浮屠」 『역사민속학』 4
시공사, 1996, 『고려시대의 불화』
辛鍾遠, 1977, 「新羅의 佛教 傳來와 그 收容過程에 대한 재검토」 『白山學報』 22
安啓賢, 1956, 八關會攷 『東國史學』 4; 1983, 『韓國佛教思想史研究』, 동국대출판부 재수록

______, 1958, 「高麗初期의 對中關係-특히 佛敎를 中心하여-」『東國思想』 1

______, 1959, 「燃燈會攷」『白性郁博士頌壽紀念佛敎學論文集』; 1983, 『韓國佛敎史想史研究』, 동국대출판부 재수록

______, 1960, 「麗元關係에서 본 高麗佛敎」『黃義敦先生古稀記念史學論叢』

______, 1970, 「新羅人의 菩薩戒思想」『韓國哲學研究』 1

______, 1973, 「曹溪宗과 五敎兩宗」『한국사』 7, 국사편찬위원회

______, 1974, 「佛敎抑制策과 佛敎界의 動向」『한국사』 11, 국사편찬위원회

______, 1975, 「佛敎行事의 盛行」『한국사』 6, 국사편찬위원회

______, 1975, 「大藏經의 彫板」『한국사』 6, 국사편찬위원회

______, 1981, 「佛敎」『韓國史論 2-高麗』, 국사편찬위원회

______, 1982, 『韓國佛敎史研究』, 동화출판공사

______, 1983, 『韓國佛敎思想史研究』, 동국대출판부

______, 1987, 『新羅淨土思想史研究』, 현음사

岸本秀雄 著 · 박인재 譯, 1983, 『宗敎學』, 김영사

安智源, 1997, 「新羅 眞平王代 帝釋信仰과 王權」『歷史敎育』 63

______, 1997, 「고려시대 帝釋信仰의 양상과 그 변화」『國史館論叢』 78

______, 1999, 「高麗時代 國家 佛敎儀禮 研究」, 서울대 박사학위논문

______, 1999, 「高麗時代 燃燈會의 起源과 成立」『震檀學報』 88

梁銀用, 1994, 「도교사상」『한국사』 16, 국사편찬위원회

梁在淵, 1955, 「山臺戲에 就하여-古代演劇史에 대한 一考察」『中央大學校 30周年紀念論文集』

에릭 샤프 著 · 윤이흠 · 윤원철 譯, 1986, 『종교학』, 한울

엘리아데 著 · 이윤기 譯, 1992, 『샤마니즘』, 까치

呂東贊, 1970, 『高麗時代 護國法會에 대한 研究』, 서울대출판부

오영선, 1993, 「인종대 정치세력의 변동과 정책의 성격」『역사와 현실』 9

오출세, 1996, 「한국민속과 불교의례」『불교민속학의 세계』, 집문당

柳東植, 1975, 『韓國巫敎의 歷史와 構造』, 연세대출판부

尹善姬, 1987, 「三國時代 銙帶의 起源과 變遷에 관한 研究」, 서울대 석사학위논문

尹龍爀, 1990, 「高麗對蒙抗爭期의 佛敎儀禮」『歷史敎育論叢』 13 · 14합집

尹以欽, 1998, 「宗敎와 儀禮-文化의 形成과 傳授-」『宗敎研究』 16

李基東, 1984, 『新羅骨品制社會와 花郎徒』, 일조각

______, 1988, 「花郎像의 變遷에 관한 覺書-花郎文化論에 붙여서-」『新羅文化』 5; 1997, 『新羅社會史研究』, 일조각 재수록

李基白, 1986, 「新羅時代의 國家와 佛敎」『歷史學報』 111
______, 1986, 『新羅思想史硏究』, 일조각
李箕永, 1975, 「仁王般若經과 護國佛敎」『東洋學報』 5
李杜鉉, 1996, 『韓國巫俗과 演戱』, 서울대출판부
李　萬, 1985, 「談禪法會에 관한 硏究」『韓國佛敎學』 10
李文基, 1983, 「新羅 中古의 國王近侍集團」『歷史敎育論集』 5
李珉容, 1974, 「韓國의 金剛經信仰과 靈驗傳」『佛敎學報』 11
李敏弘, 1995, 「高麗朝 八關會와 禮樂思想」『大東文化硏究』 30
李範稷, 1991, 『韓國中世禮思想硏究』, 일조각
李丙燾, 1980, 『高麗時代의 硏究』, 아세아문화사
李炳熙, 1992, 「高麗後期 寺院經濟의 硏究」, 서울대 박사학위논문
李英華, 1993, 「朝鮮初期 佛敎儀禮의 性格」『淸溪史學』 10
李龍範, 1964, 「元代 喇嘛敎의 高麗傳來」『佛敎學報』 2
______, 1973, 「北朝前期 佛敎의 高句麗 傳來」『論文集』 12, 동국대
李　郁, 1998, 「朝鮮 前期의 山川祭」, 『宗敎學硏究』 17
李恩奉, 1990, 「燃燈會와 土着信仰의 關係」『柳炳德博士華甲紀念論叢韓國哲學宗敎思想史』, 원광대출판부
______, 1990, 「高麗時代 佛敎와 土着信仰의 接觸關係」『宗敎硏究』 6
李載昌, 1963, 「麗代飯僧攷」『佛敎學報』 1
______, 1977, 「高麗時代 僧侶들의 護國活動」『佛敎學報』 14
李晶淑, 1986, 「新羅 眞平王代의 政治的 性格-소위 專制王權의 성립과 관련하여」『韓國史硏究』 52
李鍾益, 1974, 「燃燈會와 觀燈祭考」『佛敎思想』 5, 佛敎思想社
李泰鎭, 1989, 「高麗末 · 朝鮮初의 社會變化」『震檀學報』 55
______, 1990, 「朝鮮 初期의 火耕 금지」『李載龔博士還曆紀念韓國史學論叢』, 한울
______, 1995, 「社會史的으로 본 韓國中世의 시작」『韓國史의 時代區分』, 신서원
______, 1997, 「고려 조선 중기 天災地變과 天觀의 變遷」『韓國思想史方論』, 소화
李惠求, 1962, 「儀禮上으로 본 八關會」『藝術論文集』; 1967, 『韓國音樂序說』, 서울대출판부 재수록
李勛相, 1990, 『朝鮮後期의 鄕吏』, 일조각
李熙德, 1984, 『高麗儒敎政治思想의 硏究』, 일조각
全虎太, 1997, 「漢 畵像石의 西王母」『美術資料』 59
鄭承石 편역, 1983, 『리그베다』, 김영사

鄭泰爀, 1986, 「高麗朝 各種道場의 密敎的 性格」『韓國密敎思想硏究』, 동국대출판부

丁彌謨, 1990, 『高麗佛典目錄硏究』, 아세아문화사

조유전, 1996, 『발굴이야기』, 대원사

趙興胤, 1993, 「天神에 대하여」『東方學志』 77 · 78합집

中央日報社, 1981,『高麗佛畵』

池斗煥, 1994, 『朝鮮前期 儀禮硏究-性理學 正統論을 中心으로』, 서울대출판부

秦星圭, 1983, 「高麗後期 願刹에 對하여」『歷史敎育』 36

蔡尙植, 1984, 「高麗後期 佛敎史의 展開樣相과 그 傾向」『歷史敎育』 35

______, 1991, 『高麗後期佛敎史硏究』, 일조각

蔡雄錫, 1993, 「의종대 정국의 추이와 정치운영」『역사와 현실』 9

______, 1998, 「고려 문종대 관료의 사회적 위상과 정치운영」『역사와 현실』 27

______, 2000, 『高麗時代의 國家와 地方社會-'本貫制'의 施行과 地方支配秩序』, 서울대출판부

최 근, 1987, 「팔관회에 대한 간단한 고찰」『력사과학』 제2호

崔柄憲, 1975, 「羅末麗初 禪宗의 社會的 性格」『史學硏究』 25

______, 1975, 「天台宗의 成立」『한국사』 6, 국사편찬위원회

______, 1975, 「道詵의 生涯와 羅末麗初의 風水地理說」『韓國史硏究』 11

______, 1978, 「高麗時代의 五行的 歷史觀」『韓國學報』 13

______, 1981, 「高麗中期 玄化寺의 創建과 法相宗의 隆盛」『韓沽劤博士停年紀念史學論叢』, 지식산업사

______, 1990, 「불교사상과 신앙」『한국사특강』, 서울대출판부

______, 1990, 「高麗時代 華嚴宗團의 展開過程과 그 歷史的 性格」『韓國史論』 20, 국사편찬위원회

______, 1994, 「고려전기의 종교와 사상개요」『한국사』 16, 국사편찬위원회

______, 1995, 「檀君認識의 歷史的 變遷」『檀君』, 서울대출판부

崔鉛植, 1995, 「공민왕의 정치적 지향과 정치운영」『역사와 현실』 15

______, 1995, 「圓光의 생애와 사상; 《三國遺事》〈圓光傳〉의 분석을 중심으로」『泰東古典硏究』 12

崔貞煥, 1991, 「權務官祿을 통해본 高麗時代의 權務職」『國史館論叢』 26

崔珍源, 1971, 「'動動'攷 (1)-八關會와 關聯하여-」『大東文化硏究』 8

한국역사연구회, 2002, 『고려의 황도 개경』, 창작과비평사

『한국사』 편집위원회, 1995, 『한국사』 5-중세사회의 성립 1, 한길사

『한국사』 편집위원회, 1995, 『한국사』 5-중세사회의 성립 2, 한길사
韓基斗, 1977, 「高麗佛敎의 信仰形態」 『韓國學報』 9
韓基汶, 1983, 「高麗太祖의 佛敎政策」 『大丘史學』 22
韓基汶, 1998, 『高麗寺院의 構造와 機能』, 민족사
許興植, 1986, 『高麗佛敎史硏究』, 일조각
______, 1994, 『韓國中世佛敎史硏究』, 일조각
______, 2004, 『고려의 문화전통과 사회사상』, 집문당
洪淳昶, 1958, 「韓國에 있어서의 佛敎儀式의 受容態度에 대한 考察」 『大邱大十周年紀念論文集』
______, 1969, 「燃燈考-특히 上元燃燈의 유래에 관하여-」 『金載元博士華甲紀念論叢』, 을유문화사
홍영의, 1998, 「고려 수도 개경의 위상」 『역사비평』 45
洪潤植, 1974, 「韓國佛敎-韓國佛敎儀禮-」 『韓國宗敎大系』 3, 원광대
______, 1974, 「韓國佛敎儀禮의 硏究」 『韓國佛敎思想史』, 원광대
______, 1975, 「韓國佛敎儀禮의 密敎信仰的 構造」 『佛敎學報』 12
______, 1975, 「韓國佛敎儀式의 三段分壇法」 『文化財』 9
______, 1976, 「韓國佛敎儀式에 나타난 淨土信仰」 『佛敎學報』 13
______, 1979, 「三國遺事와 佛敎儀禮」 『佛敎學報』 16
______, 1980, 『佛敎와 民俗』 現代佛敎新書 33, 동국대출판부
______, 1988, 「『高麗史』 世家篇 佛敎行事의 歷史的 意味」 『韓國史硏究』 60
______, 1989, 『佛敎儀式』, 문화재관리국
______, 1989, 『불화』, 대원사
______, 1994, 「불교행사의 성행」 『한국사』 16, 국사편찬위원회
______, 1999, 「諸種 佛敎傳統儀禮의 起源 · 歷史와 그 思想性」 『불교전통의례와 그 연극 · 연희화의 방안 연구』, 엠애드
忽滑谷快天 著 · 정호경 譯, 1978, 『朝鮮禪敎史』, 寶蓮閣
黃壽永, 1973, 「百濟帝釋寺址의 硏究」 『百濟硏究』 4

2) 國外

(1) 日文

加藤　堂, 1920, 『日本風俗誌』
江田俊雄, 1977, 『朝鮮佛敎史の硏究』, 國書刊行會
高橋健自, 1920, 『原史時代の風俗』

高橋亨, 1935,『李朝佛教』, 寶文館

高雄義堅, 1936,「支那內道場考」『龍谷史壇』18

大谷光照, 1937,「唐代佛教の儀禮」『史學雜誌』46-10・11

道端良秀, 1957,『唐代佛教史の研究』, 法藏館

______, 1977,『中國佛教史』, 法藏館

______, 1979,『中國佛教思想史の研究』, 平樂寺書店

______, 1983,『中國佛教社會經濟史の研究』, 平樂寺書店

島田正郎, 1979,『遼朝史の研究』, 創文社

妹尾達彦, 1992,「唐長安城の儀禮空間」『東洋文化』72

牧田諦亮, 1971,『五代宗教史研究』, 平樂寺書店

______, 1973,『觀世音應驗記の研究』, 平樂寺書店

______, 1976,『疑經研究』, 京都大學人文科學研究所

服部克彦, 1967,「北魏洛陽における佛教と娛樂藝能」『北魏洛陽の社會と文化』, ミネルヴァ書房

山崎宏, 1971,『隋唐佛教史の研究』, 法藏館

三枝充悳 外, 1993,『阿含經 I』, 大藏出版社

三品彰英, 1956,「ヨンドン神小考」『朝鮮學報』10; 1972,『日鮮神話傳說の研究』, 平凡社

小南一郎, 1974,「西王母と七夕傳承」『東方學報』46

山口縣立美術館, 1997,『高麗・李朝の佛教美術』

野上俊靜, 1953,『遼金の佛教』, 平樂寺書店

櫻井秀, 1928,『鎌倉時代の風俗』

永尾龍造, 1940,『支那民俗誌』

奧村周司, 1979,「高麗における八關會的秩序と國際環境」『朝鮮史研究會論文集』16

______, 1982,「高麗の外交姿勢と國家意識」『歷史學研究 別冊-中世の國際意識と國家』

______, 1997,「高麗の圜丘祀天禮と世界觀」『朝鮮社會の史的展開と東アジア』, 山川出版社

二宮啓任, 1956,「高麗朝の八關會について」『朝鮮學報』9

______, 1958,「高麗朝の上元燃燈について」『朝鮮學報』12

______, 1959,「朝鮮における仁王會の開設」『朝鮮學報』14

______, 1960,「高麗朝の恒例法會」『朝鮮學報』15

______, 1961, 「高麗朝の齋會について」『朝鮮學報』 21 · 22합집
伊藤唯眞, 1986, 『佛敎年中行事』, 名著出版
定方晟, 1980, 『佛敎にみる世界觀』, 第3文明社
竹中信常, 1950, 『宗敎儀禮の硏究』, 靑山書院
中井眞孝, 1991, 『日本古代 佛敎制度史の硏究』, 法藏館
中村元 編, 1976, 『アヅア佛敎史 中國編 II-民衆の佛敎』, 佼成出版社
塚本善隆, 1969, 「支那の在家佛敎特に庶民佛敎の一經典」『支那佛敎史硏究』, 淸水弘文堂書房
秋月觀暎, 1961, 「三元思想の形成について」『東方學』 22, 東方文化硏究所
ひろさちや 編, 1984, 『佛敎とインドの 神』, 世界聖典刊行協會

(2) 中文
張亮采, 1926, 『中國風俗史』
魯 迅, 『古小說鉤沈』
李 零, 1991, 「'式' 與中國古代的宇宙模式」『中國文化』 4, 三聯書店

(3) 英文
Eliade Mircea, 1972, *Patterns in Comparative Religion*, New York, Sheed & Ward
Gaster T. H., 1987, Seasonal Ceremonies, *The Encyclopedia of Religion*, vol.13, New York, Macmillan
Honko L., 1979, Theories Concerning the Ritual Process, in L. Honko ed., *Science of Religion: Studies in Methodology*, Hague, Mouton Publishers

부록

본문 관련 표 · 그림 자료

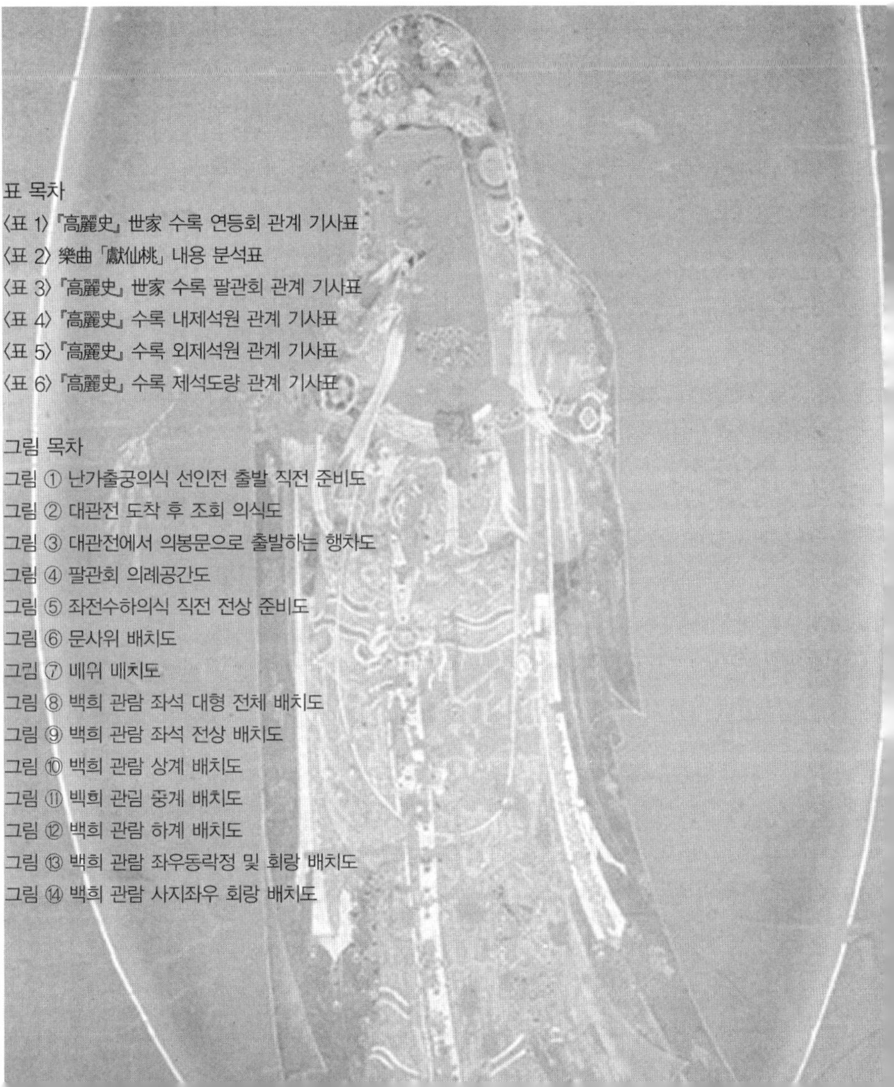

표 목차

그림 목차

〈표 1〉『高麗史』世家 수록 연등회 관계 기사표

연대	기사내용
태조 26년(943) 4월	訓要 – 其六日 朕所至願 在於燃燈八關 燃燈 所以事佛 八關 所以事天靈及五嶽名山大川龍神也 後世姦臣 建白加減者 切宜禁止 吾亦當初誓心 會日 不犯國忌 君臣同樂 宜當敬依行之
목종 12년(1009) 1월 임신	御詳政殿觀燈 大府油庫災延燒千秋殿 王見殿宇府庫煨燼 悲嘆成疾 不聽政 … 設救命道場於長春乾化二殿 王累日不豫 常居於內 … 王與蔡忠順 崔沆 密議立嗣
현종 1년(1010) 윤2월 갑자	復燃燈會(正月乙丑 廢上元道場)
2년(1011) 2월 기미	是後例以二月望 行之(淸州行宮)
덕종 1년(1032) 2월 을묘	行王輪寺
정종 4년(1038) 2월 계미	王如奉恩寺 謁太祖眞 燈夕 必親行香眞殿 以爲常
5년(1039) 2월 을해	王如奉恩寺 丙子 御重光殿 觀樂
8년(1042) 2월 무자	王如奉恩寺
9년(1043) 2월 임자	王如奉恩寺
12년(1046) 2월 병인	賜酺
문종 1년(1047) 2월 기미	王如奉恩寺 翼日 宴親王及近臣
2년(1048) 2월 갑신	以望日癸未寒食 至是日 行之
5년(1051) 2월 을미	王如奉恩寺 翼日 命肆花宴 召近侍同宴
14년(1060) 2월 갑술	王如奉恩寺
21년(1067) 1월 무진	五晝夜 勅令 百司 及安西都護 開城府 廣水楊東樹五州 江華長湍二縣 自闕庭至寺門 結綵棚櫛北鱗次連亘相屬輦路左右 又作燈山火樹光照如晝 是日王備鹵簿率百官 行香施納財㐌佛事之盛 曠舌未有
24년(1070) 2월 임신	王如奉恩寺 癸酉 大會 王與太子諸王侍臣 宴于重光殿 至曉乃罷 以寒食在十五日 國忌在十三日 乃用十二日 爲燈夕
25년(1071) 2월 신미	王如奉恩寺
2월 무인	謁景靈殿
27년(1073) 2월 정유	王如奉恩寺 慶讚新造佛像 街衢點燈 兩夜 各三萬盞 重光殿及白司 各置綵樓燈山 作樂 戊戌御殿 觀燈置酒 太子及宰樞臺省侍臣知制誥侍宴 夜分乃罷
문종 31년(1077) 2월 을미	御重光殿 觀樂

연대	기사내용
문종 31년(1077) 3월 계묘	特設燃(三日間)
32년(1078) 2월 병진	以寒食 故先三日而行
선종 4년(1087) 2월 정유	王如奉恩寺
9월 무인	又點燈于宮城內外街衢
헌종 1년(1095) 2월 경진	王如奉恩寺
숙종 1년(1096) 2월 을해	王如奉恩寺
2년(1097) 2월 기사	王如奉恩寺
3년(1098) 2월 갑오	王如奉恩寺
4년(1099) 2월 정해	王如奉恩寺
5년(1100) 2월 신해	王如奉恩寺
6년(1101) 2월 병오	王如奉恩寺
7년(1102) 2월 경자	王如奉恩寺
8년(1103) 2월 기미	王如奉恩寺
9년(1104) 2월 경신	王如奉恩寺
10년(1105) 1월 계축	王如奉恩寺
예종 3년(1108) 2월 을미	王如奉恩寺
4년(1109) 2월 기축	王如奉恩寺 庚寅大會 宴諸王宰樞侍從 于重光殿 酒酣 命左右舞 平章事金景庸等 起舞 承宣林彦佯 醉而退日 東邊未寧 可忍舞乎(戊戌 右諫議大夫 李載 上疏曰 – 又燃燈宴日高而罷 命平章事金景庸舞 其如禮何 – 請聖鑑 裁之)
5년(1110) 2월 계미	王如奉恩寺
6년(1111) 2월 정미	王如奉恩寺
7년(1112) 2월 신축	王如奉恩寺 翼日大會 王賦詩 令從臣和進
8년(1113) 2월 무술	王如奉恩寺
9년(1114) 2월 경신	王如奉恩寺 辛酉以雨 停大會 壬戌乃行
10년(1115) 2월 무오	王御重光殿 觀樂 聞中書令致仕 崔思諏卒 罷宴
11년(1116) 2월 경진	王如奉恩寺
2월 갑신	行別例燃燈 御重光殿 研親王宰樞侍臣 夜分乃罷
12년(1117) 2월 임신	王如奉恩寺
인종 1년(1123) 2월 무술	王如奉恩寺
6년(1128) 2월 무진	王如奉恩寺
인종 20년(1142) 2월 기묘	金使請觀樂 館伴金端奏請 許之 臺諫固諫又彈端 及掌奏承宣裵景誠 不聽

연대	기사내용
인종 24년(1146) 2월 계축	停作樂
의종 즉위년(1146) 12월	(詔 來年 燃燈 用正月望 蓋二月 乃仁宗忌月 故 改行之 以爲恒式)
2년(1148) 1월 계유	王如奉恩寺
3년(1149) 1월 정유	王如奉恩寺
4년(1150) 1월 임진	王如奉恩寺
5년(1151) 1월 병술	王如奉恩寺
6년(1152) 1월 신해	王如奉恩寺 癸丑 御康安殿 觀綵棚 伶官 兩部樂以前夕已經 燃燈大會皆已徹去 王函命復之 樂觀忘倦 至日午乃罷
7년(1153) 1월 갑진	王如奉恩寺
8년(1154) 1월 정묘	王如奉恩寺
9년(1155) 1월 임술	王如奉恩寺
10년(1156) 1월 병진	王如奉恩寺
13년(1159) 1월 기사	王如奉恩寺
14년(1160) 1월 을미	王如奉恩寺
16년(1162) 1월 신사	王如奉恩寺
17년(1163) 1월 을사	王如奉恩寺
18년(1164) 1월 경자	王如奉恩寺
19년(1165) 1월 을축	王如奉恩寺
20년(1166) 1월 기미	王如奉恩寺
2월 계미	幸普濟寺 燃燈一萬於羅漢殿
21년(1167) 1월 계축	王如奉恩寺 夜還 金敦中馬 突觸騎士矢房矢落輦傍 王驚愕 以爲流矢 疾馳還宮 宮城戒嚴
22년(1168) 1월 정축	王如奉恩寺 戊寅 宴君臣 徹夜至翌日日中乃罷
23년(1169) 1월 신미	王如奉恩寺
24년(1170) 1월 병인	王如奉恩寺
명종 2년(1172) 2월 계축	王如奉恩寺 有司 請依太祖舊制 以二月望燃燈 王重違其請 從之 明年 復用上元
3년(1173) 1월 무인	王如奉恩寺
4년(1174) 1월 정유	王如奉恩寺
5년(1175) 1월 정유	王如奉恩寺, 移御延慶宮
명종 6년(1176) 1월 경인	王如奉恩寺, 移御延慶宮
7년(1177) 1월 병진	王如奉恩寺, 移御延慶宮
8년(1178) 1월 기유	王如奉恩寺

연대	기사내용
명종 9년(1179) 1월 임신	王如奉恩寺
10년(1180) 1월 정묘	王如奉恩寺
11년(1181) 1월 신유	王如奉恩寺 翌日大會 御帳殿 看樂 與群臣酣飲 日晏未罷 軍校皆使酒鼓譟 牽龍爭高其榻 至與浮階 相齊尊卑無等 王亦醉甚 欲起舞 左承宣文章弼諫止之
12년(1182) 1월 을유	王如奉恩寺
13년(1183) 1월 경진	王如奉恩寺
14년(1184) 1월 임신	王如奉恩寺 翌日大會 御延慶宮觀樂 以國恤 權停上元 至是行之 唯金揷花諸枝
15년(1185) 1월 무술	王如奉恩寺 翼日大會 王觀樂于天敷殿 以國恤 除揷花
16년(1186) 1월 계사	王如奉恩寺
신종 1년(1198) 1월 임자	王如奉恩寺
희종 즉위년(1204) 9월 신미	幸法王寺 壬申設大會 今用九月者 以正月 方初喪也
5년(1209) 2월 무인	王如奉恩寺
6년(1210) 2월 계유	王如奉恩寺
7년(1211) 1월 계사	封璹守司空上柱國 漢南公改名貞 令赴燃燈宴
강종 1년(1212) 2월 임진	王如奉恩寺
2년(1213) 2월 을유	王如奉恩寺
고종 3년(1216) 2월 정유	王如奉恩寺
7년(1220) 2월 을해	王如奉恩寺
8년(1221) 2월 기사	王如奉恩寺
9년(1222) 2월 계사	王如奉恩寺
10년(1223) 2월 정해	王如奉恩寺
11년(1224) 2월 신사	王如奉恩寺
12년(1225) 1월 기사	復燃燈八關 油蜜果床
16년(1229) 2월 계축	王如奉恩寺
19년(1232) 2월 을축	王如奉恩寺
21년(1234) 2월 계미	王如奉恩寺 以故參政車倜家 爲奉恩寺 撤民家以廣輦路 時雖遷都草創 然凡毬庭宮殿 寺社號 皆擬松都 八關燃燈 行香道場 一依舊式
고종 22년(1235) 2월 정축	王如奉恩寺
23년(1236) 2월 경자	王如奉恩寺 命內侍柳宗卿崔宗敬 賜花于晉陽府 翌日大會 亦如之

연대	기사내용
고종 30년(1243) 2월 임술	親設消災道場
31년(1244) 2월 을유	王如奉恩寺 丁亥曲宴 崔怡進假面人雜戲 賜銀瓶人一口 又賜妓綾各二匹
32년(1245) 4월	(崔怡 以八日 燃燈 結綵棚 陳伎樂百戲 徹夜爲樂 都人士女 觀者如堵)
36년(1249) 2월 병술	王如奉恩寺
37년(1250) 2월 신해	王如奉恩寺
38년(1251) 2월 갑진	王如奉恩寺
39년(1252) 2월 정묘	王如奉恩寺(丙子 崔沆獻酒饌于王 召諸王 宴于大內)
40년(1253) 2월 임술	王如奉恩寺
41년(1254) 2월 정사	王如奉恩寺
42년(1255) 2월 신사	王如奉恩寺(甲申 崔沆進酒饌于王 召太子諸王 宴于內殿 作樂徹夜而罷 是時民多餓莩 王制於權臣 不得己 設此宴樂)
43년(1256) 2월 병자	王如奉恩寺
44년(1257) 2월 경오	王如奉恩寺
45년(1258) 2월 갑오	王如奉恩寺
46년(1259) 2월 무자	王如奉恩寺(庚寅 宴諸王宰樞 王再擧手 以示群臣曰 凡赴宴者 拍手以助予樂酒欄 王猶樂甚 群臣拍手踊躍汗流被體 至暮乃罷)
원종 1년(1260) 2월 기유	太孫如奉恩寺 以十五日寒食 是日預行之 從禮部言也 二月 己酉 燃燈 太孫 如奉恩寺 除黃紅傘 水精鉞鈇 駕前儀仗及引駕(志 卷18 禮6 國恤)
2년(1261) 2월 병오	王如奉恩寺
5년(1264) 2월 기미	王如奉恩寺
6년(1265) 2월 병진	王如奉恩寺
7년(1266) 2월 무인	王如奉恩寺
9년(1268) 2월 임진	王如奉恩寺 寒食在望 故 先三日 行之
10년(1269) 2월 경인	王如奉恩寺(壬辰 曲宴宰樞侍臣 竟日極歡林衍 吹脣欲猿掛於殿柱)
12년(1271) 2월 무신	王如奉恩寺 會楮市橋邊 民家三百餘號 火乃除燃燈伎樂 但謁太祖眞殿
원종 13년(1272) 2월 계묘	王如奉恩寺
14년(1273) 2월 정유	王如奉恩寺 以國家多故 除伎會 但於寺門外設燈
12월 을축	(以國家多故 除明年燃燈)

연대	기사내용
충렬왕 2년(1276) 2월 기유	王如奉恩寺 士女塡巷相慶曰 豈謂今日復見 昇平舊儀
3년(1277) 1월 갑진	以王將入朝 預設燃燈
8월 경오	(有旨 燃燈 自明年 復用正月十五日)
4년(1278) 1월 기해	王如奉恩寺 除伎樂
8년(1282) 2월 갑진	王如奉恩寺 除伎會
11년(1285) 2월 정사	王如奉恩寺 除伎樂
12년(1286) 2월 신해	王如奉恩寺
13년(1287) 2월 경자	以燃燈御康安殿(己未 宴群臣)
21년(1295) 2월 무자	王與公主 幸康安殿
22년(1296) 2월 임자	王如奉恩寺
5월 임진	庚寅幸神孝寺 壬辰 公主又幸是寺 燃燈皆以珠玉 織成燈籠 巧妙奢華 不可勝言
24년(1298) 2월 신미	王如奉恩寺 賜文翰學士崔讖 朴全之 吳漢卿 李振 尙乘鞍馬 翌日大會 群臣上壽 次至四學士 直言無隱 (前日)庚午 以觀燈 王與公主 奉太上王 幸康安殿
26년(1300) 2월 경신	王如奉恩寺
28년(1302) 2월 무인	王如奉恩寺
30년(1304) 2월 병신	王如奉恩寺 是日 以塔察兒 王約 言朝廷未有明禁 復用黃袍黃傘
31년(1305) 2월 경인	停燃燈會
34년(1308) 2월 갑진	王如奉恩寺 翼日 侍臣上壽 王酬之謂曰 此日觀燈 是吾畢竟事 卿等 宜無辭 侍臣皆爲之盡觴
충선왕 5년(1313) 2월 갑술	停燃燈會
충숙왕 즉위년(1313) 10월 병자	上王 飯僧二千 燃燈二千 于延慶宮 五日 施佛銀甁一百手擎香爐 使伶官奏樂 邀禪僧沖坦 敎僧孝楨 說法 各施白金一斤 餘僧二千 施白金二十斤 上王嘗願 飯百八萬僧 點百八萬燈 至是日 飯二千僧 點二千燈 五日 可滿僧一萬燈一萬 期以畢願 謂之 萬僧會 其費不可勝紀
11월 무신	上王 飯僧點燈 于延慶宮 五日 浮屠之數 布施之費 此前有加
충숙왕 즉위년(1313) 12월 경오	上王 飯僧二千 點燈二千 于延慶宮 二日 召松廣寺僧萬恒赴會 及還 賜所御軺轅子 遣之
12월 임신	上王 飯僧點燈 于延慶宮 又與萬恒 同輦 幸演福寺 點燈凡八日 萬恒設酌 王歡甚自歌
1년(1314) 1월 을미	停燃燈會 上王謁景靈殿 還御康安殿 視殿宇傾圮 歎曰 父

연대	기사내용
	王 於三十餘年 宴樂之際 若新此殿 庶無寡人今日之憂遂停燃燈會 促令改營
1월 경자	上王 如演福寺 點二千燈
2월 기사	公主 幸妙蓮寺 點燈
3월 신묘	公主 幸王輪寺 點燈
2년(1315) 2월 계사	王如奉恩寺
6년(1319) 2월 임진	王與公主 移御于康安殿 燃燈
2월 경자	王如奉恩寺
7년(1320) 2월 갑자	停燃燈
12년(1325) 2월 갑오	王如奉恩寺
충혜왕 1년(1331) 2월 기미	王如奉恩寺
충목왕 1년(1345) 2월 신미	王如奉恩寺
2년(1346) 2월 을축	王如奉恩寺
3년(1347) 2월 병술	王如奉恩寺
공민왕 1년(1352) 2월 무자	王如奉恩寺
1년(1352) 4월 경술	王 以佛生日 燃燈 禁中 飯僧一百 設火山 雜戲 奏妓樂 以觀
5년(1356) 2월 을축	王如奉恩寺
13년(1364) 4월 신축	觀呼旗戲 賜布 國俗 以四月八日 是釋伽生日 家家燃燈 前期數旬 群童 剪紙 注竿爲旗 周呼城中街里 求米布 爲其費 謂之呼旗
15년(1366) 4월 무오	王 觀呼旗童戲 於殿庭 賜布百匹
17년(1368) 4월 경술	幸辛旽家 觀燃燈火山
18년(1369) 4월 계유	王 觀火山戲
우왕 4년(1378) 2월	以年荒 停燃燈
5년(1379) 2월	以年荒 停燃燈
7년(1381) 4월	都人 以釋迦生日 張燈 禑 欲微服徒行觀燈 下馬 僕人 牽退少遲 禑 手策馬 踶傷其面
우왕 8년(1382) 4월	禑 夜出觀燈
10년(1384) 4월	禑 以釋迦生日 與諸嬖 如花園 觀燈宴樂
12년(1386) 4월 계사	禑與毅妃 如花園 觀燈 綵棚雜戲 窮奢極侈 歌吹達曙
14년(1388) 2월 경신	禑 如奉恩寺

( ) 안의 기사는 『高麗史節要』의 기록임.

〈표 2〉 樂曲「獻仙桃」 내용 분석표

구성	내용
口號致語	머나먼 선경에서 대궐을 찾아온 것은 천년선과를 받들어 올려 만복을 드리기 위해서입니다. 이에 감히 존안을 뵈옵고 삼가 축하드립니다.
元宵嘉會詞	정월보름 명절밤 봄을 즐기는 성대한 놀이 … 장관이로세 이 태평성대 무엇으로 보은하랴 갚으랴, 仙桃가 늘어진 큰가지로써 천만가지 경사를 드리나이다
日暖風和詞(1절)	…다행히 등석 좋은 밤을 만나 어전에 가까이 함이 기쁘나이다. 신선의 수명은 영원한 것 만수무강을 당신께 바치옵니다.
日暖風和詞(2절)	선경과 인간세상은 다르오나 높으신 성덕을 멀리서도 들었기로 서녘의 선경을 떠나 인간세상으로 내려와 천년선도를 드리나이다. 당신의 만수무강 비오며 춤으로써 聖朝를 축하하나이다. 이웃나라 사절단이 사방에서 밀려오니 국운이 태평하여 나라가 길이 융성하오리다.
麗日舒長詞	따스한 봄날 길고 평화스러운 기운이 서울에 가득찼네 … 큰 잔치여는 곳에 비단장막이 여기저기 벌려 있네. 상원가절에 군신이 함께 모여 태평시절을 즐기도다. 비멎자 구름 흩어지니 밤은 더욱 맑구나. 높은 나무에 어슷비슷 달아놓은 등불은 달빛에 어리어 유난히 선명하네
東風報暖詞	동풍에 실린 봄빛 따스하기도 하다. 화창한 기운이 사람 마음을 풀어주네 … 자리를 가득 메운 대관들은 잔치를 즐기며 시를 읊조리네
海東今日詞	우리나라의 오늘날은 태평시절로 군신이 함께 즐기도다. … 래조하는 각국 사신 궐문 밖에 설레이고 각색 예물들이 궁전 뜰에 쌓이었네…
北暴東頑詞	북방의 포악한 무리와 동쪽의 완악한 무리들도 성의를 표명하고 덕위를 사모하여 앞을 나뤄 내소하네. 일년 한번 돌아오는 상원을 맞이하여 취하도록 마시옵소서 만년축하의 술을.
致語	옷매무새 바로잡고 조금 물러서서 구름길 바라보며 돌아갈 하직인사 드립니다. 재배 올리며 모두 즐겁게 물러나겠나이다.

〈표 3〉『高麗史』世家 수록 팔관회 관계 기사표

연대	기사내용
태조 1년(918) 11월	始設八關會 御儀鳳樓 觀之 歲以爲常 (有司言 前王 每歲仲冬 大設八關齋 以祈福 乞遵其制 王曰 朕以不德 獲守大業 盍依佛敎 安輯邦家 遂御毬庭 置輪燈一所 香燈旁列 滿地光明徹夜 又結 綵棚 呈百戲歌舞 於前 其四仙樂部 龍鳳象馬 車船 皆新羅故事 百官 袍笏行禮 觀者傾都 晝夜樂焉 王 御威鳳樓 觀之 名爲 供佛樂神之會 自後 歲以爲常)
태조 26년(943) 4월	訓要 其六曰 朕所至願 在於燃燈八關 燃燈 所以事佛 八關 所以事天靈及五嶽名山大川龍神也 後世姦臣 建白加減者 切宜禁止 吾亦當初誓心 會日 不犯國忌 君臣同樂 宜當敬依行之
성종 즉위년(981) 11월 6년(987) 11월	王 以八關會 雜技不經且煩擾 悉罷之 幸法王寺 行香 還御毬庭 受群臣朝賀 命停兩京八關會 (罷兩京八關會)
현종 1년(1010) 11월 경인	復八關會 王 御威鳳樓 觀之 (復八關會 王 御威鳳樓 觀樂 初 成宗 以雜技不經 且煩擾 悉罷之 但 於其日 幸法王寺 行香 還於毬庭 受文武朝賀而已 廢止幾三十年 至是 政堂文學崔沆 請 復之)
정종 즉위년(1034) 10월 경오 11월 계미 2년(1036) 11월 기축 5년(1039) 11월 신축 7년(1041) 10월 기축	遣輔臣 賜西京八關會酺 二日 設八關會 御神鳳樓 賜百官포 夕 幸法王寺 翼日大會 又賜酺 觀樂 東西二京 東北兩路兵馬使 四都護 八牧 各上表陳賀 宋商客 東西蕃 耽羅國 亦獻方物 賜坐 觀禮 後以爲常 宋商及東女眞 耽羅 各獻方物 御神鳳樓 賜酺 幸法王寺 西京 御靈鳳門 受百官賀 賜酺 遂幸興國寺 行香 移御長樂宮
문종 즉위년(1046) 11월 경인 2년(1048) 11월 무신 5년(1051) 11월 경신	幸法王寺 幸法王寺 月食在望 以十三日爲初會

연대	기사내용
문종 7년(1053) 10월 기유	幸興國寺
10년(1056) 11월 갑술	幸法王寺
11년(1057) 10월 정사	幸長慶寺
13년(1059) 11월 을사	幸法王寺
14년(1060) 11월 무술	幸法王寺
25년(1071) 11월 을미	幸法王寺
27년(1073) 11월 신해	御神鳳樓 觀樂 翼日大會 大宋 黑水 耽羅 日本等 諸國人 各獻禮物名馬
33년(1079) 11월 무인	御毬庭 觀樂 命太子 詣法王寺
선종 즉위년(1083) 12월 정축	御神鳳樓前帳殿 受百官賀 遂幸法王寺 以前月 値國恤 至是 行之
3년(1086) 11월 무진	幸法王寺 遂幸神衆院 己巳 大會 雪 侍宴群臣 皆霑服 及夕 將還 天霽月明 王駐輦昌德門外 命諸王 奉觴獻壽 諫議金上琦 李資仁 補闕魏繼延 諫 乃止
4년(1087) 10월 임진	御靈鳳樓浮堦 觀樂 遂幸興國寺
11월 임술	幸法王寺
숙종 즉위년(1095) 11월 병오	御神鳳門 受中外賀 遂幸法王寺
1년(1096) 11월 신축	幸法王寺
2년(1097) 11월 갑자	幸法王寺
3년(1098) 11월 무오	幸法王寺
4년(1099) 11월 계미	幸法王寺
5년(1100) 11월 병자	幸法王寺
6년(1101) 11월 신미	幸法王寺 宋商 耽羅 東北蕃酋長等 來獻土物
7년(1102) 10월 을축	御靈鳳門 受百官賀 遂幸興國寺
11월 을미	幸法王寺
8년(1103) 11월 기축	幸法王寺
9년(1105) 11월 갑신	幸法王寺
예종 즉위년(1105) 11월 무신	幸毬庭 觀樂
1년(1106) 11월 신축	幸法王寺 神衆院 還拜百神 于闕庭
3년(1108) 11월 경신	幸法王寺
4년(1109) 11월 세축	幸法王寺
5년(1110) 11월 무인	幸法王寺
10년(1115) 11월 경진	王 自毬庭 至閤門前 駐蹕 唱和久之 命倡優 歌舞仗內 幾

연대	기사내용
	至三鼓 御使大夫崔贊雜端許載 進諫 王 嘉納之
15년(1120) 10월 신사	王 觀雜戲 有國初功臣 金樂 申崇謙偶像 王 感歎 賦詩
인종 즉위년(1123) 11월 정묘	王御 帳殿 受賀 幸法王寺
1년(1124) 11월 임술	幸法王寺
의종 즉위년(1146) 11월 경진	御幕次 受賀 命去殿上女樂 遂幸法王寺
1년(1147) 11월 갑술	幸法王寺
2년(1148) 11월 무술	幸法王寺
3년(1149) 11월 기축	幸法王寺
4년(1150) 11월 병술	幸法王寺
5년(1151) 11월 경술	幸法王寺
6년(1152) 11월 갑진	幸法王寺
7년(1153) 11월 기해	幸法王寺
9년(1155) 11월 무자	幸法王寺
10년(1156) 11월 임오	幸法王寺
11년(1157) 11월 정축	是夜 召平章事崔允儀 李之茂 承宣李元膺 崔褒偁等 遊賞林亭 賜曲宴
12년(1158) 11월 경오	幸法王寺
13년(1159) 11월 갑오	幸法王寺
16년(1162) 11월 병오	幸法王寺
17년(1163) 11월 경자	幸法王寺
18년(1164) 11월 갑오	幸法王寺
19년(1165) 11월 기미	幸法王寺
20년(1166) 11월 계축	幸法王寺
22년(1168) 3월 무자	西京頒布親令 遵尙仙風 昔 新羅 仙風大行 由是 龍天歡悅 民物安寧 故 祖宗以來 崇尙其風 久矣 近來 兩京八關之會 日減舊格 遺風漸衰 自今 八關會 預擇兩班家産饒足者 定爲仙家 依行古風 致使人天咸悅
명종 3년(1173) 11월 계묘	幸法王寺
6년(1176) 11월 병진	幸法王寺
7년(1177) 11월 기유	幸法王寺
8년(1178) 11월 계유	幸法王寺
9년(1179) 11월 정묘	幸法王寺 (宰相崔忠烈建議 奏八關經費之弊 乃言百官果床 與中禁

연대	기사내용
	軍衣飾 尤爲無制 請一切禁除 從之)
10년(1180) 11월 임술	幸法王寺
11년(1181) 10월	(命參知政事崔忠烈 如西京 行八關會 舊制 每當燃燈八關 遣宰相 於西京 攝行齋祭 自甲午年 西京有事 詔停遣使比年以來 只遣三品官 忠烈 利其贈賄奏言 先王 皆遣宰相爲使 盖重翼京也 乞依舊制 王知其意從之 及還 多受饋遺輜重三十餘兩 連亘入城)
11월 을유	幸法王寺
13년(1183) 11월 을해	幸法王寺
14년(1184) 11월 기해	王 觀樂于毬庭 翌日大會 又觀樂于毬庭
15년(1185) 11월 계사	王如法王寺
20년(1190) 11월 을축	幸法王寺
26년(1196) 11월 기축	王勅 北界諸都領等 觀樂 麟州都領中郎將 子沖 見判閤門事 王珪 長揖不拜 有司劾奏無禮
신종 즉위년(1197) 11월 계축	幸法王寺
2년(1199) 11월 임인	幸法王寺
3년(1200) 11월 병인	今用十四日者 避卯日也
5년(1202) 11월 병진	幸法王寺
6년(1203) 11월 무인	幸法王寺
희종 4년(1204) 11월 경술	幸法王寺
5년(1209) 11월 갑진	幸法王寺
6년(1210) 11월 정유	幸法王寺
7년(1211) 11월 임술	幸法王寺
강종 1년(1212) 11월 병진	幸法王寺
고종 8년(1221) 11월 갑오	幸法王寺
10년(1223) 11월 임자	幸法王寺
13년(1226) 11월 을축	幸法王寺
15년(1228) 11월 계미	幸法王寺
16년(1229) 11월 정축	幸法王寺
22년(1235) 11월 계유	幸法王寺
23년(1236) 11월 병인	幸法王寺 命內侍少府監庾碩 賜酒果于晉陽府 翌日 亦如之
38년(1251) 11월 경자	幸法王寺

연대	기사내용
고종 39년(1252) 11월 갑오	幸法王寺
40년(1253) 11월 기축	幸法王寺
42년(1255) 11월 병오	幸法王寺
43년(1256) 11월 신축	幸法王寺
44년(1257) 11월 을축	幸法王寺
45년(1258) 11월 무오	幸法王寺
원종 1년(1260) 11월 정축	幸法王寺 當國恤 奏還宮樂 識者 譏之
7년(1266) 11월 임인	幸法王寺
충렬왕 즉위년(1274) 11월 을유	幸法王寺 翌日大會 公主 幕于儀鳳樓側觀之
1년(1275) 11월 경진	幸法王寺
2년(1276) 11월 갑진	設八關會 幸儀鳳樓 行般若道場(癸丑 南京司錄 李益邦 齎八關賀箋來 有人以私憾 因內竪慚之 王 遣螺匠 鎖頸以來)
6년(1280) 11월 임자	王在沙坂宮 設八關會
21년(1295) 11월 갑신	幸法王寺
충선왕 즉위년(1308) 11월 갑자	命停八關會 (命停八關會 王 自前月己酉 移御金文衍家 淑妃日夜嫵媚百態 王惑之 不親聽政 因有是命)
충숙왕 즉위년(1313) 11월 경자	王御儀鳳樓 上王 與丁午 混丘 在樓西公主與王淑妃 在樓東觀樂 翌日大會 權貴僕從 入廣庭 相鬩投石 及於樓上 侍臣紅鞓鉤 或有中落者 上王 命衛士捕數人 皆杖之
6년(1319) 11월 을미	停八關會
충목왕 1년(1345) 11월 을미	幸法王寺
2년(1346) 11월 정사	翼日 王 御儀鳳樓 觀樂 墜榻傷臂
공민왕 18년(1369) 11월	(辛旽 攝王 受群臣朝 于儀鳳樓)
20년(1371) 11월 임술	幸康安殿
21년(1372) 11월 정사	幸法王寺
우왕 즉위년(1374) 11월	以國恤 不受賀
12년(1386) 11월 정묘	禑 率妓及宮女 登憲部北山 觀之 是會巡軍與近侍 爭路雜沓 近侍多爲槊所傷
공양왕 2년(1390) 10월 계묘	又 分遣各司 于松京 行八關會
3년(1391) 11월 병신	如法王寺

( ) 안의 기사는 『高麗史節要』의 기록임.

〈표 4〉『高麗史』 수록 내제석원 관계 기사표

연대	기사내용
태조 2년(919) 11년(928) 8월	내제석원 창건 대장경 1부를 제석원에 보관
정종 4년(949) 3월	정종이 제석원으로 옮겼다가 죽음
문종 10년(1056) 11월 18년(1064) 8월	幸 내제석원 海麟을 王師로 삼음 내제석원 기둥에 벼락이 침
인종 4년(1126)	이자겸 난 때 내시 白思淸을 시켜 역대 조상의 화상을 내제석원에 있는 마른 우물 안에 넣게 함 이자겸 난이 일어난 날 궁궐이 전부 불타고 山呼亭, 賞春亭, 賞花亭, 내제석원 행랑 수십 간만 겨우 남음
의종 원년(1147) 5월	밤에 폭풍우가 일어나고 내제석원에서 사람이 벼락을 맞음
고종 15년(1228) 7월	內願堂 괴화나무에 벼락이 침
원종 10년(1269) 12월	내원당에서 관정도량을 개설함
충숙 원년(1314) 3월 5년(1318) 10월 6년(1319) 9월	내원당으로 행차하여 板上詩를 차운하고 尹碩과 戒松과 대소 문신, 생도, 승려들에게 명하여 화답시를 지으라고 명함 내원당에서 영보도량을 친히 개설 왕이 내원당으로 처소를 옮겼는데 이때부터 자주 사원으로 처소를 옮김
충목 즉위년(1344) 10월	내원으로 행차하여 영보도량을 개설함
공민 4년(1355) 6월 5년(1356) 2월 (열전 金子粹)	禪近은 내원당 승려로 선비의 아내와 간통하여 헌부의 취조를 받고 있었는데 왕이 석방함 왕이 내불당에서 普愚에게 飯僧을 함 공민왕이 태조 9世像 조상 및 내불당 법석, 演福寺 文殊會, 講經, 반승을 함
창왕 (열전 崔瑩)	창왕이 즉위하자 최영과 내원당 승려 玄麟 등을 심문케 함

〈표 5〉『高麗史』 수록 외제석원 관계 기사표

연대	기사내용
태조 7년(924)	외제석원, 구요당, 신중원 설치
덕종 즉위년(1031) 9월	幸 외제석원
윤12월	幸 외제석원
원년(1032) 정월	幸 외제석원
9월	幸 외제석원
문종 즉위년(1046) 12월	成平節이란 왕의 생일로 매년 이날이 되면 국가에서는 7일간 계속하여 祈祥迎福道場을 외제석원에 설치하고 문무백관들은 흥국사에서, 동 · 서경 및 4도호 8목에서는 각각 소재지 절에서 이 행사를 진행하였는데, 상례로 됨
원년(1047) 2월	幸 외제석원
2년(1048) 4월	외제석원에 행차하여 軒欄說經을 들음. 임금이 산림에 행차했다가 돌아올 때 반드시 이 절에 들러 승려와 鳳輦에 함께 타 軒欄講法을 행하였던 옛일을 따른 것으로, 상례로 됨
27년(1073) 4월	幸 외제석원
선종 2년(1085) 4월	幸 외제석원 設 나한재
숙종 3년(1098) 정월	幸 외제석원
6년(1101) 정월	幸 외제석원
7년(1102) 7월	幸 외제석원
10년(1105) 4월	幸 외제석원
예종 원년(1106) 9월 임진	幸 외제석원
무신	幸 외제석원
2년(1107) 2월 경신	幸 외제석원
병자	幸 외제석원
3월	幸 외제석원
4월	幸 외제석원
8월	幸 외제석원
4년(1109) 10월	幸 외제석원
5년(1110) 3월	幸 외제석원
9년(1114) 4월	幸 외제석원 行香
10년(1115) 8월	幸 외제석원

연대	기사내용
13년(1118) 5월	幸 외제석원
15년(1120) 5월	불골을 대궐안으로 들여옴, 처음 王字之가 송에 사신으로 갔다 돌아올 때 황제가 부처님의 어금니와 두골을 금함에 넣어 보냈는데 이를 외제석원에 두었다가 이때 山呼亭으로 옮김.
8월	幸 외제석원 5부에게 명하여 3일 동안 반야경을 읽어 전염병을 물리치도록 함.
16년(1121) 3월	幸 외제석원
인종 원년(1123) 정월	幸 외제석원
4월	幸 외제석원
2년(1124) 10월	幸 외제석원
6년(1128) 6월	幸 외제석원
7년(1129) 3월	幸 외제석원
8월	幸 외제석원
11년(1133) 8월	幸 외제석원
13년(1135) 10월	幸 외제석원
17년(1139) 8월	幸 외제석원
18년(1140) 2월	幸 외제석원
윤6월	외제석원에서 親禱 (비를 빌음)
19년(1141) 3월	幸 외제석원
20년(1142) 2월	幸 외제석원
21년(1143) 2월	幸 외제석원
윤4월	幸 외제석원
22년(1144) 2월	幸 외제석원
23년(1145) 정월	幸 외제석원
5월	幸 외제석원
의종 즉위년(1146) 9월	幸 외제석원
원년(1147) 4월	幸 외세석원
3년(1149) 2월	幸 외제석원
5년(1151) 7월	幸 외제석원
6년(1152) 2월	외제석원에서 親設齋
9월	幸 외 제 석 원 設 나한재
11년(1157) 10월	幸 외제석원

연대	기사내용
명종 3년(1173) 정월	幸 외제석원 設 나한재
5년(1175) 5월	幸 외제석원, 구요당
7년(1177) 8월	幸 외제석원 設 나한재
9년(1179) 4월	幸 외제석원
10년(1180) 5월	幸 외제석원
11년(1181) 11월	幸 외제석원
13년(1183) 5월	幸 외제석원
14년(1184) 2월	幸 외제석원
11월	幸 외제석원
16년(1186) 4월	幸 외제석원
12월	幸 외제석원
17년(1187) 3월	幸 외제석원
18년(1188) 10월	幸 외제석원
신종 원년(1198) 5월	幸 외제석원
희종 6년(1210) 8월	幸 외제석원
고종 2년(1215) 4월	幸 외제석원
5년(1218) 10월	幸 외제석원
8년(1221) 4월	幸 외제석원
9년(1222) 4월	幸 외원
10년(1223) 11월	幸 외제석원
11년(1224) 4월	幸 외제석원
10월	幸 외제석원
14년(1227) 4월	幸 외제석원
10월	幸 외제석원 대신들에게 명하여 天皇堂에 전쟁에 승리하도록 設醮
15년(1228) 3월	幸 외제석원
10월	幸 외제석원
16년(1229) 3월	幸 외제석원
17년(1230) 윤2월	幸 외제석원
37년(1250) 4월	幸 외원, 구요당
10월	幸 외원, 구요당
38년(1251) 4월	幸 외원, 구요당
10월	幸 외원, 구요당

연대	기사내용
39년(1252) 9월	幸 외원, 구요당
40년(1253) 4월	幸 외원, 구요당
41년(1254) 4월	幸 외원, 구요당
9월	幸 외원, 구요당
42년(1255) 4월	幸 외원, 구요당
10월	幸 외원, 구요당
43년(1256) 5월	幸 외원, 구요당
44년(1257) 4월	幸 외제석원
원종 원년(1260) 9월	幸 외원, 구요당
4년(1263) 4월	幸 외원
충렬왕 15년(1289) 8월	이원에서 親設 소재도량
19년(1293) 9월	왕과 공주가 구요당과 외원에 행차
21년(1285) 3월	幸 외원 親設 소재도량
12월	幸 외원
22년(1296) 9월	幸 외원
24년(1298) 11월	幸 외 원 親設 소재도량
25년(1299) 정월	幸 외 원 設 장경도량
26년(1300) 10월	幸 외 원 設 소재도량
27년(1301) 9월	幸 외 원 設 성변기양법회
28년(1302) 정월	幸 외원
29년(1303) 10월	幸 외 원 設 소재도량
충선왕 즉위년(1308) 10월	幸 외원 親設 소재도량
충목왕 원년(1345) 3월	幸 외제석원
3년(1347) 3월	幸 외제석원
우왕 원년(1375) 10월	기사일에 벼락이 치고 소나기가 내리면서 바람이 불어 외원사에서 行 소재도량
2년(1376) 10월	뇌성이 울리고 다음날도 그러하여 외원사에서 設 소재도량

〈표 6〉『高麗史』 수록 제석도량 관계 기사표

연대	기사내용
문종 14년(1060) 정월	문덕전에서 7일간 천제석도량 개설
선종 2년(1085) 정월	문덕전에서 천제석도량 개설
숙종 4년(1099) 정월 6년(1101) 정월	문덕전에서 7일간 천제석도량 개설 문덕전에서 천제석도량 개설
예종 2년(1107) 정월 5년(1110) 정월	문덕전에서 천제석 도량 개설 천변을 막음 문덕전에서 제석도량 개설
인종 8년(1130) 정월 14년(1136) 정월	중화전에서 제석도량 개설 명인전에서 천제석도량 3일간 개설
의종 2년(1148) 정월 3년(1149) 정월 23년(1169) 정월	수문전에서 7일간 제석도량 개설 수문전에서 7일간 제석도량 개설 수문전에서 7일간 제석도량 개설
명종 3년(1173) 정월 6년(1176) 2월 5월 7년(1177) 2월 8년(1178) 정월 11년(1181) 2월	명인전에서 제석도량 개설 명인전에서 제석도량 개설 賢聖寺(옛이름: 現聖寺)에서 제석재 친설 내전에서 제석도량 개설 명인전에서 제석도량 개설 명인전에서 제석도량 개설
신종 6년(1203) 정월	수문전에서 제석도량 친설
고종 3년(1216) 정월 3월 10년(1223) 정월 38년(1251) 정월	수문전에서 제석도량 친설 처음 건성사로 행차하여 제석재를 행함 수문전에서 제석도량 개설 本闕에서 천제석도량 친설
공양왕 3년(1391) 정월	報平廳에서 제석도량 개설

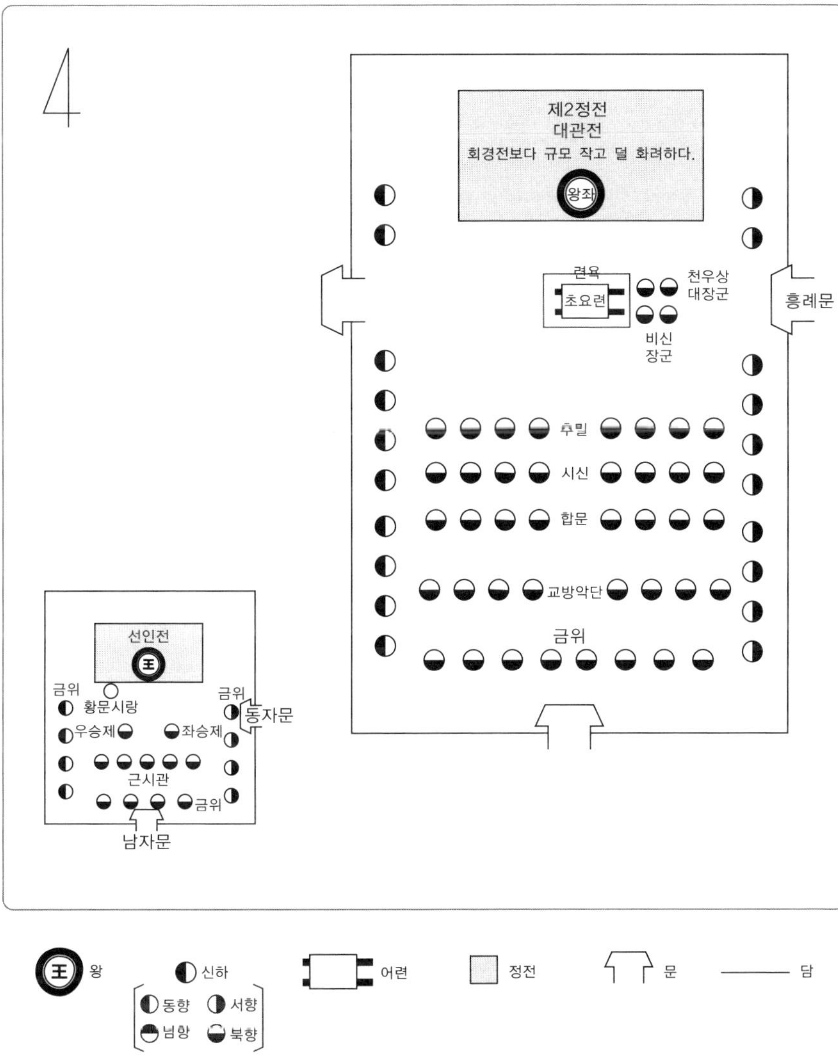

그림 ① 난가출궁의식 선인전 출발 직전 준비도

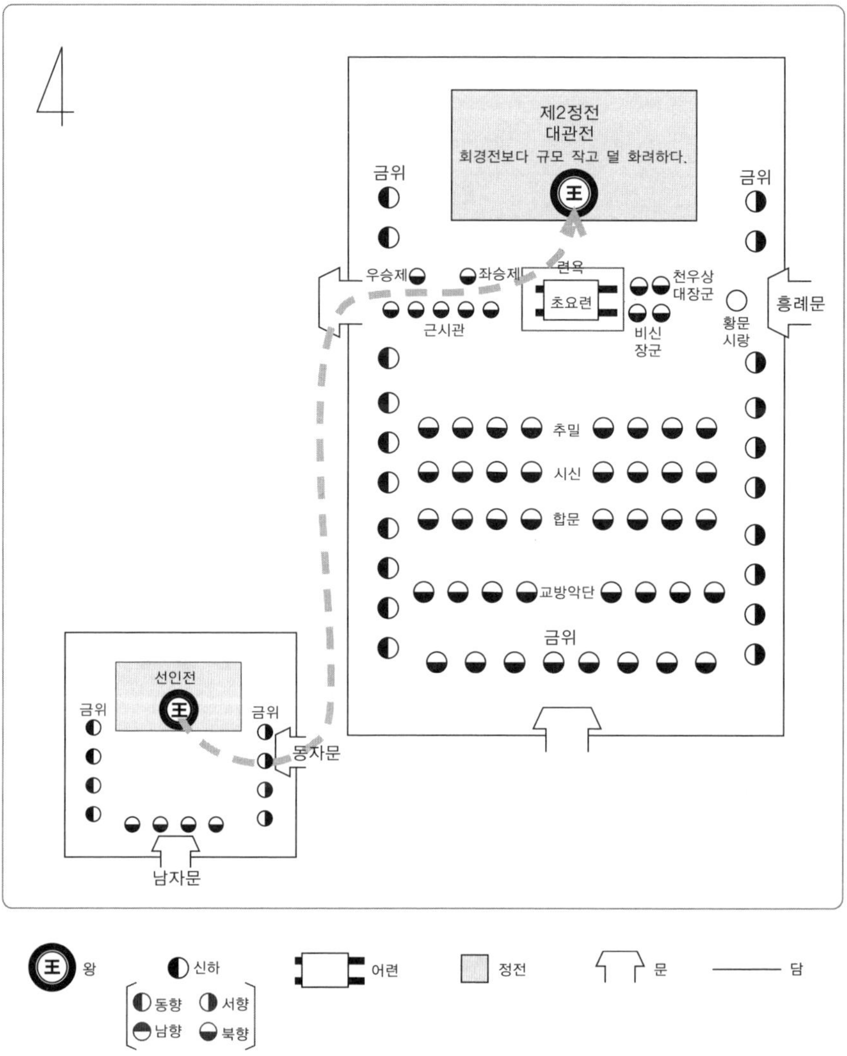

그림 ② 대관전 도착 후 조회 의식도

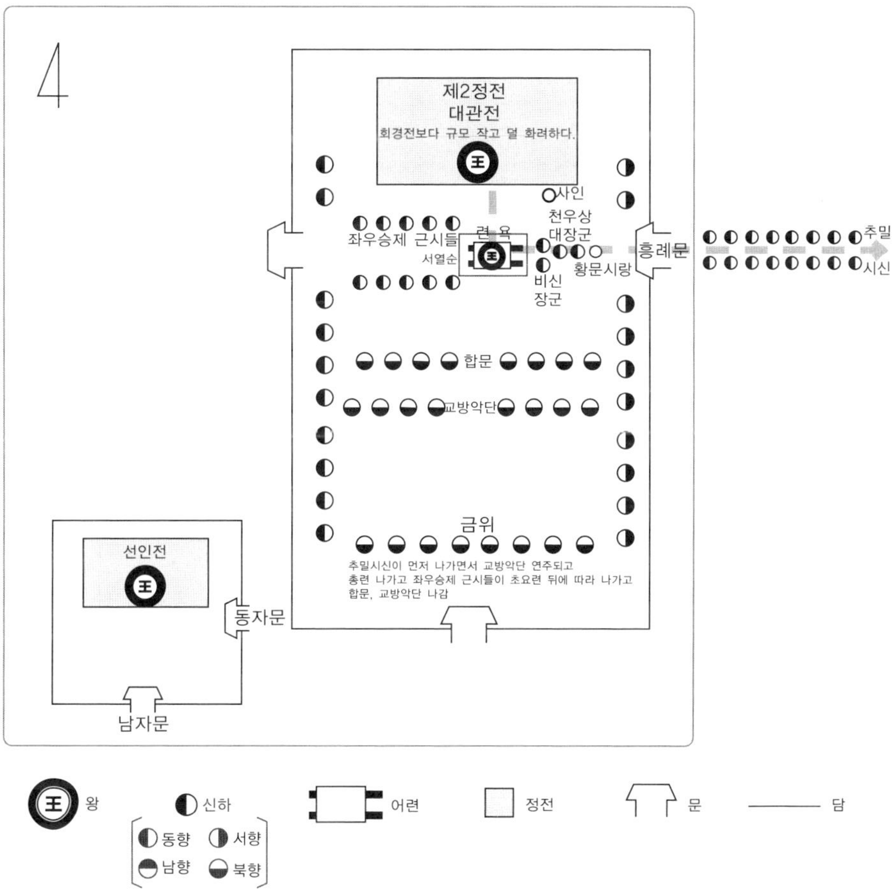

그림 ③ 대관전에서 의봉문으로 출발하는 행차도

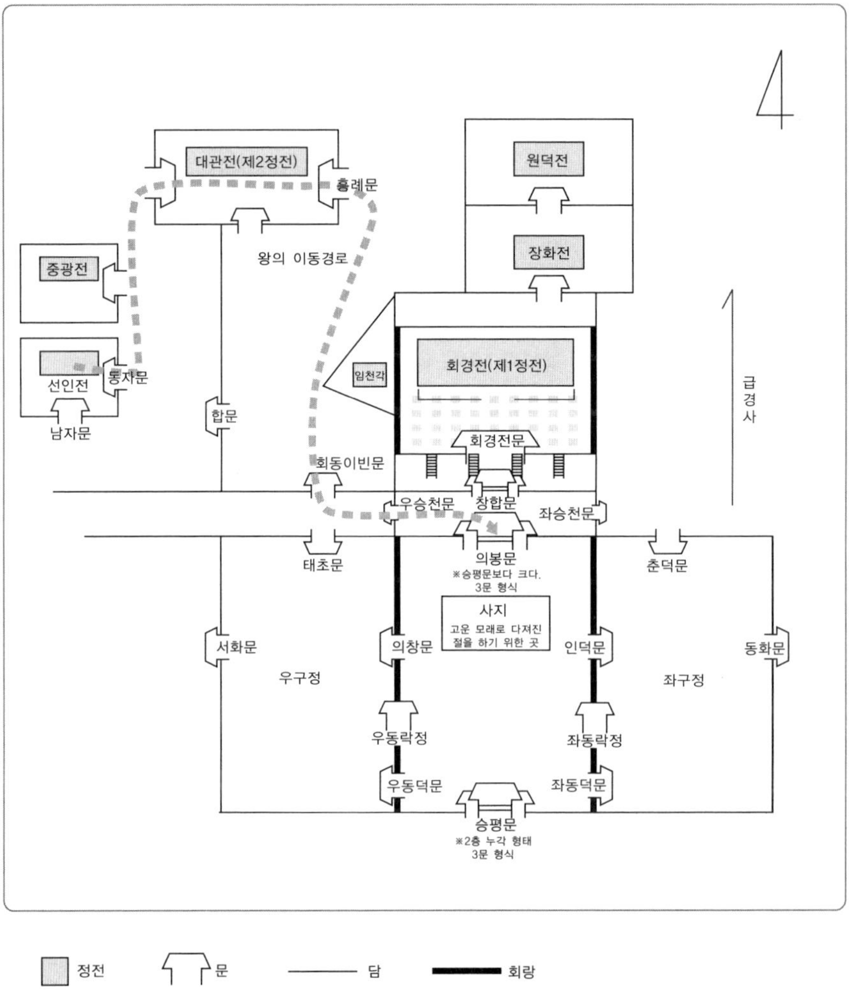

그림 ④ 팔관회 의례공간도

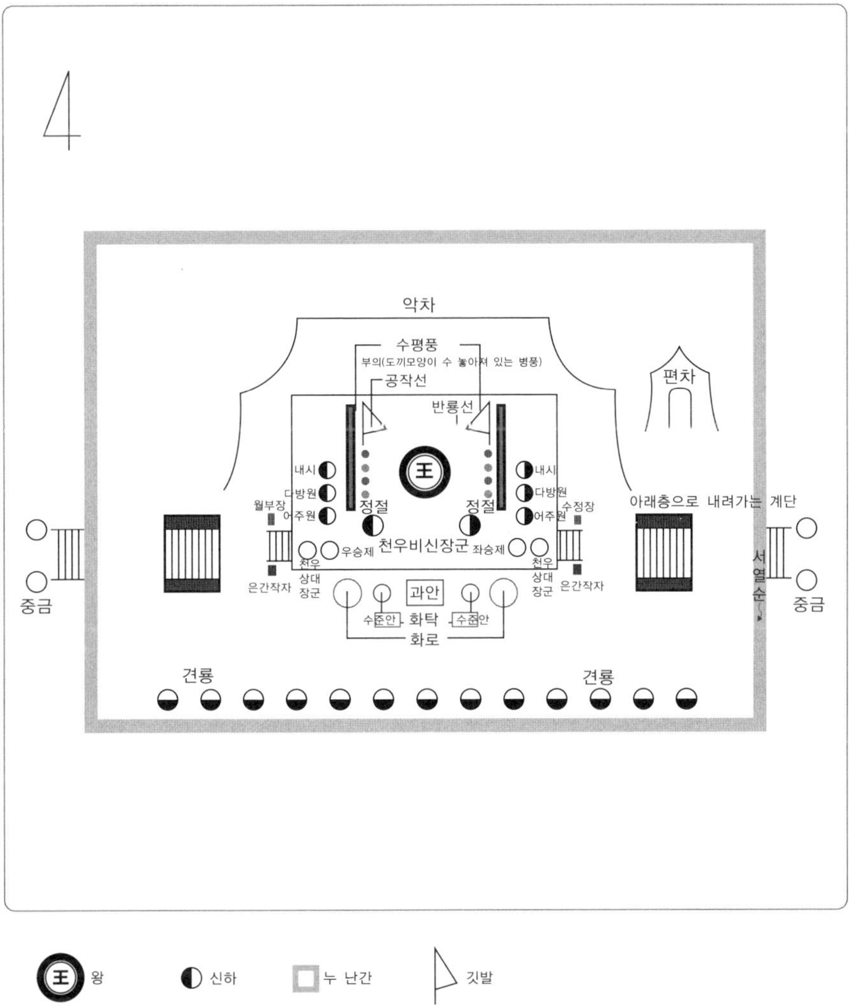

그림 ⑤ 좌전수하의식 직전 전상 준비도

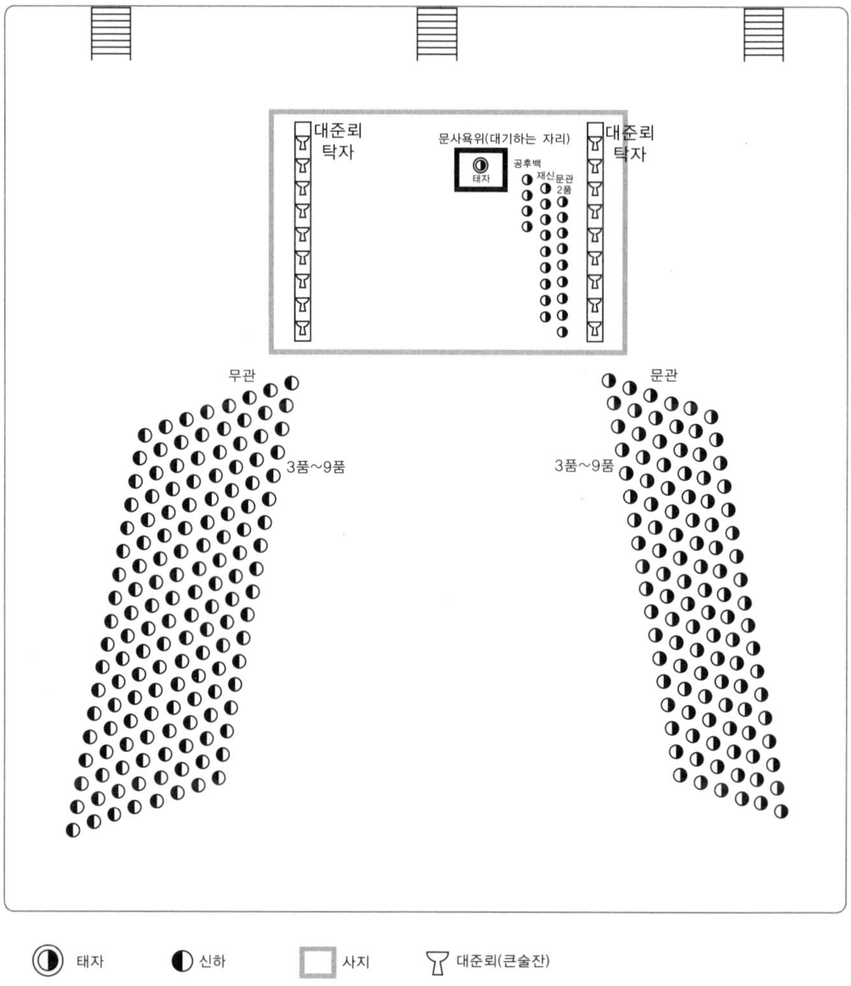
대준뢰
탁자
문사욕위(대기하는 자리)
태자
공후백
재신
문관
2품
대준뢰
탁자
무관
3품~9품
문관
3품~9품
태자
신하
사지
대준뢰(큰술잔)

그림 ⑥ 문사위 배치도

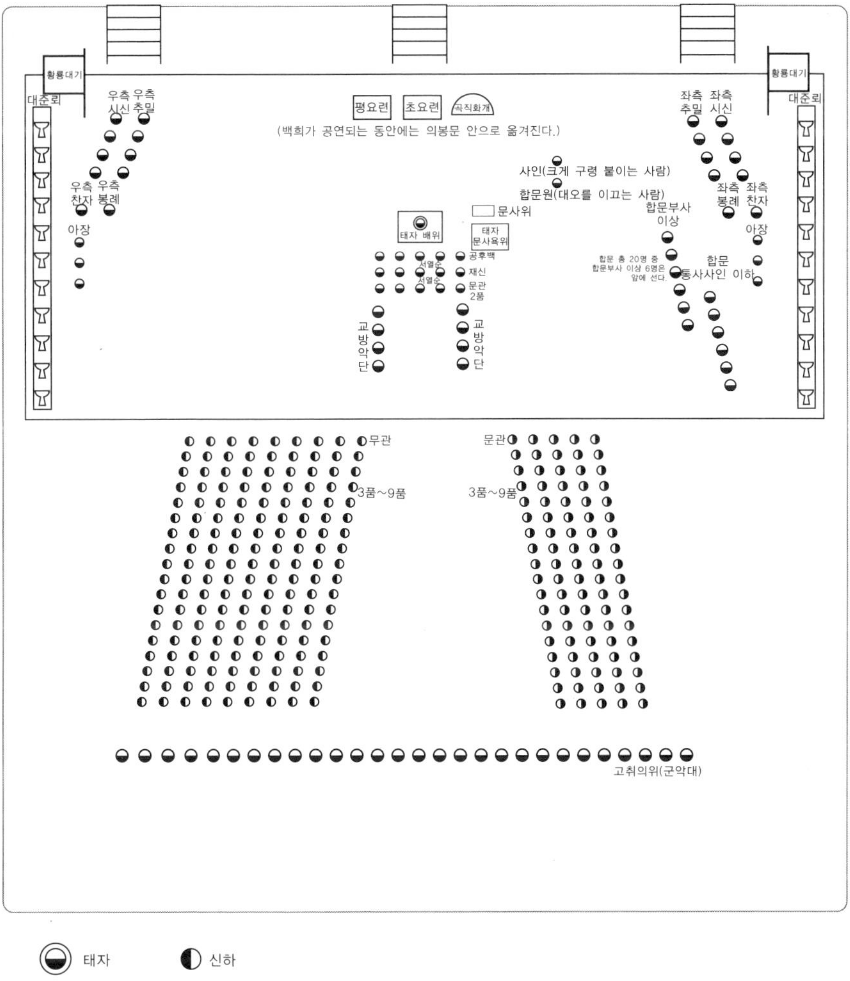
황룡대기
황룡대기
대준뢰
대준뢰
우측 우측 시신 추밀
좌측 좌측 추밀 시신
평요련
초요련
곡직화개
(백희가 공연되는 동안에는 의봉문 안으로 옮겨진다.)
사인(크게 구령 붙이는 사람)
합문원(대오를 이끄는 사람)
우측 우측 찬자 봉례
좌측 좌측 봉례 찬자
문사위
합문부사 이상
아장
아장
태자 배위
태자 문사욕위
공후백
재신
문관 2품
서열순
서열순
합문 총 20명 중 합문부사 이상 6명은 앞에 선다.
합문 통사사인 이하
교방악단
교방악단
무관
문관
3품~9품
3품~9품
고취의위(군악대)
태자
신하

그림 ⑦ 배위 배치도

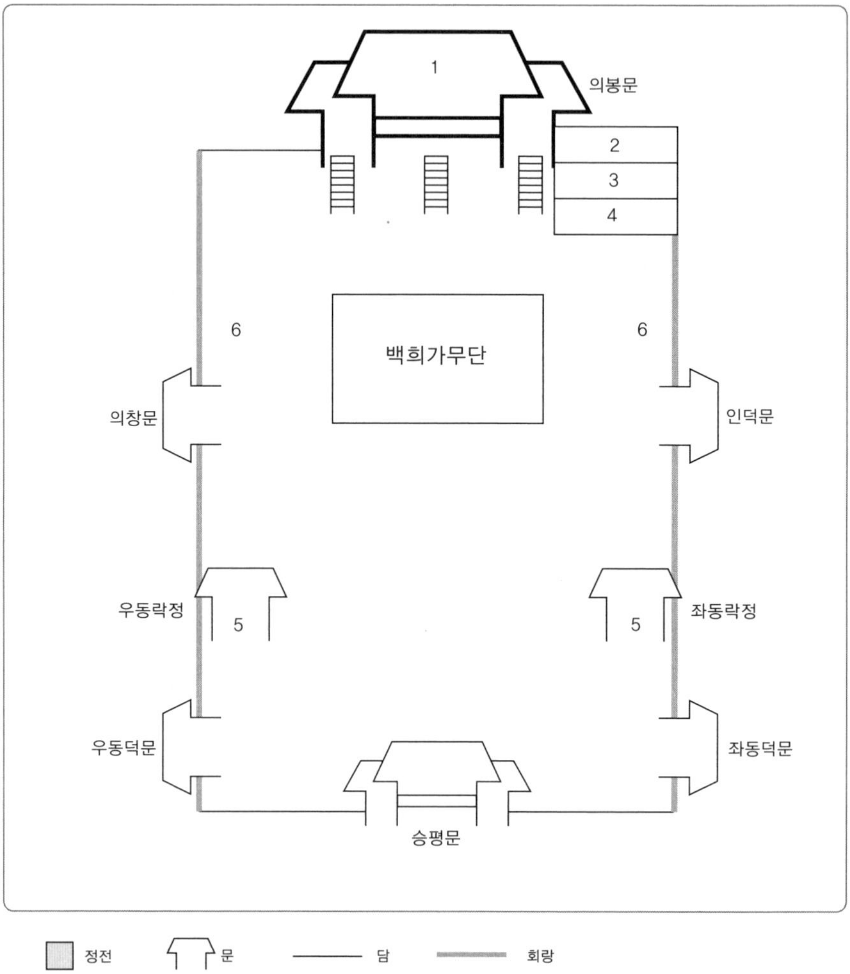

그림 ⑧ 백희 관람 좌석 대형 전체 배치도

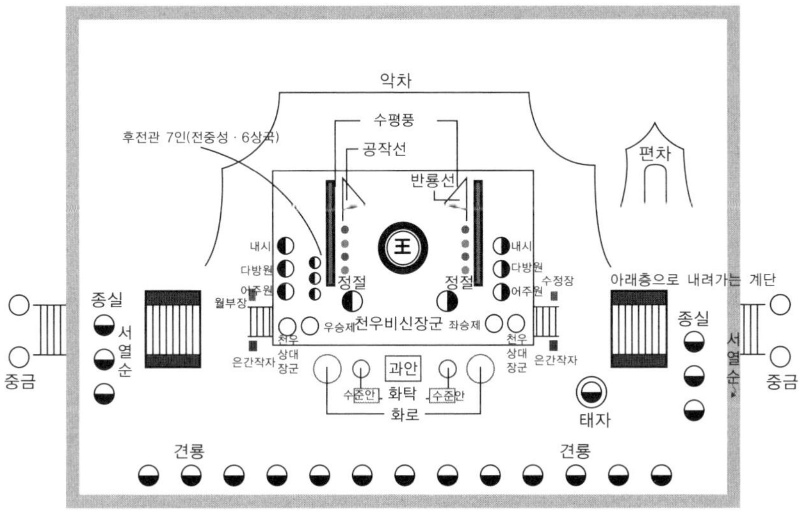

그림 ⑨ 백희 관람 좌석 전상 배치도(그림 ⑧의 1부분)

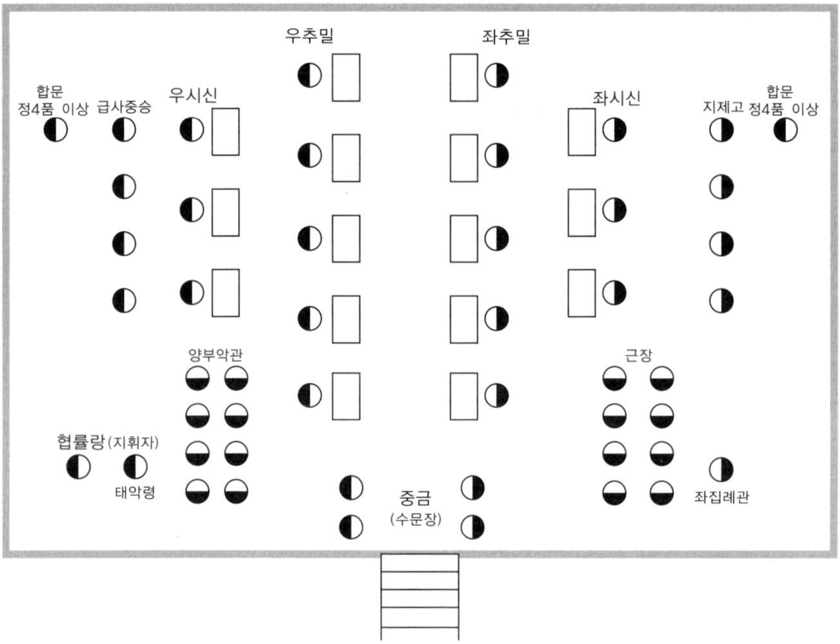

그림 ⑩ 백희 관람 상계 배치도(그림 ⑧의 2부분)

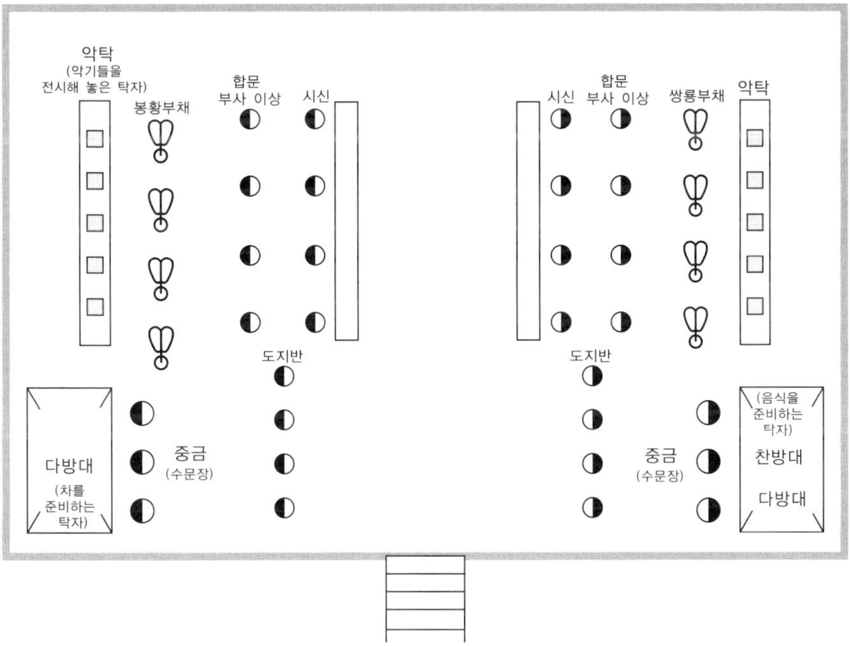

그림 ⑪ 백희 관람 중계 배치도(그림 ⑧의 3부분)

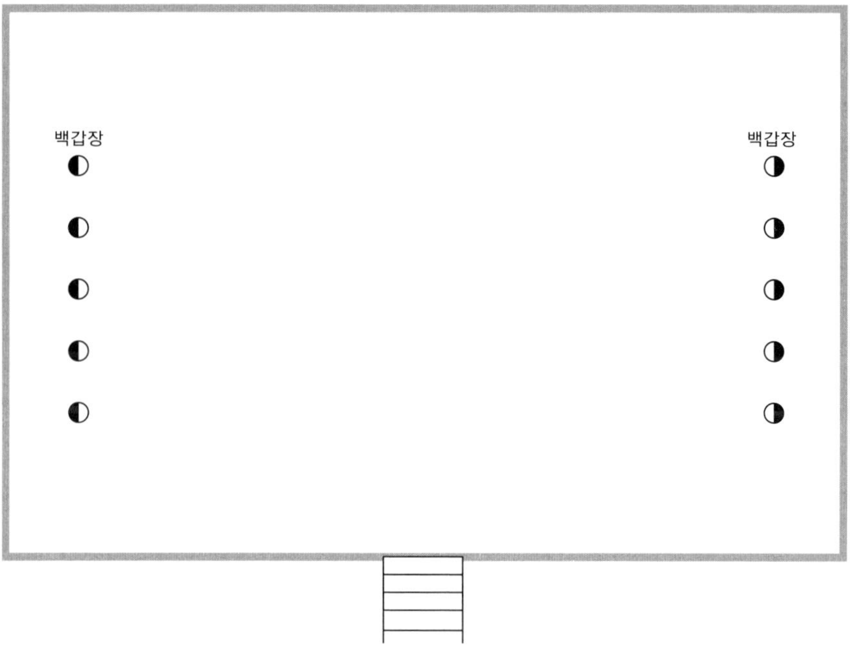

그림 ⑫ 백희 관람 하계 배치도(그림 ⑧의 4부분)

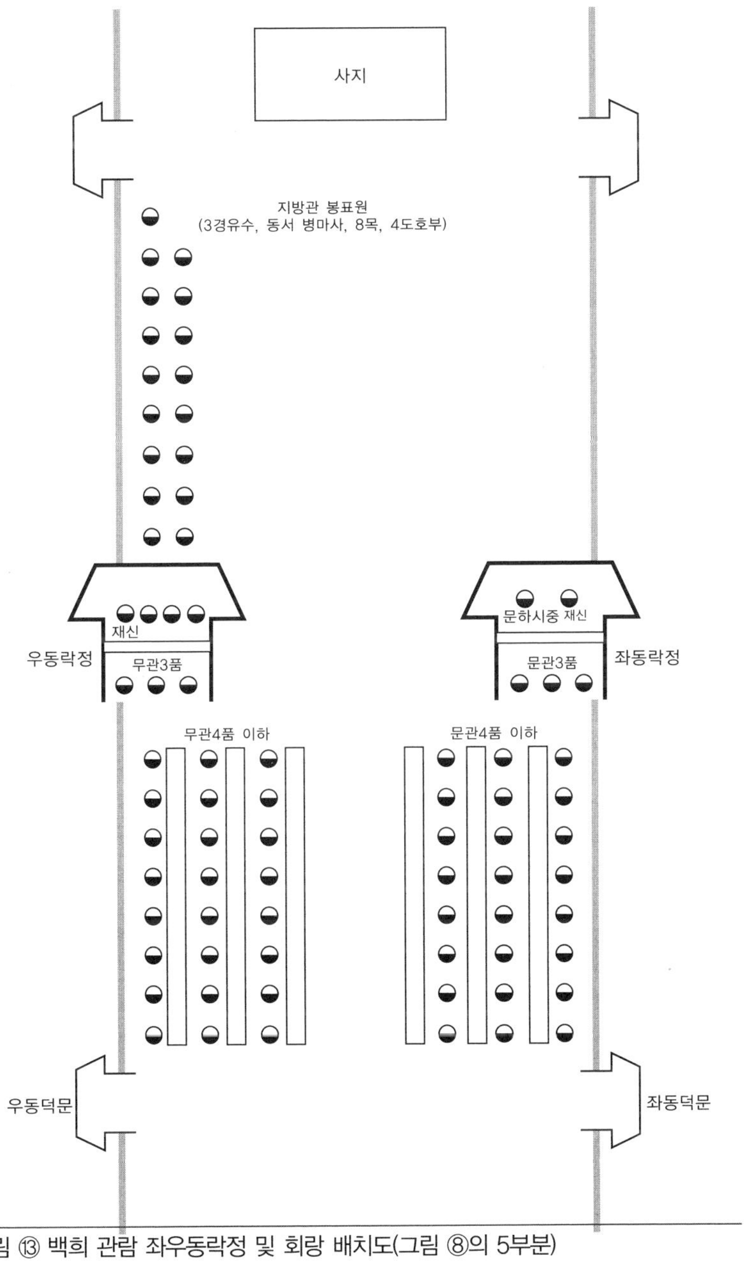

그림 ⑬ 백희 관람 좌우동락정 및 회랑 배치도(그림 ⑧의 5부분)

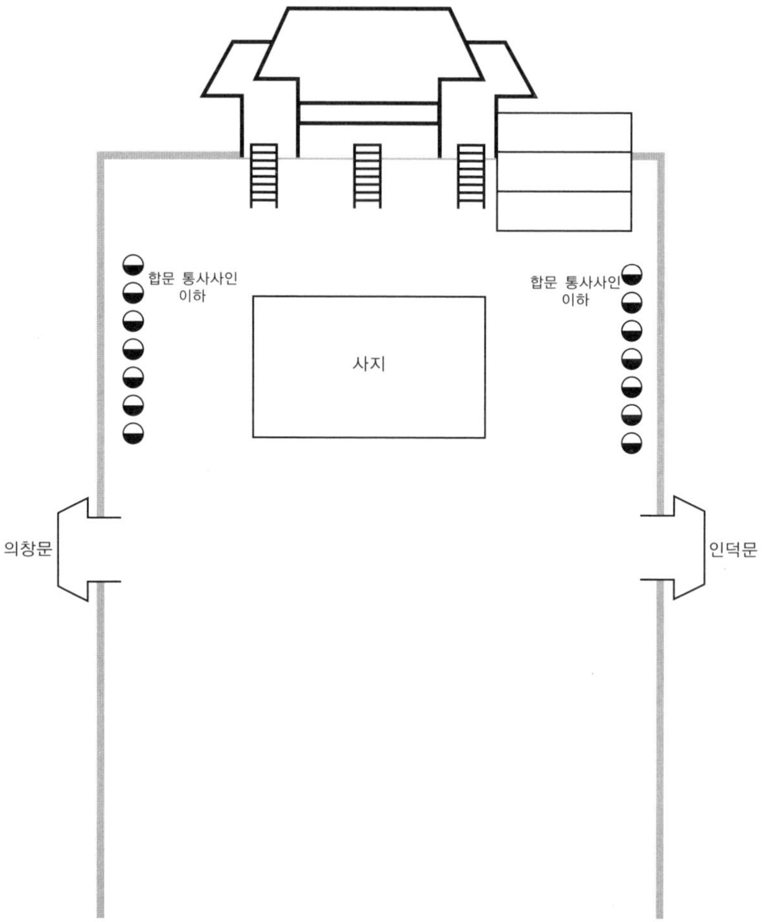

그림 ⑭ 백희 관람 사지좌우 회랑 배치도(그림 ⑧의 6부분)

찾아보기

서울대학교 한국사연구총서 17

개정판

고려의 불교의례와 문화

펴낸곳 서울대학교출판문화원
펴낸이 오연천
지은이 안지원

초판 1쇄 발행 2005년 12월 10일
초판 2쇄 발행 2006년 9월 20일
개정판 1쇄 발행 2011년 4월 30일
출판등록 제15-3호

주소 서울 관악구 관악로 599 우편번호 151-742
대표전화 02-880-5252 **팩스** 02-888-4148
마케팅팀(주문상담) 02-889-4424, 02-880-7995
이메일 snubook@snu.ac.kr
홈페이지 www.snupress.com
영문홈페이지 eng.snupress.com

ISBN 978-89-521-1215-6 93910

2006년 대한민국학술원 우수학술도서